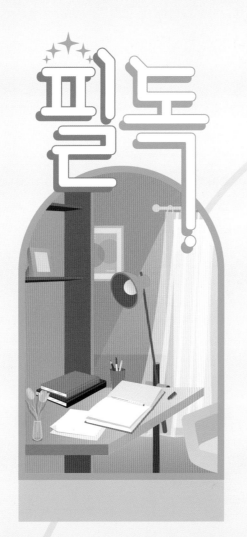

필독

중학 국어 | 비문학 독해 3

KB211697

| 교재 내용 문의 | 교재 내용 문의는 EBS 중학사이트 (mid.ebs.co.kr)의 교재 Q&A 서비스를 활용하시기 바랍니다. | 교재 정오표 공지 | 발행 이후 발견된 정오 사항을 EBS 중학사이트 정오표 코너에서 알려 드립니다. 교재학습자료 ▶ 교재 ▶ 교재 정오표 | 교재 정정 신청 | 공지된 정오 내용 외에 발견된 정오 사항이 있다면 EBS 중학사이트를 통해 알려 주세요. 교재학습자료 ▶ 교재 ▶ 교재 선택 ▶ 교재 Q&A |

필독 중학 국어로 수능 잡기 시리즈

과목　　　　학년	중학 1학년	중학 2학년	중학 3학년
문학	문학 1	문학 2	문학 3
비문학 독해	비문학 독해 1	비문학 독해 2	비문학 독해 3
문법	문법		
문학 작품 읽기	교과서 시, 교과서 소설		

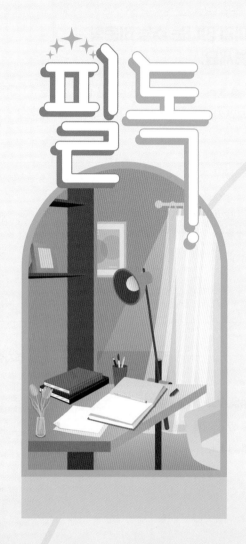

필독

중학 국어 | 비문학 독해 3

이 책의 구성과 특징

기출문제를 통해 미리 만나는 수능 비문학
차근차근 준비해 보세요.

- 최근 학력평가 기출문제를 통해 고등학교 시험과 수능을 미리 살펴보고 대비할 수 있도록 구성했습니다.
- 차근차근 읽으며 풀다 보면 자신도 모르는 사이에 비문학 독해에 자신감을 갖게 될 것입니다.

01 필독 TIP

기본적인 제재 파악 먼저!

제재에 대한 정보를 제시하였습니다. 중점을 두고 읽어야 할 부분이 어디인지 확인할 수 있고 글의 수준도 별 표시를 활용하여 어휘, 문장, 배경지식으로 구분하여 제시하였습니다.

인문 01

한국 주자학과 실학에서 민(民)의 개념

[2021학년도 3월 고1 학력평가]

필독 TIP
어휘 ★★★
문장 ★★★
배경지식 ★★★

이 글은 조선 시대 학자들이 제시한 백성에 대한 관점을 설명하고 있다. 정도전, 이이, 정약용 등의 주장에 나타난 백성에 대한 관점을 비교하며 읽도록 한다.

조선 시대의 유학자들은 왕권의 기반이 민심에 있으며 민심을 천심으로 받아들여야 한다고 보는 민본(民本) 사상을 통치 기조로 삼을 것을 주장했다. 이러한 관점에서 군주는 백성의 뜻을 하늘의 뜻으로 받들며 섬기고 덕성을 갖춘 성군으로서 백성의 모범이 되어야 하며, 백성을 사랑하는 애민의 태도로 백성의 삶을 안정시키고 백성을 교화해야 하는 존재라고 강조했다. 또한 백성은 보살핌과 가르침을 받는 존재로서 통치에 순응해야 한다고 보았다.

군주와 백성에 대한 이러한 관점은 조선 개국을 주도하고 통치 체제를 설계한 정도전의 주장에도 드러난다. 정도전은 군주나 관료가 백성에 대한 통치권을 지닌 것은 백성을 지배하기 위한 것이 아니라 백성을 보살피고 안정시키기 위한 것이라고 보았다. 군주나 관료가 지배자가 아니라 백성을 위해 일하는 봉사자일 때 이들의 지위나 녹봉은 그 정당성이 확보된다고 여긴 것이다. 또한 왕권이 정상적으로 작동하기 위해서는 왕을 정점으로 하여 관료 조직을 위계적으로 정비하는 것과 더불어, 민심을 받들어 백성을 보살피는 자로서 군주가 덕성을 갖추는 것이 중요하다고 보았다. 백성을 위하는 관료의 자질 향상 및 책무의 중요성을 강조하는 한편, 관료의 비행을 감독하는 감사 기능의 강화를 주장하기도 했다. 이러한 정도전의 주장은 백성을

---

02 STEP I

어휘 먼저 확인!

제재를 읽고 가장 먼저 어휘 학습이 가능하게 하였습니다. 독해에서 가장 기본은 어휘를 먼저 이해하는 것입니다. 제재에서 낯선 개념과 어휘를 살펴봄으로써 독해를 위한 기본을 다질 수 있습니다.

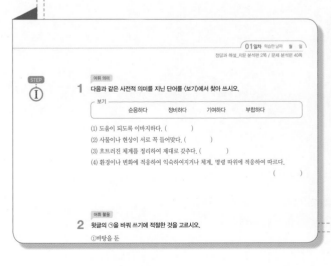

01일차 학습한 날짜　월　일

정답과 해설_지문 분석편 2쪽 / 문제 분석편 40쪽

STEP I

어휘 의미

1 다음과 같은 사전적 의미를 지닌 단어를 〈보기〉에서 찾아 쓰시오.

보기

| 순응하다 | 정비하다 | 기여하다 | 부합하다 |

(1) 도움이 되도록 이바지하다. (　　　)
(2) 사물이나 현상이 서로 꼭 들어맞다. (　　　)
(3) 흐트러진 체계를 정리하여 제대로 갖추다. (　　　)
(4) 환경이나 변화에 적응하여 익숙하여지거나 체계, 명령 따위에 적응하여 따르다.
(　　　)

어휘 활용

2 윗글의 ㉠을 바꿔 쓰기에 적절한 것을 고르시오.

① 바탕을 둔

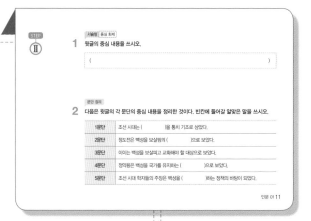

03 STEP Ⅱ

꼼꼼한 지문 분석과 이해!

글의 주제를 파악하고 각 문단의 내용을 정리해 보도록 문제를 제시하였습니다. 중요 개념이나 글의 구조를 도식화하여 해석하고 따져 보면서 글을 분석할 수 있게 하여 스스로 독해할 수 있는 능력을 기를 수 있게 하였습니다.

04 STEP Ⅲ

기출문제로 실전 연습! 마무리까지 확실하게!

우수한 지문을 바탕으로 한 선별된 기출문제를 통해 문제 해결 능력을 키울 수 있습니다. 제재 이해와 문제 해결에 필요한 배경지식을 제시하고 지문을 통해 독해 지식을 익힐 수 있게 구성하였습니다. 문제와 제재 속 시각 자료를 분석적으로 제시하여 효과적인 제재 이해와 문제 풀이가 가능하도록 하였습니다.

05 실전 모의고사

미리 경험하는 실전 모의고사!

수능 비문학을 실전처럼 경험할 수 있도록 실전 모의고사를 제시하였습니다. 실전 모의고사를 통해 비문학 독해를 마무리할 수 있습니다.

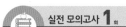

정답과 해설

지문 분석편과 문제 분석편으로 구성된 완벽한 제재 해설!

제재를 완벽히 분석할 수 있도록 상세한 지문 첨삭 방법으로 지문 분석편을 제시하였습니다. 문제 분석편을 통해 자세한 정답과 오답 풀이로 문제를 확실하게 이해할 수 있습니다.

이 책의 차례

인문

01 한국 주자학과 실학에서 민(民)의 개념   10

02 중국 전국 시대의 인성론   14

03 스피노자 윤리학의 코나투스   18

04 고대 중국인과 순자의 하늘에 대한 인식   22

05 흄이 주장한 경험론   26

06 노비를 줄이고 양인을 늘리다 '반상과 양천'   30

07 판단과 추론에 영향을 미치는 휴리스틱   34

사회

01 손실 보상 청구권에 대한 해석   38

02 추격 사이클 이론   42

03 기업들의 규모 변화와 거래 비용 이론   46

04 구독 경제   50

05 범죄학과 셉테드   54

06 민법과 형법   58

07 조세의 효율성과 공평성   62

과학

01 핵분열과 핵융합   66

02 언어 처리 과정과 뇌   70

03 우리 몸의 자연 치유력   74

04 식물이 물을 끌어 올리는 원리   78

05 천체의 겉보기 운동과 금성의 관측   82

06 북극 해빙의 수명이 긴 이유   86

기술

01 컴퓨터에서의 캐싱   90

02 상변화 물질과 열 수송   94

03 전기 레인지의 종류와 가열 방식   98

04 열차 안전장치의 종류와 작동 원리   102

05 초고층 건물을 짓는 건축 기술   106

06 제책 기술의 등장 배경과 유형   110

예술

01 미래주의 회화   114

02 니체의 예술 철학과 표현주의   118

03 엑스레이 아트   122

04 인상주의와 후기 인상주의   126

05 겸재와 단원의 진경산수화   130

06 지휘자의 음악 해석   134

07 신라 범종의 조형 양식과 계승   138

주제 통합

01 (가) 예술 정의에 대한 미학 이론의 전개   142

     (나) 예술 작품에 대한 주요 비평 방법

02 (가) 과거제의 사회적 기능과 의의   146

     (나) 과거제의 부작용과 개혁 방안

03 (가) 진화론도 진화한다   150

     (나) 이타적 인간의 출현

실전 학습

실전 모의고사 1회   156

실전 모의고사 2회   163

학습 계획표

언제 할까		무엇을 할까	어떻게 했지
1일차 ☐ 월 ☐ 일	인문	**01** 한국 주자학과 실학에서 민(民)의 개념 **02** 중국 전국 시대의 인성론	• 핵심어 • 주제
2일차 ☐ 월 ☐ 일		**03** 스피노자 윤리학의 코나투스 **04** 고대 중국인과 순자의 하늘에 대한 인식	• 핵심어 • 주제
3일차 ☐ 월 ☐ 일		**05** 흄이 주장한 경험론	• 핵심어 • 주제
4일차 ☐ 월 ☐ 일		**06** 노비를 줄이고 양인을 늘리다 '반상과 양천' **07** 판단과 추론에 영향을 미치는 휴리스틱	• 핵심어 • 주제
5일차 ☐ 월 ☐ 일	사회	**01** 손실 보상 청구권에 대한 해석	• 핵심어 • 주제
6일차 ☐ 월 ☐ 일		**02** 추격 사이클 이론 **03** 기업들의 규모 변화와 거래 비용 이론	• 핵심어 • 주제
7일차 ☐ 월 ☐ 일		**04** 구독 경제	• 핵심어 • 주제
8일차 ☐ 월 ☐ 일		**05** 범죄학과 셉테드	• 핵심어 • 주제
9일차 ☐ 월 ☐ 일		**06** 민법과 형법 **07** 조세의 효율성과 공평성	• 핵심어 • 주제
10일차 ☐ 월 ☐ 일	과학	**01** 핵분열과 핵융합	• 핵심어 • 주제
11일차 ☐ 월 ☐ 일		**02** 언어 처리 과정과 뇌	• 핵심어 • 주제
12일차 ☐ 월 ☐ 일		**03** 우리 몸의 자연 치유력 **04** 식물이 물을 끌어 올리는 원리	• 핵심어 • 주제
13일차 ☐ 월 ☐ 일		**05** 천체의 겉보기 운동과 금성의 관측	• 핵심어 • 주제
14일차 ☐ 월 ☐ 일		**06** 북극 해빙의 수명이 긴 이유	• 핵심어 • 주제

언제 할까		무엇을 할까	어떻게 했지
15일차 ☐ 월 ☐ 일	기술	01 컴퓨터에서의 캐싱	• 핵심어 • 주제
16일차 ☐ 월 ☐ 일		02 상변화 물질과 열 수송	• 핵심어 • 주제
17일차 ☐ 월 ☐ 일		03 전기 레인지의 종류와 가열 방식	• 핵심어 • 주제
18일차 ☐ 월 ☐ 일		04 열차 안전장치의 종류와 작동 원리 05 초고층 건물을 짓는 건축 기술	• 핵심어 • 주제
19일차 ☐ 월 ☐ 일		06 제책 기술의 등장 배경과 유형	• 핵심어 • 주제
20일차 ☐ 월 ☐ 일	예술	01 미래주의 회화	• 핵심어 • 주제
21일차 ☐ 월 ☐ 일		02 니체의 예술 철학과 표현주의 03 엑스레이 아트	• 핵심어 • 주제
22일차 ☐ 월 ☐ 일		04 인상주의와 후기 인상주의 05 겸재와 단원의 진경산수화	• 핵심어 • 주제
23일차 ☐ 월 ☐ 일		06 지휘자의 음악 해석 07 신라 범종의 조형 양식과 계승	• 핵심어 • 주제
24일차 ☐ 월 ☐ 일	주제 통합	01 (가) 예술 정의에 대한 미학 이론의 전개 　　(나) 예술 작품에 대한 주요 비평 방법	• 핵심어 • 주제
25일차 ☐ 월 ☐ 일		02 (가) 과거제의 사회적 기능과 의의 　　(나) 과거제의 부작용과 개혁 방안	• 핵심어 • 주제
26일차 ☐ 월 ☐ 일		03 (가) 진화론도 진화한다 　　(나) 이타적 인간의 출현	• 핵심어 • 주제
27일차 ☐ 월 ☐ 일	실전 학습	실전 모의고사 1회	• 핵심어 • 주제
28일차 ☐ 월 ☐ 일		실전 모의고사 2회	• 핵심어 • 주제

EBS
필독 중학 국어 비문학 독해

3

영역별 학습

1 인문

2 사회

3 과학

4 기술

5 예술

6 주제 통합

한국 주자학과 실학에서 민(民)의 개념

[2021학년도 3월 고1 학력평가]

조선 시대의 유학자들은 왕권의 기반이 민심에 있으며 민심을 천심으로 받아들여야 한다고 보는 민본(民本) 사상*을 통치 기조로 삼을 것을 주장했다. 이러한 관점에서 군주는 백성의 뜻을 하늘의 뜻으로 받들며 섬기고 덕성*을 갖춘 성군으로서 백성의 모범이 되어야 하며, 백성을 사랑하는 애민의 태도로 백성의 삶을 안정시키고 백성을 교화*해야 하는 존재라고 강조했다. 또한 백성은 보살핌과 가르침을 받는 존재로서 통치에 순응해야 한다고 보았다.

군주와 백성에 대한 이러한 관점은 조선 개국을 주도하고 통치 체제를 설계한 정도전의 주장에도 드러난다. 정도전은 군주나 관료가 백성에 대한 통치권을 지닌 것은 백성을 지배하기 위한 것이 아니라 백성을 보살피고 안정시키기 위한 것이라고 보았다. 군주나 관료가 지배자가 아니라 백성을 위해 일하는 봉사자일 때 이들의 지위나 녹봉*은 그 정당성이 확보된다고 여긴 것이다. 또한 왕권이 정상적으로 작동하기 위해서는 왕을 정점으로 하여 관료 조직을 위계적*으로 정비하는 것과 더불어, 민심을 받들어 백성을 보살피는 자로서 군주가 덕성을 갖추는 것이 중요하다고 보았다. 백성을 위하는 관료의 자질 향상 및 책무의 중요성을 강조한 한편, 관료의 비행을 감독하는 감사 기능의 강화를 주장하기도 했다. 이러한 정도전의 주장은 백성을 보살핌의 대상으로 바라본 민본 사상의 관점에 입각한 것이라 할 수 있다.

조선 중기의 학자 이이 역시 군주의 바람직한 덕성을 강조한 한편 군주와 백성의 관계를 부모와 자식의 관계에 빗대어 백성을 보살펴야 하는 대상이라 논했다. 이이는 특히 애민은 부모가 자녀를 가르치듯 군주가 백성들을 도덕적으로 교화함으로써 실현되며, 교화를 순조롭게 이루기 위해서는 우선 백성들을 경제적으로 안정시켜야 한다는 점을 강조했다. 또한 백성은 군주에 대한 신망*을 지닐 수도 버릴 수도 있는 존재이므로, 군주는 백성을 두려워하는 외민(畏民)의 태도를 지녀야 함을 역설했다. 백성을 보살피고 교화해야 할 대상으로 여긴 점은 정도전의 관점과 상통하는 지점이다. 다만 군주가 백성에 대한 두려움을 가지고 백성의 신망을 유지하기 위해 노력해야 한다는 것을 강조한 점에서 차이가 있다.

조선 후기의 학자 정약용은 환자나 극빈자, 노인과 어린이 등 사회적 약자에 속하는 백성을 적극적으로 보호하는 것이 애민의 내용이라고 주장했다. 이는 백성을 보살핌의 대상으로 바라보는 시각을 구체화한 것이라 할 수 있다. 한편 정약용은 백성을 통치 체제 유지에 기여해야 하는 존재라 보고, 백성이 각자의 경제적 형편에 부합하는 역할을 수행해야 한다고 주장하여 백성에 대한 기존의 관점과 차이를 드러냈다. 그는 가난한 백성인 '소민'은 교화를 따름으로써, 부유한 백성인 '대민'은 생산 수단을 제공하고 납세의 부담을 맡음으로써 통치 질서의 안정에 기여해야 한다고 논했다. 이는 조선 후기 농업 기술과 상·공업의 발달로 인해 재산을 축적한 백성들이 등장한 현실을 고려한 것으로, 백성이 국가를 유지하는 근간이라고 보는 관점에 ㉠기반한 주장이었다.

[A]
조선 시대 학자들의 이와 같은 주장은 군주를 비롯한 통치 계층이 백성을 존중하는 정책을 펼치는 바탕이 되었다. 백성을 대상으로 한 교육 제도, 관료의 횡포*를 견제하는 감찰* 제도, 민생 안정을 위한 조세 및 복지 제도, 백성의 민원을 수렴하는 소원 제도 등은 백성을 위한 정책이 구현*된 사례라 할 수 있다.

STEP Ⅰ

어휘 의미

1 다음과 같은 사전적 의미를 지닌 단어를 〈보기〉에서 찾아 쓰시오.

보기

　　　순응하다　　　정비하다　　　기여하다　　　부합하다

(1) 도움이 되도록 이바지하다. (　　　　　)

(2) 사물이나 현상이 서로 꼭 들어맞다. (　　　　　)

(3) 흐트러진 체계를 정리하여 제대로 갖추다. (　　　　　)

(4) 환경이나 변화에 적응하여 익숙하여지거나 체계, 명령 따위에 적응하여 따르다.

(　　　　　)

어휘 활용

2 윗글의 ㉠을 바꿔 쓰기에 적절한 것을 고르시오.

① 바탕을 둔

② 기초가 되는

③ 처음으로 시작하는

④ 무엇을 갖다 바치는

⑤ 미리 마련하여 갖추는

STEP Ⅱ

서술형 **중심 화제**

1 윗글의 중심 내용을 쓰시오.

(　　　　　　　　　　　　　　　　　　　　　　　　　　　　　　　　　　)

문단 정리

2 다음은 윗글의 각 문단의 중심 내용을 정리한 것이다. 빈칸에 들어갈 알맞은 말을 쓰시오.

1문단	조선 시대는 (　　　　　　)을 통치 기조로 삼았다.
2문단	정도전은 백성을 보살핌의 (　　　　　)으로 보았다.
3문단	이이는 백성을 보살피고 교화해야 할 대상으로 보았다.
4문단	정약용은 백성을 국가를 유지하는 (　　　　　)으로 보았다.
5문단	조선 시대 학자들의 주장은 백성을 (　　　　　)하는 정책의 바탕이 되었다.

내용 구조

3 다음은 조선 시대 학자들의 군주와 백성에 대한 관점을 정리한 것이다. 빈칸에 들어갈 알맞은 말을 쓰시오.

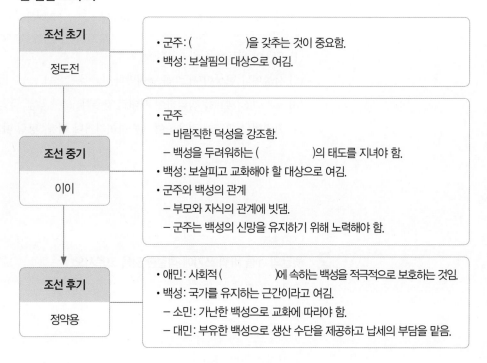

수능형 **정보 간의 비교**

1 〈보기〉는 윗글을 읽은 학생의 독후 활동이다. ㉮에 들어갈 내용으로 가장 적절한 것은?

─ 보기 ─

독후 활동

유사한 화제를 다룬 다음 자료를 읽고, 관점의 차이를 정리해 보자.

[자료]

조선 시대의 교육은 신분 질서 유지를 통해 통치 계층의 우위를 확보하는 데 기여했다. 현실적으로 통치 계층이 아닌 백성은 정치에 참여하는 관료가 되기 어려웠는데, 이는 신분에 따라 교육 기회가 제한된 것과 관련된다. 한편, 백성을 대상으로 하는 교육은 대체로 도덕적 교화를 위한 것에 한정되었다.

[결론]

[자료]와 [A]는 조선 시대의 (㉮)에 대하여 관점의 차이를 보이고 있다.

① 백성이 교육 기회를 얻고자 노력했는지

② 교육이 본질적으로 백성을 위한 것인지

③ 교육 방식이 현대적으로 계승되었는지

④ 신분 질서가 어떤 의미를 지니는지

⑤ 백성이 어떻게 정치에 참여했는지

수능형 다른 상황에 적용

2 윗글을 바탕으로 〈보기〉를 이해한 내용으로 적절하지 않은 것은?

┌─ 보기 ──

ㄱ. 옛날에 바야흐로 온 세상을 제압하고 나서 천자가 벼슬을 내리고 녹봉을 나누어 준 것은 신하들을 위해서가 아니라 백성들을 위한 것이었다. … 임금이 관리에게 책임을 지우는 것도 한결같이 백성에 근본을 두고, 관리가 임금에게 보고하는 것도 한결같이 백성에 근본을 두면, 백성은 중요한 존재가 된다.
　　- 정도전, 『삼봉집』 -

ㄴ. 청컨대 전하의 식사와 옷에서부터, 바치는 물건들과 대궐 안에서 일상적으로 쓰는 물건들 일체를 삼분의 일 줄이십시오. 이런 방식으로 헤아려서 모든 팔도의 진상·공물들도 삼분의 일 줄이십시오. 이렇게만 하신다면 은택이 아래로 미치어 백성들이 실질적인 혜택을 받게 될 것입니다.
　　- 이이, 『율곡전서』 -

ㄷ. 만일 목화 농사가 흉작이 되어 면포의 가격이 뛰어오르는데 수백 리 밖의 고장은 풍년이 들어 면포의 값이 매우 쌀 경우 수령은 일단 백성에게 군포를 납부하지 말도록 해야 한다. 그리고 아전 중 청렴한 자를 골라 풍년이 든 곳에 가서 면포를 구입해 오도록 하여 군포를 바친다. 그리고 면포를 구입하는 데 쓴 돈은 백성들이 균등하게 부담케 하면 백성에게 큰 혜택이 돌아갈 것이다.
　　- 정약용, 『목민심서』 -

└──

① ㄱ은 관료의 녹봉이 백성을 위해 일하는 봉사자로서 얻는 것이라는 주장과 관련된다.

② ㄴ은 군주가 백성을 보살피는 존재라는 시각을 바탕으로 한다.

③ ㄷ은 대민과 소민에 따라 납세 부담에 차이가 있어야 한다는 주장을 구현하는 방법이다.

④ ㄱ과 ㄷ은 민본 사상의 관점에서 바람직한 관료의 면모를 보여 준다.

⑤ ㄴ과 ㄷ은 백성의 경제적 안정을 중시하는 관점에서 제안된 방안에 해당한다.

📖 지문으로 엮어 읽는 배경지식 **백성의 민원을 수렴하는 제도**

　조선 시대에 백성의 민원을 수렴하는 제도로 대표적인 것은 조선 초기의 '신문고', 조선 후기의 '상언'과 '격쟁'이다.

　신문고는 억울한 일을 당한 백성이 임금에게 직접 호소하고자 할 때 칠 수 있도록 대궐의 문루에 달아 두었던 북이다. 그러나 신문고는 서울 지역의 양반이 주로 이용하여 이용자가 특정 신분과 특정 지역으로 제한되었고, 이용 절차에도 각종 통제가 가해져 크게 활성화되지는 못하였다.

　상언은 신분에 관계없이 억울한 일을 당한 사람이 문서로 임금에게 호소하는 제도이다. 하지만 문서를 작성해야 하기 때문에 일반 백성들은 이용하기 어려워 격쟁을 활용하는 경우가 많았다.

　격쟁은 억울하고 원통한 일을 당한 사람이 임금이 행차하는 길에서 징이나 꽹과리를 쳐서 사람들의 이목을 집중시킨 다음에 자신의 억울함을 임금에게 직접 호소하는 행위이다. 조선 22대 왕인 정조 시절에는 총 1,355건의 격쟁이 있었다고 한다.

인문 02 중국 전국 시대의 인성론

[2019학년도 6월 고1 학력평가]

필독 TIP

어휘 ★★★★
문장 ★★★
배경지식 ★★★★

이 글은 중국 역사에서 인성론이 대두하게 된 시대적 상황과 주요 사상가들의 관점을 설명하고 있다. 각 사상가들의 인성론에 대한 관점을 비교하며 읽도록 한다.

중국 역사에서 전국 시대는 전쟁으로 점철된 시대였다. 여러 사상가들이 혼란한 정국*을 수습하고 백성들을 고통에서 벗어나게 하기 위해 대안을 마련하였는데, 이 과정에서 그들의 이론을 뒷받침할 형이상학적 체계로서의 인성론이 대두되었다. 인성론은, 인간의 본성이 선하다는 성선설, 인간의 본성이 악하다는 성악설, 인간의 본성에는 애초에 선과 악이라는 구분이 전혀 없다는 성무선악설 등으로 분류될 수 있다. 맹자와 순자를 비롯한 사상가들은 인간 본성에 대한 이론적 탐구에서 더 나아가 사회적·정치적 관점으로 인성론을 구성하고 변형시켜 왔다.

맹자의 성선설이 국가 공권력*에 저항하기 위해 호족들 및 지주들이 선한 본성을 갖춘 자신들을 간섭하지 말라는 이념적 논거로 사용되었다면, 순자나 법가의 성악설은 군주가 국가 공권력을 정당화할 때 그 논거로서 사용되었다. 즉 선악이란 윤리적 개념이 정치적 개념과 불가분의 관계에 놓여 있다는 사실을 확인할 수 있다. 성선설에서는 개체가 외부의 강제적인 간섭 없이도 '정치적 질서'를 낳고 유지할 수 있다고 본 반면, 성악설에서는 외부의 간섭이 없을 경우 개체는 '정치적 무질서'를 초래할 뿐인 존재라고 본 것이다.

한편 ㉠고자는 성무선악설을 통해 인간이 가지고 있는 식욕과 같은 자연적인 욕구가 본성이므로 이를 정치적이면서 동시에 윤리적인 범주로서의 선과 악의 개념으로 다룰 수 없다고 주장했다. 그는 인간의 본성을 '소용돌이치는 물'로 비유했는데, 이러한 관점은 소용돌이처럼 역동적*인 삶의 의미를 지닌 인간을 규격화함으로써 그 역동성을 마비시키려는 일체의 외적 간섭에 저항하는 입장을 취하도록 하였다.

㉡맹자는, 인간의 본성을 역동적인 것으로 간주한 고자의 인성론을 비판하였다. 맹자는 살아 있는 버드나무와 그것으로 만들어진 나무 술잔의 비유를 통해, 나무 술잔으로 쓰일 수 있는 본성이 이미 버드나무 안에 있다고 보았다. 맹자는 인간이 선천적*으로 지닌 이러한 본성을 인의예지 네 가지로 규정하였다. 고통에 빠진 타인을 측은히 여기는 동정심*, 즉 측은지심은 인간이라면 누구나 갖고 있다고 보고, 측은한 마음은 인간의 의식적 노력에서 나온 것이 아니라 불쌍한 타인을 목격할 때 저절로 내면 깊은 곳에서 흘러나온다고 본 것이 맹자의 관점이었다. 다시 말해 인간은 스스로의 노력으로 본성을 실현할 수 있는 존재, 즉 타인의 힘이 아닌 자력으로 수행할 수 있는 존재라고 보았다. 이것이 바로 맹자 수양론의 기본 전제이다.

모든 인간은 선한 본성을 지니고 있고, 이 선한 본성의 실현은 주체 자신의 노력에 의해서만 가능하다는 맹자의 성선설을 순자는 사변적*이고 낙관적이며 현실 감각이 결여*된 주장으로 보았다. 선한 인간이 되기 위해서 인간은 국가 질서, 학문, 관습 등과 같은 외적인 것에 의존할 필요가 없다고 본 맹자의 논리는 현실 사회에서 국가 공권력과 사회 규범의 역할을 전적으로 부정하는 논거로도 사용될 수 있었기 때문이다. ㉢순자의 견해처럼 인간의 본성이 악하다고 전제할 때 그것을 교정하고 순치*할 수 있는 외적인 강제력, 다시 말해 국가 권력이나 전통적인 제도들이 부각될 수 있다. 국가 질서와 사회 규범을 정당화하기 위한 순자의 견해는 성악설 뿐만 아니라 현실주의적 인간관에서 비롯되었다.

순자는 인간의 욕망이 무한하지만 그것을 충족시켜 줄 재화는 매우 한정되어 있다고 보고 이런 모순을 해결하기 위해서 국가에 의해 예(禮)가 만들어졌다는 입장을 견지하였다. 만약 인간

* **정국**: 정치의 국면. 또는 정치계의 형편.
* **공권력**: 국가나 공공 단체가 우월한 의사의 주체로서 국민에게 명령하고 강제할 수 있는 권력.
* **역동적**: 힘차고 활발하게 움직이는 것.
* **선천적**: 태어날 때부터 지니고 있는 것.
* **동정심**: 남의 어려운 처지를 안타깝게 여기는 마음.
* **사변적**: 경험에 의하지 않고 순수한 이성에 의하여 인식하고 설명하는 것.
* **결여**: 마땅히 있어야 할 것이 빠져서 없거나 모자람.
* **순치**: 목적한 상태로 차차 이르게 함.

에게 외적인 공권력과 사회 규범이 없는 경우를 가정한다면 인간들은 자신들의 욕망 충족에 있어 턱없이 부족한 재화를 놓고 일종의 전쟁 상태에 빠지게 될 것이고, 그 결과 사회는 걷잡을 수 없는 무질서 상태로 전락*하게 될 것이다. 맹자의 성선설이 비현실적일 뿐만 아니라 정치적 질서를 해칠 가능성이 있다고 본 순자의 비판은, 바로 인간과 사회에 대한 이와 같은 견해로부터 나온 것이다.

* 전락: 나쁜 상태나 타락한 상태에 빠짐.

STEP I

어휘 활용

1 다음 단어를 활용하기에 적절한 문장을 찾아 바르게 연결하시오.

(1) 점철되다 •	• ㄱ. 대량 생산을 위해서는 제품을 ( ) 한다.
(2) 규격화하다 •	• ㄴ. 남매의 딱한 사정을 듣고 보니 ( ) 생각이 들었다.
(3) 측은하다 •	• ㄷ. 일제 강점기는 우리 민족의 수난과 고난으로 ( ) 시기였다.
(4) 결여되다 •	• ㄹ. 양심이 ( ) 범죄자들에게 엄한 처벌을 내려야 한다는 여론이 일고 있다.

STEP II

서술형 중심 화제

1 윗글의 중심 내용을 쓰시오.

(   )

문단 정리

2 다음은 윗글의 각 문단의 중심 내용을 정리한 것이다. 빈칸에 들어갈 알맞은 말을 쓰시오.

1문단	중국의 전국 시대에 성선설, 성악설, 성무선악설 등의 ( )이 대두되었다.
2문단	성선설과 성악설에서 선악이라는 윤리적 개념은 ( ) 개념과 불가분의 관계에 있다고 보았다.
3문단	고자는 ( )을 주장했다.
4문단	( )는 고자의 성무선악설을 비판하고, 성선설을 주장했다.
5~6문단	순자는 맹자의 성선설을 비판하고, ( )을 주장했다.

서술형 내용 구조

3 다음은 각 사상가들이 주장한 인성론에 대한 내용을 정리한 것이다. 빈칸에 들어갈 알맞은 내용을 쓰시오.

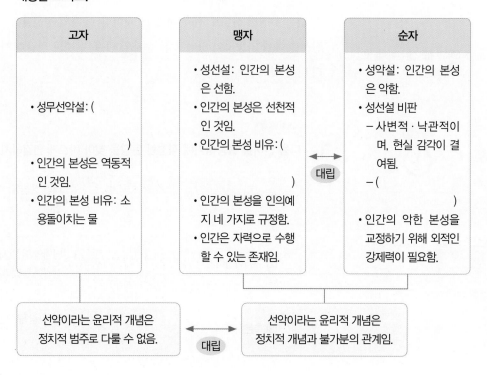

고자	맹자	순자

• 성무선악설: (⟶)	• 성선설: 인간의 본성은 선함.
	• 인간의 본성은 선천적인 것임.
	• 인간의 본성 비유: (⟶)
		• 성악설: 인간의 본성은 악함.
		• 성선설 비판
		  – 사변적·낙관적이며, 현실 감각이 결여됨.
		  – (⟶)

• 인간의 본성은 역동적인 것임. • 인간의 본성 비유: 소용돌이치는 물	• 인간의 본성을 인의예지 네 가지로 규정함. • 인간은 자력으로 수행할 수 있는 존재임.	• 인간의 악한 본성을 교정하기 위해 외적인 강제력이 필요함.

대립 ⟷ (맹자–순자)

선악이라는 윤리적 개념은 정치적 범주로 다룰 수 없음. ⟷ **대립** ⟷ 선악이라는 윤리적 개념은 정치적 개념과 불가분의 관계임.

STEP III

수능형 다른 상황에 적용

1 윗글의 '순자'와 〈보기〉의 '홉스'가 모두 동의할 만한 진술로 가장 적절한 것은?

> ┌ 보기 ┐
>
> 홉스의 『리바이어던』에 따르면, 인간은 본성이 이기적이므로 자신의 이익을 극대화하기 위해 '자연 상태'에서 '만인의 만인에 대한 투쟁' 상태로 비참하게 살아갈 수밖에 없다. 이를 극복하기 위해 공동의 권력을 만들었는데 이것이 바로 리바이어던이다. 이는 공동의 평화와 방어를 위해 필요한 모든 힘과 수단을 이용할 수 있는 절대 권력이다. 사람들은 리바이어던 같은 절대 통치자에게 복종을 약속하고 대신 통치자는 사람들의 안전을 보장해 주는데, 국가는 바로 이러한 계약에 따라 만들어졌다.

① 인간의 이기적인 본성이 사회의 혼란과 무질서를 초래함을 인정해야 한다.

② 인간은 공동의 평화를 위해 국가 권력에 대해 비판적 태도를 지녀야 한다.

③ 통치자는 권력을 유지하기 위해 한정된 재화의 균등한 분배에 힘써야 한다.

④ 대립적 상황의 해결을 위하여 인간의 본성이 발현되는 자연 상태로 돌아가야 한다.

⑤ 사회의 질서를 유지하기 위한 제도와 규범은 구성원들의 계약에 의해 마련되어야 한다.

수능형 구체적 상황에 적용

2 ⊙~ⓒ의 관점에서 〈보기〉를 이해한 것으로 적절하지 <u>않은</u> 것은?

보기

　　가난과 배고픔 때문에 빵을 훔친 장 발장은 체포되어 19년 동안 감옥 생활을 한다. 출소한 장 발장은 신분증에 전과가 적혀 있어 잠잘 곳도, 일자리도 구할 수 없게 된다. 오직 미리엘 주교만은 이런 그를 따뜻하게 맞아 주었으나, 장 발장은 은촛대를 훔치다가 경관에게 붙잡힌다. 하지만 미리엘 주교는 은촛대는 장 발장이 훔친 것이 아니라 선물로 준 것이라고 말하며 사랑을 베풀어 주었고, 이에 감동받은 장 발장은 정체를 숨기고 선행을 베풀며 살아간다.

① ⊙: 장 발장이 배가 고파 빵을 먹고 싶은 것은 인간의 자연스러운 욕구에서 비롯된 것으로 이해할 수 있다.

② ⊙: 미리엘 주교가 은촛대를 장 발장에 준 선물이라고 말한 것은 역동적 삶의 의지를 규격화하려는 행위로 볼 수 있다.

③ ⓛ: 미리엘 주교가 장 발장에게 편히 쉴 곳을 마련해 준 것은 불쌍한 사람을 측은히 여기는 마음에 따른 것으로 이해할 수 있다.

④ ⓛ: 장 발장이 선행을 베풀며 살아가는 모습은 스스로의 노력으로 선한 본성을 실현하는 것으로 볼 수 있다.

⑤ ⓒ: 장 발장이 체포되어 수감된 것은 본성을 바로잡기 위한 사회 규범에 의거한 것으로 볼 수 있다.

📖 지문으로 엮어 읽는 배경지식 **맹자의 '사단(四端)'**

　　맹자가 말한 사단은 그의 정치 철학서 『맹자』에서 유래한 것으로, 사람이라면 태어날 때부터 지니고 있으며 자연적으로 우러나오는 네 가지 마음을 의미한다. 맹자는 인간의 본성이 선하다는 성선설을 주장하면서 이것을 사단으로 나누었다.

• 인(仁): 너그럽고 착하며 사람을 사랑하는 어진 마음을 의미한다. 이는 고통에 빠진 사람을 불쌍하고 측은하게 여기는 마음인 '측은지심(惻隱之心)'으로 나타난다.

• 의(義): 불의를 부끄러워하는 의로운 마음을 의미한다. 이는 의롭지 못한 일을 보면 부끄러워하고 분노하는 마음인 '수오지심(羞惡之心)'으로 나타난다.

• 예(禮): 예의 바르고 겸손한 마음을 의미한다. 이는 남을 공경하고 사양할 줄 아는 마음인 '사양지심(辭讓之心)'으로 나타난다.

• 지(智): 참과 거짓을 분별할 줄 아는 지혜로운 마음을 의미한다. 이는 옳고 그름을 가릴 줄 아는 마음인 '시비지심(是非之心)'으로 나타난다.

스피노자 윤리학의 코나투스

[2018학년도 9월 고1 학력평가]

　　스피노자의 윤리학*을 이해하기 위해서는 코나투스(Conatus)라는 개념이 필요하다. 스피노자에 따르면 실존하는 모든 사물은 자신의 존재를 유지하기 위해 노력하는데, 이것이 바로 그 사물의 본질인 코나투스라는 것이다. 정신과 신체를 서로 다른 것이 아니라 하나로 보았던 그는 정신과 신체에 관계되는 코나투스를 충동*이라 부르고, 다른 사물들과 같이 인간도 자신을 보존하고자 하는 충동을 갖고 있다고 보았다. 특히 인간은 자신의 충동을 의식할 수 있다는 점에서 동물과 차이가 있다며 인간의 충동을 욕망이라고 하였다. 즉 인간에게 코나투스란 삶을 지속하고자 하는 욕망을 의미한다.

　　스피노자에 따르면 코나투스를 본질로 지닌 인간은 한번 태어난 이상 삶을 지속하기 위해 힘쓴다. 하지만 인간은 자신의 힘만으로 삶을 지속하기 어렵다. 인간은 다른 것들과의 관계 속에서만 삶을 유지할 수 있으므로 언제나 타자와 관계를 맺는다. 이때 타자로부터 받은 자극*에 의해 신체적 활동 능력이 ㉠증가하거나 ㉡감소하는 변화가 일어난다. 감정을 신체의 변화에 대한 표현으로 보았던 스피노자는 신체적 활동 능력이 증가하면 기쁨의 감정을 느끼고, 신체적 활동 능력이 감소하면 슬픔의 감정을 느낀다고 생각했다. 또한 신체적 활동 능력이 감소하는 것과 슬픔의 감정을 느끼는 것은 코나투스가 감소하고 있음을 보여 주는 것, 다시 말해 삶을 지속하고자 하는 욕망이 줄어드는 것이라고 여겼다. 그래서 인간은 코나투스의 증가를 위해 자신의 신체적 활동 능력을 증가시키고 기쁨의 감정을 유지하려고 노력한다는 것이다.

　　한편 스피노자는 선악의 개념도 코나투스와 연결 짓는다. 그는 사물이 다른 사물과 어떤 관계를 맺느냐에 따라 선이 되기도 하고 악이 되기도 한다고 말한다. 코나투스의 관점에서 보면 선이란 자신의 신체적 활동 능력을 증가시키는 것이며, 악은 자신의 신체적 활동 능력을 감소시키는 것이다. 이를 정서의 차원에서 설명하면 선은 자신에게 기쁨을 주는 모든 것이며, 악은 자신에게 슬픔을 주는 모든 것이다. 한마디로 인간의 선악에 대한 판단은 자신의 감정에 따라 결정된다는 것을 의미한다.

　　이러한 생각을 토대로 스피노자는 코나투스인 욕망을 긍정하고 욕망에 따라 행동하라고 이야기한다. 슬픔은 거부하고 기쁨을 지향하라는 것, 그것이 곧 선의 추구라는 것이다. 그리고 코나투스는 타자와의 관계에 영향을 받으므로 인간에게는 타자와 함께 자신의 기쁨을 증가시킬 수 있는 공동체*가 필요하다고 말한다. 그 안에서 자신과 타자 모두의 코나투스를 증가시킬 수 있는 기쁨의 관계를 형성하라는 것이 스피노자의 윤리학이 우리에게 하는 당부*이다.

*윤리학: 인간 행위의 규범에 관하여 연구하는 학문. 도덕의 본질·기원·발달, 선악의 기준 및 인간 생활과의 관계 따위를 다룬다.

*충동: 순간적으로 어떤 행동을 하고 싶은 욕구를 느끼게 하는 마음속의 자극.

*자극: 어떠한 작용을 주어 감각이나 마음에 반응이 일어나게 함. 또는 그런 작용을 하는 사물.

*공동체: 생활이나 행동 또는 목적 따위를 같이하는 집단.

*당부: 말로 단단히 부탁함. 또는 그런 부탁.

STEP
I

어휘 활용

1 다음 문장의 빈칸에 들어갈 알맞은 단어를 〈보기〉에서 찾아 쓰시오.

> 보기
> • 실존: 실제로 존재함. 또는 그런 존재.
> • 지속: 어떤 상태가 오래 계속됨. 또는 어떤 상태를 오래 계속함.
> • 거부: 요구나 제의 따위를 받아들이지 않고 물리침.
> • 지향: 어떤 목표로 뜻이 쏠리어 향함. 또는 그 방향이나 그쪽으로 쏠리는 의지.

(1) 이 소설에 등장하는 인물들은 모두 가공인물로 (   )하는 사람들이 아니다.

(2) 강연자는 미래의 건축이 세계성을 (   )하는 방향으로 나아가야 한다고 말했다.

(3) 일제의 부당한 침략과 착취에 맞서 우리나라 사람들은 곳곳에서 독립운동을 (   ) 하였다.

(4) 단발령을 들은 선비들 중의 일부는 내 목은 잘라도 머리털은 못 자른다며 단발을 한사 코 (   )했다.

어휘 활용

2 윗글의 ㉠, ㉡을 바꿔 쓰기에 적절한 것을 고르시오.

	㉠	㉡		㉠	㉡
①	늘거나	주는	②	길어지거나	짧아지는
③	깊어지거나	얕아지는	④	넓어지거나	좁아지는
⑤	작아지거나	적어지는			

STEP
II

서술형 중심 화제

1 윗글의 중심 내용을 쓰시오.

(   )

문단 정리

2 다음은 윗글의 각 문단의 중심 내용을 정리한 것이다. 빈칸에 들어갈 알맞은 말을 쓰시오.

1문단	스피노자 윤리학에서 코나투스는 삶을 지속하고자 하는 ( )을 의미한다.
2문단	인간은 코나투스 증가를 위해 자신의 ( ) 활동 능력을 증가시키고, 기쁨의 감정을 유지하려고 노력한다.
3문단	인간의 선악에 대한 판단은 자신의 ( )에 따라 결정된다.
4문단	스피노자 윤리학에서는 욕망을 긍정하고 욕망에 따라 행동하며, 공동체 안에서 ( )의 관계를 형성하라는 당부를 한다.

내용 구조

3 다음 구조도의 빈칸에 알맞은 말을 써넣어, 윗글의 내용을 정리하시오.

코나투스
• 자신의 존재를 유지하기 위한 실존하는 모든 사물의 노력이자 사물의 본질 • 인간에게는 삶을 지속하고자 하는 욕망

코나투스와 감정	코나투스와 선악
• 감정: (　　　　)의 변화에 대한 표현 • 신체적 활동 능력 증가: 기쁨의 감정을 느낌. • 신체적 활동 능력 감소: 슬픔의 감정을 느낌.	• 선악: 사물이 다른 사물과 맺는 (　　　　)에 따른 결과 • 선: 자신의 신체적 활동 능력을 증가시키는 것, 자신에게 기쁨을 주는 것 • 악: 자신의 신체적 활동 능력을 감소시키는 것, 자신에게 슬픔을 주는 것

인간의 선악에 대한 판단은 자신의 감정에 따라 결정됨.

스피노자 윤리학의 당부
• (　　　　　　)을 긍정하고 욕망에 따라 행동하라. • 자신과 타자 모두의 코나투스를 증가시킬 수 있는 기쁨의 관계를 형성하라.

STEP Ⅲ

수능형 세부 정보의 파악

1 윗글에 나타난 선악에 대한 스피노자의 입장으로 적절하지 <u>않은</u> 것은?

① 자신에게 기쁨을 주는 것은 선이다.

② 선악은 사물 자체가 가지고 있는 성질이다.

③ 선악에 대한 판단은 타자와의 관계에 따라 달라진다.

④ 자신의 신체적 활동 능력을 감소시키는 것은 악이다.

⑤ 기쁨의 관계 형성이 가능한 공동체는 선의 추구를 위해 필요하다.

수능형 정보 간의 의미 파악

2 윗글을 바탕으로 〈보기〉를 이해한 내용으로 가장 적절한 것은?

┌ 보기 ─────────────────────────────

쇼펜하우어는 욕망을 인간과 세계의 본질로 생각했다. 그의 관점에서 보면 인간을 포함한 모든 사물은 욕망을 충족하기 위해 노력하지만, 채우고 채워도 욕망은 완전히 충족될 수 없다. 그래서 그는 삶을 욕망의 결핍이 주는 고통의 시간이라고 말했고, 이러한 고통으로부터 벗어나기 위해 욕망을 부정하면서 욕망을 절제해야 한다는 금욕주의를 주장했다.

└────────────────────────────────

① 쇼펜하우어는 스피노자처럼, 욕망을 부정적으로 판단하고 있군.

② 쇼펜하우어는 스피노자처럼, 인간은 욕망에 따라 행동해야 한다고 보고 있군.

③ 쇼펜하우어는 스피노자처럼, 삶을 욕망의 결핍이 주는 고통의 시간이라고 여겼군.

④ 쇼펜하우어는 스피노자와 달리, 욕망을 인간의 본질로 보고 있군.

⑤ 쇼펜하우어는 스피노자와 달리, 인간이 욕망에서 벗어나야 한다고 보고 있군.

📖 지문으로 이해하는 독해 지식 **대조**

둘 이상의 대상을 견주어 차이점을 중심으로 설명하는 방법을 대조라고 한다. 대조를 활용하면 각 대상의 장점이나 효과, 특성이 좀 더 잘 드러나는 효과를 얻을 수 있다. 이 글에서는 신체적 활동 능력의 증가와 감소를 통해 코나투스와 감정, 코나투스와 선악의 관계에 대해 설명하고 있다.

┌─────────────────────────────────────

스피노자에 따르면 코나투스를 본질로 지닌 인간은 한번 태어난 이상 삶을 지속하기 위해 힘쓴다. 하지만 인간은 자신의 힘만으로 삶을 지속하기 어렵다. 인간은 다른 것들과의 관계 속에서만 삶을 유지할 수 있으므로 언제나 타자와 관계를 맺는다. 이때 타자로부터 받은 자극에 의해 신체적 활동 능력이 증가하거나 감소하는 변화가 일어난다. 감정을 신체의 변화에 대한 표현으로 보았던 스피노자는 신체적 활동 능력이 증가하면 기쁨의 감정을 느끼 ___신체적 활동 능력 증가 – 기쁨의 감정___
고, 신체적 활동 능력이 감소하면 슬픔의 감정을 느낀다고 생각했다. 또한 신체적 활동 능력이 감소하는 것과 슬픔
←대조→　　　신체적 활동 능력 감소 – 슬픔의 감정
의 감정을 느끼는 것은 코나투스가 감소하고 있음을 보여 주는 것, 다시 말해 삶을 지속하고자 하는 욕망이 줄어드는 것이라고 여겼다. 그래서 인간은 코나투스의 증가를 위해 자신의 신체적 활동 능력을 증가시키고 기쁨의 감정을 유지하려고 노력한다는 것이다. 　■ : 대조로 설명하려는 내용

한편 스피노자는 선악의 개념도 코나투스와 연결 짓는다. 그는 사물이 다른 사물과 어떤 관계를 맺느냐에 따라 선이 되기도 하고 악이 되기도 한다고 말한다. 코나투스의 관점에서 보면 선이란 자신의 신체적 활동 능력을 증가
___선 – 신체적 활동 능력을 증가시키는 것___
시키는 것이며, 악은 자신의 신체적 활동 능력을 감소시키는 것이다. 이를 정서의 차원에서 설명하면 선은 자신에
←대조→　　악 – 신체적 활동 능력을 감소시키는 것
게 기쁨을 주는 모든 것이며, 악은 자신에게 슬픔을 주는 모든 것이다. 한마디로 인간의 선악에 대한 판단은 자신
선 – 기쁨을 주는 모든 것　←대조→　　악 – 슬픔을 주는 모든 것
의 감정에 따라 결정된다는 것을 의미한다.

└─────────────────────────────────────

고대 중국인과 순자의 하늘에 대한 인식

[2018학년도 6월 고1 학력평가]

고대 중국인들은 인간이 행하지 못하는 불가능한 일은 그들이 신성*하다고 생각한 하늘에 의해서 해결 가능하다고 보았다. 그리하여 하늘은 인간에게 자신의 의지를 심어 ㉠두려움을 갖고 복종하게 하는 의미뿐만 아니라 인간의 모든 일을 책임지고 맡아서 처리하는 의미로까지 인식되었다. 그 당시에 하늘은 인간에게 행운과 불운을 가져다줄 수 있는 힘이고, 인간의 개별적 또는 공통적 운명을 지배하는 신비하고 절대적*인 존재라는 믿음이 형성되었다. 이러한 하늘에 대한 인식은 결과적으로 하늘을 권선징악의 주재자*로 보고, 모든 새로운 왕조의 탄생과 정치적 변천까지도 그것에 의해 결정된다는 믿음의 근거로 작용하였다. 하지만 그러한 하늘에 대한 인식은 인간 지혜의 성숙과 문명의 발달로 인한 새로운 시대의 요구에 의해서 대폭 수정될 수밖에 없었다.

순자의 하늘에 대한 주장은 그 당시까지 진행된 하늘의 논의*와 엄격히 구분될 뿐만 아니라 그것을 매우 새롭게 변모시킨 하나의 획기적인 사건으로 규정지을 수 있다. 순자는 하늘을 단지 자연 현상으로 보았다. 그가 생각한 하늘은 별, 해와 달, 사계절, 추위와 더위, 바람 등의 모든 자연 현상을 가리킨다. 따라서 하늘은 사람을 가난하게 만들 수도 없고, 병들게 할 수도 없고, 재앙을 내릴 수도 없고, 부자로 만들 수도 없으며, 길흉화복을 줄 수도 없다. 사람들이 치세(治世)*와 난세(亂世)*를 하늘과 연결시키는 것은 심리적으로 하늘에 기대는 일일 뿐이다. 치세든 난세든 그 원인은 사람에게 있는 것이지 하늘과는 무관하다. 사람이 받게 되는 재앙과 복의 원인도 모두 자신에게 있을 뿐 불변의 질서를 갖고 있는 하늘에 있지 않다.

하늘은 그 자체의 운행* 법칙을 따로 갖고 있어 인간의 길과 다르다. 천체의 운행은 불변의 정규 궤도에 따른다. 해와 달과 별이 움직이고 비가 내리고 바람이 부는 것은 모두 제 나름의 길이 있다. 사계절은 말없이 주기에 따라 움직일 뿐이다. 물론 일식과 월식이 일어나고 비바람이 아무 때나 일고 괴이한 별이 언뜻* 출현하는 경우는 있을 수 있다. 하지만 이런 일이 항상 벌어지는 것은 아니며 하늘이 이상 현상을 드러내 무슨 길흉을 예시하는 것은 더더욱 아니다. 즉, 하늘은 아무 이야기도 하지 않는데 사람들은 하늘과 관련된 이야기를 만들어 낸다는 것이다. 그래서 순자는 천재지변이 일어난다고 해서 하늘의 뜻이 무엇인지 알려고 노력할 필요가 없다고 말한다. 그것이 바로 순자가 말하는 불구지천(不求知天)의 본뜻이다.

순자가 말한 '불구지천'의 뜻은 자연 현상으로서의 하늘이 아니라 하늘에 무슨 의지가 있다고 주장하고 그것을 알아내겠다고 덤비는 종교적 사유의 접근을 비판하려는 것이다. 그러니까 억지로 하늘의 의지를 알려고 힘을 쏟을 필요가 없다. 사람들은 자연 현상에 대해 특별한 의미를 부여하지 말고 오직 인간 사회에서 스스로가 해야 할 일을 열심히 해야 한다. 즉, 재앙이 닥치면 공포에 떨며 기도나 하는 것이 아니라 적극적인 행위로 그것을 이겨 내야 한다는 것이다.

순자의 관심은 하늘에 있지 않고 사람에 있었다. 특히 인간 사회의 정치야말로 순자가 중점을 둔 문제였다. 순자는 "하늘은 만물을 낳을 수 있지만 만물을 변별*할 수는 없다."라고 말한다. 이는 인간도 만물의 하나로 하늘이 낳은 존재이나 하늘은 인간을 낳았을 뿐 인간을 다스리려는 의지는 갖고 있지 않다는 것이다. 따라서 하늘은 혈기나 욕구를 지닌 존재도 아니다. 그저 만물을 생성해 내는 자연일 뿐이다.

STEP I

어휘 의미

1 다음 단어의 사전적 의미를 찾아 바르게 연결하시오.

(1) 권선징악 ●	● ㄱ. 인간의 의지와 관계없이 자연계에 나타나는 현상.
(2) 자연 현상 ●	● ㄴ. 지진, 홍수, 태풍 따위의 자연 현상으로 인한 재앙.
(3) 길흉화복 ●	● ㄷ. 착한 일을 하도록 북돋아 주고, 악한 일에 대하여 제재를 가함.
(4) 천재지변 ●	● ㄹ. 운이 좋고 나쁨, 뜻하지 아니하게 생긴 불행한 변고와 복되고 영화로운 삶을 아울러 이르는 말.

어휘 활용

2 다음은 윗글의 ㉠의 사전적 의미이다. 이와 비슷한 의미를 지닌 단어를 고르시오.

㉠: 어떤 대상을 무서워하여 마음이 불안한 느낌.

① 관심(關心)　　　　　　　② 공포심(恐怖心)
③ 이해심(理解心)　　　　　　④ 인내심(忍耐心)
⑤ 자부심(自負心)

STEP II

서술형 **중심 화제**

1 윗글의 중심 내용을 쓰시오.

(　　　　　　　　　　　　　　　　　　　　　　　　　　　　　　　)

문단 정리

2 다음은 윗글의 각 문단의 중심 내용을 정리한 것이다. 빈칸에 들어갈 알맞은 말을 쓰시오.

1문단	고대 중국인들은 하늘을 신성하고 절대적인 능력이 있는 존재로 인식했다.
2문단	순자는 하늘을 단지 (　　　　　　　)으로 보았으며, 세상사의 원인은 사람에게 있다고 주장했다.
3문단	순자는 하늘의 뜻이 무엇인지 알려고 노력할 필요가 없다고 주장했다.
4문단	순자는 하늘에 대한 (　　　　　　) 사유의 접근을 비판하고, 인간의 의지를 강조했다.
5문단	순자의 관심은 인간 사회의 (　　　　　　)에 있었고, 하늘은 자연일 뿐이라고 주장했다.

인문 04 23

3 다음 구조도의 빈칸에 알맞은 내용을 써넣어, 윗글의 내용을 정리하시오.

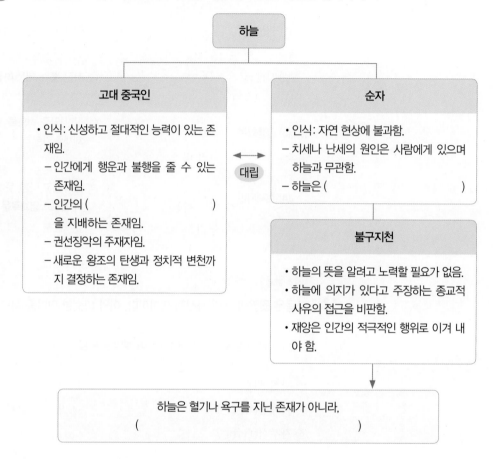

하늘

고대 중국인

• 인식: 신성하고 절대적인 능력이 있는 존재임.
- 인간에게 행운과 불행을 줄 수 있는 존재임.
- 인간의 (   )을 지배하는 존재임.
- 권선징악의 주재자임.
- 새로운 왕조의 탄생과 정치적 변천까지 결정하는 존재임.

대립

순자

• 인식: 자연 현상에 불과함.
- 치세나 난세의 원인은 사람에게 있으며 하늘과 무관함.
- 하늘은 (   )

불구지천

• 하늘의 뜻을 알려고 노력할 필요가 없음.
• 하늘에 의지가 있다고 주장하는 종교적 사유의 접근을 비판함.
• 재앙은 인간의 적극적인 행위로 이겨 내야 함.

하늘은 혈기나 욕구를 지닌 존재가 아니라,
(   )

STEP Ⅲ

1 불구지천에 대한 설명으로 적절한 것을 〈보기〉에서 있는 대로 모두 고른 것은?

┌ 보기 ─────────────────────────────
ㄱ. 재앙이 닥쳤을 때 하늘에 기대기보다 인간들의 의지를 중시한다.
ㄴ. 자연은 제 나름대로 변화의 길이 있으며 이는 인간의 길과 다르다.
ㄷ. 치세와 난세의 원인을 권선징악의 주재자인 하늘에서 찾고자 한다.
ㄹ. 하늘의 의지를 알아보려는 종교적 사유의 접근을 비판하고자 한다.
└──────────────────────────────────

① ㄱ, ㄴ   ② ㄱ, ㄷ

③ ㄷ, ㄹ   ④ ㄱ, ㄴ, ㄹ

⑤ ㄴ, ㄷ, ㄹ

2 윗글의 순자와 〈보기〉의 맹자의 견해를 비교한 내용으로 가장 적절한 것은?

┌─ 보기 ─────────────────────────────────────

　　맹자는 하늘이 인륜의 근원이며, 인륜은 하늘의 덕성이 발현된 것으로 본다. 하늘이라는 존재는 이런 면에서 도덕적으로 의의를 가진다고 했다. 따라서 사람이 하늘의 덕성을 받아 그것을 자신의 덕성으로 삼고, 이를 노력하고 수양하여 실현해 나가면 사람의 덕성과 하늘의 덕성은 서로 통하게 된다는 것이다.

└──

① 순자는 맹자와 달리 하늘은 인간에 내재하는 가장 본질적인 근원이라 생각하였다.

② 순자는 맹자와 달리 비가 내리고 바람이 부는 것을 하늘의 도덕적 의지의 표현이라 생각하였다.

③ 맹자는 순자와 달리 하늘은 인간의 도덕 근거로서의 의미를 지닌다고 생각하였다.

④ 맹자는 순자와 달리 자연의 힘을 이용할 줄 아는 인간의 주체적, 능동적 노력을 강조하였다.

⑤ 순자와 맹자는 인간이 하늘의 덕성을 본받아 자신의 능력을 최대한 발휘해야 할 것을 강조하였다.

지문으로 이해하는 독해 지식 　논지 전개

　　글쓴이는 정보를 효과적으로 전달하거나 주장의 설득력을 높이기 위해 일정한 원리에 따라 글을 쓴다. 이때 이러한 원리에 따라 글의 내용을 배치하는 방식을 논지 전개라고 한다. 이 글에서는 하늘에 대한 고대 중국인들의 인식을 설명하고 하늘은 단지 자연 현상일 뿐이라는 순자의 관점을 제시한 후, 이와 관련된 '불구지천'의 내용을 구체화하고 있다.

┌──

　　고대 중국인들은 인간이 행하지 못하는 불가능한 일은 그들이 신성하다고 생각한 하늘에 의해서 해결 가능하다
　　　　　　　　　　　　　　　　　이전의 관점: 하늘에 대한 고대 중국인들의 인식
고 보았다. 그리하여 하늘은 인간에게 자신의 의지를 심어 두려움을 갖고 복종하게 하는 의미뿐만 아니라 인간의

모든 일을 책임지고 맡아서 처리하는 의미로까지 인식되었다. 〈중략〉 하지만 그러한 하늘에 대한 인식은 인간 지

혜의 성숙과 문명의 발달로 인한 새로운 시대의 요구에 의해서 대폭 수정될 수밖에 없었다. ▬ : 설명하려는 내용

　　순자의 하늘에 대한 주장은 그 당시까지 진행된 하늘의 논의와 엄격히 구분될 뿐만 아니라 그것을 매우 새롭게

변모시킨 하나의 획기적인 사건으로 규정지을 수 있다. 순자는 하늘을 단지 자연 현상으로 보았다. 그가 생각한 하
　　　　　　　　　　　　　　　　　　　　　새로운 관점: 하늘에 대한 순자의 인식 ①
늘은 별, 해와 달, 사계절, 추위와 더위, 바람 등의 모든 자연 현상을 가리킨다. 따라서 하늘은 사람을 가난하게 만

들 수도 없고, 병들게 할 수도 없고, 재앙을 내릴 수도 없고, 부자로 만들 수도 없으며, 길흉화복을 줄 수도 없다.

사람들이 치세(治世)와 난세(亂世)를 하늘과 연결시키는 것은 심리적으로 하늘에 기대는 일일 뿐이다. 치세든 난세

든 그 원인은 사람에게 있는 것이지 하늘과는 무관하다. 사람이 받게 되는 재앙과 복의 원인도 모두 자신에게 있을
　　　　　새로운 관점: 하늘에 대한 순자의 인식 ②
뿐 불변의 질서를 갖고 있는 하늘에 있지 않다. 〈중략〉

　　순자가 말한 '불구지천'의 뜻은 자연 현상으로서의 하늘이 아니라 하늘에 무슨 의지가 있다고 주장하고 그것을
　　　　　　　　　　　　　　　　　　　　　　순자가 말하는 '불구지천'의 의미
알아내겠다고 덤비는 종교적 사유의 접근을 비판하려는 것이다.

└──

흄이 주장한 경험론

[2018학년도 3월 고1 학력평가]

18세기 경험론의 대표적인 철학자 흄은 '모든 지식은 경험*에서 나온다.'라고 주장하면서, 이성*을 중심으로 진리를 탐구했던 데카르트의 합리론을 비판하고 경험을 중심으로 한 새로운 철학 이론을 구축하려 하였다. 그러나 지나치게 경험만을 중시한 나머지, 그는 과학적 탐구 방식 및 진리를 인식하는 문제에 대해서도 비판하기에 이른다. 그 결과 흄은 서양 근대 철학사에서 ㉠극단적인 회의주의자*로 평가받는다.

흄은 지식의 근원*을 경험으로 보고 이를 인상과 관념으로 구분하여 설명하였다. 인상은 오감(五感)을 통해 얻을 수 있는 감각이나 감정 등을 말하고, 관념은 인상을 머릿속에 떠올리는 것을 말한다. 가령, 혀로 소금의 '짠맛'을 느끼는 것은 인상이고, 머릿속으로 '짠맛'을 떠올리는 것은 관념이다. 인상은 단순 인상과 복합 인상으로 나뉘는데, 단순 인상은 단일 감각을 통해 얻는 인상을, 복합 인상은 단순 인상들이 결합된 인상을 의미한다. 따라서 '짜다'는 단순 인상에, '짜다'와 '희다' 등의 단순 인상들이 결합된 소금의 인상은 복합 인상에 해당된다. 그리고 단순 인상을 통해 형성되는 관념을 단순 관념, 복합 인상을 통해 형성되는 관념을 복합 관념이라 한다. 흄은 단순 인상이 없다면 단순 관념이 존재하지 않는다고 보았다. 그런데 '황금 소금'은 현실에 존재하지 않기 때문에 그 자체에 대한 복합 인상은 없지만, '황금'과 '소금' 각각의 인상이 존재하기 때문에 복합 관념이 존재할 수 있다. 따라서 복합 관념은 복합 인상이 없더라도 존재할 수 있다. 하지만 흄은 '황금 소금'처럼 인상이 없는 관념은 과학적 지식이 될 수 없다고 말하였다.

흄은 과학적 탐구 방식으로서의 인과 관계에 대해서도 ㉡비판적 태도를 보였다. 그는 인과 관계란 시공간적으로 인접한 두 사건이 반복해서 발생할 때 갖는 관찰자의 습관적인 기대에 불과하다고 말하였다. 즉, '까마귀 날자 배 떨어진다'라는 속담이 의미하는 것처럼 인과 관계는 ㉢필연적 관계임을 확인할 수 없다는 것이다. 그는 '까마귀가 날아오르는 사건'과 '배가 떨어지는 사건'을 관찰할 수는 있지만, '까마귀가 날아오르는 사건이 배가 떨어지는 사건을 야기했다.'라는 생각은 추측일 뿐 두 사건의 인과적 연결 관계를 관찰할 수 없다고 주장한다. 결국 인과 관계란 시공간적으로 인접한 두 사건에 대한 주관적 판단에 불과하므로, 이런 방법을 통해 얻은 과학적 지식이 필연적이라는 생각은 적합하지 않다고 흄은 비판하였다.

또한 흄은 진리를 알 수 있는가의 문제에 대해서도 ㉣회의적인 태도를 취했다. 전통적인 진리관에서는 진술*의 내용이 사실과 일치할 때 진리라고 본다. 하지만 흄은 진술 내용이 사실과 일치하는지의 여부를 판단할 수 없다고 보았다. 예를 들어 '소금이 짜다.'라는 진술이 진리가 되기 위해서는 실제 소금이 짜야 한다. 그런데 흄에 따르면 우리는 감각 기관을 통해서만 세상을 인식할 수 있기 때문에 실제 소금이 짠지는 알 수 없다. 그러므로 '소금이 짜다.'라는 진술은 '내 입에는 소금이 짜게 느껴진다.'라는 진술에 불과할 뿐이다. 따라서 비록 경험을 통해 얻은 과학적 지식이라 하더라도 그것이 진리인지의 여부는 확인할 수 없다는 것이 흄의 입장이다.

이처럼 흄은 경험론적 입장을 철저하게 고수한 나머지, 과학적 지식조차 회의적으로 바라보았다는 점에서 비판을 받기도 했다. 하지만 그는 이성만 중시했던 당시 철학 사조에 반기*를 들고 경험을 중심으로 지식 및 진리의 문제를 탐구했다는 점에서 근대 철학에 새로운 방향성을 제시했다는 평가를 받는다.

STEP
Ⓘ

어휘 의미

1 윗글의 ㉠~㉣의 사전적 의미를 〈보기〉에서 찾아 쓰시오.

보기
① 어떤 일에 의심을 품는 것.
② 중용을 잃고 한쪽으로 크게 치우치는 것.
③ 사물의 관련이나 일의 결과가 반드시 그렇게 될 수밖에 없는 것.
④ 현상이나 사물의 옳고 그름을 판단하여 밝히거나 잘못된 점을 지적하는 것.

㉠: (   ) ㉡: (   ) ㉢: (   ) ㉣: (   )

어휘 의미

2 다음은 '오감'의 사전적 의미를 정리한 것이다. 빈칸에 들어갈 알맞은 단어를 쓰시오.

오감: (   ), 청각, 후각, 미각, (   )의 다섯 가지 감각.
㉫ 사람보다 오감이 더 발달한 동물도 많다.

STEP
Ⅱ

서술형 중심 화제

1 윗글의 중심 내용을 쓰시오.

(   )

문단 정리

2 다음은 윗글의 각 문단의 중심 내용을 정리한 것이다. 빈칸에 들어갈 알맞은 말을 쓰시오.

1문단	흄은 데카르트의 ( )을 비판하고 경험론을 주장했다.
2문단	흄은 지식의 근원을 ( )으로 보고 이를 인상과 관념으로 구분했으며, 인상이 없는 관념은 과학적 지식이 될 수 없다고 주장했다.
3문단	흄은 ( )를 통해 얻은 과학적 지식이 필연적이지 않다고 주장했다.
4문단	흄은 경험을 통해 얻은 과학적 지식이라도 그것의 ( ) 여부는 확인할 수 없다고 주장했다.
5문단	흄의 경험론은 과학적 지식조차 회의적으로 바라보았다는 비판을 받지만, 근대 철학에 새로운 ( )을 제시했다는 평가를 받는다.

3 다음은 흄이 주장한 경험론의 내용을 정리한 것이다. 빈칸에 들어갈 알맞은 내용을 쓰시오.

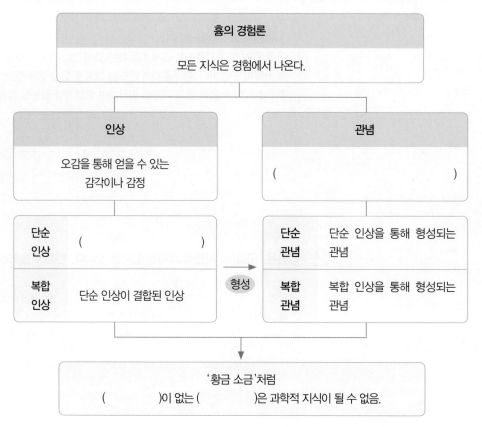

흄의 경험론
모든 지식은 경험에서 나온다.

인상	관념
오감을 통해 얻을 수 있는 감각이나 감정	( )

단순 인상	( )	단순 관념	단순 인상을 통해 형성되는 관념
복합 인상	단순 인상이 결합된 인상	복합 관념	복합 인상을 통해 형성되는 관념

형성

'황금 소금'처럼
( )이 없는 ( )은 과학적 지식이 될 수 없음.

STEP
Ⅲ

1 윗글에서 언급된 '흄'의 관점에서 〈보기〉를 이해한 것으로 적절하지 <u>않은</u> 것은?

보기

사과의 맛이 달콤할 것 같아.

이 사과는 빨개.

매일 사과를 먹으니 피부가 고와졌어.

① 사과를 보면서 달콤한 맛을 떠올리는 것은 관념에 해당한다.

② 사과를 보면서 '빨개'라고 느끼는 것은 복합 인상에 해당한다.

③ 사과의 실제 색을 알 수 없으므로 '이 사과는 빨개.'라는 생각은 '내 눈에는 이 사과가 빨갛게 보여.'라는 의미일 뿐이다.

④ 사과를 먹는 것과 피부가 고와지는 것 사이의 인과적 연결 관계를 관찰할 수 없다.

⑤ '매일 사과를 먹으니 피부가 고와졌어.'라는 생각은 반복되는 경험을 통해 형성된 습관적 기대에 불과하다.

수능형 정보 간의 비교

2 〈보기〉의 사례를 통해 '흄'의 주장을 반박한다고 할 때, 그 내용으로 가장 적절한 것은?

보기

아래 그림과 같이 무채색을 명도의 변화에 따라 나열한 도표가 있다고 가정하자. 도표의 한 칸을 비워 둔 채 어떤 사람에게 "5번 빈칸에 들어갈 색은 어떤 색인가요?"라고 질문하였다. 그 사람은 빈칸에 들어갈 색을 태어나서 한 번도 본 적이 없지만, 주변 색과 비교하여 그 색이 어떤 색인지 알아맞혔다.

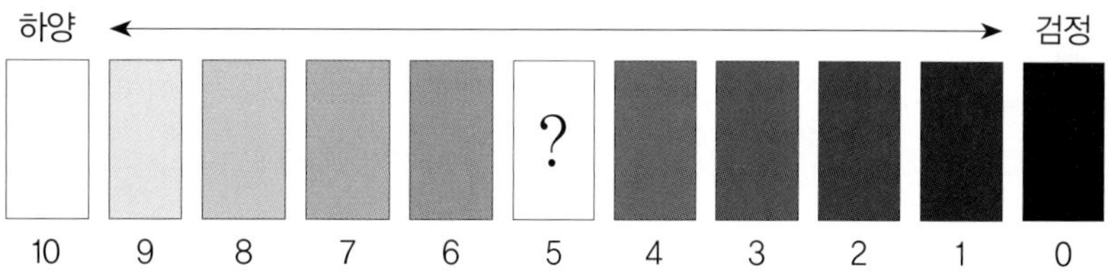

하양 ← ─────────────→ 검정

10 9 8 7 6 5 4 3 2 1 0

① 세계는 우리의 감각 기관과 독립하여 존재하지 않는다.

② 감각적으로 경험하지 않은 단순 관념이 존재할 수 있다.

③ 관찰과 경험을 통해서 얻은 지식은 필연성을 갖게 된다.

④ 관념을 단순 관념과 복합 관념으로 구분하는 기준은 없다.

⑤ 외부 세계가 어떤 모습인지를 객관적으로 확인할 수 있다.

◎ 지문으로 분석하는 시각 자료 **명도표**

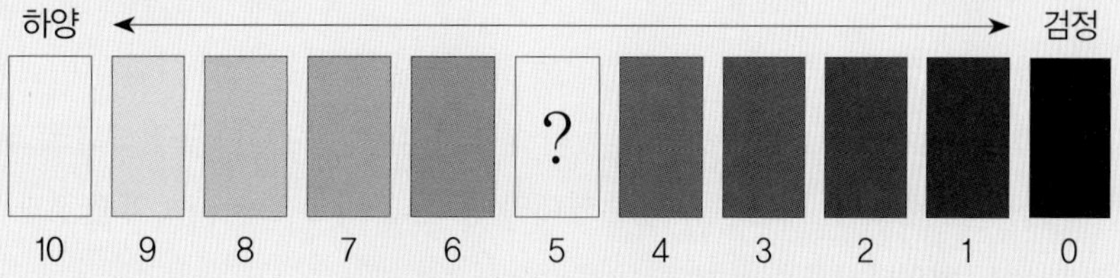

하양 ← ─────────────→ 검정

10 9 8 7 6 5 4 3 2 1 0

　색의 밝고 어두운 정도를 '명도'라고 한다. 제시된 자료는 색의 밝고 어두운 정도를 단계로 나누어서 정리한 명도표로, 이 표에 따르면 왼쪽의 하양은 명도가 가장 높고 오른쪽의 검정은 명도가 가장 낮다는 것을 알 수 있다. 이 명도표의 빈칸에 들어갈 색을 한 번 본 적이 없는 사람도 주변 색과 비교하면, 빈칸에 들어갈 색을 알아맞힐 수 있다. 흄에 따르면 명도표의 색은 단순 인상이고, 이를 머릿속에 떠올린 색은 단순 관념이라고 할 수 있다. 이를 바탕으로 단순 인상과 단순 관념의 관계를 이해하고, 제시된 자료를 해석하여 선지 정보의 적절성을 판단한다.

노비를 줄이고 양인을 늘리다 '반상과 양천'

[2017학년도 6월 고1 학력평가]

필독 TIP

어휘 ★★★
문장 ★★★
배경지식 ★★★

이 글은 조선 전기 사회의 신분 구조에 대해 설명하고 있다. 양천제와 반상제에서 나누는 신분의 의무와 권리에 대한 내용을 파악하며 읽도록 한다.

고려 말 중앙 집권 체제의 약화와 왕권의 쇠퇴 속에서 조선 왕조를 세운 신흥 사대부들은 지주층이었기 때문에 노비 노동력이 필요했다. 그러나 이들은 강력한 중앙 집권 체제의 확립을 위해 국역(國役)* 대상인 양인 계층의 폭을 넓히려 하였다. 따라서 노비가 꼭 있어야 하더라도 되도록 양인을 더 많이 확보하려는 것이 새 왕조가 추구한 국역 정책의 기본 방향이었다.

이처럼 국역 대상의 확보를 새 왕조 통치 체제의 발판으로 추구하면서, 법제적으로도 모든 사회 구성원을 일단 ㉠양인과 ㉡천인으로 나누었다. 이들 사이에는 의무와 권리에서 차등이 있었는데 먼저 의무 면에서 양인 남자는 국역인 군역(軍役)과 요역(徭役)*의 의무가 있었다. 이에 비해 천인은 군역에서 철저히 배제되었다.

권리 면에서 양인과 천인은 신체와 생명의 보호와 같은 인간의 기본권을 공권력으로 보장받을 수 있는지에서 뚜렷이 차이가 났다. 천인인 노비는 재산으로 보아 매매·상속*·양도*·증여*의 대상이 되었으며, ⓐ사는 곳을 옮길 자유가 없었다. 노비와 양인이 싸우면 노비가 한 등급 더 무거운 벌을 받는 것은 양·천 사이의 법적 지위의 차이를 잘 보여 준다. 그보다 권리 면에서 양·천의 가장 분명한 차이는 관직 진출권이 있느냐는 것이었다. 양인 중에도 관직 진출권이 제한된 사람이 적지 않았으나 양인은 일단 관직 진출권이 있었다. 더러 노비가 국가에 큰 공로를 세워 정규 관직인 유품직(流品職)*을 받기도 하였으나 이때는 반드시 양인이 되는 종량(從良) 절차를 먼저 밟아야 했다.

그러나 이러한 양·천 구분은 국가의 법적 구분이었지, 실제 사회 구성은 좀 더 복잡했다. 양·천이라는 법적 구분 아래 사회 구성원은 상급 신분층인 양반 계층, 의관·역관과 같은 기술관이나 서얼 등의 중인 계층, 양인 중 수가 가장 많았던 평민 계층, 노비가 주류인 천민 계층으로 나뉘었다.

조선을 양반 관료 사회라고 규정하듯이 양반은 정치·사회·경제 면에서 갖가지 특권과 명예를 독점적으로 누리면서 그 아래인 중인·평민·천민과는 격을 달리했다. 이를 반상(班常)이라는 말로 표현한다. 반상은 곧 신분을 지배자와 피지배자로 나눈 것으로서, 반상의 반(班)에는 중인이 들어가지 않았지만 상(常)에는 평민부터 노비까지 포함되었다. 이러한 구분은 법적 구분과는 달리 사회 통념상으로 최고 신분인 양반의 지배자적 위치를 돋보이게 하려는 의식에서 생겼다고 하겠다.

이처럼 국가 차원의 법적 규범인 양천제와 당시 실제 계급 관계를 반영한 사회 통념상 구분인 반상제가 서로 섞여 중세의 신분 구조를 이루었다. 중세 사회가 발전하면서 신분 구조는 양천제라는 법제적 틀에서 차츰 사회 통념상의 신분 규범이 규정 요소로 확고히 자리 잡는 방향으로 변화했다. 이는 지주제의 확대와 발전, 그리고 조선 사회의 안정과 변동을 나타내는 것이기도 하였다.

* **국역**: 나라에서 백성들에게 지우던 부역.

* **요역**: 나라에서 16세 이상 60세 미만의 남자에게 관아의 임무 대신 시키던 노동.

* **상속**: 일정한 친족 관계가 있는 사람 사이에서, 한 사람이 사망한 후에 다른 사람에게 재산에 관한 권리와 의무의 일체를 이어 주거나, 다른 사람이 사망한 사람으로부터 그 권리와 의무의 일체를 이어받는 일.

* **양도**: 권리나 재산, 법률에서의 지위 따위를 남에게 넘겨줌. 또는 그런 일.

* **증여**: 당사자의 일방이 자기의 재산을 무상으로 상대편에게 줄 의사를 표시하고 상대편이 이를 승낙함으로써 성립하는 계약.

* **유품직**: 고려·조선 시대에, 정일품에서 종구품까지의 십팔 품계에 해당하는 모든 벼슬.

STEP I

어휘 의미

1 다음 단어의 사전적 의미를 찾아 바르게 연결하시오.

(1) 기본권	•	•	ㄱ. 세상에서 훌륭하다고 인정되는 이름이나 자랑.
(2) 공권력	•	•	ㄴ. 인간이 태어날 때부터 가지고 있는 기본적인 권리.
(3) 관직	•	•	ㄷ. 공무원 또는 관리가 국가로부터 위임받은 일정한 직무나 직책.
(4) 명예	•	•	ㄹ. 국가나 공공 단체가 우월한 의사의 주체로서 국민에게 명령하고 강제할 수 있는 권력.

어휘 활용

2 윗글의 ⓐ를 바꿔 쓰기에 적절한 것을 고르시오.

① 신체의 자유   ② 양심의 자유
③ 종교의 자유   ④ 거주지 이전의 자유
⑤ 학문과 예술의 자유

STEP II

서술형 중심 화제

1 윗글의 중심 내용을 쓰시오.

(   )

문단 정리

2 다음은 윗글의 각 문단의 중심 내용을 정리한 것이다. 빈칸에 들어갈 알맞은 말을 쓰시오.

1문단	조선 왕조 국역 정책의 기본 방향은 ( )을 더 많이 확보하려는 것이었다.
2문단	조선은 법제적으로 사회 구성원을 양인과 천인으로 나누었고, 양인과 천인은 의무가 달랐다.
3문단	양인과 천인은 기본권의 보장 여부, 법적 지위, ( ) 여부 등의 권리에서 차이가 났다.
4문단	조선의 실제 사회 구성은 양반 계층, 중인 계층, 평민 계층, ( ) 계층으로 나뉘었다.
5문단	조선의 사회 통념상 신분 규범인 반상제는 양반 계층의 지배자적 위치를 돋보이게 하려는 의식에서 생겨났다.
6문단	조선 시대는 양천제와 반상제가 섞여 ( )의 신분 구조를 이루었다.

3 다음 구조도의 빈칸에 알맞은 내용을 써넣어, 윗글의 내용을 정리하시오.

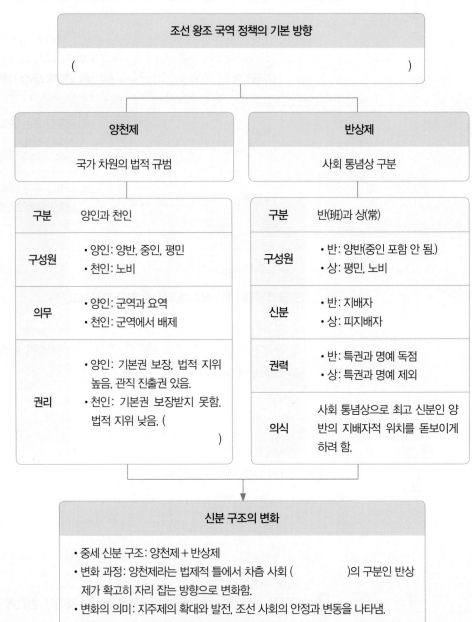

조선 왕조 국역 정책의 기본 방향		
( )		

양천제			반상제		
국가 차원의 법적 규범			사회 통념상 구분		
구분	양인과 천인		구분	반(班)과 상(常)	
구성원	• 양인: 양반, 중인, 평민 • 천인: 노비		구성원	• 반: 양반(중인 포함 안 됨.) • 상: 평민, 노비	
의무	• 양인: 군역과 요역 • 천인: 군역에서 배제		신분	• 반: 지배자 • 상: 피지배자	
권리	• 양인: 기본권 보장, 법적 지위 높음, 관직 진출권 있음. • 천인: 기본권 보장받지 못함. 법적 지위 낮음. ( )		권력	• 반: 특권과 명예 독점 • 상: 특권과 명예 제외	
			의식	사회 통념상으로 최고 신분인 양반의 지배자적 위치를 돋보이게 하려 함.	

신분 구조의 변화
• 중세 신분 구조: 양천제＋반상제 • 변화 과정: 양천제라는 법제적 틀에서 차츰 사회 ( )의 구분인 반상제가 확고히 자리 잡는 방향으로 변화함. • 변화의 의미: 지주제의 확대와 발전, 조선 사회의 안정과 변동을 나타냄.

STEP Ⅲ

1 ㉠과 ㉡에 대한 설명으로 적절하지 않은 것은?

① ㉠과 ㉡ 모두 군역의 의무를 이행해야 했다.

② ㉡은 ㉠과 달리 관직 진출권이 원칙적으로 없었다.

③ ㉡이 국가에 큰 공을 세울 경우 ㉠이 될 수 있었다.

④ ㉠은 법적 지위 면에서 ㉡보다 우월한 위치에 있었다.

⑤ ㉡에 속하는 노비는 마음대로 거주지를 옮길 수 없었다.

수능형 자료 해석의 적절성 평가

2 '채수'의 견해를 윗글과 관련 지어 이해한 내용으로 가장 적절한 것은?

> 사헌부 대사헌 **채수**가 아뢰었다. "어제 전지*를 보니 역관, 의관을 권장하고 장려하고자 능통하고 재주가 있는 자는 동서 양반에 발탁하여 쓰라고 특별히 명령하셨다니 듣고 놀랐습니다. 무릇 벼슬에는 높고 낮은 것이 있고 직책에는 가볍고 무거운 것이 있습니다. 의관, 역관은 사대부 반열에 낄 수 없습니다. 의관, 역관 무리는 모두 미천한 계급 출신으로 사족(士族)이 아닙니다."
>
> — 『성종실록(成宗實錄)』 —
>
> *전지: 상벌(賞罰)에 관한 임금의 명(命)을 그 맡은 관아에 전달하던 일.

① 벼슬에는 높고 낮음이 있고 직책에는 가볍고 무거운 것이 있다고 한 것은 당시 모든 사회 구성원을 양인과 천인으로 나누려는 의도로 볼 수 있군.

② 의관, 역관 무리는 모두 미천한 계급 출신으로 사족이 아니라고 한 것은 국가의 법적 규범인 양천제가 흔들릴 것에 대한 위기감을 드러낸 것이군.

③ 의관, 역관과 같은 중인을 동서 양반에 발탁하려는 임금의 조치에 반대하는 것은 양반의 지배자적 위치를 돋보이게 하려는 의식을 반영한 것이겠군.

④ 기술직을 권장하는 대책을 세우고 시행하는 데 대해 우려를 나타낸 것은 양반들이 누려 온 독점적 권력이 중인에게 집중될 것에 대한 불만을 표시한 것으로 보아야겠군.

⑤ 재주가 있는 자를 양반에 발탁하도록 한 임금의 명령에 놀라움을 드러낸 것은 신분에 따라 공권력으로 인간의 기본권을 보장받을 수 있는 범위에 대한 시각차를 보여 주는군.

📖 지문으로 엮어 읽는 배경지식 **중인의 통청 운동**

중인의 통청 운동(通淸運動)은 아무리 능력이 뛰어나더라도 높은 벼슬을 받을 수 없었던 중인의 신분적 제한을 극복하려는 조직적인 움직임을 의미한다. 이들이 1851년에 만들어 차례로 돌려 보았던 통문이 『상원과방(象院科榜)』이라는 책에 실려 있다. 다음은 그 통문의 내용이다.

"오래도록 막혀 있으면 반드시 터놓아야 하고, 원한은 쌓이면 반드시 풀어야 하는 것이 하늘의 이치이다. 중인과 서얼의 벼슬길이 가로막힌 것은 우리나라의 편벽된 일로, 원통하고 답답함을 품은 지 이제 몇백 년이 되었다. 서얼은 다행히 조정의 큰 성덕을 입어 문관은 승문원, 무관은 선전관에 임용되고 있다. 그런데도 우리 중인은 홀로 이 은혜를 함께 입지 못하니 어찌 탄식조차 없겠는가? 이제 바야흐로 의논을 모아 글을 써서 원통함을 호소하고자 먼저 통문을 띄우니 이달 29일 마동에 있는 홍현보의 집에 모여 상의하고자 한다."

인문
07

판단과 추론에 영향을 미치는 휴리스틱

[2017학년도 3월 고1 학력평가]

필독 TIP

어휘 ★★★★
문장 ★★★★
배경지식 ★★★★

이 글은 다양한 휴리스틱에 의한 인간의 판단과 추론을 설명한 글이다. 휴리스틱의 종류에 따른 특성을 서로 비교하며 읽도록 한다.

＊ **회상**: ① 지난 일을 돌이켜 생각함. 또는 그런 생각. ② 한 번 경험하고 난 사물을 나중에 다시 재생하는 일.

＊ **시뮬레이션**: 복잡한 문제나 사회 현상 따위를 해석하고 해결하기 위하여 실제와 비슷한 모형을 만들어 모의적으로 실험하여 그 특성을 파악하는 일.

＊ **극적**: 극을 보는 것처럼 큰 긴장이나 감동을 불러일으키는 것.

＊ **용의자**: 범죄의 혐의가 뚜렷하지 않아 정식으로 입건되지는 않았으나, 내부적으로 조사의 대상이 된 사람.

＊ **가정**: 사실이 아니거나 또는 사실인지 아닌지 분명하지 않은 것을 임시로 인정함.

사람들은 하루에도 수많은 일들을 판단하면서 살아간다. 판단을 할 때마다 필요한 모든 정보를 수집하여 이용하고자 하면, 정보를 수집하는 것도 힘들뿐더러 그 정보를 처리하는 것도 부담이 된다. 그렇기 때문에 사람들은 과거 경험을 바탕으로 어림짐작을 하게 되는데, 이를 휴리스틱이라고 한다. 이러한 휴리스틱에는 대표성 휴리스틱과 회상＊ 용이성 휴리스틱, 그리고 시뮬레이션＊ 휴리스틱 등이 있다.

대표성 휴리스틱은 어떤 대상이 특정 집단에 속할 가능성을 판단할 때, 그 대상이 특정 집단의 전형적인 이미지와 얼마나 닮았는지에 따라 판단하는 경향을 말한다. 우리는 키 198㎝인 사람이 키 165㎝인 사람보다 농구 선수일 가능성이 높을 것이라 판단한다. 이와 같이 대표성 휴리스틱은 흔히 첫인상을 형성할 때나 타인에 대해 판단을 할 때 작용한다. 그런데 대표성 휴리스틱에 따른 판단은 그 대상이 가지고 있는 특정 집단의 전형적인 속성에만 주목하여 이루어진 것이다. 따라서 이러한 판단은 신속한 결정을 내리는 데 도움이 되기도 하지만, 항상 정확하고 객관적인 것이라고 보기는 어렵다.

회상 용이성 휴리스틱은 당장 머릿속에 잘 떠오르는 정보에 의존하여 판단하는 경향을 말한다. 사람들에게 작년 겨울 독감에 ㉠걸린 환자들이 얼마나 많았는지 물어보면, 일단 자기 주변에서 발생한 사례들을 떠올려 추정하게 된다. 이러한 추정은 적절할 수도 있지만, 실제 발생 확률과는 다를 수도 있다. 사람들은 최근에 자신이 경험한 사례, 생동감 있는 사례, 충격적이거나 극적＊인 사례들을 더 쉽게 회상한다. 그래서 비행기 사고 장면을 담은 충격적인 뉴스 보도 영상을 접하게 되면, 그 장면이 자꾸 떠올라 자동차보다 비행기가 더 위험하다고 생각하게 되는 것이다. 그러나 이것은 실제 사고 발생 확률을 고려하지 못한 잘못된 판단이다.

시뮬레이션 휴리스틱은 과거에 발생한 특정 사건이나 미래에 일어날 일들을 마음속에 떠올려 그 장면을 상상해 보는 것이다. 범죄 용의자＊를 심문하는 경찰관이 그 용의자의 진술에 기초해서 범죄 장면을 머릿속에 그려 보는 것이 이에 해당한다. 이때 경찰관은 그 용의자를 범인으로 가정해야만 그가 범죄를 저지르는 장면을 머릿속에 떠올려 볼 수 있다. 이러한 가상적 장면을 자꾸 머릿속에 떠올리다 보면, 그 용의자가 정말 범인인 것처럼 생각하게 된다. 그래서 그가 범인임을 입증하는 객관적인 증거를 충분히 수집하기도 전에 그를 범인이라고 판단할 가능성이 높아지는 것이다.

이처럼 휴리스틱은 종종 판단 착오를 낳기도 하지만, 경험에 기반하여 답을 찾는 효율적인 방법이라고 볼 수도 있다. 일상생활에서 우리의 판단과 추론이 항상 합리적인 사고 과정을 거쳐 일어나는 것은 아니다. 우리는 '결정을 위한 시간이 많지 않다.'는 가정＊을 무의식적으로 하고 있다. 휴리스틱은 우리가 쓰고 싶지 않아도 거의 자동적으로 작용한다. 그리고 수많은 대안 중 순식간에 몇 가지 혹은 단 한 가지의 대안만을 남겨 판단하기 쉽게 만들어 준다. 이런 점에서 인간은 ⓐ'인지적 구두쇠'라고 할 만하다.

STEP Ⅰ

1 다음에 제시된 초성자와 사전적 의미를 참고하여 빈칸에 들어갈 알맞은 단어를 쓰시오.

(1) ㅍ ㄷ : 사물을 인식하여 논리나 기준 등에 따라 판정을 내림.

  ⑩ 이 일에 대한 진정한 (   )은 역사의 몫이다.

(2) ㅇ ㄹ ㅈ ㅈ : 대강 헤아리는 짐작.

  ⑩ 비 때문에 앞이 보이지 않아서 그는 (   )으로 빗속을 달려 집으로 갔다.

(3) ㅊ ㅈ : 미루어 생각하여 판정함.

  ⑩ 그 과학자는 자신의 (   )을 뒷받침하는 가설을 제시했다.

2 다음 밑줄 친 부분이 윗글의 ㉠과 가장 유사한 의미로 사용된 것을 고르시오.

① 미술관의 벽에는 그림이 <u>걸려</u> 있었다.

② 계절이 바뀌는 시기는 병에 <u>걸리기</u> 쉬운 철이다.

③ 마당에 <u>걸린</u> 솥에서 고깃국이 펄펄 끓고 있었다.

④ 늦잠을 자고 일어났더니 해가 중천에 <u>걸려</u> 있었다.

⑤ 이 문은 닫기만 하면 자동으로 빗장이 <u>걸리는</u> 자동문이다.

STEP Ⅱ

1 윗글의 중심 내용을 쓰시오.

(　　　　　　　　　　　　　　　　　　　　　　　　　　　　　　)

2 다음은 윗글의 각 문단의 중심 내용을 정리한 것이다. 빈칸에 들어갈 알맞은 말을 쓰시오.

1문단	휴리스틱은 사람들이 과거 ( )을 바탕으로 어림짐작을 하는 것이다.
2문단	대표성 휴리스틱은 어떤 대상이 특정 집단의 전형적인 이미지와 닮은 정도에 따라 판단하는 경향이다.
3문단	회상 용이성 휴리스틱은 당장 머릿속에 잘 떠오르는 ( )에 의존하여 판단하는 경향이다.
4문단	시뮬레이션 휴리스틱은 과거나 미래 사건의 장면을 마음속에서 상상해 보는 것이다.
5문단	휴리스틱은 잘못된 판단으로 이어질 수도 있지만 경험에 기반하여 답을 찾는 효율적인 방법으로, ( )으로 작용한다.

서술형 내용 구조

3 다음은 휴리스틱의 종류와 특성을 정리한 것이다. 빈칸에 들어갈 알맞은 내용을 쓰시오.

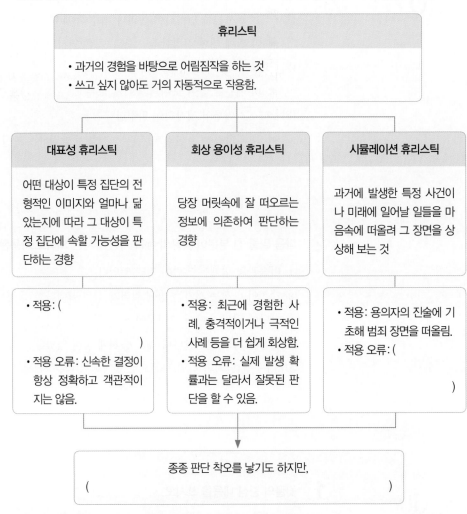

휴리스틱

• 과거의 경험을 바탕으로 어림짐작을 하는 것
• 쓰고 싶지 않아도 거의 자동적으로 작용함.

대표성 휴리스틱	회상 용이성 휴리스틱	시뮬레이션 휴리스틱
어떤 대상이 특정 집단의 전형적인 이미지와 얼마나 닮았는지에 따라 그 대상이 특정 집단에 속할 가능성을 판단하는 경향	당장 머릿속에 잘 떠오르는 정보에 의존하여 판단하는 경향	과거에 발생한 특정 사건이나 미래에 일어날 일들을 마음속에 떠올려 그 장면을 상상해 보는 것
• 적용: (　　　　　　　　　　) • 적용 오류: 신속한 결정이 항상 정확하고 객관적이지는 않음.	• 적용: 최근에 경험한 사례, 충격적이거나 극적인 사례 등을 더 쉽게 회상함. • 적용 오류: 실제 발생 확률과는 달라서 잘못된 판단을 할 수 있음.	• 적용: 용의자의 진술에 기초해 범죄 장면을 떠올림. • 적용 오류: (　　　　　　　　)

종종 판단 착오를 낳기도 하지만, (　　　　　　　　　　　　　　　　　　　)

STEP III

수능형 핵심 정보의 파악

1 ⓐ의 의미를 가장 잘 나타내고 있는 것은?

① 인간은 세상의 수많은 일들을 판단할 때 가능하면 노력을 덜 들이려는 경향이 있다.

② 인간은 주변 세계에 의미를 부여하고 앞으로 일어날 일을 예측하려는 욕구를 가지고 있다.

③ 인간은 과학적이고 체계적으로 정보를 처리하여 정확하고 객관적인 판단을 하려는 경향이 있다.

④ 인간은 판단에 필요한 정보나 판단하기 위한 시간이 부족하기 때문에 휴리스틱을 의도적으로 사용한다.

⑤ 인간은 일상생활 속에서 판단이나 결정을 할 때 가능한 모든 대안의 장점과 단점을 분석하여 결론을 도출한다.

수능형 구체적 상황에 적용

2 다음은 휴리스틱과 관련한 실험 내용이다. 윗글로 보아 〈보기〉의 ㉑에 들어갈 내용으로 가장 적절한 것은?

─ 보기 ─

한 심리학 실험에서 연구자들은 사람들에게 '영미는 31세로 감성적이며 새로운 곳에 대한 호기심이 많은 여성이다. 대학에서 국어 국문학을 전공하였고 사진 동아리에서 꾸준히 활동하였다.'라는 정보를 제시한 후, 영미가 현재 어떤 모습일지 A와 B 중 가능성이 높은 순서대로 배열하도록 하였다.

A. 영미는 은행원이다.
B. 영미는 여행 블로그를 운영하는 은행원이다.

B는 A의 부분 집합이므로, 적어도 B보다 A일 가능성이 높다. 그러나 대부분의 사람들은 A보다 B일 가능성이 더 높다고 판단했다. 이에 대해 연구자들은 대표성 휴리스틱이 이러한 판단을 유도한 것이라고 보았다. 사람들이 (㉑) 보고, B의 '영미는 여행 블로그를 운영'에 주목했기 때문이라는 것이다.

① 최근에 여행 블로그가 유행하고 있다는 점을 고려해
② 대표적인 여행 블로그는 어떤 특징이 있는지 판단해
③ 영미가 은행원보다는 여행 블로그 운영자에 더 어울린다고
④ 가고 싶은 장소를 여행 블로그에서 검색했던 경험을 떠올려
⑤ 영미가 은행원이 되어 고객들에게 친절하게 대하는 모습을 상상해

📖 지문으로 이해하는 독해 지식 **정의**

대상의 본질이나 뜻을 풀이하여 설명하는 방법을 정의라고 한다. 대체로 '무엇은 무엇이다.'의 형식을 취하며, 정의를 활용하면 설명하려는 대상의 의미와 범위를 분명하게 밝혀 이해를 도울 수 있다. 이 글에서는 휴리스틱의 개념과 세 가지 휴리스틱 종류의 개념을 정의의 방법으로 설명하고 있다.

- **대표성 휴리스틱**은 어떤 대상이 특정 집단에 속할 가능성을 판단할 때, 그 대상이 특정 집단의 전형적인 이미지와 얼마나 닮았는지에 따라 판단하는 경향을 말한다. 우리는 키 198㎝인 사람이 키 165㎝인 사람보다 농구 선수일 가능성이 높을 것이라 판단한다. ▆: 정의로 설명하려는 내용
(대표성 휴리스틱의 개념)
- **회상 용이성 휴리스틱**은 당장 머릿속에 잘 떠오르는 정보에 의존하여 판단하는 경향을 말한다. 사람들에게 작년 겨울 독감에 걸린 환자들이 얼마나 많았는지 물어보면, 일단 자기 주변에서 발생한 사례들을 떠올려 추정하게 된다.
(회상 용이성 휴리스틱의 개념)
- **시뮬레이션 휴리스틱**은 과거에 발생한 특정 사건이나 미래에 일어날 일들을 마음속에 떠올려 그 장면을 상상해 보는 것이다. 범죄 용의자를 심문하는 경찰관이 그 용의자의 진술에 기초해서 범죄 장면을 머릿속에 그려 보는 것이 이에 해당한다.
(시뮬레이션 휴리스틱의 개념)

손실 보상 청구권에 대한 해석

[2021학년도 3월 고1 학력평가]

필독 TIP

어휘 ★★★★★
문장 ★★★★
배경지식 ★★★★★

이 글은 헌법상 권리인 손실 보상 청구권을 설명하고 있다. 경계 이론과 분리 이론의 관점에서 해석한 손실 보상 청구권의 내용을 비교하며 읽도록 한다.

공익을 위한 적법한 행정 작용으로 개인의 재산권*에 특별한 희생이 발생한 경우, 개인은 자신이 입은 재산상 손실*을 보상하도록 요구할 수 있는 권리인 '손실 보상 청구권*'을 갖는다. 여기서 '특별한 희생'이란 보호할 필요가 있는 재산권에 대한 침해를 이르는 말로, 이로 인한 손실은 국가가 보상해야 한다. 가령 감염병 예방법에 따르면, 행정 기관이 감염병 예방을 위해 의료 기관의 병상이나 연수원, 숙박 시설 등을 동원한 경우 이로 인한 손실을 개인에게 보상하여야 하는데, 이때의 재산권 침해가 특별한 희생에 해당하는 것이다.

손실 보상 청구권은 공적 부담의 평등을 위해 인정되는 헌법상 권리이다. 행정 작용으로 누군가에게 특별한 희생이 발생하면, 그로 인한 부담을 공공*이 분담하는 것이 평등 원칙에 부합하기 때문이다. 또한 헌법 제23조 제3항은 "공공 필요에 의한 재산권의 수용·사용 또는 제한 및 그에 대한 보상은 법률로써 하되, 정당한 보상을 지급하여야 한다."라고 하여, '공공 필요에 의한 재산권의 수용·사용 또는 제한', 즉 공용 침해와 이에 대한 보상이 법률에 규정되어야 함을 명시*하고 있다. 공용 침해 중 수용이란 개인의 재산권을 국가로 이전하는 것, 사용이란 행정 기관이 개인의 재산권을 일시적으로 사용하는 것, 제한이란 개인의 재산권 사용 또는 그로 인한 수익을 한정하는 것을 의미한다. 한편 제23조 제3항은 내용상 분리될 수 없는 사항은 함께 규정되어야 한다는 의미의 '불가분* 조항'이다. 따라서 공용 침해 규정과 보상 규정은 하나의 법률에서 규정되어야 한다.

그러나 헌법은 제23조 제1항에서 "모든 국민의 재산권은 보장된다. 그 내용과 한계*는 법률로 정한다."라고 규정하여, 재산권은 법률에 의해 구체화된다고 밝히고 있다. 또한 제2항에서 "재산권의 행사는 공공복리에 적합하도록 하여야 한다."라고 하여, 개인의 재산권 행사가 공익에 적합하여야 한다는 재산권의 '사회적 제약'을 규정하고 있다. 특히 토지처럼 공공성이 강한 사유 재산은 재산권 행사에 더욱 강한 사회적 제약을 받을 수 있다. 만약 재산권 침해가 사회적 제약의 범위 내에 있다면 이로 인한 손실은 보상의 대상이 되지 않는다. 즉 재산권 침해가 특별한 희생에 해당할 때만 보상이 가능한 것이다.

재산권의 사회적 제약과 특별한 희생의 구별에 대해 ㉠경계 이론과 ㉡분리 이론은 서로 다른 입장을 취한다. 경계 이론에 따르면 양자는 별개가 아니라 단지 침해의 정도에 있어서만 차이가 있을 뿐이다. 재산권 침해는 그 정도가 사회적 제약의 범위를 넘어서면 특별한 희생으로 바뀐다는 것이다. 따라서 경계 이론은 사회적 제약을 벗어나는 재산권 침해는 보상 규정이 없어도 보상이 이루어져야 한다고 본다. 보상을 규정하지 않은 채 공용 침해를 규정하고 있는 법률은, 불가분 조항인 헌법 제23조 제3항에 위반되어 위헌*이고, 위헌임이 밝혀진 법률에 근거한 공용 침해 행위는 위법한 행정 작용이 된다는 것이다. 경계 이론은 적법한 공용 침해 행위의 경우에 보상이 인정된다면, 위법한 공용 침해 행위의 경우에도 헌법 제23조 제3항을 근거로 보상을 인정해야 한다는 입장이다.

이에 반해 분리 이론은 재산권의 사회적 제약에 대한 헌법 제23조 제2항의 규정과 특별한 희생에 대한 제3항의 규정은 입법자의 의사에 따라 완전히 분리된다고 주장한다. 따라서 재산권 침해를 규정한 법률에 보상 규정이 없는 경우 입법자가 이러한 재산권 침해를 특별한 희생

---

* **재산권**: 재산의 소유권, 사용·수익권, 처분권 등 일체의 재산적 가치가 있는 권리.
* **손실**: 잃어버리거나 축나서 손해를 봄. 또는 그 손해.
* **청구권**: 특정인에 대하여 일정한 행위를 요구할 수 있는 권리.
* **공공**: 국가나 사회의 구성원에게 두루 관계되는 것.
* **명시**: 분명하게 드러내 보임.
* **불가분**: 나눌 수가 없음.
* **한계**: 사물이나 능력, 책임 따위가 실제 작용할 수 있는 범위. 또는 그런 범위를 나타내는 선.
* **위헌**: 법률 또는 명령, 규칙, 처분 따위가 헌법의 조항이나 정신에 위배되는 일.

이 아닌 사회적 제약으로 규정한 것으로 본다. 재산권 침해가 사회적 제약 또는 특별한 희생 중 무엇에 해당하는지 결정하는 것은 법률을 제정*하는 입법자의 권한*이라는 것이다. 만약 해당 법률에 규정된 재산권 침해가 헌법 제23조 제2항에서 규정한 재산권의 공익 적합성*을 넘어서서 개인의 재산권을 과도하게 침해한다면, 이러한 법률은 헌법 제23조 제2항을 위반하여 위헌이고, 위헌임이 밝혀진 법률에 근거한 행정 작용은 위법하게 된다. 분리 이론은 이러한 경우 손실을 보상하는 것이 아니라, 위법한 행정 작용 자체를 제거해야 한다고 본다. 재산권을 존속시키는 것이 재산권을 침해하면서 그 손실을 보상하는 것보다 우선한다고 보기 때문이다.

* **제정**: 제도나 법률 따위를 만들어서 정함.
* **권한**: 어떤 사람이나 기관의 권리나 권력이 미치는 범위.
* **적합성**: 일이나 조건 따위에 꼭 알맞은 성질.

어휘 활용

1 다음 문장의 빈칸에 들어갈 알맞은 단어를 〈보기〉에서 찾아 쓰시오.

보기
- 행정: 법 아래에서 법의 규제를 받으면서 국가 목적 또는 공익을 실현하기 위하여 행하는 능동적이고 적극적인 국가 작용.
- 보상: 국가 또는 단체가 적법한 행위에 의하여 국민이나 주민에게 가한 재산상의 손실을 갚아 주기 위하여 제공하는 대상(代償).
- 권리: 어떤 일을 행하거나 타인에 대하여 당연히 요구할 수 있는 힘이나 자격.

(1) 모든 국민은 인간다운 생활을 할 (   )가 있다.

(2) 도로 확장으로 주민들이 입은 손해에 대한 (   )이 이루어졌다.

(3) 주민 자치 센터는 주민들을 위한 (   ) 업무와 민원 업무를 처리하는 곳이다.

서술형 **중심 화제**

1 윗글의 중심 내용을 쓰시오.

(   )

문단 정리

2 다음은 윗글의 각 문단의 중심 내용을 정리한 것이다. 빈칸에 들어갈 알맞은 말을 쓰시오.

1문단	( )은 개인의 재산권이 특별한 희생으로 침해될 경우, 재산상 손실 보상을 요구할 수 있는 권리이다.
2문단	헌법 제23조 제3항은 재산권의 특별한 희생에 대한 보상의 내용을 담고 있다.
3문단	헌법 제23조 제2항은 재산권의 ( )에 대한 내용을 담고 있다.
4문단	경계 이론은 위법한 공용 침해 행위에도 보상을 인정해야 한다고 주장한다.
5문단	분리 이론은 위법한 공용 침해 행위일 경우에 ( )을 보상하는 것이 아니라, 위법한 행정 작용 자체를 제거해야 한다고 주장한다.

서술형 | 내용 구조

3 다음은 손실 보상 청구권에 대한 경계 이론과 분리 이론의 내용을 정리한 것이다. 빈칸에 들어갈 알맞은 내용을 쓰시오.

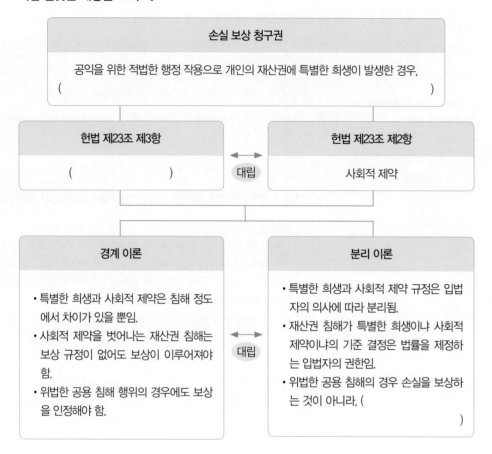

STEP
III

수능형 | 핵심 정보의 파악

1 ㉠과 ㉡에 대한 이해로 적절하지 <u>않은</u> 것은?

① ㉠은 법률에 보상 규정이 없는 경우에도 헌법 제23조 제3항을 근거로 하여, 행정 작용으로 인한 재산상 손실을 보상할 수 있다고 본다.

② ㉡은 헌법 제23조 제2항과 제3항의 규정은 전혀 다른 내용을 규정하고 있다고 본다.

③ ㉠은 행정 작용으로 인한 재산상 손실을 항상 보상해야 한다고 보는 반면, ㉡은 보상하지 않을 수 있다고 본다.

④ ㉠은 재산권 침해의 정도를, ㉡은 입법자의 의사를 기준으로 손실 보상 청구권의 성립 여부를 판단해야 한다고 본다.

⑤ ㉠과 ㉡은 모두 보상 규정 없이 사회적 제약의 범위를 벗어나는 재산권 침해를 규정한 법률은 위헌이라고 본다.

수능형 | 세부 정보의 추론

2 윗글을 참조하여 〈보기〉의 '헌법 재판소'의 판단에 대해 추론한 내용으로 적절하지 <u>않은</u> 것은?

─ 보기 ─

　　A 법률에 따르면, 국가는 도시 환경을 보전하기 위해 개발 제한 구역을 지정할 수 있고, 개발 제한 구역으로 지정된 토지에서는 건축 등 토지 사용이 제한된다. 하지만 A 법률은 개발 제한 구역 지정으로 인한 손실을 보상하는 규정은 포함하고 있지 않았다. 이러한 상황에서 A 법률에 대한 헌법 소원이 제기되었다.

　　헌법 재판소는 분리 이론의 입장을 취하면서, 토지 재산권의 공공성을 고려하면 A 법률은 원칙적으로 합헌이라고 판단하였다. 하지만 개발 제한 구역으로 지정되어 토지를 사용할 방법이 전혀 없는 등 개인에게 가혹한 부담이 발생하는 예외적인 경우에는 사회적 제약을 벗어나서 토지 소유자의 재산권을 과도하게 침해한다고 판단하였다. 따라서 이러한 예외적인 경우까지 고려하지 않은 A 법률은 헌법에 위반된다고 판단하였다.

① 헌법 재판소는 개발 제한 구역을 지정하는 행위가 헌법 제23조 제2항에 위반되는지를 판단하였겠군.

② 헌법 재판소는 개발 제한 구역을 지정하는 행위가 헌법 제23조 제3항과는 관련이 없다고 판단하였겠군.

③ 헌법 재판소는 개발 제한 구역을 지정하는 행위가 헌법에 위반되었는지 여부를 토지의 공공성을 근거로 판단하였겠군.

④ 헌법 재판소는 개발 제한 구역 지정으로 인한 재산권 침해는 개인에게 가혹한 부담이 발생하지 않는 범위 내에서만 가능하다고 판단하였겠군.

⑤ 헌법 재판소는 개발 제한 구역을 지정하는 행위가 개인에게 가혹한 부담을 초래한 경우, 이때의 재산권 침해는 특별한 희생에 해당한다고 판단하였겠군.

📖 지문으로 엮어 읽는 배경지식 **헌법에 명시한 재산권**

제23조

① 모든 국민의 재산권은 보장된다. 그 내용과 한계는 법률로 정한다.

② 재산권의 행사는 공공복리에 적합하도록 하여야 한다.

③ 공공 필요에 의한 재산권의 수용·사용 또는 제한 및 그에 대한 보상은 법률로써 하되, 정당한 보상을 지급하여야 한다.

　　헌법 제23조는 재산권 규정에 대한 내용으로, 재산권이란 경제적 이익을 목적으로 하는 법적인 권리를 의미한다.

　　헌법 제23조 제2항의 내용은 재산권의 사회적 제약에 관해 규정한 내용이다. 이것은 재산권을 행사할 때, 공공의 이익을 염두에 두어야 하며 이기적인 목적만을 위하여 남용해서는 안 된다는 것을 의미한다.

　　헌법 제23조 제3항의 내용은 재산권의 제한과 그에 따른 손실 보상에 관해 규정한 내용이다. '공공 필요에 의한 재산권의 수용·사용 또는 제한'은 공용 침해로, 공익 목적을 위해 개인의 재산권을 침해하는 것을 의미한다. 여기에서 발생하는 손실에 대해 보상을 청구할 수 있는 권리가 손실 보상 청구권이다.

추격 사이클 이론

[2020학년도 11월 고1 학력평가]

필독 TIP

어휘 ★★★★
문장 ★★★
배경지식 ★★★★★

이 글은 산업 주도권 이동과 관련된 추격 사이클에 대해 설명하고 있다. 산업 주도권 이동 과정과 관련된 추격 사이클 이론의 종류 및 특징을 살피며 읽도록 한다.

特定 산업에서 선발* 기업이 후발 기업보다 기술력이나 ㉠마케팅 능력 면에서 더 뛰어나다는 점을 고려하면, 선발 기업이 산업의 주도권*을 유지하는 것이 자연스러워 보인다. 그런데 오늘날의 국제 경제 환경에서는 후발 기업이 선발 기업을 따라잡아 산업의 주도권이 선발 기업에서 후발 기업으로 이동하는 현상이 ⓐ종종 관찰된다. 이러한 현상을 설명하는 이론으로 추격 ㉡사이클 이론이 있다.

산업의 주도권 이동과 관련하여 기업에는 세 가지 기회의 창이 열릴 수 있다. 첫 번째는 새로운 기술의 등장이다. 기존에 없었던 새로운 기술이 등장하는 경우에 선발 기업과 후발 기업은 비교적 동등한 출발점에 서게 된다. 선발 기업이 자신들의 기존 기술을 최대한 활용하고 싶은 미련*을 버리지 못해 새로운 기술의 도입을 주저할 때 후발 기업이 새로운 기술을 도입한다면 선발 기업보다 유리한 상황에 놓일 수 있다. 두 번째는 시장의 갑작스러운 변화이다. 경기* 순환 또는 새로운 소비자층의 등장과 같은 변화가 여기에 속하는데, 이는 새로운 기술의 등장과 마찬가지로 반복해서 발생한다. 특히 불황기에 일부 선발 기업은 적자로 인해 자원을 방출하기도 하는데, 이때 후발 기업은 이런 자원을 적은 비용으로 이용할 수 있다. 또 불황기에는 기술 이전과 지식 획득이 쉬워지고 비용도 저렴해질 수 있는데, 이 역시 후발 기업에게 이득이 될 수 있다. 세 번째는 정부의 규제 혹은 직접적인 지원이다. 이를 통해 선발 기업과 후발 기업의 비대칭적인 환경이 조성될 때 선발 기업은 시장에서 불리한 위치에 놓이게 된다. 이때 비대칭적인 환경의 의미는 정부가 산업 진입 허가 또는 보조금 등을 통해 선발 기업을 자국 시장에서 불리한 위치에 놓이게 한다는 것이다. 이는 후발 기업이 시장에 진입하면서 생기는 불리함을 상쇄*할 수 있는 계기로 작용한다.

이런 기회의 창과 관련해 산업의 주도권 이동은 '정상 사이클', '중도 실패 사이클', '슈퍼 사이클'이라는 세 가지 종류의 추격 사이클로 설명이 가능하다. 이 중 정상 사이클은 다음의 네 단계를 모두 경험하는 경우이다. 제1단계는 진입 단계이다. 국영 기업* 혹은 정부의 지원을 받는 민간 기업이 후발 기업으로 나타날 때, 이들은 보조금 등의 이점으로 선발 기업에 비해 일정한 비용 우위를 누린다. 제2단계는 점진적 추격 단계이다. 이 단계에서 후발 기업들은 점차 투자를 위한 이윤을 확보해 시장 점유율을 높여 간다. 투자를 위한 이윤의 확보는 선발 기업보다 후발 기업에서 일어날 가능성이 높다. 왜냐하면 선발 기업의 주주들은 투자를 위한 이윤의 확보보다는 배당*을 더 선호하는 경향이 있지만 후발 기업의 주주들은 상대적으로 반대의 경향을 보이기 때문이다. 그러나 점진적 추격 단계에 도달한 후발 기업이 저부가 가치 제품 시장에서 고부가 가치* 제품 시장으로 이동하지 못하면 다음 단계로 넘어가지 못할 가능성이 높은데, 이 경우를 중도 실패 사이클이라 한다. 제3단계는 추월 단계이다. 이 단계에서 후발 기업은 확보된 이윤을 새로운 기술과 같은 기회에 신속하고 과감하게 투자하고 채택하여 산업 주도권에 갑작스럽고 큰 변화를 일으킨다. 그 결과 선발 기업은 후발 기업에 밀려 추락*을 경험하게 된다. 제4단계는 추락 단계이다. 새롭게 ㉢리더가 된 후발 기업이 새 기술 및 소비 ㉣패턴의 변화를 놓친다면 이 단계에서 다른 도전자에 밀려 추락하게 된다. 그런데 제3단계에서 선발 기업을 추월한 후발 기업이 기술, 시장, 또는 규제의 변화 등에 민첩하게 대응하는 경우 산업의

* **선발**: 남보다 먼저 어떤 일을 시작하거나 길을 떠남.
* **주도권**: 주동적인 위치에서 이끌어 나갈 수 있는 권리나 권력.
* **미련**: 깨끗이 잊지 못하고 끌리는 데가 남아 있는 마음.
* **경기**: 매매나 거래에 나타나는 호황·불황 따위의 경제 활동 상태.
* **상쇄**: 상반되는 것에 서로 영향을 주어 효과가 없어지는 일.
* **국영 기업**: 국가가 설립하여 관리·경영하는 기업
* **배당**: 주식을 보유한 사람들에게 그 지분에 따라 기업이 이윤을 분배하는 것.
* **고부가 가치**: 생산 과정에서 새롭게 부가된 높은 가치.
* **추락**: 위신이나 가치 따위가 떨어짐.

주도권을 오랫동안 유지할 가능성이 높은데, 이 경우를 슈퍼 사이클이라고 한다.

결국 기업의 추격 사이클은 기회의 창들에 대한 기업의 전략적* 선택에 따른 결과라고 할 수 있다. 이런 관점에서 추격 사이클 이론은 특정 요소 결정론적이기보다는 외부적 요인과 주체적 요인을 모두 중시한다고 할 수 있다.

* **전략적**: 정치, 경제 따위의 사회적 활동을 하는 데 필요한 책략에 관한 것

어휘 의미

1 윗글의 ㉠~㉣의 사전적 의미를 〈보기〉에서 찾아 쓰시오.

> 보기
> ① 일정한 형태나 양식 또는 유형.
> ② 조직이나 단체 따위에서 전체를 이끌어 가는 위치에 있는 사람.
> ③ 제품을 생산자로부터 소비자에게 원활하게 이전하기 위한 기획 활동.
> ④ 물체의 상태가 어떤 변화를 일으켰다가 다시 원래의 상태로 되돌아올 때까지의 일련의 과정.

㉠: (   ) ㉡: (   ) ㉢: (   ) ㉣: (   )

어휘 활용

2 윗글의 ⓐ를 바꿔 쓰기에 적절한 것을 고르시오.

① 늘   ② 가끔   ③ 자주
④ 흔히   ⑤ 무시로

서술형 중심 화제

1 윗글의 중심 내용을 쓰시오.

(   )

문단 정리

2 다음은 윗글의 각 문단의 중심 내용을 정리한 것이다. 빈칸에 들어갈 알맞은 말을 쓰시오.

1문단	산업 주도권이 선발 기업에서 후발 기업으로 이동하는 현상을 ( ) 이론으로 설명할 수 있다.
2문단	산업 주도권 이동과 관련하여 기업에 세 가지 ( )이 열릴 수 있다.
3문단	기회의 창과 관련된 산업 주도권 이동은 세 가지 종류의 추격 사이클로 설명할 수 있다.
4문단	기업의 추격 사이클은 기회의 창에 대한 기업의 ( ) 선택에 따른 결과이다.

내용 구조

3 다음 구조도의 빈칸에 알맞은 말을 써넣어, 윗글의 내용을 정리하시오.

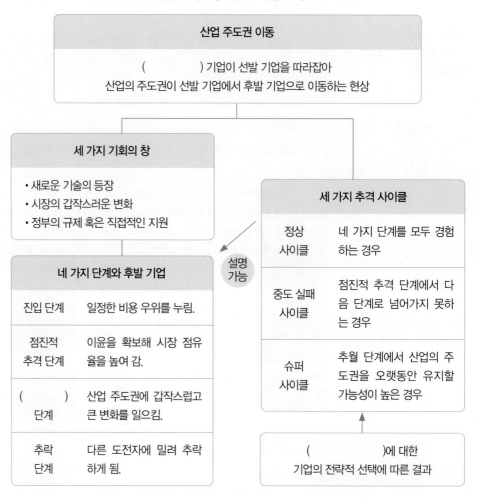

산업 주도권 이동

(   ) 기업이 선발 기업을 따라잡아
산업의 주도권이 선발 기업에서 후발 기업으로 이동하는 현상

세 가지 기회의 창

• 새로운 기술의 등장
• 시장의 갑작스러운 변화
• 정부의 규제 혹은 직접적인 지원

네 가지 단계와 후발 기업

진입 단계	일정한 비용 우위를 누림.
점진적 추격 단계	이윤을 확보해 시장 점유율을 높여 감.
( ) 단계	산업 주도권에 갑작스럽고 큰 변화를 일으킴.
추락 단계	다른 도전자에 밀려 추락하게 됨.

설명 가능

세 가지 추격 사이클

정상 사이클	네 가지 단계를 모두 경험하는 경우
중도 실패 사이클	점진적 추격 단계에서 다음 단계로 넘어가지 못하는 경우
슈퍼 사이클	추월 단계에서 산업의 주도권을 오랫동안 유지할 가능성이 높은 경우

(   )에 대한
기업의 전략적 선택에 따른 결과

STEP
Ⅲ

1

수능형 | 자료 해석의 적절성 평가

윗글을 바탕으로 [상황]과 [B사 중심의 추격 사이클]에 대해 이해한 내용으로 적절하지 <u>않은</u> 것은?

[상황]

○ A사는 B사보다 휴대 전화 산업에 먼저 진입하여 산업을 선도하였다. 그런데 A사는 휴대 전화 카메라 기능의 향상을 원하는 청년층의 요구에 민첩하게 대응할 수 있는 신기술을 채택하지 않았다. 이로 인해 A사는 시장 점유율 하락을 겪게 되었고 이후에는 휴대 전화 산업을 선도할 수 없게 되었다.

○ B사는 개인이 창업한 기업으로 정부의 보조금으로 성장했고, 이 과정에서 얻은 이윤의 상당 부분을 주주들의 협조로 투자를 위해 확보하였다. 그 후 부가 가치가 높은 휴대 전화를 생산하게 되었고, 휴대 전화 카메라 기능을 향상시킨 신기술을 채택하여 휴대 전화 산업을 선도하는 기업으로 올라섰다. 그러나 휴대 전화 게임의 그래픽 기능 향상을 원하는 청소년층의 등장에 민첩하게 대응할 수 있는 신기술을 채택하지 않아서 매출의 감소를 경험하였다.

○ C사는 B사보다 나중에 휴대 전화 산업에 진입했다. 시장 점유율을 높여 가던 C사는, B사와 달리 휴대 전화 게임의 그래픽 기능 향상을 가능하게 한 신기술을 채택하여 시장 점유율을 대폭 증가시켰다.

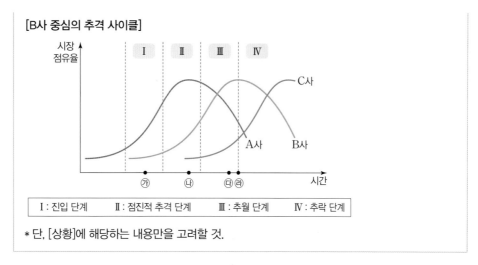

[B사 중심의 추격 사이클]

Ⅰ : 진입 단계 Ⅱ : 점진적 추격 단계 Ⅲ : 추월 단계 Ⅳ : 추락 단계

* 단, [상황]에 해당하는 내용만을 고려할 것.

① ㉮에서 B사는 A사보다 시장 점유율이 낮지만 정부가 조성하는 비대칭적인 환경 때문에 비용 우위를 누렸다.

② ㉮에서보다 ㉯에서는 B사의 시장 점유율이 높은데, 이는 B사의 주주들이 배당보다는 투자를 위한 이윤 확보를 선호한 결과이다.

③ ㉯부터의 A사 시장 점유율 변화 양상이 ㉱부터의 B사 시장 점유율 변화 양상과 유사한 것은, 반복되는 새로운 기회의 창에 대한 A사와 B사의 유사한 대응에서 비롯된 것이다.

④ ㉯와 ㉰ 사이에서 A사와 B사의 시장 점유율 우위가 바뀌고 ㉱ 이후에 B사와 C사의 시장 점유율 우위가 바뀌는 데는, 각각의 경우 새로운 기술에 대한 B사의 선택 여부가 영향을 주었다.

⑤ ㉰와 ㉱ 사이에서 A사의 시장 점유율과 달리 B사와 C사의 시장 점유율은 증가하기 때문에, A사는 새로운 도전자로서 부상하는 움직임을 보였다.

◎ 지문으로 분석하는 시각 자료 **추격 사이클**

[B사 중심의 추격 사이클]

Ⅰ : 진입 단계 Ⅱ : 점진적 추격 단계 Ⅲ : 추월 단계 Ⅳ : 추락 단계

B사 중심으로 보았을 때 ㉮는 진입 단계로 보조금 등의 이점으로 선발 기업에 비해 일정한 비용 우위를 누리는 구간이다. ㉯는 점진적 추격 단계로 B사의 주주들이 투자를 위한 이윤의 확보를 선호한 구간이다. ㉰는 추월 단계로 B사가 휴대 전화 카메라의 기능 향상을 원하는 청년층의 요구에 민첩하게 대응한 구간이다. ㉱는 추락 단계가 시작되는 구간으로 B사가 휴대 전화 게임의 그래픽 기능 향상을 원하는 청소년층의 요구에 민첩하게 대응하지 않은 구간이다. 이를 바탕으로 산업 주도권이 변화하는 양상을 이해하고, 제시된 자료를 해석하여 선지 정보의 적절성을 판단한다.

기업들의 규모 변화와 거래 비용 이론

[2019학년도 11월 고1 학력평가]

필독 TIP

어휘 ★★★★
문장 ★★★★
배경지식 ★★★★

이 글은 거래 비용 이론을 구체적인 사례를 들어 설명하고 있다. 거래 비용의 개념, 종류 및 발생 요인을 살피며 읽도록 한다.

현대 사회의 기업들은 새로운 내부 조직을 만들거나 다른 기업과 합병*하는 등의 방식을 통해 기업의 규모*를 변화시키기도 한다. 신제도학파에서는 기업들의 이러한 규모 변화를 거래 비용이라는 개념으로 설명하는데, 이를 거래 비용 이론이라고 한다.

거래 비용 이론에서 말하는 거래 비용이란 재화를 생산하는 데 드는 생산 비용을 제외한, 경제 주체들이 재화를 거래하는 과정에서 발생하는 모든 비용을 말한다. 즉 경제 주체가 거래 의사와 능력을 가진 상대방을 탐색하는 과정, 가격이나 교환 조건을 상대방과 협상하여 계약을 하는 과정, 또 계약 후 계약 이행 여부를 확인하고 강제하는 과정 등에서 발생하는 비용을 거래 비용이라고 할 수 있다.

[A]

거래 비용 이론에서는 기업은 시장에서 재화를 거래할 때 발생하는 거래 비용인 '시장 거래 비용'을 줄이기 위해, 재화를 자체적으로 생산하는 것에 대해 고려하게 된다고 보았다. 이런 상황에서 기업이 새로운 내부 조직을 만들거나 다른 기업을 합병하여 내부 조직으로 흡수하는 등의 방법을 통해 거래를 내부화하면 기업의 조직 내에서도 거래가 일어나게 된다. 그 결과 거래 비용이 발생하게 되고, 이를 '조직 내 거래 비용'이라고 한다. 이때 시장 거래 비용과 조직 내 거래 비용을 합친 것을 '총거래 비용'이라고 하며, 기업은 총거래 비용을 고려하여 기업의 규모를 결정하게 된다.

예를 들어 어떤 제품을 생산하는 기업을 가정해 보자. 이 기업에서는 시장 거래를 통해 다른 기업으로부터 모든 부품을 조달*하여 제품을 생산할 수도 있고, 반대로 기업 내부적으로 모든 부품을 제조하여 제품을 생산할 수도 있다. 만약 이 기업이 다른 기업과의 시장 거래를 통해 모든 부품을 조달한다면 조직 내 거래 비용은 발생하지 않고, 시장 거래 비용만 발생하게 될 것이다. 이런 상황에서 기업은 시장 거래 비용을 줄이기 위해 시장 거래에서 조달하던 부품의 일부를 기업 내에서 생산하려 할 것이다. 이렇게 기업이 부품을 자체 생산하여 내부 거래를 증가시키면 시장 거래 비용은 감소하지만, 조직 내 거래 비용은 증가하게 된다. 이때 기업은 총거래 비용이 최소가 되는 지점까지 내부 조직의 규모를 확대하여 부품을 자체 생산할 수 있고, 이 지점이 바로 기업의 최적 규모라고 할 수 있다.

그렇다면 거래 비용이 발생하는 요인*은 무엇일까? 거래 비용 이론에서는 이를 인간적 요인과 환경적 요인으로 나누어 설명한다. 인간적 요인에는 인간의 제한된 합리성과 기회주의적* 속성이 있다. 먼저, 인간은 거래 상황 속에서 정보를 수집하고 처리할 때 완벽하게 합리적인 선택을 할 수 있는 존재는 아니라는 것이다. 다음으로 인간은 효용*의 극대화를 위해 자신의 이익만을 추구하는 기회주의적 면모를 보일 가능성이 높다는 것이다. 이와 같은 인간적 요인으로 인해 거래 상황 속에서 인간은 완벽한 선택을 할 수 없고, 거래 상대를 전적으로 신뢰할 수는 없으므로 거래의 과정 속에서 거래 비용이 발생하게 된다는 것이다.

환경적 요인에는 자산 특수성과 정보의 불확실성 등이 있다. 먼저 자산 특수성이란 다양한 거래 주체를 통해 일반적으로 구할 수 있는 자산이 아닌, 특정 거래 주체와의 거래에서만 높은 가치를 갖는 자산의 속성을 말한다. 따라서 특정 주체와의 거래에서는 높은 가치를 갖던 것이 다른 주체와의 거래에서는 가치가 하락하는 경우, 자산 특수성이 높다고 할 수 있다. 이때 자

*합병: 둘 이상의 기구나 단체, 나라 따위가 하나로 합쳐짐. 또는 그렇게 만듦.
*규모: 사물이나 현상의 크기나 범위.
*조달: 자금이나 물자 따위를 대어 줌.
*요인: 사물이나 사건이 성립되는 까닭. 또는 조건이 되는 요소.
*기회주의적: 일관된 입장을 지니지 못하고 그때그때의 정세에 따라 이로운 쪽으로 행동하는 것.
*효용: 인간의 욕망을 만족시킬 수 있는 재화의 효능.

산 특수성이 높으면 경제 주체들은 기회주의적으로 행동할 가능성이 커질 수 있기 때문에 이를 보완하고자 다양한 안전장치를 마련하려 할 것이다. 이로 인해 거래 비용은 더 높아질 수 있는 것이다. 다음으로 거래 상대의 정보를 확인할 수 없는 상황에서 거래 주체는 자신의 이익을 위해 정보를 공유하지 않을 가능성이 높다. 그렇기 때문에 일반적으로 정보가 불확실한 거래 상황일수록 거래 주체들은 상대의 정보를 알아내기 위한 노력을 할 것이고, 이로 인해 거래 비용은 높아지게 된다.

STEP I

어휘 활용

1 다음 단어를 활용하기에 적절한 문장을 찾아 바르게 연결하시오.

(1) 이행 •	• ㄱ. 책을 발간한 후에도 끊임없이 내용을 ( )하는 것이 필요하다.
(2) 고려 •	• ㄴ. 정부는 학생들의 건강을 ( )하여 학교 급식에 많은 지원을 해야 한다.
(3) 면모 •	• ㄷ. 후보자들은 당선된 뒤에도 선거 공약들을 충실히 ( )하겠다고 다짐한다.
(4) 보완 •	• ㄹ. 회의 석상에서 그는 정곡을 찌르는 말로 경험이 많은 자신의 ( )를 과시하였다.

STEP II

서술형 중심 화제

1 윗글의 중심 내용을 쓰시오.

(   )

문단 정리

2 다음은 윗글의 각 문단의 중심 내용을 정리한 것이다. 빈칸에 들어갈 알맞은 말을 쓰시오.

1문단	( )은 기업들의 규모 변화를 거래 비용이라는 개념으로 설명한 것이다.
2문단	거래 비용은 생산 비용을 제외한, 재화를 거래하는 과정에서 발생하는 모든 비용이다.
3문단	거래 비용에는 시장 거래 비용과 조직 내 거래 비용이 있고, 이 둘을 합친 것을 ( )이라고 한다.
4문단	총거래 비용이 최소가 되는 지점이 기업의 최적 규모가 된다.
5~6문단	거래 비용이 발생하는 요인에는 ( ) 요인과 환경적 요인이 있다.

내용 구조

3 다음은 거래 비용과 기업의 최적 규모에 대한 내용을 정리한 것이다. 빈칸에 들어갈 알맞은 말을 쓰시오.

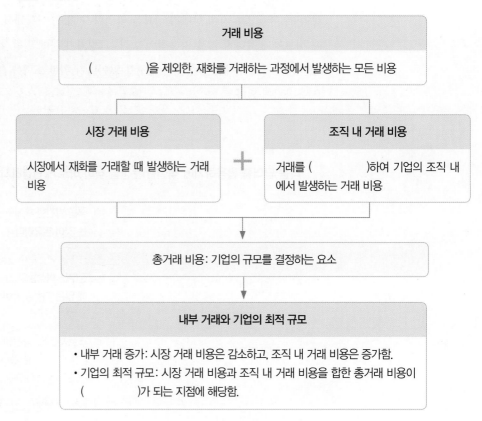

거래 비용

(　　　　　)을 제외한, 재화를 거래하는 과정에서 발생하는 모든 비용

시장 거래 비용

시장에서 재화를 거래할 때 발생하는 거래 비용

＋

조직 내 거래 비용

거래를 (　　　　)하여 기업의 조직 내에서 발생하는 거래 비용

총거래 비용: 기업의 규모를 결정하는 요소

내부 거래와 기업의 최적 규모

• 내부 거래 증가: 시장 거래 비용은 감소하고, 조직 내 거래 비용은 증가함.
• 기업의 최적 규모: 시장 거래 비용과 조직 내 거래 비용을 합한 총거래 비용이 (　　　　)가 되는 지점에 해당함.

STEP III

수능형 세부 정보의 추론

1 거래 비용 이 발생하는 상황으로 적절하지 않은 것은?

① 도자기 장인이 직접 흙을 채취하여 도자기를 빚을 때
② 집을 구매하려는 사람이 집을 판매하는 사람을 탐색할 때
③ 가구를 생산하는 사람이 원목 판매자와 재룟값을 흥정할 때
④ 소비자가 인터넷을 설치하기 위해 통신사와 약정서를 작성할 때
⑤ 제과업체가 계약대로 밀가루가 제대로 공급되고 있는지 확인할 때

2 [A]를 바탕으로 〈보기〉를 이해한 내용으로 적절하지 <u>않은</u> 것은?

보기

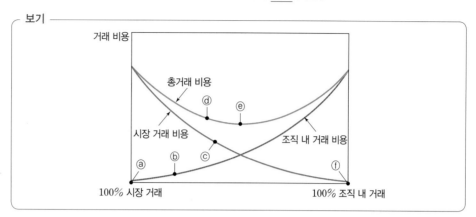

① 조직 내 거래 비용이 ⓐ에서 ⓑ로 증가했다면 기업은 시장에서 조달했던 부품의 일부를 자체 생산하겠다는 결정을 했기 때문이겠군.

② 시장 거래 비용이 ⓒ에서 ⓕ로 감소했다면 기업이 내부 거래를 증가시켰기 때문이겠군.

③ ⓓ에서 ⓔ로 총거래 비용이 줄었다면 내부 조직의 규모를 축소하겠다는 결정을 했기 때문이겠군.

④ 총거래 비용이 ⓔ에서 최소가 된다면 이 지점이 기업의 최적 규모라고 할 수 있겠군.

⑤ ⓕ에서는 기업이 모든 부품을 기업 내부적으로 제조하기 때문에 시장 거래 비용은 발생하지 않겠군.

◎ 지문으로 분석하는 시각 자료 **거래 비용**

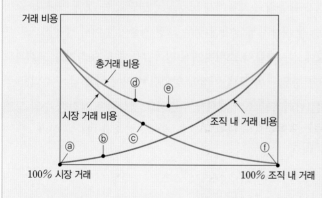

제시된 그래프는 시장 거래 비용과 조직 내 거래 비용의 비율에 따른 총거래 비용의 변화 양상을 나타낸다. 조직 내 거래 비용이 ⓐ에서 ⓑ로 바뀐 것은 기업의 내부 거래 비용이 증가했다는 것이고, 이는 기업이 부품을 자체 생산한다는 의미이다. 시장 거래 비용이 ⓒ에서 ⓕ로 바뀐 것은 기업의 내부 거래 비용이 증가했다는 것이고, ⓕ가 되었다는 것은 기업이 모든 부품을 자체 생산하기 때문에 시장 거래 비용이 발생하지 않는다는 의미이다. 총거래 비용이 ⓔ라는 것은 총거래 비용이 최소가 된 것으로, 이 지점이 기업의 최적 규모라는 의미이다. 이를 바탕으로 거래 비용의 관계를 이해하고, 제시된 자료를 해석하여 선지 정보의 적절성을 판단한다.

구독 경제

[2019학년도 9월 고1 학력평가]

필독 TIP

어휘 ★★★

문장 ★★★

배경지식 ★★★

이 글은 구독 경제의 개념과 유형, 장단점에 대해 설명하고 있다. 구독 경제의 개념을 이해하고, 우리 주변에서 볼 수 있는 구독 경제의 예에는 무엇이 있는지 생각하며 읽도록 한다.

직장인 A 씨는 셔츠 정기 배송 서비스를 신청하여 일주일간 입을 셔츠를 제공받고, 입었던 셔츠는 반납한다. A 씨는 셔츠를 직접 사러 가거나 세탁할 필요가 없어져 시간을 절약할 수 있게 되었다. 이처럼 소비자가 회원 가입 및 신청을 하면 정기적으로 원하는 상품을 배송받거나, 필요한 서비스를 언제든지 이용할 수 있는 경제 모델을 ㉠'구독* 경제'라고 한다.

신문이나 잡지 등 정기 간행물*에만 적용되던 구독 모델은 최근 들어 그 적용 범위가 점차 넓어지고 있다. 이로 인해 사람들은 소유와 관리에 대한 부담은 줄이면서 필요할 때 사용할 수 있는 방식으로 소비를 할 수 있게 되었다. 이러한 구독 경제에는 크게 세 가지 유형이 있다. 첫 번째 유형은 ⓐ정기 배송 모델인데, 월 사용료를 지불하면 칫솔, 식품 등의 생필품을 지정 주소로 정기 배송해 주는 것을 말한다. 두 번째 유형은 ⓑ무제한 이용 모델로, 정액 요금을 내고 영상이나 음원, 각종 서비스 등을 무제한 또는 정해진 횟수만큼 이용할 수 있는 모델이다. 세 번째 유형인 ⓒ장기 렌털* 모델은 구매에 목돈이 들어 경제적 부담이 될 수 있는 자동차 등의 상품을 월 사용료를 지불하고 이용하는 것을 말한다.

최근 들어 구독 경제가 빠르게 확산*되고 있는데, 그 이유는 무엇일까? 경제학자들은 구독 경제의 확산 현상을 '합리적 선택 이론'으로 설명한다. 경제 활동을 하는 소비자가 주어진 제약 속에서 자신의 효용*을 최대화하려는 것을 합리적 선택이라고 하는데, 이때 효용이란 소비자가 상품을 소비함으로써 얻는 만족감을 의미한다. 소비자들이 한정된 비용으로 최대한의 만족을 얻기 위해 노력한 결과가 구독 경제의 확산으로 이어졌다는 것이다. 이것은 최근의 소비자들이 상품을 소유함으로써 얻는 만족감보다는 상품을 사용함으로써 얻는 만족감을 더 중요시한다는 것을 보여 준다고 할 수 있다.

구독 경제는 소비자의 입장에서 소유하기 이전에는 사용해 보지 못하는 상품을 사용해 볼 수 있다는 장점이 있다. 구독 경제를 이용하면 값비싼 상품을 사용하는 데 큰 비용을 들이지 않아도 되고, 상품 구매 행위에 들이는 시간과 구매 과정에 따르는 불편함 등의 문제를 해결할 수 있다. 생산자의 입장에서는 상품을 사용하는 고객들의 정보를 수집하고, 이를 통해 개별화된 서비스를 제공하여 고객과의 관계를 지속적으로 유지할 수 있다. 또한 매월 안정적으로 매출을 올릴 수 있다는 장점도 있다.

그러나 구독 경제의 확산이 경제 활동의 주체들에게 긍정적인 면만 있는 것은 아니다. 소비자의 입장에서는 구독하는 서비스가 지나치게 많아질 경우 고정 지출이 늘어나 경제적으로 부담이 될 수 있다. 생산자의 입장에서는 상품이 소비자에게 만족감을 주지 못하거나 고객과의 관계를 지속적으로 유지하지 못할 경우 구독 모델 이전에 얻었던 수익에 비해 낮은 수익을 얻는 경우도 있다. 따라서 소비자는 합리적인 소비 계획을 수립하고 생산자는 건전한 수익 모델을 연구하여 자신의 경제 활동에 도움이 되는 방향으로 구독 경제를 활용할 필요가 있다.

＊ **구독**: 책이나 신문, 잡지 따위를 구입하여 읽음.

＊ **간행물**: 인쇄하여 발행한 책, 신문, 그림 따위를 통틀어 이르는 말.

＊ **렌털**: 설비, 기계, 기구 따위를 임대하는 일. 일반적으로 단기간의 임대를 이른다.

＊ **확산**: 흩어져 널리 퍼짐.

＊ **효용**: ① 보람 있게 쓰거나 쓰임. 또는 그런 보람이나 쓸모. ② 인간의 욕망을 만족시킬 수 있는 재화의 효능.

STEP
I

어휘 의미

1 다음과 같은 사전적 의미를 지닌 단어를 〈보기〉에서 찾아 쓰시오.

보기
| 정기 | 구독 | 부담 | 목돈 | 지속적 |

(1) 어떠한 의무나 책임을 짐. (　　　　)

(2) 어떤 상태가 오래 계속되는 것. (　　　　)

(3) 한몫이 될 만한, 비교적 많은 돈. (　　　　)

(4) 책이나 신문, 잡지 따위를 구입하여 읽음. (　　　　)

(5) 기한이나 기간이 일정하게 정하여져 있는 것. (　　　　)

서술형 **어휘 의미**

2 다음에 제시된 한자의 뜻을 참고하여 단어의 의미를 쓰시오.

(1) 생필품(生必品): 生(생: 나다), 必(필: 반드시), 品(품: 물건)

→ (　　　　　　　　　　)

(2) 확산(擴散): 擴(확: 넓히다), 散(산: 흩어지다) → (　　　　　　　　)

(3) 한정(限定): 限(한: 한계), 定(정: 정하다) → (　　　　　　　　)

STEP
II

서술형 **중심 화제**

1 윗글의 중심 내용을 쓰시오.

(　　　　　　　　　　　　　　　　　　　　　　　　　　　　　　)

문단 정리

2 다음은 윗글의 각 문단의 중심 내용을 정리한 것이다. 빈칸에 들어갈 알맞은 말을 쓰시오.

1문단	소비자가 회원 가입 및 신청을 하면 정기적으로 원하는 상품을 배송받거나, 필요한 서비스를 언제든지 이용할 수 있는 경제 모델을 (　　　　　)라고 한다.
2문단	구독 경제에는 (　　　　　　　　　), 무제한 이용 모델, 장기 렌털 모델 등 세 가지 유형이 있다.
3문단	최근 구독 경제가 빠르게 확산되는 이유는 소비자들이 한정된 비용으로 최대한의 (　　　　)을 얻기 위해 노력하기 때문이다.
4문단	구독 경제는 소비자와 생산자의 입장에서 여러 가지 (　　　　)이 있다.
5문단	구독 경제의 확산은 소비자와 생산자의 입장에서 단점이 있을 수 있으므로, 자신의 경제 활동에 도움이 되는 방향으로 구독 경제를 활용할 필요가 있다.

내용 구조

3 다음 구조도의 빈칸에 알맞은 말을 써넣어, 윗글의 내용을 정리하시오.

구독 경제

소비자가 회원 가입 및 신청을 하면 정기적으로 원하는 상품을 배송받거나,
필요한 서비스를 언제든지 이용할 수 있는 경제 모델

정기 배송 모델	무제한 이용 모델	(　　　　) 모델
• 개념: 월 사용료를 지불하면 상품을 지정 주소로 (　　　) 배송해 주는 모델 • 상품이나 서비스의 종류: 칫솔, 식품 등의 생필품	• 개념: 정액 요금을 내고 무제한 또는 정해진 횟수만큼 이용할 수 있는 모델 • 상품이나 서비스의 종류: 영상이나 음원, 각종 서비스 등	• 개념: 구매에 목돈이 들어 경제적 부담이 될 수 있는 상품을 월 사용료를 지불하고 이용하는 모델 • 상품이나 서비스의 종류: 자동차, 정수기 등

	소비자의 입장		생산자의 입장
장점	• 소유하지 않고 상품을 사용할 수 있음. • 값비싼 상품을 사용하는 데 큰 (　　　)이 들지 않음. • 상품 구매의 시간 소요와 구매 과정의 불편함 등의 문제를 해결할 수 있음.	장점	• 고객들의 (　　　　)를 수집할 수 있음. • 고객과의 관계를 지속적으로 유지할 수 있음. • 매월 안정적인 매출을 올릴 수 있음.
단점	고정 지출이 늘어나 경제적 부담이 될 수 있음.	단점	구독 모델 이전에 얻었던 수익에 비해 낮은 수익을 얻을 수 있음.

STEP III

수능형 구체적 상황에 적용

1 ⓐ~ⓒ에 해당하는 사례로 적절하지 <u>않은</u> 것은?

① ⓐ: 매월 일정 금액을 지불하고 정수기를 사용하는 서비스

② ⓐ: 월정액을 지불하고 주 1회 집으로 식재료를 보내 주는 서비스

③ ⓑ: 월 구독료를 내고 읽고 싶은 도서를 마음껏 읽을 수 있는 스마트폰 앱

④ ⓑ: 정액 요금을 결제하고 강좌를 일정 기간 원하는 만큼 수강할 수 있는 웹 사이트

⑤ ⓒ: 월 사용료를 지불하고 정해진 기간에 집에서 사용할 수 있는 의료 기기

수능형 정보 간의 의미 파악

2 윗글의 ⊙과 〈보기〉의 ⓛ을 비교한 내용으로 가장 적절한 것은?

보기

　ⓛ'공유 경제'는 한번 생산된 상품이나 서비스를 여럿이 공유해 사용하는 협력 소비를 통해 비용을 줄이고 소비자의 만족도를 높이는 경제 모델이다. 공유 경제는 자원의 활용도를 높이고 자원의 불필요한 소비를 줄일 수 있어 친환경적이라는 평가를 받고 있다. 공유 경제의 영역은 주택, 의류 등의 유형 자원에서 시간, 재능 등의 무형 자원으로 확장되고 있다.

① ⊙은 ⓛ과 달리 여러 사람이 서비스를 공유하는군.

② ⊙은 ⓛ과 달리 자원의 불필요한 소비를 줄일 수 있다는 점에서 친환경적이군.

③ ⓛ은 ⊙과 달리 소비자에게 서비스를 주기적으로 제공하여 구매 비용을 줄이는군.

④ ⊙과 ⓛ은 모두 유형 자원보다 무형 자원을 더 많이 활용하는군.

⑤ ⊙과 ⓛ은 모두 소비자의 부담은 줄이면서 상품을 사용함으로써 얻는 효용에 관심을 가지는군.

📖 지문으로 엮어 읽는 배경지식 **공유 경제**

　최근 확산되고 있는 '공유 경제(sharing economy)'라는 말은 2008년 미국의 법학자 로런스 레식(Lawrence Lessig) 교수가 지은 책 『리믹스』에서 유래한 것으로, 한번 생산된 제품을 여러 사람이 공유해 쓰는 협력 소비를 기본으로 한 경제 방식을 말한다. 공유 경제는 자동차, 빈방, 사무실, 책 등과 같이 활용도가 떨어지는 물건이나 부동산을 그것이 필요한 다른 사람들과 함께 공유함으로써 자원 활용을 극대화하는 장점이 있다. 또한 물건을 소유한 사람의 입장에서는 물건의 효율을 높이는 동시에 현재 자신이 사용하지 않는 물건을 다른 사람에게 대여해서 새로운 수익을 창출할 수 있는 일석이조의 합리성을 제공하고, 물건을 구매한 사람은 싼값에 필요한 물건을 이용할 수 있다는 장점이 있다.

　이러한 공유 경제에는 자동차를 공유하는 서비스, 집을 공유하는 서비스, 사무실을 공유하는 서비스, 옷장을 공유하는 서비스와 같이 재화의 공유는 물론이고, 요리 레시피를 공유하는 서비스와 같이 재능 및 지적 재산의 공유까지 그 영역이 확대되고 있다.

범죄학과 셉테드

[2018학년도 9월 고1 학력평가]

범죄란 사회 질서를 파괴하고 타인의 육체나 정신에 고통을 주거나 재산 또는 명예에 손상을 입히는 행위로, 사회의 안녕과 개인의 안전에 해를 끼친다. 그래서 사람들은 여러 논의를 통해 범죄 발생률을 낮추려고 노력해 왔고, 그 결과 탄생한 것이 바로 '범죄학'이다.

㉠'고전주의 범죄학'은 법적 규정 없이 시행됐던 지배 세력의 불합리한 형벌 제도를 비판하며 18세기 중반에 등장했다. 고전주의 범죄학에서는 범죄를 포함한 인간의 모든 행위는 자유 의지에 입각한 합리적 판단에 따라 이루어지므로, 범죄에 비례해 형벌을 부과할 경우 개인의 합리적 선택에 의해 범죄가 억제될 수 있다고 보았다. 고전주의 범죄학의 대표자인 베카리아는 형벌은 법으로 ⓐ규정해야 하고, 그 법은 누구나 이해할 수 있도록 문서로 만들어야 한다고 강조했다. 또한 형벌의 목적은 사회 구성원에 대한 범죄 행위의 예방이며, 따라서 범죄를 저지를 경우 누구나 법에 의해 확실히 처벌받을 것이라는 두려움이 범죄를 억제할 것이라고 확신했다. 이러한 고전주의 범죄학의 주장은 각 국가의 범죄 및 범죄자에 대한 입법과 정책에 많은 영향을 끼쳤다.

19세기 중반 이후 사회 혼란으로 범죄율과 재범률이 증가하자, 범죄의 원인을 과학적으로 증명하려 한 ㉡'실증주의 범죄학'이 등장했다. 실증주의 범죄학은 고전주의 범죄학의 비과학성을 비판하며, 범죄의 원인을 개인의 자유 의지로는 통제할 수 없는 생물학적·심리학적·사회학적 요소에서 찾으려 했다. 이 분야의 창시자인 롬브로소는 범죄 억제를 위해서는 범죄자들의 개별적 범죄 기질*을 도출하고 그 기질에 따른 교정*이나 교화*, 또는 치료를 실시해야 한다고 생각했다. 이를 위해 그는 범죄자만의 특성과 행위 원인을 연구하여 범죄자들의 유형을 ⓑ구분하고 그 유형에 따라 형벌을 달리할 것을 주장했다. 그는 출생부터 범죄자의 기질을 타고나 범죄를 저지를 수밖에 없는 범죄자의 경우 초범일지라도 무기한 구금*을 해야 하지만, 우발적으로 범죄를 저지른 범죄자의 수감에는 반대했고, 이러한 생각은 이후 집행 유예* 제도의 이론적 기초가 되었다. 비록 차별과 편견이 개입됐다는 비판을 받기는 했지만, 롬브로소의 연구는 이후 범죄 생물학, 범죄 심리학, 범죄 사회학의 탄생과 발전에 큰 영향을 끼쳤다.

이러한 범죄학의 큰 흐름들은 범죄를 억제하려는 그동안의 법체계와 정책의 근간이 되어 왔다. 하지만 1970년대 이후 이러한 시도들의 범죄 감소 효과에 대한 비판이 일면서, 환경에 의한 범죄 유발 요인과 환경 개선을 통한 범죄 기회의 감소 효과 등을 연구하는 '환경 범죄학'이 주목받기 시작했다. 이러한 가운데 건축학이나 도시 설계 전문가들은 범죄의 원인과 예방의 해법을 환경과 디자인에서 찾아야 한다고 주장했다. 바로 '셉테드(CPTED)'라 불리는 범죄 예방 설계가 그것이다. 셉테드는 건축 설계나 도시 계획 등을 통해 대상 지역의 방어적 공간 특성을 높여, 범죄 발생 가능성을 줄이고 지역 주민들이 안전감을 느끼도록 하여 궁극적으로 삶의 질을 ⓒ향상시키는 종합적인 범죄 예방 전략을 의미한다.

[A] 셉테드는 다음의 원리로 이루어진다. 우선 '자연적 감시의 원리'는 공간과 시설물에 대한 가시권을 확보하고 잠재적 범죄자의 은폐 장소를 최소화시킴으로써 내부인이나 외부인의 행동을 주변 사람들이 자연스럽게 관찰할 수 있게 만드는 것이다. 다음으로 '접근 통제의 원리'는 보행로, 조경, 문 등을 통해 사람들의 통행을 일정한 경로로 ⓓ유도하여 허

가받지 않은 사람들의 출입을 통제하거나 차단하는 것을 말한다. '영역성의 원리'는 안과 밖이라는 공간 영역을 조성하여 외부인의 침범 기준을 명확히 ⓔ확립하는 것을 말한다. 이 외에도 공공장소 및 시설에 대한 내부인들의 활발한 사용을 유도하여 그 근방의 범죄를 감소시킨다는 '활동의 활성화 원리', 공공장소와 시설물이 처음 설계된 대로 지속적으로 유지 및 관리되어야 한다는 '유지 및 관리의 원리'가 있다. 이 모든 원리는 범죄 예방의 전략과 목표를 범죄자 개인이 아닌 도시 및 건축 환경의 설계와 계획에 두고 있다는 점에서 공통적이다.

우리나라는 2005년 즈음부터 셉테드를 도입하여 도시 설계와 건축물에 범죄 예방 설계 활용을 본격화하기 시작했다. 그동안의 법과 정책, 그리고 셉테드가 동시에 강화된다면 좀 더 안전한 사회를 만들 수 있을 것이다.

STEP I

어휘 의미

1 다음 내용이 맞으면 ○, 틀리면 X 표를 하시오.

(1) 죄를 지은 뒤 다시 죄를 범하는 것을 '초범'이라고 한다. (   )

(2) 사물의 바탕이나 중심이 되는 중요한 것을 '근간'이라고 한다. (   )

(3) 사람을 구치소나 교도소에 가두어 넣는 것을 '교정'이라고 한다. (   )

(4) 가르치고 이끌어서 좋은 방향으로 나아가게 하는 것을 '교화'라고 한다. (   )

(5) 3년 이하의 징역 또는 금고의 형이 선고된 범죄자에게 정상을 참작하여 일정한 기간 동안 형의 집행을 유예하는 일을 '집행 유예'라고 한다. (   )

어휘 활용

2 문맥상 윗글의 ⓐ~ⓔ와 바꿔 쓰기에 적절하지 않은 것을 고르시오.

① ⓐ: 고쳐야   ② ⓑ: 나누고   ③ ⓒ: 높이는

④ ⓓ: 이끌어   ⑤ ⓔ: 세우는

STEP II

서술형 **중심 화제**

1 윗글에서 설명하고 있는 것은 무엇인지 쓰시오.

(   )

문단 정리

2 다음은 윗글의 각 문단의 중심 내용을 정리한 것이다. 빈칸에 들어갈 알맞은 말을 쓰시오.

1문단	범죄 발생률을 낮추려고 노력한 결과 (　　　　)이 탄생하였다.
2문단	고전주의 범죄학은 범죄를 저지를 경우 누구나 (　　　　)에 의해 확실히 처벌받을 것이라는 두려움이 범죄를 억제할 것이라고 보았다.
3문단	실증주의 범죄학은 범죄자만의 특성과 행위 원인을 연구하여 범죄자들의 유형을 구분하고 그 유형에 따라 (　　　　)을 달리해야 한다고 했다.
4문단	환경 범죄학은 환경에 의한 범죄 유발 요인과 환경 개선을 통한 범죄 기회의 감소 효과 등을 연구하는 것으로, (　　　　)를 통해 범죄를 예방하려고 했다.
5문단	셉테드는 자연적 감시의 원리, 접근 통제의 원리, 영역성의 원리, 활동의 활성화 원리, (　　　　)의 원리에 의해 이루어진다.
6문단	우리나라는 2005년 즈음부터 셉테드를 도입하였는데, 그동안의 법과 정책, 그리고 셉테드가 동시에 강화된다면 좀 더 안전한 사회를 만들 수 있을 것이다.

내용 구조

3 다음은 범죄학의 변천 과정을 정리한 것이다. 빈칸에 들어갈 알맞은 말을 쓰시오.

고전주의 범죄학		실증주의 범죄학		(　　　　)		셉테드
(　　　　)에 비례해 형벌을 부과하면 범죄를 억제할 수 있음.	→	범죄자의 기질에 따른 교정이나 교화, 치료를 실시해야 함.	→	범죄의 원인과 예방의 해법을 환경과 디자인에서 찾음.	→	건축 설계나 도시 계획 등을 통하여 (　　　　)을 줄임.

STEP Ⅲ

수능형　정보 간의 의미 파악

1 ㉠과 ㉡에 대한 이해로 적절하지 <u>않은</u> 것은?

① ㉠은 법적 근거 없이 부과된 형벌은 정당하지 않다고 지적하고 있군.

② ㉡은 범죄자들의 특성과 행위 원인을 바탕으로 범죄자의 유형을 구분해야 한다고 말하고 있군.

③ ㉠은 ㉡과 달리 연구의 초점을 범죄의 처벌보다는 범죄의 원인에 두고 있군.

④ ㉠은 ㉡과 달리 범죄에 따른 형벌을 예외 없이 적용하는 것이 범죄율을 낮출 수 있다고 보고 있군.

⑤ ㉡은 ㉠과 달리 인간의 자유 의지를 통해서는 범죄 욕구를 제어할 수 없다고 판단하고 있군.

수능형 구체적 상황에 적용

2 [A]를 참고하여 〈보기〉의 사례를 설명한 것으로 적절하지 <u>않은</u> 것은?

보기

　　□□학교는 개교한 지가 오래돼 다소 음침한 느낌을 주는 곳이었다. 이에 학교는 교내 외진 장소에 다양한 운동 시설을 설치해 학생들의 이용을 활성화하고 학생들의 안전을 위해 그곳에 CCTV를 설치했다. 사람들의 시선을 막고 있는 학교 담장은 철거하고, 대신 작은 나무와 꽃들을 심은 화단을 조성했다. 또한 외부인의 출입을 통제하기 위해 후문을 폐쇄하여 사람들의 통행을 정문으로 유도했고, 학생들과 교사는 환경 지킴이라는 동아리를 조직하여 개선된 학교 환경을 유지하기 위한 봉사 활동을 주기적으로 실시하고 있다.

① 후문을 폐쇄한 것은 '접근 통제의 원리'를 통해 사람들의 통행을 정문으로 유도하기 위한 것이다.

② 학교 담장을 허문 것은 '자연적 감시의 원리'를 통해 학교 시설물에 대한 가시권을 확보하기 위한 것이다.

③ 봉사 동아리를 조직해 운영하는 것은 '유지 및 관리의 원리'를 통해 환경 설계 효과를 지속시키려는 것이다.

④ 다양한 운동 시설을 설치한 것은 '활동의 활성화 원리'를 통해 외진 장소에서의 범죄 발생률을 낮추려는 것이다.

⑤ 교내 외진 장소에 CCTV를 설치한 것은 '영역성의 원리'를 통해 안과 밖이라는 공간 영역을 명확하게 확립한 것이다.

📖 지문으로 엮어 읽는 배경지식 **범죄 예방을 목적으로 하는 CCTV**

　　우리 주변 어디에서나 흔히 볼 수 있는 CCTV는 'Closed-circuit Television', 즉 폐회로 텔레비전의 약자이다. CCTV는 방범, 감시, 화재 예방 등 안전을 위한 장치로, 범죄 다발 지역이나 건물 안, 엘리베이터, 그리고 학교의 경우 구석지거나 으슥한 곳에 주로 설치한다. 따라서 범죄 발생 시 CCTV는 중요한 증거 자료가 될 수 있지만, 평상시에는 사생활 침해의 논란이 일기도 한다. 법령에 의해 CCTV를 의무적으로 설치해야 하는 곳도 있다. 어린이집이나 유치원, 초등학교와 같은 교육 기관과 사격장 같은 곳이 이에 해당한다.

　　최근 화장실이나 탈의실, 목욕탕과 같은 곳에 소형 카메라가 설치되어 범죄로 악용되는 경우가 늘고 있다. 하지만 철저한 개인 정보 보호와 시민의 안전을 목적으로 한 CCTV 설치는 범죄 예방에 큰 몫을 하고 있는 것 또한 부정할 수 없을 것이다.

민법과 형법

[2018학년도 6월 고1 학력평가]

인간은 집단생활을 하기 때문에 분쟁이 발생할 수밖에 없다. 그래서 문제가 발생하는 것을 예방하거나 문제를 원만히 해결하기 위해 규칙을 만든다. 여러 규칙 중 사회 구성원들의 합의*에 따라 만들어지고 강제성을 가진 규칙을 법이라고 한다. 이때 강제성은 공공의 이익을 실현하기 위해 사회 구성원들이 동의할 때만 발휘될 수 있다. 이러한 법은 몇 가지 특징이 있는데 먼저 법은 행동의 결과를 중시한다. 왜냐하면 다른 사람이 행동을 평가할 수 있고 그 변화도 확인할 수 있어야 하기 때문이다. 그리고 법은 국민의 자유와 권리를 보호한다. 만약 법이 없다면 권력자나 국가 기관이 멋대로 권력을 휘두를 수 있을 것이다. 마지막으로 법은 최소한의 간섭만 한다. 개인이 처리해도 되는 일까지 법이 간섭한다면 사람들은 숨이 막혀 평온하게 살기 힘들 것이다.

대표적인 법에는 민법과 형법이 있다. 민법은 국가 기관이 아닌, 사람들 간의 권리관계를 다루는 법률로서 재산 관계와 가족 관계로 구성되어 있다. 근대 사회에서 형성된 민법의 원칙은 오늘날까지도 중요하게 여겨지고 있다. 중요 원칙 중 하나는 개인의 사유 재산에 대해 절대적 지배를 인정하고 국가를 비롯한 단체나 개인은 다른 사람의 사유 재산 행사에 간섭하지 못한다는 것이다. 그리고 다른 사람에게 끼친 손해는 그 행위가 위법이고 동시에 고의나 과실에 의한 경우에만 책임을 진다는 원칙도 있다. 그런데 이 원칙들은 경제적 강자가 경제적 약자를 지배하는 수단으로 악용되기도 하여 20세기에 들면서 제한이 생겼다. 그 결과 개인의 사유 재산에 대한 지배는 여전히 보장되지만 공공복리에 적합하도록 행사해야 한다는 것과 같은 수정된 원칙들이 적용되고 있다.

반면, 형법은 범죄와 형벌을 규정하는 법률로서 '죄형 법정주의'라는 기본 원칙이 있다. 죄형 법정주의는 범죄의 행위와 그 범죄에 대한 처벌을 미리 법률로 정해 두어야 한다는 것이다. 그래서 범죄 발생 당시에는 없었던 법이 나중에 생겨도 그것을 소급*해서 적용할 수 없다. 또한 민법과 달리 어떤 사항을 직접 규정한 법규가 없을 때, 그와 비슷한 사항을 규정한 법규를 유추하여 적용할 수도 없다.

형법을 위반한 범죄가 발생하면, 먼저 수사 기관이 수사를 한다. 수사를 개시하는 단서로는 고소, 고발, 인지가 있는데, 이 중 고소는 피해자가 하는 반면 고발은 제3자가 한다. 일반적으로 범죄는 수사 기관이 인지하는 것만으로도 수사를 시작할 수 있다. 하지만 명예 훼손죄, 폭행죄 등은 수사를 진행했더라도 피해자가 원하지 않으면 처벌하지 않는다. 수사 결과 피의자*가 죄를 범했다고 의심할 만한 충분한 이유가 있다면 구속 영장을 받아 체포*해 구속한다. 만약 범죄를 실행 중인 경우는 구속 영장 없이 체포 가능한데, 이 경우 48시간 이내에 구속 영장을 신청해야 하고, 법원은 신청서가 접수된 시간으로부터 48시간 이내에 구속 영장의 발부* 여부를 결정해야 한다. 수사 결과 범죄 혐의가 인정되면 검사는 재판을 청구하는데 이를 기소라고 한다. 이때 검사는 피의자의 나이, 환경, 동기 등을 참작하여* 기소를 하지 않을 수 있다. 기소로 재판 절차가 시작되면 법원은 사건을 심리*하여 범죄 사실이 확인된 경우 유죄를 선고*한다. 유죄가 인정되면 법원이 형을 선고하고 집행 절차에 들어간다.

그런데 만약 동물이 위법한 행동을 하여 다른 사람에게 손해를 끼치면 어떻게 될까? 결론부

* **합의**: 둘 이상의 당사자의 의사가 일치함. 또는 그런 일.
* **소급**: 과거에까지 거슬러 올라가서 미치게 함.
* **피의자**: 수사 기관으로부터 범죄의 의심을 받게 되어 수사를 받고 있는 자.
* **체포**: 형법에서, 사람의 신체에 대하여 직접적이고 현실적인 구속을 가하여 행동의 자유를 빼앗는 일.
* **발부**: 증명서 따위를 발행하여 줌.
* **참작하여**: 이리저리 비추어 보아서 알맞게 고려하여.
* **심리**: 재판의 기초가 되는 사실이나 법률적 판단을 심사하는 행위.
* **선고**: 공판정에서 재판장이 판결을 알리는 일.

터 말하면 동물은 아무런 책임이 없다. 법에서는 인간 이외의 것들은 생명의 유무와 상관없이 모두 물건으로 보는데 물건에는 법적 권리가 없다. 법적 권리가 없는 것은 의무와 책임도 없다. 그러므로 동물은 민, 형법상의 책임을 지지 않아도 된다. 다만 손해를 입은 사람은 민법에 따라 동물의 점유자*에게 배상을 받을 수 있다.

* **점유자**: 어떤 물건을 소유하고 사실상 지배하는 사람.

어휘 의미

1   다음과 같은 사전적 의미를 지닌 단어를 〈보기〉에서 찾아 쓰시오.

> ┌─ 보기 ────────────────────────────────┐
>
> 간섭   과실   소급   구속   발부
>
> └──────────────────────────────────────┘

(1) 증명서 따위를 발행하여 줌. (   )

(2) 과거에까지 거슬러 올라가서 미치게 함. (   )

(3) 직접 관계가 없는 남의 일에 부당하게 참견함. (   )

(4) 부주의나 태만 따위에서 비롯된 잘못이나 허물. (   )

(5) 법원이나 판사가 피의자나 피고인을 강제로 일정한 장소에 잡아 가두는 일. (   )

어휘 의미

2   다음은 윗글에 제시된 주요 개념어의 사전적 의미를 정리한 것이다. 빈칸에 공통으로 들어갈 알맞은 단어를 쓰시오.

(1) (   ): 피의자의 신체를 구속할 수 있는 명령서.

   예 검사는 법원에 (   )을 청구하였다.

(2) (   ): 검사가 특정한 형사 사건에 대하여 법원에 심판을 요구하는 일.

   예 법원이 (   ) 여부를 심사하였다.

(3) (   ): 남의 권리를 침해한 사람이 그 손해를 물어 주는 일.

   예 피해자 쪽에서 (   )을 금전으로 요구해 왔다.

서술형 **중심 화제**

1   윗글의 중심 내용을 쓰시오.

> (   )

2 다음은 윗글의 각 문단의 중심 내용을 정리한 것이다. 빈칸에 들어갈 알맞은 말을 쓰시오.

1문단	(　　　　　)은 사회 구성원들의 합의에 따라 만들어지고 강제성을 가진 규칙으로, 행동의 결과를 중시하고, 국민의 자유와 권리를 보호하며 최소한의 간섭만 한다는 특징을 갖는다.
2문단	(　　　　　)은 국가 기관이 아닌, 사람들 간의 권리관계를 다루는 법률로서, 개인의 사유 재산에 대해 절대적 지배를 인정하고, 다른 사람에게 끼친 손해는 그 행위가 위법이고 동시에 고의나 과실에 의한 경우에만 책임을 진다는 원칙이 있다.
3문단	(　　　　　)은 범죄와 형벌을 규정하는 법률로서, 범죄의 행위와 그 범죄에 대한 처벌을 미리 법률로 정해 두어야 한다는 것과 법규 유추 적용 금지의 원칙이 있다.
4문단	형법은 고소, 고발, 인지로 수사를 개시하며, 수사 결과 범죄 혐의가 인정되면 기소를 한다. 재판 결과 범죄 사실이 확인되면 (　　　　)를 선고하고, 형을 집행한다.
5문단	동물은 법적 의무와 책임이 없으므로, 위법한 행동을 해도 민, 형법상의 책임을 지지 않는다. 다만 민법에 따라 동물의 점유자에게 (　　　　)을 받을 수는 있다.

3 다음은 민법과 형법에 대한 내용을 정리한 것이다. 빈칸에 들어갈 알맞은 말을 쓰시오.

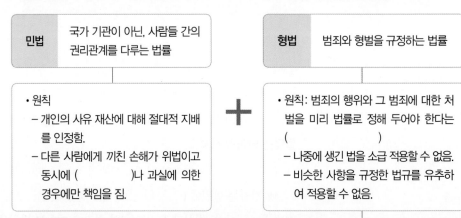

집행 절차	
단서	(　　　　), 고발, 인지를 통해 단서를 확보함.
수사	확보한 단서를 바탕으로 수사 기관이 범인을 확보하고 증거를 수집함.
체포	피의자가 죄를 범했다고 의심할 충분한 이유가 있다면 구속 영장을 받아 체포함.
구속	체포한 피의자를 강제로 구치소에 잡아 가둠.
(　　　)	피의자의 범죄 혐의가 인정되면 검사가 재판을 청구함.
재판	법원이 사건을 심리하여, 피의자의 범죄 사실이 확인되면 유죄를 선고함.
형 집행	법원이 선고한 형을 집행함.

STEP III

1 수능형 | 핵심 정보의 파악

법에 관한 설명으로 적절하지 않은 것은?

① 문제가 발생하는 것을 예방하기 위해 사회 구성원의 의사를 반영하여 만든다.

② 권력자의 권력 행사를 제한하여 국민들의 자유와 권리를 지키는 역할을 한다.

③ 법의 간섭이 지나치게 커지게 되면 개인이 삶을 평온하게 유지하기 힘들 것이다.

④ 다른 사람들이 행동을 평가하고 그 변화를 확인할 수 있어야 하므로 결과를 중시한다.

⑤ 목적이 공익과 무관하더라도 사회 구성원의 동의가 있다면 강제성이 발휘될 수 있다.

2 수능형 | 구체적 상황에 적용

윗글과 〈보기 1〉을 참조하여 〈보기 2〉를 이해한 내용으로 적절하지 않은 것은?

┌─ 보기 1 ──────────────────────────────
민법 제759조(동물의 점유자의 책임)
　① 동물의 점유자는 그 동물이 타인에게 가한 손해를 배상할 책임이 있다. ……．
형법 제257조(상해, 존속 상해)
　① 사람의 신체를 상해한 자는 7년 이하의 징역, 10년 이하의 자격 정지 또는 1천만 원 이하의
　　벌금에 처한다. ……．
└──────────────────────────────────────

┌─ 보기 2 ──────────────────────────────
　A는 사고로 몸의 대부분을 기계로 대체해 로봇같이 보이지만 여전히 직장 생활을 하고 세금을
내는 등 이전과 같은 생활을 하고 있다. B는 C가 구입한 로봇으로 행동과 겉모습이 인간과 구별
이 안 된다. 그런데 만약 A와 B가 사람을 때려 다치게 하였다면 법적으로 어떻게 해야 할까?
└──────────────────────────────────────

① 민법 제759조 ①에 따르면 B는 동물과 같이 물건이므로 법적 책임이 없다.

② 민법 제759조 ①을 유추하여 적용한다면 B의 점유자인 C에게 손해 배상 책임을 물을 수
있다.

③ 형법 제257조 ①에 따르면 A는 '사람의 신체를 상해한 자'에 해당하므로 형법에 따른
책임을 져야 한다.

④ 형법 제257조 ①을 유추하여 적용한다면 C는 징역이나 벌금에 처해질 수 있다.

⑤ 형법 제257조에 향후 B가 사람을 다치게 한 행위에 관한 조항이 추가되더라도 이번 사
건에 대해서는 B를 처벌할 수 없다.

📖 지문으로 엮어 읽는 배경지식 **우리나라의 죄형 법정주의**

　죄형 법정주의는 '범죄와 형벌은 법률로 정해져야 한다.'는 것이다. 이는 비도덕적인 행위를 한 사람에 대해서 사회
적 비난은 가능하더라도, 비도덕적 행위에 대한 내용이 법률에 규정되어 있지 않으면 범죄가 성립되지 않으며, 국가도
이를 처벌할 수 없다는 것을 의미한다. 우리나라는 헌법 제12조 제1항에서 "누구든지 법률에 의하지 아니하고는 체
포·구속·압수·수색 또는 심문을 받지 아니하며, 법률과 적법한 절차에 의하지 아니하고는 처벌·보안 처분 또는 강
제 노역을 받지 아니한다."라고 규정하여, 형벌 등은 법률에 의해서만 부과할 수 있다고 하였다. 또한 제13조 제1항에
서는 "모든 국민은 행위 시의 법률에 의하여 범죄를 구성하지 아니하는 행위로 소추되지 아니하며"라고 규정하여, 법
규를 소급하여 적용할 수 없음을 나타내고 있다.

조세의 효율성과 공평성

[2018학년도 3월 고1 학력평가]

조세는 국가의 재정*을 마련하기 위해 경제 주체인 기업과 국민들로부터 거두어들이는 돈이다. 그런데 국가가 조세를 강제로 부과하다 보니 경제 주체의 의욕을 떨어뜨려 경제적 순손실을 초래하거나 조세를 부과하는 방식이 공평하지 못해 불만을 야기하는 문제가 나타난다. 따라서 조세를 부과할 때는 조세의 효율성*과 공평성*을 고려해야 한다.

우선 ㉠조세의 효율성에 대해서 알아보자. 상품에 소비세를 부과하면 상품의 가격 상승으로 소비자가 상품을 적게 구매하기 때문에 상품을 통해 얻는 소비자의 편익*이 줄어들게 되고, 생산자가 상품을 팔아서 얻는 이윤도 줄어들게 된다. 소비자와 생산자가 얻는 편익이 줄어드는 것을 경제적 순손실이라고 하는데 조세로 인하여 경제적 순손실이 생기면 경기가 둔화*될 수 있다. 이처럼 조세를 부과하게 되면 경제적 순손실이 불가피하게 발생하게 되므로, 이를 최소화하도록 조세를 부과해야 조세의 효율성을 높일 수 있다.

㉡조세의 공평성은 조세 부과의 형평성을 실현하는 것으로, 조세의 공평성이 확보되면 조세 부과의 형평성이 높아져서 조세 저항을 줄일 수 있다. 공평성을 확보하기 위한 기준으로는 편익 원칙과 능력 원칙이 있다. 편익 원칙은 조세를 통해 제공되는 도로나 가로등과 같은 공공재*를 소비함으로써 얻는 편익이 클수록 더 많은 세금을 부담해야 한다는 원칙이다. 이는 공공재를 사용하는 만큼 세금을 내는 것이므로 납세자의 저항이 크지 않지만, 현실적으로 공공재의 사용량을 측정하기가 쉽지 않다는 문제가 있고 조세 부담자와 편익 수혜자가 달라지는 문제도 발생할 수 있다.

능력 원칙은 개인의 소득이나 재산 등을 고려한 세금 부담 능력에 따라 세금을 내야 한다는 원칙으로 조세를 통해 소득을 재분배하는 효과가 있다. 능력 원칙은 수직적 공평과 수평적 공평으로 나뉜다. 수직적 공평은 소득이 높거나 재산이 많을수록 세금을 많이 부담해야 한다는 원칙이다. 이를 실현하기 위해 특정 세금을 내야 하는 모든 납세자에게 같은 세율을 적용하는 비례세나 소득 수준이 올라감에 따라 점점 높은 세율을 적용하는 누진세를 시행하기도 한다.

수평적 공평은 소득이나 재산이 같을 경우 세금도 같게 부담해야 한다는 원칙이다. 그런데 수치상의 소득이나 재산이 동일하더라도 실질적인 조세 부담 능력이 달라, 내야 하는 세금에 차이가 생길 수 있다. 예를 들어 소득이 동일하더라도 부양*가족의 수가 다르면 실질적인 조세 부담 능력에 차이가 생긴다. 이와 같은 문제를 해결하여 공평성을 높이기 위해 정부에서는 공제* 제도를 통해 조세 부담 능력이 적은 사람의 세금을 감면*해 주기도 한다.

STEP I

어휘 활용

1 다음 문장에 들어갈 알맞은 단어를 찾아 ○표를 하시오.

(1) 그 일에 필요한 전문 인력이 (확보되었다 / 확대되었다).

(2) 그는 늘 오해를 (야유하는 / 야기하는) 행동을 한다.

(3) 교통법 위반 차량에 범칙금을 (부과하였다 / 부담하였다).

(4) 재해를 당한 농민에게는 조세를 (감리해 / 감면해) 주었다.

(5) 경제 성장률이 석유 파동으로 급작스럽게 (둔화되었다 / 둔갑하였다).

어휘 의미

2 다음은 윗글에 제시된 주요 개념어의 사전적 의미를 정리한 것이다. 빈칸에 들어갈 알맞은 단어를 쓰시오.

(1) (   ): 국가 또는 지방 공공 단체가 필요한 경비로 사용하기 위하여 국민이나 주민으로부터 강제로 거두어들이는 금전.

　　㉠ 국가에 (   )를 납부하는 것은 국민의 의무이다.

(2) 납세자: (   )을 직접 내는 사람.

　　㉠ 주민세, 재산세 등은 납세자가 직접 부담하는 직접세이다.

STEP II

서술형 중심 화제

1 윗글의 중심 내용을 다음과 같이 정리할 때, 빈칸에 들어갈 알맞은 말을 쓰시오.

조세를 부과할 때 고려해야 하는 (   )

문단 정리

2 다음은 윗글의 각 문단의 중심 내용을 정리한 것이다. 빈칸에 들어갈 알맞은 말을 쓰시오.

1문단	조세를 부과할 때는 조세의 ( )과 공평성을 고려해야 한다.
2문단	조세의 효율성을 높이기 위해 ( )을 최소화하도록 조세를 부과해야 한다.
3문단	조세의 공평성을 확보하기 위한 기준 중 ( )은 공공재를 소비하여 얻는 편익이 클수록 더 많은 세금을 부담해야 한다는 원칙이다.
4문단	조세의 공평성을 확보하기 위한 기준 중 능력 원칙에 해당하는 ( )은 소득이 높거나 재산이 많을수록 세금을 많이 부담해야 한다는 원칙이다.
5문단	조세의 공평성을 확보하기 위한 기준 중 능력 원칙에 해당하는 ( )은 소득이나 재산이 같을 경우 세금도 같게 부담해야 한다는 원칙이다.

내용 구조

3 다음은 조세의 공평성에 대해 정리한 것이다. 빈칸에 들어갈 알맞은 말을 쓰시오.

조세의 공평성

· 개념: 조세 부과의 형평성을 실현하는 것
· 효과: 조세 부과의 형평성이 높아져 (   )을 줄일 수 있음.

편익 원칙

· 개념: (   )를 소비함으로써 얻는 편익이 클수록 더 많은 세금을 부담해야 함.
· 장점: 납세자의 저항이 크지 않음.
· 단점: 공공재의 사용량 측정이 쉽지 않음, 조세 부담자와 편익 수혜자가 달라짐.

능력 원칙

· 개념: 세금 부담 능력에 따라 세금을 내야 함.

수직적 공평	· 개념: 소득이 높거나 재산이 많을수록 세금을 더 많이 부담해야 함. · 세부 제도: ( )나 누진세를 시행함.
수평적 공평	· 개념: 소득이나 재산이 같을 경우 세금도 같게 부담해야 함. · 문제점: 실질적인 조세 부담 능력이 달라, 내야 하는 세금에 차이가 생길 수 있음. · 세부 제도: ( )를 통해 조세 부담 능력이 적은 사람의 세금을 감면해 줌.

STEP

Ⅲ

수능형 정보 간의 의미 파악

1 ㉠과 ㉡에 대한 설명으로 적절하지 <u>않은</u> 것은?

① ㉠은 조세가 경기에 미치는 영향과 관련되어 있다.

② ㉡은 납세자의 조세 저항을 완화하는 데 도움이 된다.

③ ㉠은 ㉡과 달리 소득 재분배를 목적으로 한다.

④ ㉡은 ㉠과 달리 조세 부과의 형평성을 실현하는 것이다.

⑤ ㉠과 ㉡은 모두 조세를 부과할 때 고려해야 하는 요건이다.

2 〈보기〉는 경제 수업의 일부이다. 윗글을 바탕으로 할 때, 선생님의 질문에 적절하게 답한 학생을 모두 골라 바르게 묶은 것은?

┌─ 보기 ─

선생님: 여러분, 아래 표는 소득을 기준으로, A, B, C의 세금 공제 내역을 가정한 것입니다. 표를 보고 조세의 공평성이 어떻게 적용되었는지 각자 분석해 볼까요?

구분	소득 (만 원)	세율 (%)	공제액 (만 원)	납부액 (만 원)	공제 항목
A	3,000	5	0	150	공제 없음
B	3,000	5	100	50	부양가족 2인
C	4,000	10	100	300	부양가족 2인

성근: A와 달리 B에게 공제 혜택을 부여함으로써 조세의 공평성이 약화되고 있어요. ·············· ㄱ

수지: B가 A와 달리 부양가족 공제를 받은 것은 실질적인 조세 부담 능력을 고려한 것이네요. ··· ㄴ

현욱: B와 C의 납부액에 차이가 있는 것은 편익 원칙을 적용하여 세금을 징수했기 때문이에요. ··· ㄷ

유미: B의 세율이 5%이고, C의 세율이 10%인 것은 수직적 공평을 위한 누진세가 적용된 결과겠네요. ··· ㄹ

└───

① ㄱ, ㄷ   ② ㄴ, ㄹ   ③ ㄷ, ㄹ

④ ㄱ, ㄴ, ㄷ   ⑤ ㄱ, ㄴ, ㄹ

📖 지문으로 엮어 읽는 배경지식 **누진세**

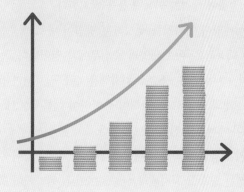

누진세(累進稅, progressive tax)는 소득이 커질수록 높은 세율을 적용하도록 한 세금이다. 이는 경제력의 격차를 일으키는 소득 간 불평등을 해결하기 위한 것으로, 고소득자에게는 높은 세율을 적용하고 저소득자에게는 낮은 세율을 적용하여 조세를 통해 소득을 재분배하는 효과가 있다.

누진세는 돈을 많이 벌수록 정부의 혜택을 더 많이 받으니 그만큼 세금을 더 내야 한다는 주장에 근거를 두고 있다. 또 누진세를 적용하면 세금을 제외하고 실제로 사용할 수 있는 소득의 차이가 줄어 사회적 평등이 실현될 수 있다.

핵분열과 핵융합

[2021학년도 3월 고1 학력평가]

필독 TIP

어휘 ★★★★★
문장 ★★★★★
배경지식 ★★★★★

이 글은 핵분열과 핵융합의 개념과 원리, 이를 활용한 에너지 발전 과정에 대해 설명하고 있다. 여러 가지 개념어의 의미를 이해하며 읽도록 한다.

원자핵은 양성자나 중성자와 같은 핵자들의 결합으로 이루어져 있다. 원자핵을 구성하는 양성자와 중성자의 개수를 모두 더한 것을 질량수라고 하는데, 질량수가 큰 하나의 원자핵이 질량수가 작은 두 개의 원자핵으로 쪼개지는 것을 핵분열이라고 하고 질량수가 작은 두 개의 원자핵이 결합하여 질량수가 큰 하나의 원자핵이 되는 것을 핵융합이라고 한다.

핵분열이나 핵융합은 핵자당 결합 에너지로 설명할 수 있다. 원자핵의 질량은 그 원자핵을 구성하는 개별 핵자들의 질량을 모두 더한 것보다 작다. 이처럼 핵자들이 결합하여 원자핵이 되면서 질량이 줄어든 것을 질량 ⓐ결손이라고 한다. '질량-에너지 ⓑ등가 원리*'에 따르면 질량과 에너지는 상호 간의 ⓒ전환이 가능하고, 이때 에너지는 질량에 광속*의 제곱을 곱한 값과 같다. 한편 핵자들의 결합에서 줄어든 질량은 에너지로 전환되는데, 이 에너지는 원자핵의 결합 에너지와 그 크기가 같다. 원자핵의 결합 에너지란 원자핵을 개별 핵자들로 분리할 때 가해야 하는 에너지이다. 원자핵의 결합 에너지를 질량수로 나눈 것을 핵자당 결합 에너지라고 하고 그 값은 원자핵의 종류에 따라 다르다.

원자핵을 구성하는 핵자들은 핵자당 결합 에너지가 클수록 더 강력하게 결합되어 있고 이는 원자핵이 더 안정된 상태라는 것을 의미한다. 모든 원자핵은 안정된 상태가 되려는 성질이 있으므로, 핵자당 결합 에너지가 작은 원자핵들은 핵분열이나 핵융합을 거쳐 핵자당 결합 에너지가 큰 상태가 된다. 핵분열이나 핵융합도 반응 전후로 질량 결손이 일어나고, 줄어든 질량은 에너지로 전환된다.

핵분열과 핵융합에서 발생하는 에너지를 발전에 이용할 수 있다. 우라늄-235(^{235}U) 원자핵을 사용하는 핵분열 발전의 경우, 우라늄 원자핵에 중성자를 흡수시키면 질량수가 작고 핵자당 결합 에너지가 큰 원자핵들로 분열된다. 이때 2~3개의 중성자가 방출되는데 이 중성자는 다른 우라늄 원자핵에 흡수되어 ⓓ연쇄 반응을 일으킨다. 이 과정에서 질량 결손으로 인해 전환되는 에너지를 발전에 이용하는 것이다.

핵분열 발전에서는 중성자의 속도를 느리게 해야 한다. 중성자가 너무 빠르게 움직이면 원자핵에 흡수될 확률이 낮기 때문이다. 특히 핵분열 과정에서 방출된 중성자는 속도가 매우 빠르기 때문에 이를 느리게 해야 연쇄 반응을 일으킬 수 있다. 그래서 물이나 흑연*을 감속재*로 사용하여 중성자의 속도를 느리게 만든다. 한편 연쇄 반응이 급격하게 일어나면 과도한 에너지가 발생하여 폭발이 일어날 수 있기 때문에 제어봉을 사용한다. 제어봉은 중성자를 흡수하는 장치로, 핵분열에 관여하는 중성자 수를 조절하여 급격한 연쇄 반응을 방지한다.

핵융합 발전을 위한 시도도 계속되고 있다. 태양이 에너지를 생성하는 방법이 바로 핵융합이다. 수소(^{1}H) 원자핵을 원료로 하는 태양의 핵융합은 주로 태양의 중심부에서 일어난다. 먼저 수소 원자핵 2개가 융합하여 중수소(^{2}H) 원자핵이 되고, 중수소 원자핵은 수소 원자핵과 융합하여 헬륨-3(^{3}He) 원자핵이 된다. 그리고 2개의 헬륨-3 원자핵이 융합하여 헬륨-4(^{4}He) 원자핵이 된다. 이러한 과정에서 줄어든 질량이 에너지로 전환되는 것이다.

지구는 태양과 물리적 조건이 달라서 태양의 핵융합을 똑같이 재현할 수 없다. 가장 많이 시도하는 방식은 D-T 핵융합이다. 이 방식에서는 중수소 원자핵과 삼중 수소(^{3}H) 원자핵이 융

＊ 질량-에너지 등가 원리: 모든 질량은 그에 상당하는 에너지를 가지고, 모든 에너지는 그에 상당하는 질량을 가진다는 개념이다.

＊ 광속: 진공 속에서 빛이 나아가는 속도. 초속 299,792,458미터 즉, 1초에 약 30만 km이다.

＊ 흑연: 순수한 탄소로 이루어진 광물의 하나. 전기가 잘 통하고 녹는점이 높아 전극(電極)이나 원자로의 중성자 감속재로 쓰이며 연필심, 감마제 따위로도 쓰인다.

＊ 감속재: 원자로 안에서 핵분열 반응의 속도를 조절하는 재료.

합하여 헬륨-4 원자핵이 된다. 중수소 원자핵과 삼중 수소 원자핵을 핵융합 발전의 원료로 사용하는 이유는 다른 원자핵들의 핵융합보다 반응 확률이 높고 질량 결손으로 전환되는 에너지도 크기 때문이다.

하지만 지구에서 핵융합을 일으키는 것은 간단하지 않다. 양(+)의 전하*를 띤 원자핵은 음(−)의 전하를 띤 전자와 전기적 인력*에 의해 단단히 결합되어 있어서 일반적인 상태에서 원자핵이 융합하는 것은 불가능하다. 따라서 핵융합 반응을 일으키기 위해서는 물질을 원자핵과 전자가 분리된 상태인 플라스마 상태로 만들어야 한다. 또한 원자핵은 양의 전하를 띠고 있어서 서로 가까이 다가갈수록 척력*이 강하게 작용한다. 척력을 이겨 내고 원자핵이 융합하게 하기 위해서는 플라스마의 온도를 높여 원자핵이 고속으로 움직일 수 있도록 해야 한다. 따라서 핵융합 발전을 위한 핵융합로에서는 ㉠플라스마를 1억 ℃ 이상으로 가열해서 핵융합의 확률을 높인다. 융합로에서 플라스마의 온도를 높인 이후에는 고온 상태를 일정 시간 이상 유지하는 것도 중요하다. 플라스마는 융합로의 벽에 접촉하면 온도가 내려가기 때문에 자기장*을 활용해서 플라스마가 벽에 닿지 않게 하여 고온 상태를 유지할 수 있도록 한다. 안정적인 핵융합 발전을 위해서는 고온의 플라스마를 높은 밀도로 최소 300초 이상 유지해야 한다.

* **전하**: 물체가 띠고 있는 정전기의 양.
* **인력**: 공간적으로 떨어져 있는 물체끼리 서로 끌어당기는 힘.
* **척력**: 같은 종류의 전기나 자기를 가진 두 물체가 서로 밀어내는 힘.
* **자기장**: 자석의 주위, 전류의 주위, 지구의 표면 따위와 같이 자기의 작용이 미치는 공간.

어휘 의미

1 윗글의 ⓐ~ⓓ의 의미를 〈보기〉에서 찾아 기호를 쓰시오.

> 보기
> ㉮ 같은 값이나 가치.
> ㉯ 다른 방향이나 상태로 바뀌거나 바꿈.
> ㉰ 어느 부분이 없거나 잘못되어서 불완전함.
> ㉱ 사물이나 현상이 사슬처럼 서로 이어져 통일체를 이룸.

ⓐ: (   ) ⓑ: (   ) ⓒ: (   ) ⓓ: (   )

어휘 의미

2 다음은 윗글에 제시된 주요 개념어의 사전적 의미를 정리한 것이다. 빈칸에 들어갈 알맞은 단어를 쓰시오.

(1) 중성자: 수소를 제외한 모든 (   )을 이루는 구성 입자.
(2) 전하: 물체가 띠고 있는 (   )의 양.
(3) (   ): 같은 종류의 전기나 자기를 가진 두 물체가 서로 밀어내는 힘.

서술형 **중심 화제**

1 윗글의 중심 내용을 쓰시오.

(   )

2 다음은 윗글의 각 문단의 중심 내용을 정리한 것이다. 빈칸에 들어갈 알맞은 말을 쓰시오.

1문단	질량수가 큰 하나의 원자핵이 질량수가 작은 두 개의 원자핵으로 쪼개지는 것을 핵분열, 그 반대를 ( )이라고 한다.
2문단	핵자들의 결합에서 줄어든 질량은 에너지로 전환되는데, 이 에너지는 원자핵의 결합 에너지와 그 크기가 같다.
3문단	핵자당 결합 에너지가 작은 원자핵들은 ( )이나 핵융합을 거쳐 핵자당 결합 에너지가 큰 상태가 된다.
4문단	우라늄 − 235(^{235}U) 원자핵을 사용한 핵분열 발전에서는 핵분열 과정에서 질량 결손으로 인해 전환되는 에너지를 발전에 이용한다.
5문단	핵분열 발전에서는 중성자의 ( )를 늦춰야 하기 때문에 감속재나 제어봉을 사용한다.
6문단	수소(^{1}H) 원자핵을 원료로 하는 태양의 핵융합 과정에서도 줄어든 질량이 에너지로 전환된다.
7문단	지구는 태양의 핵융합을 똑같이 재현할 수 없으므로, ( )을 이용한다.
8문단	안정적인 핵융합 발전을 위해서는 고온의 ( )를 높은 밀도로 유지해야 한다.

3 다음은 핵분열과 핵융합의 내용을 정리한 것이다. 빈칸에 들어갈 알맞은 말을 쓰시오.

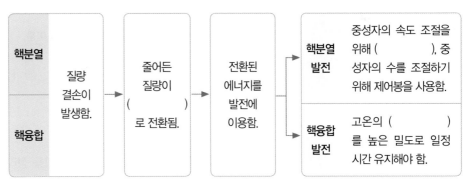

세부 정보의 추론

1 ㉠의 이유로 가장 적절한 것은?

① 원자핵이 융합로의 벽에 접촉하지 않게 하기 위해

② 자기장을 발생시켜 플라스마의 온도를 유지하기 위해

③ 원자핵이 척력을 이겨 내고 서로 융합할 수 있도록 하기 위해

④ 전자를 고속으로 움직이게 하여 핵융합의 효율을 높이기 위해

⑤ 원자핵들 사이에 전기적 인력을 발생시켜 핵융합의 확률을 높이기 위해

수능형 구체적 상황에 적용

2 윗글을 읽은 학생이 〈보기〉의 설명을 이해한 내용으로 가장 적절한 것은?

┌ 보기 ┐

선생님 : 이 그림은 여러 원자핵의 핵자당 결합 에너지를 나타내고 있어요. 철($^{56}_{26}$Fe) 원자핵은 다른 원자핵들에 비해 핵자당 결합 에너지가 크죠? 철 원자핵은 모든 원자핵 중에서 핵자당 결합 에너지가 가장 크고 가장 안정된 상태예요. 철 원자핵보다 질량수가 작은 원자핵은 핵융합을, 질량수가 큰 원자핵은 핵분열을 통해 핵자당 결합 에너지가 높은 원자핵이 된답니다.

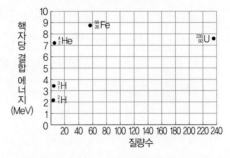

※ 원자핵의 질량수(A)와 양성자 수(Z)는 원소 기호(X)에 다음과 같이 표기한다.

$$^{A}_{Z}X$$

① 헬륨−4 원자핵은 핵융합을 거치면 더 안정된 상태의 원자핵으로 변하겠군.

② 중수소 원자핵은 삼중 수소 원자핵과 양성자의 수는 같지만 더 안정된 상태이겠군.

③ 철 원자핵의 결합 에너지는 철 원자핵의 핵자당 결합 에너지에 26을 곱한 값과 같겠군.

④ 우라늄−235 원자핵이 핵분열하여 생성된 원자핵들은 핵자당 결합 에너지가 9MeV 이상이겠군.

⑤ 우라늄−235 원자핵은 철 원자핵에 비해 원자핵을 구성하고 있는 핵자들이 더 강력하게 결합되어 있겠군.

👁 지문으로 분석하는 시각 자료 **핵자당 결합 에너지**

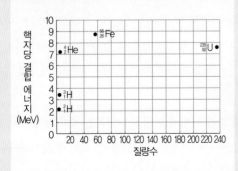

제시된 자료는 여러 가지 원자핵의 핵자당 결합 에너지를 그래프로 나타낸 것이다. 이 그래프와 함께 주어진 힌트는 철 원자핵보다 질량수가 작은 원자핵은 핵융합을, 질량수가 큰 원자핵은 핵분열을 통해 핵자당 결합 에너지가 높은 원자핵이 된다는 것이다. 또한 지문에서 원자핵을 구성하는 핵자들은 핵자당 결합 에너지가 클수록 더 강력하게 결합되어 있고, 이는 원자핵이 더 안정된 상태라는 것을 의미한다고 하였다. 이러한 내용을 바탕으로 각 원자핵의 핵자당 결합 에너지와 질량수, 이들의 핵융합과 핵분열의 상관관계에 대해 이해하고 선지 정보의 적절성을 판단한다.

언어 처리 과정과 뇌

[2020학년도 3월 고1 학력평가]

필독 TIP

어휘 ★★★
문장 ★★★★
배경지식 ★★★★★

이 글은 언어 처리 과정에 대한 여러 가지 이론을 설명하고 있다. 각 이론들 간의 공통점과 차이점, 한계 등을 이해하며 읽도록 한다.

실어증(失語症)이란 후천적인 뇌 손상으로 인해 언어의 표현과 이해에 장애가 발생하는 것이다. 1865년 프랑스의 외과 의사 브로카는 좌뇌의 전두엽*과 측두엽* 사이가 손상되어 나타나는 실어증을 발견하였다. 그는 이 부위를 브로카 영역이라 ⓐ명명하고 이곳이 손상되어 나타나는 증상을 브로카 실어증이라 하였다.

이후 1874년 독일의 신경 정신과 의사인 베르니케는 좌뇌의 두정엽* 아래가 손상되어 나타나는 또 다른 실어증을 발견하였다. 그는 이 부위를 베르니케 영역이라 명명하고 이곳이 손상되어 나타나는 증상을 베르니케 실어증이라 하였다. 이와 같은 실어증 환자들의 뇌 손상 부위와 증상을 연구하는 과정에서 인간의 언어 처리 과정에 대한 관심이 ⓑ대두되면서 그와 관련된 이론이 발전해 왔다.

최근 언어 처리 과정에 대한 이론은 뇌의 여러 영역들이 결합하여 언어를 처리한다는 결합주의 이론이 지배적이다. 최초의 결합주의 이론은 베르니케가 주장한 '베르니케 모형'으로, 그는 베르니케 영역과 브로카 영역 간의 긴밀한 정보 교류에 의해서 언어가 처리된다는 이론을 발표하였다. 이후 1885년 리시트하임은 베르니케 모형에 개념 중심부를 추가하여 베르니케 영역, 브로카 영역, 개념 중심부가 결합하여 언어가 처리된다는 '리시트하임 모형'을 제시하였다. 그에 의하면 베르니케 영역은 일종의 머릿속 사전으로, 단어가 소리의 형태로 저장되어 있는 언어 중추*이고, 브로카 영역은 단어를 조합하여 문장이나 발화*를 생성하는 언어 중추, 그리고 개념 중심부는 의미를 형성하거나 해석하는 언어 중추이다. 리시트하임 모형은 베르니케 영역, 브로카 영역, 개념 중심부를 꼭짓점으로 하는 삼각형 모양으로, 베르니케 영역에서 개념 중심부로, 개념 중심부에서 브로카 영역으로는 일방향으로 정보가 이동하지만, 브로카 영역과 베르니케 영역 간에는 쌍방향으로 정보가 이동한다는 특징이 있다.

리시트하임은 자신의 모형을 바탕으로 뇌에서 이루어지는 듣기와 말하기 과정을 다음과 같이 설명하였다. 우선 듣기 과정은 '베르니케 영역 → 개념 중심부'의 순서로 이루어진다. 즉, 귀로 들어온 청각 자극이 베르니케 영역으로 ⓒ송부되면, 베르니케 영역은 자신이 저장하고 있는 단어 중 청각 자극과 일치하는 단어를 찾아 개념 중심부로 송부하고, 개념 중심부는 이를 받아 의미를 해석한다는 것이다. 이에 비해 말하기 과정은 '개념 중심부 → 브로카 영역 → 베르니케 영역 → 브로카 영역'과 같이 브로카 영역을 두 번 거치는 복잡한 순서로 이루어진다. 먼저 개념 중심부에서 말하고자 하는 의미를 형성하여 브로카 영역을 거쳐서 베르니케 영역으로 송부하면, 베르니케 영역은 이에 해당하는 단어를 찾아 브로카 영역으로 송부하고, 마지막으로 브로카 영역에서 이를 조합하여 문장이나 발화를 만든다는 것이다. 그런데 실제로 말하기 위해서는 발음 기관을 움직여 소리를 만드는 과정이 필요한데 그의 모형에는 그러한 과정이 드러나 있지 않다. 또한 그는 개념 중심부를 새롭게 추가하였으나 그것의 정확한 위치를 규명하지는 못하였다.

이후 실어증 환자들에 대한 연구가 발전됨에 따라 뇌에서 언어를 담당하는 중추가 추가로 발견되었다. 이를 토대로 1964년 게쉬윈드는 '베르니케 – 게쉬윈드 모형'을 새롭게 제시하였다. 그는 리시트하임의 모형에서 개념 중심부를 제외하고 새롭게 운동 영역과 각회를 언어 중추로

＊**전두엽**: 대뇌 반구의 앞부분. 운동 중추와 운동 언어 중추가 있고 사고, 판단과 같은 고도의 정신 작용이 이루어지는 곳이다.

＊**측두엽**: 대뇌 반구의 가쪽 고랑 아래에 있는 부분. 청각 중추가 있다.

＊**두정엽**: 대뇌 반구의 가운데 꼭대기. 피부·심부 감각과 미각의 중추가 있고, 그 뒤쪽에는 지각·인지·판단 따위에 관한 연합 구역이 있다.

＊**언어 중추**: 언어의 생성과 이해를 관장하는 뇌의 중추.

＊**발화**: 소리를 내어 말을 하는 현실적인 언어 행위.

추가하였다. 〈그림〉은 게쉬윈드가 제시한 언어 처리 모형으로, 청각 자극을 수용하는 기본 청각 영역과 시각 자극을 수용하는 기본 시각 영역, 그리고 베르니케 영역, 브로카 영역, 운동 영역, 각회라는 네 개의 언어 중추를 중심으로 언어 처리 과정을 설명하고 있다. 게쉬윈드는 기존의 모형에서 개념 중심부를 제외하는 대신, 청각 형태로 단어가 저장되어 있는 베르니케 영역에서 그러한 역할도 함께

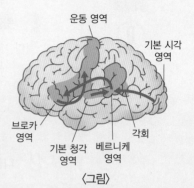

〈그림〉

한다고 설명하였다. 즉, 베르니케 영역은 듣기와 읽기에서는 수용된 자극에 해당하는 단어를 찾아 의미를 해석하고, 말하기와 쓰기에서는 의미를 형성한 뒤 해당 단어를 찾는 역할을 한다고 보았다.

브로카 영역에는 단어를 조합*하여 문장이나 발화를 생성하는 역할 외에 말하기나 쓰기에 필요한 운동 프로그램을 만들어 운동 영역으로 송부하는 역할을 추가하였다. 그리고 운동 영역은 브로카 영역에서 받은 운동 프로그램에 근거하여 말하기나 쓰기에 필요한 신경적 지시를 내리는 기능을 담당한다고 보았다. 마지막으로 각회는 베르니케 영역과 인접해 있으면서 읽기에서는 시각 형태의 정보를 청각 형태로 전환하고, 쓰기에서는 청각 형태의 정보를 시각 형태로 전환하여 베르니케 영역으로 송부하는 역할을 한다고 보았다.

이 모형에 ⓓ의거하면 듣기 과정은 '기본 청각 영역 → 베르니케 영역'의 순서로 이루어진다. 이와 달리 말하기 과정은 '베르니케 영역 → 브로카 영역 → 운동 영역'의 순서로 이루어진다. 읽기나 쓰기 과정도 듣기나 말하기 과정과 유사하지만, 베르니케 영역에 저장된 단어가 청각 형태이기 때문에 각회를 거치는 과정이 추가된다. 각회에서 처리된 정보는 베르니케 영역으로 송부되어 읽기의 경우에는 의미를 해석하고, 쓰기의 경우에는 바로 다음 단계인 브로카 영역으로 정보를 송부한다.

이처럼 뇌에 대한 연구가 발전됨에 따라 언어 처리 과정에 대한 이론도 정교화되고 있다. 특히 베르니케-게쉬윈드 모형은 이전의 모형과 달리 듣기와 말하기뿐만 아니라 읽기와 쓰기에 대해서도 종합적인 설명을 제시하고 있다는 점에서 오늘날 뇌의 언어 처리 과정을 설명하는 표준형으로 평가받는다.

* **조합**: 여럿을 한데 모아 한 덩어리로 짬.

STEP

어휘 의미

1 **윗글의 ⓐ~ⓓ의 의미를 〈보기〉에서 찾아 기호를 쓰시오.**

┌ 보기 ─────────────────────────────
㉮ 편지나 물품 따위를 부치어 보냄.
㉯ 어떤 사실이나 원리 따위에 근거함.
㉰ 사람, 사물, 사건 따위의 대상에 이름을 지어 붙임.
㉱ 머리를 쳐든다는 뜻으로, 어떤 세력이나 현상이 새롭게 나타남을 이르는 말.
└─────────────────────────────────

ⓐ: (   ) ⓑ: (   ) ⓒ: (   ) ⓓ: (   )

STEP
II

서술형 중심 화제

1 윗글의 중심 내용을 쓰시오.

( )

문단 정리

2 다음은 윗글의 각 문단의 중심 내용을 정리한 것이다. 빈칸에 들어갈 알맞은 말을 쓰시오.

1문단	좌뇌의 전두엽과 ( ) 사이가 손상되어 나타나는 증상을 브로카 실어증이라 한다.
2문단	좌뇌의 두정엽 아래가 손상되어 나타나는 증상을 베르니케 실어증이라 한다.
3문단	뇌의 여러 영역들이 결합하여 언어를 처리한다는 ( ) 이론에는 베르니케 모형과 리시트하임 모형이 있다.
4문단	리시트하임 모형에서 듣기 과정은 '베르니케 영역 → 개념 중심부'의 순서로, 말하기 과정은 '개념 중심부 → 브로카 영역 → 베르니케 영역 → 브로카 영역'의 순서로 이루어진다.
5~6문단	베르니케-게쉬윈드 모형은 리시트하임 모형에서 ( )를 제외하고 새롭게 운동 영역과 각회를 언어 중추로 추가하였다.
7문단	베르니케-게쉬윈드 모형에서 듣기 과정은 '기본 청각 영역 → 베르니케 영역'의 순서로, 말하기 과정은 '베르니케 영역 → 브로카 영역 → 운동 영역'의 순서로, 읽기나 쓰기 과정은 ( )를 거치는 과정이 추가된다.
8문단	베르니케-게쉬윈드 모형은 오늘날 뇌의 언어 처리 과정을 설명하는 표준형으로 평가받는다.

내용 구조

3 다음은 언어 처리 과정에 대한 이론의 발전 과정을 정리한 것이다. 빈칸에 들어갈 알맞은 말을 쓰시오.

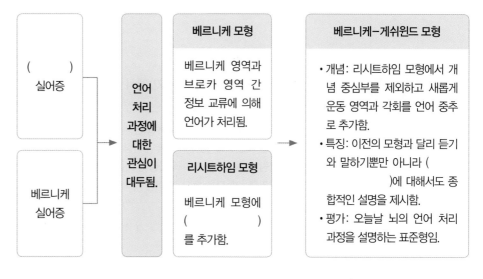

STEP III

수능형 세부 정보의 추론

1 윗글을 바탕으로 〈보기〉의 과정에 대해 이해한 내용으로 적절하지 <u>않은</u> 것은?

보기 ─

'베르니케 – 게쉬윈드 모형'에 의하면 쓰기 과정은 다음과 같은 언어 처리 과정을 거친다.

베르니케 영역	→	각회	→	베르니케 영역	→	브로카 영역	→	운동 영역
(가)		(나)		(다)		(라)		(마)

① (가): 의미를 형성하고 해당하는 단어를 찾는다.

② (나): 청각 형태의 정보를 시각 형태로 전환한다.

③ (다): 각회에서 처리한 정보를 받아 의미를 해석한다.

④ (라): 쓰기를 하는 데 필요한 운동 프로그램을 만든다.

⑤ (마): 운동 프로그램을 바탕으로 신경적 지시를 내린다.

수능형 정보 간의 의미 파악

2 윗글을 바탕으로 할 때, 〈보기〉를 보고 '리시트하임(A)'과 '게쉬윈드(B)'가 진단할 만한 내용으로 적절한 것은?

보기 ─

[실어증 환자 관찰 결과]

○ 문법에 어긋난 문장을 사용함.

○ 조사나 어미를 제대로 사용하지 못함.

○ 단어를 조합하여 문장을 잘 만들지 못함.

① A는 B와 달리 베르니케 영역이 손상되었다고 진단하겠군.

② B는 A와 달리 브로카 영역이 손상되었다고 진단하겠군.

③ A는 브로카 영역이, B는 베르니케 영역이 손상되었다고 진단하겠군.

④ A는 개념 중심부가, B는 브로카 영역이 손상되었다고 진단하겠군.

⑤ A와 B 모두 브로카 영역이 손상되었다고 진단하겠군.

📖 지문으로 엮어 읽는 배경지식 **대뇌의 구조**

전두엽은 대뇌 반구의 앞부분에 위치한다. 운동 중추와 운동 언어 중추가 있고 사고, 판단과 같은 고도의 정신 작용이 이루어지는 곳으로, 포유류 가운데 고등 동물일수록 잘 발달되어 있다. 측두엽은 대뇌 반구의 양쪽 측면에 위치한다. 기억 저장, 정서, 청각, 언어를 관장하며, 청각 중추가 있다. 두정엽은 대뇌 반구의 가운데 꼭대기에 위치하며, 피부·심부 감각과 미각의 중추가 있고, 그 뒤쪽에는 지각·인지·판단 따위에 관한 연합 구역이 있다. 후두엽은 대뇌 반구의 맨 뒷부분에 위치하며 시각 정보를 분석하고 통합하는 역할을 한다.

전두엽 / 두정엽 / 후두엽 / 측두엽 / 소뇌 / 뇌줄기

〈측면도〉

우리 몸의 자연 치유력

[2019학년도 9월 고1 학력평가]

필독 TIP

어휘 ★★★
문장 ★★
배경지식 ★★

이 글은 우리 몸의 자연 치유력 중 하나인 오토파지에 대해 설명하고 있다. 오토파지의 역할과 오토파지가 일어나는 과정을 중심으로 읽도록 한다.

우리 몸에는 외부의 환경이나 미생물로부터 스스로를 지키기 위한 자기방어* 시스템이 있는데, 이를 자연 치유력이라고 한다. 우리 몸은 이상이 생겼을 때 자기 진단과 자기 수정을 통해 이를 정상적으로 회복하기 위해 노력한다. 인체의 자연 치유력 중 하나인 ㉠'오토파지'는 세포 안에 쌓인 불필요한 단백질과 망가진 세포 소기관*을 분해해 세포의 에너지원으로 사용하는 현상이다.

평소에는 우리 몸이 항상성*을 유지할 정도로 오토파지가 최소한으로 일어나는데, 인체가 오랫동안 영양소를 섭취하지 못하거나 해로운 균에 감염되는 등 스트레스를 받으면 활성화*된다. 예를 들어 밥을 제때에 먹지 않아 영양분이 충분히 공급되지 않으면 우리 몸은 오토파지를 통해 생존에 필요한 아미노산*과 에너지를 얻는다. 이외에도 몸속에 침투한 세균이나 바이러스를 오토파지를 통해 제거하기도 한다.

그렇다면 오토파지는 어떤 과정을 거쳐 일어날까? 세포 안에 불필요한 단백질과 망가진 세포 소기관이 쌓이면 세포는 세포막을 이루는 구성 성분을 이용해 이를 이중막으로 둘러싸 작은 주머니를 만든다. 이 주머니를 '오토파고솜'이라고 부른다. 오토파고솜은 세포 안을 둥둥 떠다니다가 리소좀을 만나서 합쳐진다. '리소좀'은 단일 막으로 둘러싸인 구형의 구조물로 그 속에 가수 분해* 효소를 가지고 있어 오토파지 현상을 주도*하는 역할을 한다. 오토파고솜과 리소좀이 합쳐지면 '오토파고리소좀'이 되는데 리소좀 안에 있는 가수 분해 효소가 오토파고솜 안에 있던 쓰레기들을 잘게 부수기 시작한다. 분해가 끝나면 막이 터지면서 막 안에 들어 있던 잘린 조각들이 쏟아져 나온다. 그리고 이 조각들은 에너지원으로 쓰이거나 다른 세포 소기관을 만드는 재료로 재활용된다.

이러한 오토파지가 정상적으로 작동하지 않으면 불필요한 단백질과 망가진 세포 소기관이 세포 안에 쌓이면서 세포 내 항상성이 무너져 노화나 질병을 초래한다. 그래서 과학자들은 여러 가지 실험을 통해 오토파지를 활성화시키는 방법을 연구하거나 오토파지를 이용해 병을 치료하는 방법을 찾고 있다. 자연 치유력에는 오토파지 이외에도 '면역력', '아포토시스' 등이 있다. '면역력'은 질병으로부터 우리 몸을 지키는 방어 시스템이다. ㉡'아포토시스'는 개체를 보호하기 위해 비정상 세포, 손상된 세포, 노화된 세포가 스스로 사멸하는 과정으로 우리 몸을 건강한 상태로 유지하게 한다. 이러한 현상들을 통해 우리는 우리 몸을 지킬 수 있는 것이다.

* **자기방어**: 외부의 공격으로부터 자신을 보호하려는 태도나 행위.

* **세포 소기관**: 세포핵, 골지체, 소포체, 리보솜, 리소좀 등의 세포 안에 들어 있는 작은 기관들.

* **항상성**: 생체가 여러 가지 환경 변화에 대응하여 생명 현상이 제대로 일어날 수 있도록 일정한 상태를 유지하는 성질. 또는 그런 현상.

* **활성화**: 생체나 생체 물질이 그 기능을 발휘함. 또는 그런 일.

* **아미노산**: 한 분자 안에 염기성 아미노기와 산성의 카복시기를 가진 유기 화합물을 통틀어 이르는 말.

* **가수 분해**: 무기 염류가 물과 작용하여 산 또는 알칼리로 분해되는 반응.

* **주도**: 주동적인 처지가 되어 이끎.

어휘 활용

1 다음 문장에 들어갈 알맞은 단어를 찾아 ○표를 하시오.

(1) 할아버지께서 건강을 (회복 / 극복)하셔서 다행입니다.

(2) 독감의 (감염 / 면역)을 막기 위해 예방 접종을 하였다.

(3) 최근 서비스 요금 인상이 물가 상승을 (주도 / 주력)하고 있다.

(4) 이 집은 필요에 따라 조립과 (분해 / 와해)가 가능하다.

(5) 병을 (치유 / 유지)하기 위해서는 병원에 입원하는 것이 좋겠다.

어휘 의미

2 다음은 윗글에 제시된 주요 개념어의 사전적 의미를 정리한 것이다. 빈칸에 들어갈 알맞은 단어를 쓰시오.

(1) (　　　　): 생체가 여러 가지 환경 변화에 대응하여 생명 현상이 제대로 일어날 수 있도록 일정한 상태를 유지하는 성질.

(2) 세포: (　　　　)를 이루는 기본 단위. 핵막의 유무에 따라 진핵 세포와 원핵 세포로 나뉜다.

　例 사람은 수없이 많은 세포로 구성된 유기체이다.

서술형 중심 화제

1 윗글의 핵심 문장을 찾아 쓰시오.

(　　　　　　　　　　　　　　　　　　　　　　　　　　　　)

문단 정리

2 다음은 윗글의 각 문단의 중심 내용을 정리한 것이다. 빈칸에 들어갈 알맞은 말을 쓰시오.

1문단	인체의 자연 치유력 중 하나인 (　　　　)는 세포 안에 쌓인 불필요한 단백질과 망가진 세포 소기관을 분해해 세포의 에너지원으로 사용하는 현상이다.
2문단	오토파지는 인체가 (　　　　)를 받으면 활성화되고, 몸속에 침투한 세균이나 바이러스를 제거하는 역할을 한다.
3문단	세포 안에 불필요한 단백질과 망가진 세포 소기관이 쌓이면 세포는 오토파고솜을 만들고, 오토파고솜이 (　　　　)을 만나 결합한 후, 오토파고솜 안에 있던 쓰레기들을 잘게 부숴 에너지원으로 쓰거나 다른 세포 소기관을 만드는 재료로 재활용한다.
4문단	오토파지가 정상적으로 작동하지 않으면 세포 내 (　　　　)이 무너져 노화나 질병을 초래한다.

내용 구조

3 다음은 오토파지가 일어나는 과정을 정리한 것이다. 빈칸에 들어갈 알맞은 말을 쓰시오.

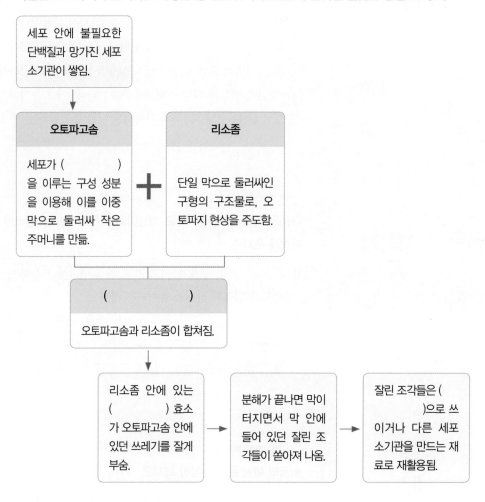

세포 안에 불필요한 단백질과 망가진 세포 소기관이 쌓임.

↓

오토파고솜

세포가 ( )을 이루는 구성 성분을 이용해 이를 이중막으로 둘러싸 작은 주머니를 만듦.

＋

리소좀

단일 막으로 둘러싸인 구형의 구조물로, 오토파지 현상을 주도함.

↓

( )

오토파고솜과 리소좀이 합쳐짐.

↓

리소좀 안에 있는 ( ) 효소가 오토파고솜 안에 있던 쓰레기를 잘게 부숨. → 분해가 끝나면 막이 터지면서 막 안에 들어 있던 잘린 조각들이 쏟아져 나옴. → 잘린 조각들은 ( )으로 쓰이거나 다른 세포 소기관을 만드는 재료로 재활용됨.

STEP
Ⅲ

수능형 정보 간의 의미 파악

1 ㉠과 ㉡에 대한 설명으로 가장 적절한 것은?

① ㉠은 ㉡과 달리 세포 소기관보다는 개체를 보호하기 위해 일어난다.

② ㉡은 ㉠과 달리 손상된 세포가 스스로 사멸함으로써 우리 몸의 항상성을 유지한다.

③ ㉡은 ㉠과 달리 우리 몸에 영양 공급이 부족하거나 바이러스가 침투했을 때 발생한다.

④ ㉠과 ㉡은 모두 생존에 필요한 아미노산과 에너지를 다량으로 얻기 위해 작동한다.

⑤ ㉠과 ㉡은 모두 작동 과정에서 세포가 분해되어 다른 세포 소기관을 만드는 데 활용된다.

수능형 핵심 정보의 파악

2 윗글을 바탕으로 〈보기〉를 이해한 내용으로 적절하지 <u>않은</u> 것은?

보기

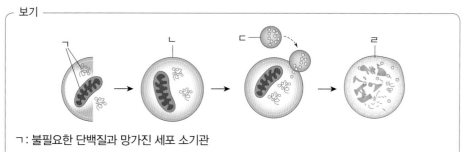

ㄱ : 불필요한 단백질과 망가진 세포 소기관
ㄴ : 오토파고솜
ㄷ : 리소좀
ㄹ : 오토파고리소좀

① 세포 안에 ㄱ이 쌓이면 오토파지가 일어나겠군.
② ㄴ은 ㄱ을 이중막으로 둘러싸 작은 주머니로 만든 것이겠군.
③ ㄴ이 ㄷ과 결합하면 ㄴ 안의 가수 분해 효소가 ㄱ을 잘게 분해하겠군.
④ 분해가 끝나면 막이 터지면서 ㄹ 안의 잘린 조각들이 쏟아져 나오겠군.
⑤ ㄹ에서 나온 조각들은 에너지원으로 쓰이거나 재활용되겠군.

📖 지문으로 엮어 읽는 배경지식 **오토파지(Autophagy)**

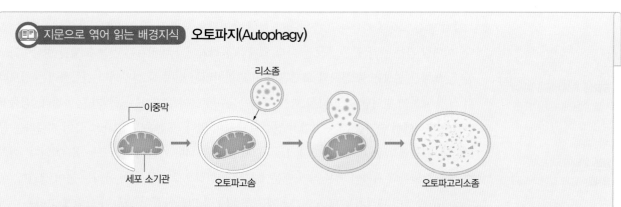

오토파지(Autophagy)는 세포 내에서 더 이상 필요 없어진 단백질이나 세포 소기관을 분해해, 다시 에너지원으로 재생산하는 현상이다. 그리스어에서 '자기'를 뜻하는 'auto'와 '포식'을 뜻하는 'phagein'이 합쳐진 말로, 해석하면 '스스로 먹는다'는 뜻이다.

오토파지 현상의 원리를 밝힌 사람은 일본의 오스미 요시노리 교수로, 이를 통해 2016년 노벨 생리 의학상을 받았다. 오스미 교수는 당시 아무도 관심을 갖지 않던 세포 내 또 다른 쓰레기 처리 시스템을 연구하여, 그 작용 과정과 관련 유전자를 밝히고 후속 연구를 할 수 있도록 새로운 분야를 개척한 선구자라고 할 수 있다.

우리 몸은 건강한 상태를 유지하기 위해 손상되고 노화된 단백질과 세포 소기관들을 꾸준히 분해하고 또 재활용한다. 즉, 우리 몸에서 오토파지 현상은 항상 일어나고 있는 것이다. 많은 과학자들이 오토파지의 기능을 활성화시키면 치매나 파킨슨병 같은 퇴행성 뇌 질환과 암, 여러 대사 질환 난치병들을 치료할 수 있을 것으로 기대하고 있다. 따라서 앞으로도 오토파지에 대한 더 많은 연구와 관심이 필요하다.

과학 04

식물이 물을 끌어 올리는 원리

[2019학년도 6월 고1 학력평가]

필독 TIP

어휘 ★★★

문장 ★★★

배경지식 ★★★★

이 글은 식물이 물을 뿌리에서 흡수하여 잎까지 끌어 올리는 원리를 설명하고 있다. 각 원리의 개념과 작용 과정을 정리하며 읽도록 한다.

식물의 ⓐ생장에는 물이 필수적이다. 동물과 달리 식물은 잎에서 광합성*을 통해 생장에 필요한 ⓑ양분*을 만들어 내는데, 물은 바로 그 원료가 된다. 물은 지구 중심으로부터 중력을 받기 때문에 높은 곳에서 낮은 곳으로 흐르지만, 식물은 지구 중심과는 반대 방향으로 자란다. 따라서 식물이 줄기 끝에 달려 있는 잎에 물을 공급하려면 중력의 반대 방향으로 물을 끌어 올려야 한다. 미국의 캘리포니아 레드우드 국립 공원에는 세계에서 키가 가장 큰 세쿼이아가 있다. 이 나무는 키가 무려 112m에 이르며, 뿌리는 땅속으로 약 15m까지 뻗어 있다고 한다. 따라서 물이 뿌리에서 나무의 꼭대기에 있는 잎까지 도달하려면 127m나 끌어 올려져야 한다. 펌프 같은 장치도 보이지 않는데 대체 물이 어떻게 그 높은 곳까지 올라갈 수 있는 것일까? 식물은 어떤 힘을 이용하여 뿌리에서부터 잎까지 물을 끌어 올릴까? 식물이 물을 뿌리에서 흡수하여 잎까지 보내는 데는 뿌리압, 모세관* 현상, 증산* 작용으로 생긴 힘이 복합적으로 작용한다.

[A]
호박이나 수세미의 잎을 모두 떼어 내고 뿌리와 줄기만 남기고 자른 후 뿌리 끝을 물에 넣어 보면, 잘린 줄기 끝에서는 물이 힘차게 솟아오르지는 않지만 계속해서 올라온다. 뿌리털을 둘러싼 세포막을 경계로 안쪽은 땅에 비해 여러 가지 유기물*과 무기물들이 더 많이 섞여 있어서 뿌리 바깥보다 용액*의 농도가 높다. 다시 말해 뿌리털 안은 농도가 높은 반면, 흙 속에 포함되어 있는 물은 농도가 낮다. 이때 농도의 균형을 맞추기 위해 흙 속에 있는 물 분자는 뿌리털의 세포막을 거쳐 물 분자가 상대적으로 적은 뿌리 내부로 들어온다. 이처럼 농도가 낮은 흙 속의 물을 농도가 높은 뿌리 쪽으로 이동시키는 힘이 생기는데, 이를 뿌리압이라고 한다. 즉 뿌리압이란 뿌리에서 물이 흡수될 때 밀고 들어오는 압력으로, 물을 위로 밀어 올리는 힘이다.

물이 담긴 그릇에 가는 유리관을 꽂아 보면 유리관을 따라 물이 올라가는 것을 관찰할 수 있다. 이처럼 가는 관과 같은 통로를 따라 액체가 올라가거나 내려가는 것을 모세관 현상이라고 한다. 모세관 현상은 물 분자와 모세관 벽이 결합하려는 힘이 물 분자끼리 결합하려는 힘보다 더 크기 때문에 일어난다. 따라서 관이 가늘어질수록 물이 올라가는 높이가 높아진다. 식물체 안에는 뿌리에서 줄기를 거쳐 잎까지 연결된 물관이 있다. 물관은 말 그대로 물이 지나가는 통로인데, 지름이 75㎛(마이크로미터, 1㎛=0.001mm)로 너무 가늘어 눈으로는 볼 수 없다. 이처럼 식물은 물관의 지름이 매우 작기 때문에 모세관 현상으로 물을 밀어 올리는 힘이 생긴다.

뜨거운 햇볕이 내리쬐는 더운 여름철에는 큰 나무가 만들어 주는 그늘이 그렇게 고마울 수가 없다. 나무가 만들어 주는 그늘이 건물이 만들어 주는 그늘보다 더 시원한 이유는 무엇일까? 나무의 잎은 물을 수증기 상태로 공기 중으로 내보내는데, 이때 물이 주위의 열을 흡수하기 때문에 나무의 그늘 아래가 건물이 만드는 그늘보다 훨씬 시원한 것이다. 식물의 잎에는 기공*이라는 작은 구멍이 있다. 기공을 통해 공기가 들락날락하거나 잎의 물이 공기 중으로 ⓒ증발하기도 한다. 이처럼 식물체 내의 수분이 잎의 기공을 통하여 수증기 상태로 증발하는 현상을 증산 작용이라고 한다. 가로 세로가 10×10cm인 잔디밭에서 1년 동안 증산하는 물의 양을 조사한 결과, 놀랍게도 55톤이나 되었다. 이는 1리터짜리 페트병 5만 5천 개 분량의 물의 양이다. 상수리나무는 6~11월 사이에 약 9,000kg의 물을 증산하며, 키가 큰 해바라기는 맑은

＊**광합성**: 녹색식물이 빛 에너지를 이용하여 이산화 탄소와 수분으로 유기물을 합성하는 과정.

＊**양분**: 영양이 되는 성분.

＊**모세관**: 털과 같이 가느다란 관.

＊**증산**: 식물체 안의 수분이 수증기가 되어 공기 중으로 나옴. 또는 그런 현상.

＊**유기물**: 생체를 이루며, 생체 안에서 생명력에 의하여 만들어지는 물질.

＊**용액**: 두 가지 이상의 물질이 균일하게 혼합된 액체.

＊**기공**: 식물의 잎이나 줄기의 겉껍질에 있는, 숨쉬기와 증산 작용을 하는 구멍.

여름날 하루 동안 약 1kg의 물을 증산한다.

기공의 크기는 식물의 종류에 따라 다른데 보통 폭이 8㎛, 길이가 16㎛ 정도밖에 되지 않는다. 크기가 1cm²인 잎에는 약 5만 개나 되는 기공이 있으며, 그 대부분은 잎의 뒤쪽에 있다. 이 기공을 통해 그렇게 엄청난 양의 물이 공기 중으로 증발해 버린다. 증산 작용은 물을 식물체 밖으로 내보내는 작용으로, 뿌리에서 흡수된 물이 줄기를 거쳐 잎까지 올라가는 ⓓ원동력*이다. 잎의 세포에서는 물이 공기 중으로 증발하면서 아래쪽의 물 분자를 끌어 올리는 현상이 일어난다. 즉, 물 분자들은 서로 잡아당기는 힘으로써 연결되는데, 이는 물 기둥을 형성하는 것과 같다. 사슬처럼 연결된 물 기둥의 한쪽 끝을 이루는 물 분자가 잎의 기공을 통해 빠져나가면 아래쪽 물 분자가 끌어 올려지는 것이다. 증산 작용에 의한 힘은 잡아당기는 힘으로 식물이 물을 끌어 올리는 요인 중 가장 큰 힘이다.

* **원동력**: 어떤 움직임의 근본이 되는 힘.

어휘 의미

1 윗글의 ⓐ~ⓓ의 사전적 의미를 찾아 바르게 연결하시오.

ⓐ 생장	•	•	㉮ 영양이 되는 성분.
ⓑ 양분	•	•	㉯ 나서 자람. 또는 그런 과정.
ⓒ 증발	•	•	㉰ 어떤 움직임의 근본이 되는 힘.
ⓓ 원동력	•	•	㉱ 어떤 물질이 액체 상태에서 기체 상태로 변함. 또는 그런 현상.

어휘 의미

2 다음은 윗글에 제시된 주요 개념어의 사전적 의미를 정리한 것이다. 빈칸에 들어갈 알맞은 단어를 쓰시오.

(1) (   ): 녹색식물이 빛 에너지를 이용하여 이산화 탄소와 수분으로 유기물을 합성하는 과정.

　예 식물들은 햇빛을 받아 (   )에 의하여 양분을 만들어 살아간다.

(2) 증산: 식물체 안의 수분이 (   )가 되어 공기 중으로 나옴. 또는 그런 현상.

서술형 **중심 화제**

1 윗글의 핵심 문장을 찾아 쓰시오.

| (   ) |

문단 정리

2 다음은 윗글의 각 문단의 중심 내용을 정리한 것이다. 빈칸에 들어갈 알맞은 말을 쓰시오.

1문단	식물이 물을 뿌리에서 흡수하여 잎까지 보내는 데는 뿌리압, ( ), 증산 작용으로 생긴 힘이 복합적으로 작용한다.
2문단	뿌리압은 뿌리에서 물이 흡수될 때 밀고 들어오는 압력으로, 물을 위로 밀어 올리는 힘이다.
3문단	가는 관과 같은 통로를 따라 액체가 올라가거나 내려가는 것을 ( )이라고 하며, 이는 물 분자와 모세관 벽이 결합하려는 힘이 물 분자끼리 결합하려는 힘보다 더 크기 때문에 일어난다.
4문단	식물체 내의 수분이 잎의 기공을 통하여 수증기 상태로 증발하는 현상을 ( )이라고 한다.
5문단	증산 작용은 사슬처럼 연결된 물 기둥의 한쪽 끝을 이루는 물 분자가 잎의 ( )을 통해 빠져나가면 아래쪽 물 분자가 끌어 올려지는 원리이다.

내용 구조

3 다음은 식물이 물을 끌어 올리는 원리를 정리한 것이다. 빈칸에 들어갈 알맞은 말을 쓰시오.

뿌리압	모세관 현상	증산 작용
• 개념: 뿌리에서 물이 흡수될 때 밀고 들어오는 압력으로, 물을 위로 밀어 올리는 힘 • 위치: 식물의 뿌리 • 원리: ( )의 균형을 맞추기 위해 흙 속의 물 분자가 뿌리털의 세포막을 거쳐 뿌리 내부로 들어옴.	• 개념: 가는 관과 같은 통로를 따라 액체가 올라가거나 내려가는 것 • 위치: 식물의 줄기 • 원리: 물 분자와 ( )이 결합하려는 힘이 물 분자끼리 결합하려는 힘보다 더 크기 때문에 일어남.	• 개념: 식물체 내의 수분이 잎의 기공을 통하여 수증기 상태로 증발하는 현상 • 위치: 식물의 잎 • 원리: 사슬처럼 연결된 ( )의 한쪽 끝을 이루는 물 분자가 잎의 기공을 통해 빠져나가면 아래쪽 물 분자가 끌어 올려지기 때문에 일어남.

STEP Ⅲ

수능형 구체적 상황에 적용

1 [A]와 〈보기〉를 이해한 것으로 적절하지 **않은** 것은?

보기

　삼투 현상이란 용액의 농도가 낮은 곳에서 높은 곳으로 선택적 투과성 막을 통해 물이 이동하는 현상이다. 이때 물이 이동하는 힘을 삼투압이라 하며, 이 힘은 용액의 농도에 따라 비례한다. 삼투 현상의 예로 배추를 소금물에 담그면 소금 입자는 이동하지 못하고 배추에 있는 물이 소금물 쪽으로 이동하여 배추가 절여지는 것을 들 수 있다.

① 뿌리털을 둘러싼 세포막은 선택적 투과성 막 역할을 한다.

② 소금물에 소금을 추가하면 배추에서 빠져나오는 물이 이동하는 힘이 커진다.

③ 선택적 투과성 막을 흙 속의 물 분자는 통과할 수 있지만 소금 입자는 통과할 수 없다.

④ 흙 속의 물과 배추의 물이 이동하면 뿌리털 안의 용액과 소금물의 농도가 높아진다.

⑤ 뿌리가 흙 속의 물을 흡수하는 것과 배추에서 물이 빠져나오는 것은 용액의 농도 차이 때문에 발생한다.

수능형 다른 상황에 적용

2 학생이 〈보기〉와 같은 실험을 하였다. 윗글을 바탕으로 〈보기〉에 대한 반응으로 적절한 것은?

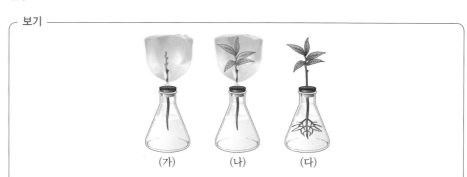

보기

크기와 종류가 같은 식물 셋을 (가)는 줄기만, (나)는 줄기와 잎만을 남겨 비닐을 씌운다. (다)는 뿌리, 줄기, 잎을 그대로 둔다. 셋을 물에 담아 햇빛 등이 동일한 조건에서 변화를 관찰하였다.

① (가)보다 (나)의 비닐 안쪽 면에 물방울이 덜 맺힐 것이다.

② (가)의 용기에 담긴 물이 (나), (다)의 용기에 담긴 물보다 더 많이 줄어들 것이다.

③ (나)에서는 한 가지 힘이, (다)에서는 두 가지 힘이 작용하여 물이 이동한다.

④ (가), (나), (다) 모두 물 분자들이 연결된 물 기둥이 형성될 것이다.

⑤ (가), (나), (다) 모두 공기가 식물 내부로 출입하는 현상이 일어나지 않는다.

📖 지문으로 엮어 읽는 배경지식 **삼투 현상**

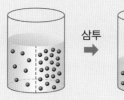

    농도가 낮은 곳에서 농도가 높은 곳으로 선택적 투과성 막을 통한 물의 이동 현상을 '삼투 현상'이라고 한다. 이때 농도가 낮다는 것은 상대적으로 물의 농도가 높다는 것을 의미하는 것이므로, 삼투 현상은 달리 말해 물의 농도가 높은 곳에서 낮은 곳으로 막을 통해 확산되는 현상이라고도 할 수 있다. 여기서 물이 이동하는 힘을 '삼투압'이라 하며, 삼투압은 용액의 농도에 비례한다.

    삼투 현상은 일상생활에서도 쉽게 발견할 수 있다. 예를 들어 음식을 짜게 먹었을 때 갈증이 심해지는 것을 느끼는데, 이는 우리 몸 세포 속의 물 농도가 더 높아 농도를 맞추기 위해 세포에서 물이 빠져나오기 때문이다. 물은 세포의 원형질막을 쉽게 통과할 수 있는데, 이러한 물의 이동과 확산은 생명을 유지하는 데 중요한 역할을 한다.

천체의 겉보기 운동과 금성의 관측

[2018학년도 11월 고1 학력평가]

금성의 다른 이름인 '샛별'은 새벽에 보이기 때문에 사람들이 금성에 붙인 이름이다. 실제로 금성은 하루 종일 관측*할 수 있는 것이 아니라 새벽이나 초저녁에만 볼 수 있다. 이러한 현상이 생기는 이유는 무엇일까?

이는 천체의 '겉보기 운동'과 관련이 있다. 지구는 하루에 한 바퀴 자전하면서 태양 주위를 일 년에 한 바퀴 공전한다. 이로 인해 지구상의 관측자가 하늘의 천체를 볼 때, 관측 시기에 따라 천체의 위치가 다르게 보이기도 한다. 왜냐하면 관측자에게는 지구가 움직이는 것이 아니라 상대적으로 하늘의 천체가 움직이는 것처럼 보이기 때문이다. 이처럼 지구의 자전이나 공전으로 인해 지구에서 관측할 때 천체가 움직이는 것처럼 보이거나 실제 움직임과는 다르게 보이는 현상을 '겉보기 운동'이라 한다.

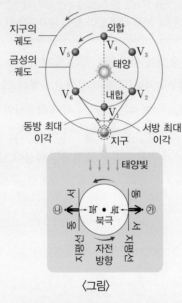

〈그림〉

겉보기 운동을 이해하기 위해서는 먼저 관측자에게 보이는 천체의 움직임에 대해 알아야 한다. 천체는 지구의 자전 때문에 지구 자전 방향의 반대 방향으로 움직이는 것처럼 보이게 된다. 이는 마치 고개를 왼쪽으로 돌리면 사물은 오른쪽으로 이동하는 것처럼 보이는 것과 같다. 〈그림〉의 ㉮, ㉯에서처럼 관측자의 위치를 중심으로 할 때, 관측자가 북반구 중위도*에서 북쪽을 바라보고 있으면 관측자의 왼쪽이 서쪽이 된다. 이때 지구의 자전 방향은 시계 반대 방향 즉, 서에서 동으로의 방향이므로 하늘의 천체는 상대적으로 동에서 서로 움직이는 것처럼 보이는 것이다. 결국 겉보기 운동은 관측자의 위치를 중심으로 천체가 움직이는 방향을 살펴본 것이다.

또한 천체들 사이의 상대적 위치 관계도 겉보기 운동을 이해하는 데 중요하다. 지구 공전 궤도보다 안쪽에서 공전하는 천체인 내행성*, 지구, 태양의 위치 관계를 내행성 중 하나인 금성을 중심으로 살펴보면 다음과 같다. 〈그림〉에서 태양, 금성, 지구가 일직선상에 위치할 때를 '합'이라고 하는데, 지구-금성-태양의 순서로 위치할 때를 '내합', 지구-태양-금성의 순서로 위치할 때를 '외합'이라고 한다. 또한 지구상의 관측자가 태양과 행성을 바라보았을 때, 관측자가 태양을 바라본 방향과 행성을 바라본 방향 사이의 각을 '이각'이라고 한다. 즉, 관측자가 보았을 때 금성이 태양으로부터 얼마만큼의 각거리*로 떨어져 있는가를 의미한다. '이각'은 다시 '동방 이각'과 '서방 이각'으로 나눌 수 있는데, 이는 〈그림〉의 V_5, V_6에서처럼 금성이 태양보다 동쪽에 있는 경우와 V_2, V_3에서처럼 서쪽에 있는 경우로 구분한 것이다. 또한 금성이 V_6과 V_2에 있을 때 태양으로부터 가장 멀리 떨어진 것처럼 보인다. 이때의 이각을 각각 '동방 최대 이각'과 '서방 최대 이각'이라고 한다.

관측자에게 보이는 천체의 움직임, 상대적 위치 관계 등을 바탕으로 금성이 관측되는 시각과 시간, 위상*과 크기, 밝기를 살펴보면 다음과 같다. 먼저 금성이 관측되는 시각은 지구에서 바라본 금성의 위치에 따라 달라진다. 만약 〈그림〉에서 금성이 외합인 V_4에서 내합인 V_1 사이

* **관측**: 육안이나 기계로 자연 현상 특히 천체나 기상의 상태, 추이, 변화 따위를 관찰하여 측정하는 일.
* **중위도**: 저위도와 고위도의 중간. 대략 위도 20~50도를 이른다.
* **내행성**: 태양계에서, 태양과 지구 사이에 있는 행성. 수성, 금성 따위가 있다.
* **각거리**: 관측자로부터 두 천체에 이르는 두 직선이 이루는 각도로 나타내는 천체 간 거리.
* **위상**: 어떤 사물이 다른 사물과의 관계 속에서 가지는 위치나 상태.

인 동방 이각에 위치하고, 관측자가 ㉮에 서 있다면 금성은 관측자의 지평선 아래에 있게 되므로 관측되지 않는다. 하지만 지구의 자전으로 인해 관측자의 위치가 ㉯로 변하면, 금성은 관측자의 지평선 위에 있게 되고 태양은 지평선 아래에 있게 되므로 태양이 진 후 초저녁 서쪽 하늘에서 금성을 관측할 수 있다. 반대로 금성이 서방 이각에 위치하는 경우에는 동일한 이유로 관측자는 ㉯가 아닌 ㉮에서 금성을 관측할 수 있다. 또한 태양과 금성, 지구의 위치 관계가 내합과 외합일 때에는 금성이 태양과 함께 뜨고 지기 때문에 관측되기 어렵다. 따라서 금성은 동방 최대 이각 또는 서방 최대 이각의 안쪽에 위치할 때만 관측 가능하고, 합의 위치에서는 관측이 어려운 것이다. 한편 금성이 관측되는 시간은 금성의 이각에 따라 달라진다. 이각이 클수록 태양과 금성의 각거리는 커지므로 금성을 더 오래 볼 수 있다. 따라서 금성은 최대 이각에 위치할수록 오래 관측되고, 합에 위치할수록 짧게 관측된다. 이런 이유로 금성은 항상 태양을 중심으로 좌, 우 일정한 이각 내에서만 관측된다.

또한 금성이 관측되는 위상과 크기는 금성의 위치, 지구와 금성의 거리에 따라 달라진다. 금성의 위상은 금성이 태양과의 상대적 위치에 따라 지구상의 관측자에게 보이는 모양으로, 금성은 스스로 빛을 내지 못하고 태양빛을 받아 빛나는 것처럼 보인다. 이때 태양빛을 받는 면이 지구를 향하는 정도에 따라 보이는 형태가 다르다. 금성은 지구에서 멀어질수록 보이는 크기가 줄어들지만 태양빛을 받는 면의 전체를 볼 수 있어 보름달에 가까운 형태로 관측된다. 반면 지구로 가까워질수록 보이는 크기는 커지지만 태양빛을 받는 면의 일부분만 볼 수 있으므로 초승달 또는 그믐달에 가까운 형태로 관측된다. 그리고 최대 이각의 위치에 있을 때에는 반달에 가까운 형태로 관측된다.

마지막으로 금성의 밝기는 보이는 크기와 지구와의 거리에 따라 결정된다. 금성은 동방 최대 이각을 지나 내합으로 갈수록 점점 밝아지다가 밝기가 줄어든다. 일정 위치까지는 보이는 면이 줄어드는 효과보다 거리가 가까워지는 효과가 크게 작용을 하여 더 밝게 보인다. 그러다가 일정 위치를 지나 내합의 위치에 가까워질수록 거리가 가까워지는 효과보다 보이는 면이 줄어드는 효과가 커지기 때문에 밝기가 줄어든다. 마찬가지로 금성의 밝기는 내합을 지나 서방 최대 이각으로 갈수록 더 밝아지다가 서방 최대 이각에 가까워질수록 밝기가 줄어들게 된다.

STEP I

어휘 의미

1 다음과 같은 사전적 의미를 지닌 단어를 〈보기〉에서 찾아 쓰시오.

보기

관측   위상   궤도

(1) 어떤 사물이 다른 사물과의 관계 속에서 가지는 위치나 상태. (   )

(2) 육안이나 기계로 자연 현상 특히 천체나 기상의 상태, 추이, 변화 따위를 관찰하여 측정하는 일. (   )

(3) 행성, 혜성, 인공위성 따위가 중력의 영향을 받아 다른 천체의 둘레를 돌면서 그리는 곡선의 길. (   )

STEP
II

서술형 중심 화제

1 윗글의 중심 내용을 쓰시오.

( )

문단 정리

2 다음은 윗글의 각 문단의 중심 내용을 정리한 것이다. 빈칸에 들어갈 알맞은 말을 쓰시오.

1문단	( )을 새벽이나 초저녁에만 볼 수 있는 이유는 무엇일까?
2문단	지구의 자전이나 공전으로 인해 지구에서 관측할 때 천체가 움직이는 것처럼 보이거나 실제 움직임과는 다르게 보이는 현상을 ( )이라 한다.
3문단	겉보기 운동을 이해하기 위해서는 먼저 관측자에게 보이는 ( )에 대해 알아야 한다.
4문단	겉보기 운동을 이해하기 위해 천체들 사이의 ( ) 관계를 고려해야 한다.
5문단	금성이 관측되는 시각은 지구에서 바라본 금성의 ( )에 따라 달라지고, 금성이 관측되는 시간은 금성의 이각에 따라 달라진다.
6문단	금성이 관측되는 위상과 크기는 금성의 위치, 지구와 금성의 ( )에 따라 달라진다.
7문단	금성의 밝기는 보이는 크기와 지구와의 거리에 따라 결정된다.

내용 구조

3 다음은 겉보기 운동을 바탕으로 한 금성의 관측 특징을 정리한 것이다. 빈칸에 들어갈 알맞은 말을 쓰시오.

금성이 관측되는 시각	지구에서 바라본 금성의 위치에 따라 달라짐.	• 동방 최대 이각, 서방 최대 이각의 ( )에 위치할 때만 관측 가능 • 합의 위치에서는 관측 불가능
금성이 관측되는 시간	금성의 ( )에 따라 달라짐.	• 최대 이각에 위치할수록 오래 관측 • 합에 위치할수록 짧게 관측
금성이 관측되는 위상과 크기	금성의 위치, 지구와 금성의 거리에 따라 달라짐.	• 지구에서 멀어질수록 크기는 줄어들고 ( ) 형태로 관측 • 지구에 가까워질수록 크기는 커지고 초승달이나 그믐달 형태로 관측
금성의 ( )	보이는 크기와 지구와의 거리에 따라 결정됨.	• 동방 최대 이각을 지나 내합으로 갈수록, 내합을 지나 서방 최대 이각으로 갈수록 점점 밝아지다가 밝기가 줄어듦.

수능형 세부 정보의 파악

1 윗글을 이해한 내용으로 적절하지 <u>않은</u> 것은?

① 관측자가 관측한 천체의 움직임은 천체의 실제 움직임과는 다르다.

② 겉보기 운동은 천체를 중심으로 관측자의 위치 변화를 살펴본 것이다.

③ 지구상의 관측자에게 천체의 위치는 관측 시기에 따라 다르게 보인다.

④ 겉보기 운동에서 보이는 천체 움직임의 방향은 지구 자전 방향과 반대이다.

⑤ 북반구 중위도에 서서 북쪽을 바라보는 관측자에게 서쪽은 관측자의 왼쪽 방향에 해당한다.

수능형 다른 상황에 적용

2 윗글과 〈보기〉에 대해 알 수 있는 내용으로 적절한 것은?

┌─ 보기 ─

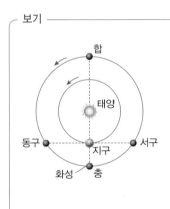

지구 공전 궤도보다 바깥쪽을 도는 천체를 외행성이라 하는데, 지구에서 관측하기 쉬운 외행성은 화성이 대표적이다. 화성, 지구, 태양의 위치 관계를 살펴보면 태양-지구-화성의 순으로 위치할 때를 '충'이라고 하며, 화성-태양-지구의 순으로 위치할 때를 '합'이라 부른다. 또한 화성이 지구를 중심으로 태양과 90°로 놓이는 때를 '구'라고 하는데, 화성이 동쪽에 있으면 '동구', 서쪽에 있으면 '서구'로 구분한다. 또한 화성은 이각이 180°일 때 가장 밝게 보이며, 지구와의 거리에 따라 크기가 변한다. 즉 지구에서 가까울수록 더 크게 관측되지만, 멀수록 더 작게 관측된다.

① 금성은 최대 이각에서 가장 크게, 화성은 합에서 가장 밝게 관측된다.

② 금성은 최대 이각에서 가장 밝게, 화성은 합에서 가장 작게 관측된다.

③ 금성은 내합 부근에서 가장 크게, 화성은 충에서 가장 밝게 관측된다.

④ 금성은 내합 부근에서 가장 밝게, 화성은 충에서 가장 작게 관측된다.

⑤ 금성은 외합 부근에서 가장 밝게, 화성은 구에서 가장 크게 관측된다.

◎ 지문으로 분석하는 시각 자료 **외행성의 운동**

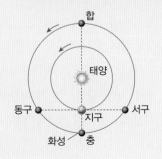

〈보기〉에 제시된 그림은 외행성인 화성의 관측 특징을 나타낸 것이다. '외행성'이란 태양계 내에 있는 행성 중에서 지구보다 바깥쪽에 위치한 행성인 화성, 목성, 토성, 천왕성, 해왕성을 말한다. 이러한 외행성은 금성과는 달리 지구의 바깥쪽에서 공전하므로 지구를 중심으로 할 때, 태양의 반대쪽에도 위치할 수 있다. 따라서 외행성은 한밤중에도 볼 수 있고, 남쪽 하늘에서도 볼 수 있다. 이때 외행성은 이각이 180°인 '충'에서 가장 밝고 크게 관측되지만, 지구와 멀어지면 크기도 작아지고, 밝기도 줄어든다. 이를 바탕으로 외행성 운동의 특성을 이해하고 선지 정보의 적절성을 판단한다.

북극 해빙의 수명이 긴 이유

[2018학년도 6월 고1 학력평가]

필독 TIP

어휘 ★★
문장 ★★★
배경지식 ★★★★

이 글은 북극 해빙의 수명이 냉수 속 얼음보다 긴 이유를 열에너지의 전달에 관한 원리를 바탕으로 설명하고 있다. 열에너지 전달에 관한 원리를 어떻게 해빙에 적용할 수 있는지를 중심으로 읽도록 한다.

냉수 속 얼음은 1시간을 ⓐ넘기지 못하고 모두 녹아 버린다. 반면 북극 해빙* 또한 얼음이지만, 10℃가 넘는 한여름에도 다 녹지 않고 바다에 떠 있다. 왜 해빙의 수명은 냉수 속 얼음보다 긴 걸까?

해빙의 수명이 긴 이유를 알기 위해서는 냉수 속 얼음에 작용하는 열에너지의 전달에 관한 두 가지 원리를 먼저 살펴볼 필요가 있다. 첫째, 열에너지는 온도가 높은 곳에서 낮은 곳으로 전달되는데, 이 때문에 온도가 다른 물체들이 서로 접촉하면 '열적 평형'을 이루려고 한다. 열적 평형*은 접촉한 물체들의 열이 똑같아져 서로 어떠한 영향도 주거나 받지 않는 상태이다. 예를 들어 3℃인 냉장고 속에 얼음이 든 냉수를 오랜 시간 동안 두면, 냉수와 얼음의 온도는 모두 3℃가 되어 얼음이 모두 녹아 버릴 것이다. 둘째, 열에너지는 두 물체 사이의 접촉 면을 통해서만 전달되며, 접촉 면이 클수록 전달되는 열에너지의 양은 커진다. 앞서 말한 상황에서는 열에너지가 냉수와 얼음이 맞닿는 면을 통해 전달되므로, 얼음이 냉수와 더 많이 맞닿을수록 전달되는 열에너지도 커진다. 따라서 열적 평형을 이루기 전까지 두 물체 간 전달되는 열에너지의 양은 둘 사이의 온도 차, 접촉 시간, 접촉 면의 면적*과 비례*함을 알 수 있다.

그러면 얼음이 모두 녹아 물로 변하는 데에는 시간이 얼마나 걸릴까? 이를 알아내기 위해서 3℃로 유지되는 냉수 속에 정육면체인 얼음 하나를 완전히 잠기게 해서 공기와 접촉할 수 없는 상황을 설정해 보자. 실험 결과 한 변의 길이가 1㎝인 정육면체 얼음이 완전히 녹는 시간은 약 2시간이다. 한편, 같은 냉수 속에 한 변의 길이가 1㎝인 정육면체 얼음 8개를 담근다고 해 보자. 8개의 얼음이 모두 물에 잠겨 있을 때에도 얼음이 완전히 녹는 데에 걸리는 시간은 여전히 약 2시간이다. 왜냐하면 각각의 얼음 주변을 물이 완전히 둘러싸고 있어 각각의 얼음이 접촉한 면적은 모두 같으며, 각각의 얼음의 부피*는 동일하기 때문이다. 즉, 물에서 각각의 얼음으로 전달되는 열에너지의 양은 물과 얼음의 접촉 면이 모두 동일하다면 개수가 얼마든 변함이 없다.

그런데 한 변의 길이가 1cm인 정육면체 8개를 붙여 한 변의 길이가 2cm인 정육면체 하나로 만들어 냉수 속에 넣는다면 어떻게 될까? 이때는 결과가 달라진다. 얼음덩어리 전체의 부피는 8㎤로 같지만, 물과 접촉한 정육면체 얼음의 총 면적이 달라지기 때문이다. 한 변의 길이가 1㎝인 정육면체 얼음 8개가 각각 물에 잠겨 있다고 할 때의 물에 접촉하는 얼음의 총 면적은 48㎠이지만, 이것을 붙여 각 변의 길이를 2㎝로 만든 정육면체 얼음이 물과 접촉하는 총 면적은 24㎠이다. 물과 접촉하는 면적이 절반으로 줄었기 때문에 같은 시간 동안 물에서 얼음으로 전달되는 열에너지의 양도 반으로 줄어들게 된다. 따라서 이 얼음이 다 녹는 데 필요한 시간은 2배만큼 늘어난 약 4시간가량이다.

이를 북극 해빙에 적용해 보자. 이때 해빙은 정육면체이며 공기와 접촉하지만 공기와 열에너지를 교환하지 않는다고 가정하자. 해빙은 바다 위에 떠 있기에 물에 잠긴 정육면체 얼음과 달리 바닥 부분만 바닷물과 접촉하고 있다. 그래서 바닷물의 열에너지는 해빙과 바닷물이 접촉하는 바닥 부분으로만 전달된다. 이는 정육면체의 여섯 면 중 한 면만 닿는 것이기 때문에, 같은 부피의 해빙은 물에 잠긴 정육면체 얼음덩어리보다 녹는 시간이 6배 오래 걸린다. 따라서 수명이 훨씬 긴 것이다.

* **해빙**: 바닷물이 얼어서 생긴 얼음.
* **평형**: 사물이 한쪽으로 기울지 않고 안정해 있음.
* **면적**: 면이 이차원의 공간을 차지하는 넓이의 크기.
* **비례**: 한쪽의 양이나 수가 증가하는 만큼 그와 관련 있는 다른 쪽의 양이나 수도 증가함.
* **부피**: 넓이와 높이를 가진 물건이 공간에서 차지하는 크기.

북극 해빙이 쉽게 녹지 않는 또 다른 이유는 부피와 면적 간의 관계 때문이다. 먼저 얼음이 녹는다는 것은 얼음의 부피가 없어진다는 것이기 때문에, 얼음의 부피가 클수록 녹아야 할 얼음의 양은 많다. 또한 얼음이 녹는 것은 앞서 살펴봤듯이 얼음이 물에 닿는 면적과 관련이 있기 때문에, 물에 닿는 면적이 넓을수록 얼음이 녹는 양은 많다. 따라서 얼음이 녹는 시간은 부피가 클수록 길어지고 물에 닿는 면적이 클수록 짧아짐을 알 수 있다. 여기서 길이가 L배 커지면 면적은 L^2, 부피는 L^3만큼 비례하여 커진다는 '제곱－세제곱 법칙'을 적용하면 얼음이 녹는 시간은 L배 만큼 길어짐을 알 수 있다. 예를 들어 한 변의 길이가 2cm인 정육면체 얼음은 한 변의 길이가 1cm인 정육면체 얼음보다 길이가 2배 길기 때문에 녹는 시간도 2배 긴 약 4시간가량이 된다. 또한 여기서 면적이 늘어나는 것보다 부피가 늘어나는 비율이 훨씬 큼도 알 수 있다. 북극 해빙의 면적은 수천만 km²가 넘지만 부피는 이보다 계산하기 어려울 정도로 매우 크기 때문에 해빙이 녹는 시간은 그만큼 늘어나는 것이다. 결국 해빙은 실제 다양한 조건을 고려하더라도 물에 닿는 면이 한 면뿐이고, 닿는 면적에 비해 부피가 매우 크기 때문에 10℃가 넘는 북극의 한여름에도 다 녹지 않고 바다에 떠 있을 수 있는 것이다.

STEP I

어휘 의미

1 다음과 같은 사전적 의미를 지닌 단어를 〈보기〉에서 찾아 쓰시오.

┌─ 보기 ─────────────────────────────────┐

        해빙   수명   평형   적용

└────────────────────────────────────┘

(1) 사물 따위가 사용에 견디는 기간. (   )

(2) 바닷물이 얼어서 생긴 얼음. (   )

(3) 알맞게 이용하거나 맞추어 씀. (   )

(4) 사물이 한쪽으로 기울지 않고 안정해 있음. (   )

어휘 의미

2 밑줄 친 부분이 윗글의 ⓐ와 가장 유사한 의미로 사용된 것을 고르시오.

① 그는 공을 네트 위로 넘기지 못했다.

② 그는 소설책의 첫 장도 넘기지 못했다.

③ 그는 서류 제출 기한을 넘기지 않았다.

④ 그는 아이의 부탁을 가볍게 넘기지 않았다.

⑤ 그는 목이 부어 밥을 목구멍으로 넘기지 못했다.

STEP II

서술형 중심 화제

1 윗글의 핵심 문장을 찾아 쓰시오.

┌────────────────────────────────────┐
(　　　　　　　　　　　　　　　　　　　　　　　　　)
└────────────────────────────────────┘

문단 정리

2 다음은 윗글의 각 문단의 중심 내용을 정리한 것이다. 빈칸에 들어갈 알맞은 말을 쓰시오.

1문단	왜 해빙의 ( )은 냉수 속 얼음보다 긴 걸까?
2문단	해빙의 수명이 긴 이유를 알기 위해서는 냉수 속 얼음에 작용하는 ( )의 전달에 관한 두 가지 원리를 알아야 한다.
3문단	물에서 각각의 얼음으로 전달되는 열에너지의 양은 물과 얼음의 ( )이 모두 동일하다면 개수가 얼마든 변함이 없다.
4문단	물과 접촉하는 면적이 절반으로 줄면 같은 시간 동안 물에서 얼음으로 전달되는 열에너지의 양도 ( )으로 줄어든다.
5문단	해빙은 정육면체의 여섯 면 중 한 면만 닿는 것이기 때문에, 같은 부피의 해빙은 물에 잠긴 정육면체 얼음덩어리보다 녹는 시간이 ( ) 오래 걸린다.
6문단	북극 해빙의 면적은 수천만 ㎢가 넘지만 ( )는 이보다 매우 크기 때문에 해빙이 녹는 시간은 그만큼 늘어난다.

내용 구조

3 다음은 북극 해빙의 수명이 긴 이유를 정리한 것이다. 빈칸에 들어갈 알맞은 말을 쓰시오.

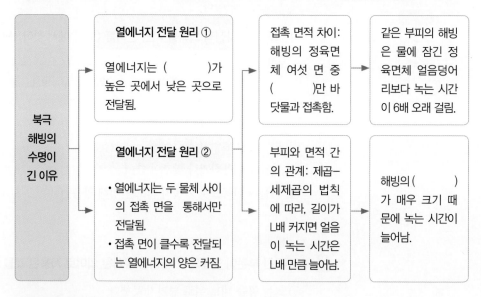

수능형 **다른 상황에 적용**

1 윗글을 바탕으로 〈보기〉를 추론한 내용 중 가장 적절한 것은?

┌─ 보기 ─────────────────────────────────
│ 시우는 윗글을 읽고 얼마 전에 다녀온 석빙고를 떠올린 뒤, 한여름에 석빙고의 정육면체 얼음
│ 들을 녹지 않게 하기 위한 가장 효율적인 방법이 무엇인지에 대해 탐구해 보았다.
└───

① 얼음들을 원형으로 만들어 보관한다.

② 얼음들을 일정 간격을 두고 보관한다.

③ 얼음들을 한 줄로 높이 세워 보관한다.

④ 얼음들의 표면에 차가운 물을 뿌려서 보관한다.

⑤ 얼음들을 정육면체 한 덩어리로 만들어 보관한다.

수능형 구체적 상황에 적용

2 윗글을 참고하여 〈보기〉의 상황을 분석한 결과로 적절하지 <u>않은</u> 것은?

보기

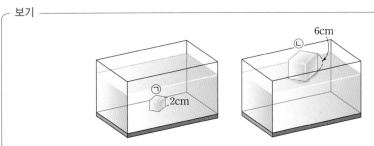

* 위 실험에서 수온은 3℃로 일정하게 유지되며, 물에 완전히 잠긴 얼음 ㉠과 물 위에 떠 있는 얼음 ㉡은 모두 정육면체이고, 물 이외의 다른 요인을 통해 전달되는 열에너지는 고려하지 않음.

① ㉠과 ㉡의 면적은 9배 차이가 난다.

② ㉠과 ㉡의 부피는 27배 차이가 난다.

③ ㉠을 6시간 후에 관찰하면 완전히 녹아 있을 것이다.

④ ㉠을 ㉡처럼 물에 띄운다면, 완전히 녹는 시간은 약 8시간이다.

⑤ ㉡을 한 변이 3㎝인 정육면체 얼음 8개로 쪼갠 뒤 물에 잠기게 할 때 완전히 녹는 시간은 약 6시간이다.

👁 지문으로 분석하는 시각 자료 **열에너지의 전달**

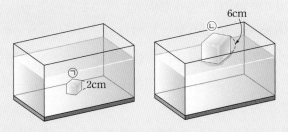

〈보기〉에 제시된 실험은 부피와 면적이 다른 두 개의 얼음이 물에 완전히 녹는 시간에 어떤 차이가 있는지 알아보기 위한 것이다. ㉠은 물에 완전히 잠겨 있으며, 한 변의 길이가 2㎝인 정육면체이다. 반면 ㉡은 물 위에 떠 있는 한 변의 길이가 6㎝인 정육면체이다. 6문단에 제시된 '제곱-세제곱 법칙'은 길이가 L배 커지면 면적은 L^2, 부피는 L^3만큼 비례하여 커진다는 것이므로, 이를 활용하면 ㉠은 길이가 2cm이고 ㉡은 길이가 6cm이므로, ㉡은 ㉠에 비해 길이가 3배 커졌다. 따라서 면적은 3의 제곱인 9배, 부피는 3의 세제곱인 27배만큼 커진다. 두 얼음이 녹는 시간은 얼음의 면적과 부피, 물에 닿는 면의 개수 등에 영향을 받는다는 것을 바탕으로, 각 선지의 적절성을 판단한다.

컴퓨터에서의 캐싱

[2020학년도 9월 고1 학력평가]

필독 TIP

어휘 ★★★★
문장 ★★★
배경지식 ★★★★

이 글은 컴퓨터에서 사용하는 캐싱의 개념, 캐싱이 이루어지기 위한 조건, 캐싱이 이루어지는 방식에 대해 설명하고 있다. 용어의 개념과 각각의 작업이 이루어지는 과정을 이해하며 읽도록 한다.

컴퓨터의 중앙 처리 장치인 CPU는 데이터를 처리하기 위해 주기억 장치와 끊임없이 데이터를 주고받는다. 그런데 CPU는 처리 속도가 매우 빠른 반면, 주기억 장치의 처리 속도는 상대적으로 느리다. 그렇기 때문에 CPU가 명령을 실행할 때마다 주기억 장치로부터 데이터를 읽어 오면 두 장치의 처리 속도의 차이로 인해 명령을 빠르게 실행할 수가 없다. 그래서 캐시* 기억 장치를 활용하여 데이터 처리 속도를 향상시킨다. 캐시 기억 장치는 CPU 내에 또는 CPU와 주기억 장치 사이에 위치한 기억 장치로 주기억 장치보다 용량은 작지만 처리 속도가 매우 빠르다. 이러한 캐시 기억 장치에 주기억 장치의 데이터 중 자주 사용되는 데이터의 일부를 복사해 두고 CPU가 이 데이터를 사용하도록 하는 과정을 '캐싱(caching)'이라고 한다.

캐싱이 효율적으로 이루어지려면 CPU가 캐시 기억 장치에 저장된 데이터를 반복적으로 사용하는 것이 중요한데 이를 위해 고려되는 것이 참조의 지역성이다. 참조의 지역성은 시간적 지역성과 공간적 지역성으로 나눌 수 있다. 시간적 지역성은 CPU가 한 번 사용한 특정 데이터가 가까운 미래에 다시 사용될 가능성이 높은 것을 말하고, 공간적 지역성은 한 번 사용한 데이터 근처에 있는 데이터가 곧 사용될 가능성이 높은 것을 말한다.

한편 주기억 장치는 '워드(word)*' 단위로 데이터가 저장되고 캐시 기억 장치는 '블록(block)*' 단위로 데이터가 저장된다. 이때 워드는 비트(bit)*의 집합이고 블록은 연속된 워드 여러 개의 묶음을 말한다. 주기억 장치의 데이터가 캐시 기억 장치에 저장되는 장소를 '라인(line)'이라고 한다. 캐시 기억 장치는 일반적으로 하나의 라인에 하나의 블록이 들어갈 수 있도록 설계되어 있기 때문에 주기억 장치에서 캐시 기억 장치로 데이터를 전송할 때에는 블록 단위로 데이터를 전송한다. 캐시 기억 장치의 용량은 주기억 장치보다 훨씬 작기 때문에 주기억 장치의 블록 중에서 일부만 캐시 기억 장치에 저장될 수 있다. 그러므로 캐싱을 위해서는 주기억 장치의 여러 블록이 캐시 기억 장치의 하나의 라인을 공유하여 사용해야 한다.

[A] 예를 들어 어떤 컴퓨터의 주기억 장치의 데이터 용량을 워드 2^n개, 캐시 기억 장치의 데이터 용량을 워드 M개라고 가정해 보자. 이때 주기억 장치의 블록 한 개가 K개의 워드로 이루어져 있다고 하면 이 주기억 장치의 총 블록 개수는 $2^n/K$개가 되며 각 워드는 n비트의 주소로 지정된다. 그리고 캐시 기억 장치의 각 라인은 K개의 워드로 채워지므로 캐시 기억 장치에는 총 M/K개의 라인이 만들어진다.

캐싱이 이루어질 때 CPU가 요청한 데이터가 캐시 기억 장치에 있는지 여부를 확인하고 해당 데이터를 불러오기 위해 주기억 장치의 데이터 주소가 사용된다. 이 주소는 '태그 필드, 라인 필드, 워드 필드'의 형식으로 구성되어 있는데 '태그 필드'는 캐시 기억 장치의 특정 라인에 주기억 장치의 어떤 블록이 저장되어 있는지를 구분해 주는 역할을 한다. 그리고 '라인 필드'는 주기억 장치의 블록이 들어갈 캐시 기억 장치의 라인을 지정해 주며, '워드 필드'는 주기억 장치의 각 블록에 저장되어 있는 워드를 지정해 준다.

주기억 장치의 데이터를 캐시 기억 장치에 저장하는 방식에는 여러 가지가 있는데 그중 하나가 ㉠'직접 매핑'이다. 직접 매핑은 주기억 장치의 데이터를 블록 단위로 캐시 기억 장치의 지정된 라인에 저장하는 방식이다. 직접 매핑 방식에서 캐싱이 이루어지는 과정은 다음과 같다.

＊ 캐시: 중앙 처리 장치의 성능 향상을 위해 사용하는 보조 기억 장치. 저용량, 고속의 반도체 기억 장치이다.

＊ 워드: 몇 개의 바이트(byte)가 모인 데이터의 단위. 기억 장치, 연산 장치, 제어 장치 따위에서 한 묶음으로 전달되는 단위로서 제어 장치는 이것을 하나의 명령어로 취급하고, 연산 장치는 한 개의 수치로 취급한다.

＊ 블록: 하나의 단위로서 다룰 수 있는 문자, 워드, 레코드의 집합.

＊ 비트: 컴퓨터에서 정보를 나타내는 가장 기본적인 단위. 2진수의 0 또는 1이 하나의 비트.

CPU가 '태그 필드, 라인 필드, 워드 필드'로 이루어진 주소를 통해 데이터를 요청하면, 우선 요청 주소의 라인 필드를 이용하여 캐시 기억 장치의 해당 라인을 확인한다. 그리고 해당 라인에 데이터가 저장되어 있으면 그 라인의 태그와 요청 주소의 태그를 비교한다. 이때 두 태그의 값이 일치하는 경우를 '캐시 히트(cache hit)'라고 하며, 캐시 히트가 일어나면 주소의 워드 필드를 이용하여 라인 내 워드들 중에서 해당 데이터를 찾아 CPU에 보내 준다. 그런데 CPU가 요청한 주소의 태그와 캐시 기억 장치 라인의 태그가 일치하지 않거나 해당 라인이 비어 있어서 요청한 데이터를 찾지 못하는 경우가 있다. 이는 CPU가 요청한 데이터가 캐시 기억 장치에 저장되어 있지 않다는 의미로, 이 경우를 '캐시 미스(cache miss)'라고 한다. 캐시 미스가 일어나면 요청 주소에 해당하는 블록을 주기억 장치에서 복사하여 캐시 기억 장치의 지정된 라인에 저장한다. 그리고 주소의 태그를 그 라인의 태그 필드에 기록하고 요청된 데이터를 CPU에 보내 준다. 만약 그 라인에 다른 블록이 저장되어 있다면 그 블록은 지워지고 새롭게 가져온 블록이 저장된다.

직접 매핑은 CPU가 요청한 데이터가 캐시 기억 장치에 있는지 확인할 때 해당 라인만 검색하면 되기 때문에 검색 속도가 빠르다. 그리고 회로의 구조가 단순하여 시스템을 구성하는 비용이 저렴한 장점이 있다. 하지만 같은 라인에 저장되어야 하는 서로 다른 블록을 CPU가 번갈아 요청하는 경우, 계속 캐시 미스가 발생해서 반복적으로 블록이 교체되므로 시스템의 효율이 ⓐ떨어질 수 있다. 그래서 캐시 기억 장치의 라인 어디에나 자유롭게 블록을 저장하는 '완전 연관 매핑', 직접 매핑과 완전 연관 매핑을 혼합한 '세트 연관 매핑' 등을 활용하기도 한다.

STEP I

어휘 활용

1 다음 밑줄 친 부분이 윗글의 ⓐ와 같은 의미로 사용된 것을 고르시오.

① 곧 너에게 중요한 임무가 떨어질 것이다.
② 사곳값이 작년에 비해 많이 떨어졌다고 한다.
③ 옷에서 떨어진 단추를 찾아보았지만 헛수고였다.
④ 지하철역은 우리 집에서 300미터쯤 떨어져 있다.
⑤ 굵은 빗방울이 머리에 한두 방울씩 떨어지기 시작했다.

STEP II

서술형 **중심 화제**

1 윗글의 중심 내용을 쓰시오.

(   )

2 다음은 윗글의 각 문단의 중심 내용을 정리한 것이다. 빈칸에 들어갈 알맞은 말을 쓰시오.

1문단	컴퓨터에서 데이터 처리 속도를 향상시킬 수 있도록 하는 과정을 ( )이라고 한다.
2문단	캐싱이 효율적으로 이루어지기 위해서 고려되는 것이 참조의 지역성이다.
3~4문단	캐싱을 위해서 주기억 장치의 여러 블록이 캐시 기억 장치의 하나의 ( )을 공유하여 사용해야 한다.
5문단	캐싱이 이루어질 때 주기억 장치의 데이터 주소가 사용된다.
6문단	( )은 주기억 장치의 데이터를 블록 단위로 캐시 기억 장치의 지정된 라인에 저장하는 방식이다.
7문단	직접 매핑은 시스템의 효율성이 떨어지는 단점이 있어, 이를 보완하는 다른 매핑을 활용하기도 한다.

서술형 내용 구조

3 다음은 직접 매핑에 대한 내용을 정리한 것이다. 빈칸에 들어갈 알맞은 내용을 쓰시오.

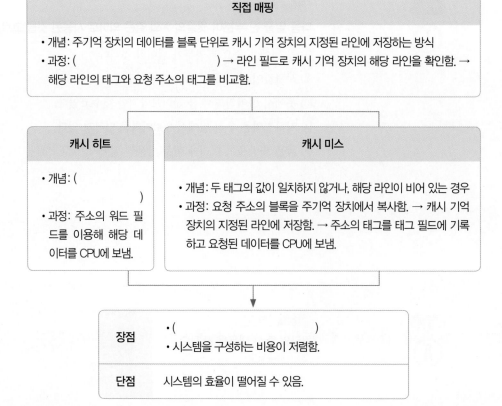

직접 매핑

• 개념: 주기억 장치의 데이터를 블록 단위로 캐시 기억 장치의 지정된 라인에 저장하는 방식
• 과정: ( ) → 라인 필드로 캐시 기억 장치의 해당 라인을 확인함. → 해당 라인의 태그와 요청 주소의 태그를 비교함.

캐시 히트

• 개념: ( )
• 과정: 주소의 워드 필드를 이용해 해당 데이터를 CPU에 보냄.

캐시 미스

• 개념: 두 태그의 값이 일치하지 않거나, 해당 라인이 비어 있는 경우
• 과정: 요청 주소의 블록을 주기억 장치에서 복사함. → 캐시 기억 장치의 지정된 라인에 저장함. → 주소의 태그를 태그 필드에 기록하고 요청된 데이터를 CPU에 보냄.

장점	• ( ) • 시스템을 구성하는 비용이 저렴함.
단점	시스템의 효율이 떨어질 수 있음.

STEP
III

1 수능형 구체적 상황에 적용

[A]를 참고할 때 〈보기〉의 ㉮~㉰에 들어갈 말을 바르게 짝지은 것은?

보기

주기억 장치의 데이터 용량이 64개의 워드이고, 하나의 블록이 4개의 워드로 이루어져 있다면, 주기억 장치는 총 16개의 (㉮)(으)로 구성되며, 각 워드는 (㉯)의 주소로 지정된다. 또한 캐시 기억 장치의 데이터 용량이 16개의 워드라면 캐시 기억 장치의 라인은 (㉰)가 만들어진다.

	㉮	㉯	㉰		㉮	㉯	㉰
①	블록	6비트	4개	②	블록	8비트	6개
③	워드	8비트	4개	④	라인	6비트	4개
⑤	라인	8비트	6개				

2 수능형 정보 간의 의미 파악

㉠과 〈보기〉의 ㉡을 비교한 내용으로 가장 적절한 것은?

보기

㉡완전 연관 매핑은 캐시 기억 장치에 블록을 저장할 때 라인을 지정하지 않고 임의로 저장하는 방식이다. 이 방식은 필요한 데이터 위주로 저장할 수 있기 때문에 매핑 방식 중에 캐시 히트의 확률이 가장 높다. 그러나 히트 여부 확인이 모든 라인에 걸쳐 이루어져야 하므로 검색 시간이 가장 오래 걸린다. 그리고 회로의 구조가 복잡해서 시스템을 구성하는 비용이 높다. 주기억 장치의 블록이 캐시 기억 장치의 정해진 라인에 저장되는 것이 아니기 때문에 주기억 장치의 주소는 태그 필드, 워드 필드로 이루어진다. 대신 블록이 교체될 때 어떤 블록을 삭제할지를 결정하는 블록 교체 알고리즘이 별도로 필요하다.

① ㉠과 달리 ㉡은 주기억 장치의 주소에 태그 필드가 있다.
② ㉠과 달리 ㉡은 캐시 히트 여부를 확인하는 시간이 빠르다.
③ ㉡과 달리 ㉠은 블록 교체 알고리즘이 필요하다.
④ ㉡과 달리 ㉠은 라인을 지정하여 블록을 저장한다.
⑤ ㉠과 ㉡은 모두 회로의 구조가 복잡하다.

📖 지문으로 이해하는 독해 지식 **예시**

어떤 의견을 말하거나 주장을 펼 때 그것을 뒷받침해 줄 수 있는 여러 가지 사례들을 들어 설명하는 방법을 예시라고 한다. 사례를 들면 말하거나 주장하는 내용을 좀 더 구체적으로 전달할 수 있고 신빙성이 높아지며, 읽는 이가 흥미를 느낄 수도 있다. 이 글에서는 캐시 기억 장치에 라인이 만들어지는 내용을 예시로 제시하고 있다.

┌───┐

『예를 들어 어떤 컴퓨터의 주기억 장치의 데이터 용량을 워드 2^n개, 캐시 기억 장치의 데이터 용량을 워드 M개라고 가정해 보자. 이때 주기억 장치의 블록 한 개가 K개의 워드로 이루어져 있다고 하면 이 주기억 장치의 총 블록 개수는 $2^n/K$개가 되며 각 워드는 n비트의 주소로 지정된다. 그리고 캐시 기억 장치의 각 라인은 K개의 워드로 채워지므로 캐시 기억 장치에는 총 M/K개의 라인이 만들어진다.』 『 』: 캐시 기억 장치에 라인이 만들어지는 예시

└───┘

상변화 물질과 열 수송

[2019학년도 11월 고1 학력평가]

필독 TIP

어휘 ★★★

문장 ★★★★

배경지식 ★★★

이 글은 지역난방에서 상변화 물질을 활용한 열 수송에 대해 설명하고 있다. 열 수송 과정에서 일어나는 상변화 물질의 변화와 이에 따른 열 변화 형태를 이해하며 읽도록 한다.

지역난방은 열 병합 발전소*에서 전기 생산을 위해 사용된 열을 회수하여 인근 지역의 난방에 활용하는 것이다. 지역난방에서는 회수된 열로 데워진 물을 배관*을 통해 인근 지역으로 공급함으로써 열을 수송하는 방식을 주로 사용하는데, 근래에는 열 수송의 효율성을 높이기 위해 상변화 물질을 활용하는 방식을 개발하고 있다.

열 수송에 사용되는 상변화 물질이란, 상변화를 할 때 수반되는 ⓐ잠열을 효율적으로 사용하기 위해 활용되는 물질을 말한다. 상변화란, 물질의 상태를 고체, 액체, 기체로 분류할 때, 주변의 온도나 압력 변화에 의해 어떤 물질이 이전과 다른 상태로 변하는 것을 의미하는데, 얼음이 물이 되거나 물이 수증기가 되는 것 등이 이에 해당한다. 이러한 변화에는 열이 수반되는데, 이를 '잠열'이라고 한다. 예를 들어 비커에 일정량의 얼음을 넣고 가열하면 얼음의 온도가 올라가게 되고, 0℃에 도달하면 얼음이 물로 변하기 시작하여 비커 속에는 얼음과 물이 공존하게 된다. 그런데 비커 속 얼음이 모두 물로 변할 때까지는 온도가 올라가지 않고 계속 0℃를 유지하는데, 이는 비커에 가해진 열이 물질의 온도 변화가 아닌 상변화에 사용되었기 때문이다. 이렇게 상변화에 사용된 열이 잠열인데, 이는 물질의 온도 변화로 나타나지 않는 숨어 있는 열이라는 뜻이다. 잠열은 물질마다 그 크기가 다르며, 일반적으로 물질이 고체에서 액체가 되거나 액체에서 기체가 될 때, 또는 고체에서 바로 기체가 될 때에는 잠열을 흡수하고 그 반대의 경우에는 잠열을 방출한다. 한편 비커를 계속 가열하여 얼음이 모두 녹아 물이 된 후에는 다시 온도가 올라가기 시작한다. 이렇게 얼음의 온도가 올라가거나 물의 온도가 올라가는 것처럼 온도 변화로 나타나는 열을 '현열'이라고 한다.

그렇다면 상변화 물질의 특성을 이용하여 열 수송을 하면 어떤 장점이 있는 것일까? 상변화 물질을 활용하여 열 병합 발전소에서 인근 지역 공동 주택으로 열을 수송하는 과정을 통해 이를 살펴보자. 열 병합 발전소에서는 발전에 사용된 수증기를 열 교환기*로 ㉠보낸다. 열 교환기로 이동한 수증기는 열 수송에 사용되는 물에 열을 전달하여 물을 데운다. 이 물속에는 고체 상태의 상변화 물질이 담겨 있는 마이크로 단위의 캡슐이 섞여 있다. 이 상변화 물질의 녹는점은 물의 어는점과 끓는점 사이에 있기 때문에, 물이 데워져 물의 온도가 상변화 물질의 녹는점 이상이 되면 상변화 물질은 액체로 상변화하게 된다. 액체가 된 상변화 물질이 섞인 물은 열 교환기에서 나와 온수 공급관을 통해 인근 지역 공동 주택 기계실의 열 교환기로 이동한다. 이 과정에서 상변화 물질이 고체로 상변화되지 않아야 하므로 이동하는 물의 온도는 상변화 물질의 녹는점 이상으로 유지되어야 한다.

공동 주택 기계실의 열 교환기로 이동한 물과 캡슐 속 상변화 물질은 공동 주택의 찬물에 열을 전달하면서 온도가 내려간다. 이렇게 공동 주택의 찬물을 데우는 과정에서 상변화 물질의 온도가 상변화 물질의 녹는점 이하로 내려가면 캡슐 속 상변화 물질은 액체에서 고체로 상변화하면서 잠열을 방출하게 되는데, 이 역시 찬물을 데우는 데 사용된다. 즉 온수 공급관을 통해 이동해 온 물의 현열과 캡슐 속 상변화 물질의 현열, 그리고 상변화 물질의 잠열이 공동 주택의 찬물을 데우는 데 모두 사용되는 것이다. 이렇게 데워진 공동 주택의 물은 각 세대의 난방기*로 공급되어 세대 난방을 하게 되고, 상변화 물질 캡슐이 든 물은 온수 회수관을 통해 다시

＊ 열 병합 발전소: 전력 생산과 지역난방 등의 열 공급 설비를 모두 갖춘 발전소.

＊ 배관: 기체나 액체 따위를 다른 곳으로 보내기 위하여 관을 이어 배치함. 또는 그 관.

＊ 열 교환기: 금속판 따위의 전열벽을 통하여 높은 온도의 기체나 액체로부터 낮은 온도의 기체나 액체에 열을 전하는 장치.

＊ 난방기: 실내의 온도를 높여 따뜻하게 하는 장치.

발전소로 회수되어 재사용된다.

　이와 같이 상변화 물질을 활용한 열 수송 방식을 사용하면 현열만 사용하던 기존의 열 수송 방식과 달리 현열과 잠열을 모두 사용할 수 있으므로 온수 공급관을 통해 보내는 물의 온도를 (　ⓛ　) 낮출 수 있어 열 수송의 효율성이 개선된다. 이때 상변화 물질 캡슐의 양을 늘릴수록 열 수송에 활용할 수 있는 잠열의 양은 증가하겠지만 캡슐의 양이 일정 수준 이상으로 늘어나면 물이 원활하게 이동할 수 없으므로 캡슐의 양을 증가시키는 데에는 한계가 있다.

STEP
Ⓘ

어휘 활용

1 다음 문장의 빈칸에 들어갈 알맞은 단어를 〈보기〉에서 찾아 쓰시오.

> ── 보기 ──
> • 회수: 도로 거두어들임.
> • 수송: 사람이나 물건을 실어 옮김.
> • 흡수: 안으로 모아들임.
> • 방출: 밖으로 내보냄.

(1) 이 등산복은 땀은 (　　　　)하되 외부의 물기는 완벽하게 막는 효과가 있다.

(2) 피서 철이 되자 각 항공사는 특별기를 동원해 많은 관광객을 피서지로 (　　　　)하기로 했다.

(3) 잣나무 수림은 강력한 피톤치드를 (　　　　)하여 아래에 있는 식물이 오래 견디지 못하고 소멸한다.

(4) 선생님은 학생들에게 돌린 설문지를 (　　　　)하여 검토하고, 그 결과를 다음 학기의 수업에 반영할 계획이다.

어휘 의미

2 윗글의 ㉠의 사전적 의미로 알맞은 것을 고르시오.

① 사람을 일정한 곳에 소속되게 하다.

② 일정한 임무나 목적으로 가게 하다.

③ 운동 경기나 모임 따위에 참가하게 하다.

④ 사람이나 물건 따위를 다른 곳으로 가게 하다.

⑤ 상대편에게 자신의 마음가짐을 느끼어 알도록 표현하다.

어휘 의미

3 다음은 윗글의 ⓛ에 들어갈 단어의 사전적 의미이다. ⓛ에 알맞은 단어를 고르시오.

> ⓛ: 뚜렷이 드러날 정도로.

① 곰곰이　　　② 낱낱이　　　③ 다행히　　　④ 상세히　　　⑤ 현저히

STEP II

서술형 중심 화제

1 윗글의 중심 내용을 쓰시오.

( )

문단 정리

2 다음은 윗글의 각 문단의 중심 내용을 정리한 것이다. 빈칸에 들어갈 알맞은 말을 쓰시오.

1문단	지역난방에서 열 수송의 효율성을 높이기 위해 ( )을 활용하고 있다.
2문단	상변화에는 물질의 온도 변화로 나타나지 않는 잠열이 사용되고, 온도 변화로 나타나는 열은 현열이라고 한다.
3문단	열 병합 발전소의 열 교환기에서 상변화 물질은 ( )에서 ( )로 변한다.
4문단	공동 주택 기계실의 열 교환기에서 공동 주택의 찬물을 데우는 과정에서 상변화 물질은 액체에서 고체로 변한다.
5문단	상변화 물질은 열 수송의 ( )을 높이는 역할을 하지만, 상변화 물질 캡슐의 양을 증가시키는 데는 한계가 있다.

내용 구조

3 다음은 상변화 물질을 활용하여 열을 수송하는 과정을 정리한 것이다. 빈칸에 들어갈 알맞은 말을 쓰시오.

STEP
III

수능형 핵심 정보의 파악

1 ⓐ에 대한 설명으로 적절하지 않은 것은?

① 물질마다 크기가 각기 다르다.

② 물질의 온도 변화로 나타나지 않는다.

③ 숨어 있는 열이라는 뜻을 지니고 있다.

④ 물질의 상변화가 일어날 때 흡수되거나 방출된다.

⑤ 상변화하고 있는 물질의 현열을 증가시키는 역할을 한다.

수능형 자료 해석의 적절성 평가

2 〈보기〉는 상변화 물질을 활용한 열 수송 과정을 도식화한 것이다. 윗글을 바탕으로 〈보기〉에 대해 이해한 내용으로 적절하지 않은 것은?

① ㉮에서 캡슐 속 상변화 물질의 온도는 상변화 물질의 녹는점 이상으로 올라가겠군.

② ㉯에서는 물에 있는 캡슐 속 상변화 물질의 상변화가 일어나지 않겠군.

③ ㉯와 ㉫를 통해 이동하는 물에 있는 상변화 물질의 상태는 서로 같겠군.

④ ㉭에서 공동 주택의 찬물은 현열과 잠열에 의해 데워져 ㉠에 공급되겠군.

⑤ ㉫를 통해 회수된 물에 있는 상변화 물질은 ㉮에서 다시 상변화 과정을 거쳐 재사용되겠군.

◎ 지문으로 분석하는 시각 자료 **상변화 물질**

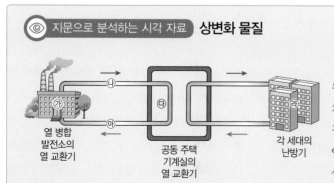

상변화 물질은 ㉮에서는 고체 상태로 있다가 물이 데워지면 액체로 바뀌면서 잠열을 흡수하고, ㉯에서는 고체로 바뀌지 않아야 하기 때문에 물의 온도는 상변화 물질의 녹는점 이상으로 유지되어야 한다. ㉭에서는 액체에서 고체로 바뀌면서 잠열을 방출하고, ㉫에서는 고체 상태로 회수된다. 이를 바탕으로 상변화 물질의 상태를 이해하고, 제시된 자료를 해석하여 선지 정보의 적절성을 판단한다.

전기 레인지의 종류와 가열 방식

[2019학년도 9월 고1 학력평가]

필독 TIP

어휘 ★★★
문장 ★★
배경지식 ★★★

이 글은 전기 레인지의 일종
인 하이라이트 레인지와 인
덕션 레인지의 가열 방식에
대해 설명하고 있다. 각 레
인지에서 활용하는 가열 방
식의 차이점을 중심으로 읽
도록 한다.

전기 레인지는 용기를 ㉠가열하는 방식에 따라 하이라이트 레인지와 인덕션 레인지로 나눌 수 있다. 하이라이트 레인지는 상판 자체를 가열해서 열을 발생시키는 직접 가열 방식이고, 인덕션 레인지는 상판을 가열하지 않고 전자기 유도* 현상을 통해 용기에 자체적으로 열을 발생시키는 유도 가열 방식이다.

하이라이트 레인지는 주로 니크롬으로 만들어진 열선을 원형으로 배치하고 열선의 열을 통해 그 위의 세라믹글라스* 판을 직접 가열한다. 이렇게 발생한 열이 용기에 전달되어 음식을 ㉡조리할 수 있게 된다. 하이라이트 레인지는 비교적 다양한 소재의 용기를 쓸 수 있지만 에너지 효율이 낮아 조리 속도가 느리고 상판의 잔열로 인한 화상의 ⓐ우려가 있다.

인덕션 레인지는 표면이 세라믹글라스 판으로 되어 있고 그 밑에 나선형 코일이 설치되어 있다. 전원이 켜지면 코일에 2만 Hz 이상의 고주파 교류 전류가 흐르면서 그 주변으로 1초에 2만 번 이상 방향이 바뀌는 교류 자기장이 발생하게 되고, 그 위에 도체인 냄비를 놓으면 교류 자기장에 의해 냄비 바닥에는 수많은 폐회로*가 생겨나며 그 회로 속에 소용돌이 형태의 유도 전류인 맴돌이 전류가 발생한다. 이때 흐르는 맴돌이 전류가 냄비 소재의 저항에 부딪혀 줄열 효과*가 나타나게 되고 이에 의해 냄비에 열이 발생하게 되는데, 이때 맴돌이 전류의 세기는 나선형 코일에 흐르는 전류의 세기에 ㉢비례한다.

인덕션 레인지의 가열 원리는 강자성체*의 자기 이력 현상과도 관련이 있다. 일반적으로 물체는 자기장의 영향을 받으면 자석의 성질을 갖게 되는데 이것을 자화라고 하며, 자화된 물체를 자성체라고 한다. 자성체의 자화 세기는 물체에 가해 준 자기장의 세기에 비례하여 커지다가 일정값 이상으로는 더 이상 커지지 않는데, 이를 자기 포화 상태라고 한다. 이때 물체에 가해 준 자기장의 세기를 줄이면 자화의 세기도 줄어들기 시작하며, 외부의 자기장이 사라지면 자석의 성질도 사라진다. 그런데 강자성체의 경우에는 외부 자기장의 세기가 줄어들어도 자화의 세기가 상대적으로 천천히 줄어들게 되고 외부 자기장이 사라져도 어느 정도 자화된 상태를 유지하게 되는데, 이를 자기 이력 현상이라고 하며 자성체에 남아 있는 자화의 세기를 잔류 자기라고 한다. 그리고 처음에 가해 준 외부 자기장의 역방향으로 일정 세기의 자기장을 가해 주면 자화의 세기가 0이 되고, 자기장을 더 세게 가해 주면 반대쪽으로 커져 자기 포화 상태가 된다. 이러한 과정을 반복하면 자기장의 세기에 따른 자화의 세기는 일정한 곡선을 그리게 되는데 이를 자기 이력 곡선이라고 한다. 이 과정에서 자기 에너지*는 열에너지로 ㉣전환되어 자성체의 온도를 높이는데, 이때 발생하는 열에너지는 자기 이력 곡선의 내부 면적과 비례한다. 만약 인덕션에 사용하는 냄비의 소재가 강자성체인 경우, 자기 이력 현상으로 인해 냄비에 추가로 열이 발생하게 된다.

이러한 가열 방식 때문에 인덕션 레인지는 음식 조리에 필요한 열을 낼 수 있도록 소재의 저항이 크면서 강자성체인 용기를 사용해야 한다는 제약이 있다. 또한 고주파 전류를 사용하기 때문에 조리 시 전자파에 대한 우려도 있다. 하지만 직접 가열 방식보다 에너지 효율이 높아 순식간에 용기가 가열되기 때문에 상대적으로 빠르게 음식을 조리할 수 있다. 그리고 무엇보다 상판이 직접 가열되지 않기 때문에 발화에 의한 화재의 가능성이 매우 낮고, 뜨거운 상판에 의한 화상 등의 피해로부터 비교적 안전하다는 장점이 있다.

＊ **전자기 유도**: 폐쇄된 회로
를 관통하는 자기력선속(磁
氣力線束)이 시간의 흐름에
따라 변화하면, 자기력선속
의 변화를 방해하는 방향으
로 그 변화율에 비례한 기전
력이 생기는 일.

＊ **세라믹글라스**: 고온에서
구워 만든 유리.

＊ **폐회로**: 전류가 흐를 수 있
도록 구성된 회로.

＊ **줄열 효과**: 도체에 전류를
흐르게 했을 때 도체의 저항
때문에 열에너지가 증가하는
현상.

＊ **강자성체**: 자기장을 없애
도 자기화가 그대로 남아 있
는 성질을 가지는 물질.

＊ **자기 에너지**: 자성체가 자
기화하거나 전류가 자기장을
만들 때에 생기는 에너지.

STEP
Ⅰ

어휘 의미

1 윗글의 ㉠~㉣의 사전적 의미를 〈보기〉에서 찾아 쓰시오.

보기

① 요리를 만듦.
② 어떤 물질에 열을 가함.
③ 다른 방향이나 상태로 바뀌거나 바꿈.
④ 한쪽의 양이나 수가 증가하는 만큼 그와 관련 있는 다른 쪽의 양이나 수도 증가함.

㉠: (   ) ㉡: (   ) ㉢: (   ) ㉣: (   )

어휘 활용

2 윗글의 ⓐ를 바꿔 쓰기에 적절한 것을 고르시오.

① 규범과 규칙   ② 근심과 걱정
③ 발견과 발명   ④ 실수와 잘못
⑤ 원인과 결과

STEP
Ⅱ

서술형 중심 화제

1 윗글의 중심 내용을 쓰시오.

(   )

문단 정리

2 다음은 윗글의 각 문단의 중심 내용을 정리한 것이다. 빈칸에 들어갈 알맞은 말을 쓰시오.

1문단	전기 레인지는 ( )에 따라 하이라이트 레인지와 인덕션 레인지로 나눌 수 있다.
2문단	하이라이트 레인지는 상판인 세라믹글라스 판을 직접 가열해 열을 낸다.
3~4문단	인덕션 레인지는 ( ) 효과, 자기 이력 현상 등을 이용해 음식 조리에 필요한 열을 낼 수 있다.
5문단	인덕션 레인지는 전용 용기 사용이나 ( ) 우려 등의 단점이 있지만, 빠른 조리 시간과 화재 및 화상의 가능성이 낮다는 장점이 있다.

3 다음은 하이라이트 레인지와 인덕션 레인지에 대한 내용을 비교한 것이다. 빈칸에 들어갈 알맞은 내용을 쓰시오.

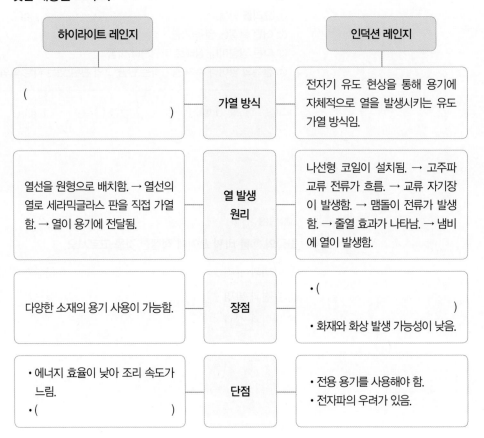

하이라이트 레인지		인덕션 레인지
( )	가열 방식	전자기 유도 현상을 통해 용기에 자체적으로 열을 발생시키는 유도 가열 방식임.
열선을 원형으로 배치함. → 열선의 열로 세라믹글라스 판을 직접 가열함. → 열이 용기에 전달됨.	열 발생 원리	나선형 코일이 설치됨. → 고주파 교류 전류가 흐름. → 교류 자기장이 발생함. → 맴돌이 전류가 발생함. → 줄열 효과가 나타남. → 냄비에 열이 발생함.
다양한 소재의 용기 사용이 가능함.	장점	• ( ) • 화재와 화상 발생 가능성이 낮음.
• 에너지 효율이 낮아 조리 속도가 느림. • ( )	단점	• 전용 용기를 사용해야 함. • 전자파의 우려가 있음.

STEP III

1 윗글을 바탕으로 〈보기〉의 '전기 레인지'를 이해한 내용으로 적절하지 않은 것은?

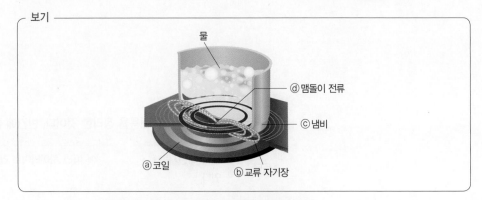

보기

(ⓓ 맴돌이 전류 / ⓒ 냄비 / ⓑ 교류 자기장 / ⓐ 코일 / 물)

① ⓐ에 고주파 교류 전류가 흐르면 ⓑ가 만들어지는군.

② ⓑ의 영향을 받으면 ⓒ의 바닥에 ⓓ가 발생하는군.

③ ⓒ 소재의 저항이 커지면 ⓑ의 세기도 커지겠군.

④ ⓓ의 세기는 ⓐ에 흐르는 전류의 세기에 비례하겠군.

⑤ ⓓ가 흐르면 ⓒ 소재의 저항에 의해 열이 발생하는군.

자료 해석의 적절성 평가

2 윗글을 바탕으로 〈보기〉를 이해한 내용으로 적절하지 <u>않은</u> 것은?

보기

아래 그림은 두 물체 A, B의 자기장의 세기에 따른 자화 세기의 변화를 나타낸 자기 이력 곡선이다.

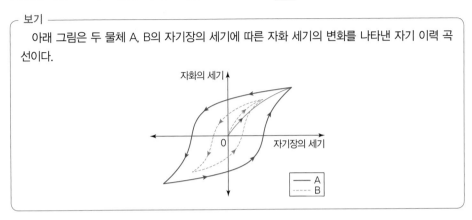

① 외부 자기장이 사라져도 자석의 성질을 지닌다는 점에서 A와 B는 모두 인덕션 레인지 용기의 소재로 적합하겠군.

② A 소재의 용기 외부에 가해지는 자기장의 세기가 커질수록 발생하는 열에너지의 크기는 계속 증가하겠군.

③ 인덕션 레인지의 전원을 차단했을 때 A 소재의 용기가 B 소재의 용기보다 잔류 자기의 세기가 더 크겠군.

④ 용기의 잔류 자기를 제거하기 위해서는 B 소재의 용기보다 A 소재의 용기에 더 큰 세기의 자기장을 가해 주어야겠군.

⑤ B 소재의 용기는 A 소재의 용기보다 자기장의 변화에 따라 발생하는 열에너지가 적겠군.

◎ 지문으로 분석하는 시각 자료 **자기장의 세기와 자화의 세기**

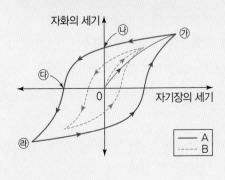

제시된 그래프는 강자성체의 자기 이력 곡선을 나타낸 것이다. ㉮는 자화 세기가 자기장의 세기에 비례하여 커지다가 일정값 이상으로 커지지 않는 '자기 포화 상태'이다. ㉯는 외부 자기장이 사라져도 자화의 세기가 어느 정도 남아 있는 '잔류 자기'이다. ㉰는 처음 가한 외부 자기장의 역방향으로 일정 세기의 자기장을 가하면 자화의 세기가 0이 되는 부분이다. ㉱는 처음 가한 외부 자기장의 역방향으로 더 강하게 자기장을 가하면 반대쪽으로 커져 '자기 포화 상태'가 된 것이다. 이를 바탕으로 강자성체의 성질을 이해하고, 제시된 자료를 해석하여 선지 정보의 적절성을 판단한다.

열차 안전장치의 종류와 작동 원리

[2018학년도 9월 고1 학력평가]

열차 운행의 중요한 과제는 열차를 신속하게 운행하면서도 열차끼리의 충돌 사고를 방지하는 것이다. 열차를 운행할 때는 일반적으로 역과 역 사이에 일정한 간격으로 구간을 설정하고 하나의 구간에는 한 대의 열차만 운행하도록 하는데, 이러한 구간을 '폐색 구간'이라고 한다. 폐색 구간을 안전하게 관리하면서도 열차 운행의 속도를 높이는 데 도움을 주기 위해서 열차나 선로*에는 다양한 안전장치들이 설치되어 있다.

'자동 폐색 장치(ABS)'는 폐색 구간의 시작과 끝에 신호를 설치하고 궤도 회로*를 이용하여 열차의 위치에 따라 신호를 자동으로 제어*하는 장치이다. 폐색 구간에 열차가 있을 때에는 정지 신호인 적색등이 켜지고, 열차가 폐색 구간을 지나간 후에는 다음 기차가 진입해도 좋다는 녹색등이 표시된다. 이를 바탕으로 뒤따라오는 열차의 기관사는 앞 구간의 열차 유무를 확인하여 열차의 운행 속도를 제어하고 앞 열차와의 안전거리를 유지하며 열차 사고를 방지한다.

그런데 악천후*나 응급 상황으로 기관사가 신호기에 표시된 정지 신호를 잘못 인식하거나 확인하지 못해 충돌 사고가 발생하는 경우가 있다. 이러한 충돌 사고를 방지하기 위한 장치를 설치하는데, 이를 '자동 열차 정지 장치(ATS)'라고 한다. ATS는 선로 위의 지상 장치와 열차 안의 차상 장치로 구성되는데, 열차가 지상 장치를 통과할 때 지상 장치에서 차상 장치로 신호기 점등 정보를 보낸다. 이때 차상 장치에 '정지'를 의미하는 적색등이 켜지면 벨이 울려 기관사에게 알려 준다. 그러면 기관사는 이를 확인하고 제동 장치*를 작동하여 열차를 감속하거나 정지시키는 등 열차 전반의 운행을 제어하고 앞 열차와의 안전거리를 유지해야 한다. 그런데 벨이 5초 이상 계속 울리고 있는데도 열차 속도가 줄어들지 않으면 ATS는 이를 위기 상황으로 판단하고 제동 장치에 비상 제동을 명령하여 자동으로 열차를 멈춰 서게 한다. 이렇게 ATS는 위기 상황으로 인한 충돌 사고를 예방해 준다. 하지만 ⓐ평상시 기관사의 운전 부담을 줄여 주는 데는 한계가 있다.

[A]
'자동 열차 제어 장치(ATC)'는 신호에 따라 여러 단계로 나누어진 열차 제한 속도 정보를 지상 장치에서 차상 장치로 전송한다. 그리고 전송된 제한 속도를 넘지 않도록 열차의 속도를 자동으로 감시하고 제어함으로써 선행 열차와의 충돌을 막아 주고 좀 더 효율적인 열차 운행이 가능하게 해 준다. ATC는 송수신 장치, 열차 검지 장치, 속도 신호 생성 장치, 속도 검출기, 처리 장치, 제동 장치 등으로 구성되어 있다.

여러 개의 궤도 회로로 나뉜 선로 위를 A열차와 B열차가 달리고 있다고 가정해 보자. A, B열차가 서로 다른 궤도 회로에 각각 진입하면 지상의 송수신 장치에서 열차 검지 장치로 신호를 보내고 열차 검지 장치는 이 신호를 바탕으로 선로 위에 있는 A, B열차의 위치를 파악한다. 속도 신호 생성 장치는 앞서가는 A열차의 위치와 뒤따라오는 B열차의 위치를 바탕으로 B열차가 주행해야 할 적절한 속도를 연산하여 B열차의 제한 속도를 결정한다. 이 속도는 B열차가 위치하고 있는 궤도 회로에 전송되고 지상의 송수신 장치를 통해 B열차에 일정 시간 간격으로 계속 전달된다.

그러면 B열차의 운전석 계기판*에는 수신된 제한 속도와 속도 검출기를 통해 얻은 B열차의 현재 속도가 동시에 표시되어 기관사가 제한 속도를 확인하며 운전할 수 있도록 한다. 이때 열차의 현재 속도가 제한 속도를 초과하면 처리 장치에서 자동으로 신호를 보내고 신호를 받은 제동 장치가 작동되며 열차의 속도를 줄여 준다. 속도가 줄어 제한 속도 이하가 되면 제동이 풀리고 기관사는 속도를 높이게 된다. ATC는 열차가 제한 속도를 넘지 않도록 자동으로 속도를 조절하기 때문에 ㉠과속으로 인한 사고를 예방해 주지만, 제한 속도 안에서는 기관사가 직접 속도를 ㉡감속하고 ㉢가속해야 한다는 점에서 기관사의 부담은 여전히 남아 있다.

많은 사람들이 이용하는 열차의 특성상 열차 충돌 사고가 발생하면 큰 인명* 피해로 이어진다. 그래서 현재까지도 열차 사이의 안전거리를 확보하면서도 운행 간격을 최대한 ㉣단축하고 열차의 운행 속도를 높이는 기술에 대한 연구가 지속적으로 이루어지고 있다.

* **인명**: 사람의 목숨.

STEP I

1 어휘 활용

다음에 제시된 초성자와 사전적 의미를 참고하여 빈칸에 들어갈 알맞은 단어를 쓰시오.

(1) ㅊㄷ : 서로 맞부딪치거나 맞섬.

　　예 그는 앞차와의 (　　　　　)로 부상을 입었다.

(2) ㅈㅈ : 움직이고 있던 것이 멎거나 그침. 또는 중도에서 멎거나 그치게 함.

　　예 눈이 많이 쌓이자 버스 기사는 더 갈 수 없다며 운행 (　　　　　)를 선언했다.

(3) ㅈㄷ : 기계나 자동차 따위의 운동을 멈추게 함.

　　예 뒤차의 갑작스러운 (　　　　　) 소리에 놀라 뒤를 돌아보았다.

2 서술형 어휘 의미

다음은 윗글의 ㉠~㉢의 한자의 뜻이다. 이를 참고하여 각 단어의 의미를 쓰시오.

(1) ㉠ 과속(過速): 過(과: 지나다), 速(속: 빠르다) → 달리는 속도를 (　　　　　　　　)

(2) ㉡ 감속(減速): 減(감: 덜다), 速(속: 빠르다) → (　　　　　　　　)

(3) ㉢ 가속(加速): 加(가: 더하다), 速(속: 빠르다) → 점점 (　　　　　　　　)

3 어휘 활용

윗글의 ㉣을 바꿔 쓰기에 적절한 것을 고르시오.

① 짧게 줄이고

② 주의를 기울이고

③ 차림이 간편하고

④ 흔들림 없이 강하고

⑤ 규모를 줄여서 작게 하고

STEP
II

서술형 중심 화제

1 윗글의 중심 내용을 쓰시오.

( )

문단 정리

2 다음은 윗글의 각 문단의 중심 내용을 정리한 것이다. 빈칸에 들어갈 알맞은 말을 쓰시오.

1문단	열차 운행의 중요한 과제는 열차를 신속하게 운행하면서도 ( ) 사고를 방지하는 것이다.
2문단	ABS는 열차의 위치에 따라 신호를 자동으로 제어하는 장치이다.
3문단	ATS는 ( )나 응급 상황으로 일어날 수 있는 충돌 사고를 방지하기 위한 장치이다.
4문단	ATC는 송수신 장치, 열차 검지 장치, 속도 신호 생성 장치, 속도 검출기, 처리 장치, 제동 장치 등으로 구성되어 있다.
5~6문단	ATC는 여러 가지 장치의 연속적인 작동으로 과속으로 인한 사고를 예방해 준다.
7문단	열차 사이의 안전거리를 확보하고 운행 ( )를 높이는 기술에 대한 연구는 지속적으로 이루어지고 있다.

내용 구조

3 다음은 열차의 안전장치 세 가지에 대한 내용을 정리한 것이다. 빈칸에 들어갈 알맞은 말을 쓰시오.

	ABS	ATS	ATC
개념	( )의 시작과 끝에 신호를 설치하고 궤도 회로를 이용하여 열차의 위치에 따라 신호를 자동으로 제어하는 장치	악천후나 응급 상황으로 생길 수 있는 충돌 사고를 방지하기 위한 장치	신호에 따라 여러 단계로 나누어진 열차 제한 속도 정보를 바탕으로 열차의 속도를 자동으로 감시하고 제어하는 장치
작동 원리	신호 표시 → 기관사가 앞 구간의 열차 유무 확인 → 열차 속도 제어 및 앞 열차와의 안전거리 유지	지상 장치에서 차상 장치로 신호기 점등 정보 전송 → 기관사 제어 → 위기 상황일 때 ( )	송수신 장치 → 열차 검지 장치 → 속도 신호 생성 장치 → 속도 검출기 → 처리 장치 → 제동 장치를 통해 감속
한계	악천후나 응급 상황 시 기관사가 신호를 잘못 인식하거나 확인하지 못해 충돌하는 경우가 발생함.	평상시 기관사의 부담을 줄이는 데 한계가 있음.	제한 속도 안에서는 ( )가 직접 속도를 조절하는 부담이 남아 있음.

STEP
III

수능형 세부 정보의 추론

1 윗글을 바탕으로 ⓐ의 이유를 추론한 것으로 가장 적절한 것은?

① 정지 신호가 수신될 때 벨이 울리기 때문에

② 열차의 운전석 안에도 신호 정보가 표시되기 때문에

③ 기관사가 신호기 정보를 직접 조작해야 하기 때문에

④ 비상시에 열차의 충돌을 자동으로 방지할 수 있기 때문에

⑤ 기관사가 열차의 운행 속도를 직접 조절해야 하기 때문에

수능형 자료 해석의 적절성 평가

2 [A]를 바탕으로 〈보기〉의 ㉮~㉺를 이해한 내용으로 적절하지 않은 것은?

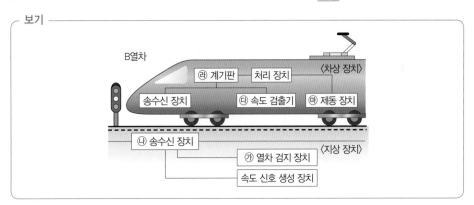

보기

① ㉮는 선로 위에 있는 B열차의 위치를 파악한다.

② ㉯를 통해 B열차의 운행 제한 속도가 차상 장치에 주기적으로 전달된다.

③ ㉰는 B열차가 주행해야 할 속도를 연산하여 제한 속도를 결정한다.

④ ㉱를 통해 B열차의 기관사는 운행 제한 속도와 현재 속도를 확인할 수 있다.

⑤ ㉲는 B열차가 제한 속도를 초과할 경우 처리 장치에서 신호를 받아 열차의 속도를 줄여 준다.

◎ 지문으로 분석하는 시각 자료 **열차의 안전장치**

제시된 시각 자료는 자동 열차 제어 장치(ATC)를 구성하는 요소를 나타낸 것이다. ㉮는 열차 검지 장치, ㉯는 송수신 장치, ㉰는 속도 검출기, ㉱는 계기판, ㉲는 제동 장치이다. ㉮는 ㉯에서 준 신호를 바탕으로 선로 위에 있는 A, B열차의 위치를 파악한다. ㉱에는 수신된 제한 속도와 ㉰를 통해 얻은 B열차의 현재 속도가 동시에 표시된다. ㉲는 처리 장치에서 신호를 받고 열차의 속도를 줄여 준다. 이를 바탕으로 ATC의 구성 요소와 기능을 확인하고, 제시된 자료를 해석하여 선지 정보의 적절성을 판단한다.

초고층 건물을 짓는 건축 기술

[2018학년도 3월 고1 학력평가]

초고층 건물은 높이가 200미터 이상이거나 50층 이상인 건물을 말한다. 이런 초고층 건물을 지을 때는 건물에 작용하는 힘을 고려해야 한다. 건물에 작용하는 힘에는 수직 하중*과 수평 하중이 있다. 수직 하중은 건물 자체의 무게로 인해 땅 표면에 수직 방향으로 작용하는 힘이고, 수평 하중은 바람이나 지진 등에 의해 건물에 가로 방향으로 작용하는 힘이다.

수직 하중을 견디기 위해서 고안된 가장 단순한 구조는 ㉠보기둥 구조이다. 보기둥 구조는 기둥과 기둥 사이를 가로지르는 수평 구조물인 보를 설치하고 그 위에 바닥판을 놓은 구조이다. 보기둥 구조에서는 설치된 보의 두께만큼 건물의 한 층당 높이가 높아지지만, 바닥판에 작용하는 하중이 기둥에 ⓐ집중되지 않고 보에 의해 ⓑ분산되기 때문에 수직 하중을 잘 견딜 수 있다.

위에서 아래 방향으로만 작용하는 수직 하중과 달리 수평 하중은 사방에서 작용하는 힘이기 때문에 초고층 건물의 안전에 미치는 영향이 수직 하중보다 훨씬 크다. 수평 하중은 초고층 건물의 안전을 위협하는 주요 요인인데, 바람은 건물에 작용하는 수평 하중의 90% 이상을 차지한다. 건물이 많은 도심에서는 넓은 공간에서 좁은 공간으로 바람이 불어오면서 풍속*이 빨라지는 현상이 발생해 건물에 작용하는 수평 하중을 크게 만든다. 그리고 바람에 의해 공명 현상*이 발생하면 건물이 매우 크게 흔들리게 되어 건물의 안전을 위협하게 된다.

건물이 수평 하중을 견디기 위해서는 기본적으로 뼈대에 해당하는 보와 기둥을 아주 단단하게 붙여야 하지만, 초고층 건물의 경우 이것만으로는 수평 하중을 견디기 힘들다. 그래서 등장한 것이 ㉡코어 구조이다. 코어는 빈 파이프 모양의 철골* 콘크리트* 구조물을 건물 중앙에 세운 것으로, 코어에 건물의 보와 기둥들을 강하게 접합한다. 이렇게 하면 외부에서 작용하는 수평 하중에도 불구하고 코어로 인해 건물이 크게 흔들리지 않게 된다. 그런데 초고층 건물은 그 높이가 높아질수록 수평 하중이 커지고 그에 따라 코어의 크기도 커져야 한다. 코어 구조는 가운데 빈 공간이 있어 공간 활용의 효율성이 떨어지기 때문에 현대의 초고층 건물은 코어에 승강기나 화장실, 계단, 수도, 파이프 같은 시설을 설치하는 경우가 많다.

그런데 초고층 건물의 높이가 점점 높아지면 코어 구조만으로는 수평 하중을 완벽하게 견뎌 낼 수 없다. 그래서 ㉢아웃리거-벨트 트러스 구조를 사용하여 코어 구조를 보완한다. 아웃리거-벨트 트러스 구조에서 벨트 트러스는 철골을 사용하여 건물의 외부 기둥들을 삼각형 구조의 트러스*로 짜서 벨트처럼 둘러싼 것으로 수평 하중을 지탱하는 역할을 한다. 삼각형 구조의 트러스로 외부 기둥들을 연결하면 외부에서 작용하는 힘이 철골 접합부를 통해 전체적으로 분산되기 때문에 코어에 무리한 힘이 가해지는 것을 예방할 수 있다. 그리고 아웃리거는 콘크리트를 사용하여 건물 외벽에 설치된 벨트 트러스를 내부의 코어와 견고하게 연결한 것으로, 아웃리거와 벨트 트러스는 필요에 따라 건물 중간중간에 여러 개가 설치될 수 있다. 그런데 아웃리거는 건물 내부를 가로지를 수밖에 없어서 효율적인 공간 구성에 방해

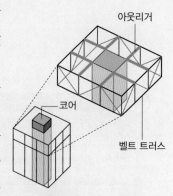

〈아웃리거-벨트 트러스 구조〉

가 된다. 이런 단점을 극복하기 위해 아웃리거를 기계 설비층에 설치하거나 층과 층 사이, 즉 위층 바닥과 아래층 천장 사이에 설치하기도 한다.

[A]
초고층 건물은 특수한 설비를 이용하여 바람으로 인한 건물의 흔들림을 줄이기도 하는데 대표적인 것이 TLCD, 즉 동조 액체 기둥형 댐퍼*이다. TLCD는 U자형 관 안에 수백 톤의 물이 채워진 것으로 초고층 건물의 상층부 중앙에 설치한다. 바람이 불어 건물이 한쪽으로 기울어져도 물은 관성의 법칙에 따라 원래의 자리에 있으려 하기 때문에 건물이 기울어진 반대쪽에 있는 관의 물 높이가 높아진다. 그렇게 되면 그 관의 아래로 작용하는 중력*도 커지고, 이로 인해 건물을 기울어지게 하는 힘을 약화시켜 흔들림이 줄어들게 된다. 물이 무거울수록 그리고 관 전체의 가로 폭이 넓어질수록 수평 방향의 흔들림을 줄여 주는 효과가 크다. 하지만 그에 따라 수직 하중이 증가하므로 TLCD는 수평 하중과 수직 하중을 함께 고려하여 설계해야 한다.

* **댐퍼**: 용수철이나 고무와 같은 탄성체 따위를 이용하여 충격이나 진동을 약하게 하는 장치.
* **중력**: 지구 위의 물체가 지구로부터 받는 힘.

어휘 활용

1 다음 문장의 빈칸에 들어갈 알맞은 단어를 〈보기〉에서 찾아 쓰시오.

보기
• **작용**: 어떠한 현상을 일으키거나 영향을 미침.
• **고안**: 연구하여 새로운 안을 생각해 냄.
• **설치**: 어떤 일을 하는 데 필요한 기관이나 설비 따위를 베풀어 둠.
• **분산**: 갈라져 흩어짐.
• **지탱**: 오래 버티거나 배겨 냄.

(1) 운동장에 조명 탑을 (   )하는 공사가 한창이다.
(2) 네 개의 기둥이 오래된 건물의 무게를 (   )하고 있다.
(3) 서울에 집중된 인구를 (   )하려고 서울 주변에 위성 도시를 만들었다.
(4) 달에서는 물체에 (   )하는 중력의 크기가 지구의 6분의 1밖에 되지 않는다.
(5) 다산 정약용이 (   )한 거중기는 무거운 물건을 옮기는 데 많은 도움이 되었다.

어법 이해

2 다음 밑줄 친 단어의 관계가 윗글의 ⓐ, ⓑ의 관계와 비슷한 것을 고르시오.

① 형은 <u>다리</u> 위에서 <u>다리</u>를 다쳤다.
② 나는 <u>과일</u> 중에서 <u>복숭아</u>를 가장 좋아한다.
③ 엄마는 나를 <u>키웠고</u>, 나는 강아지를 <u>기른다</u>.
④ 우리는 바람이 <u>거친</u> 바닷가에서 <u>거친</u> 음식을 먹었다.
⑤ 열 시에 <u>시작된</u> 강의가 열두 시가 되어서야 <u>끝</u>이 났다.

STEP

서술형 중심 화제

1 윗글의 중심 내용을 쓰시오.

( )

문단 정리

2 다음은 윗글의 각 문단의 중심 내용을 정리한 것이다. 빈칸에 들어갈 알맞은 말을 쓰시오.

1문단	초고층 건물에 작용하는 힘에는 ( )과 수평 하중이 있다.
2문단	수직 하중을 견디기 위해 고안된 가장 단순한 구조는 보기둥 구조이다.
3문단	수평 하중은 초고층 건물의 안전에 중요한 요소이며, ( )이 건물에 작용하는 수평 하중의 90% 이상을 차지한다.
4문단	코어 구조는 수평 하중을 견디기 위해 고안된 구조이다.
5문단	코어 구조를 보완하는 구조는 ( ) 구조이다.
6문단	초고층 건물의 흔들림을 줄이는 특수한 설비는 TLCD(동조 액체 기둥형 댐퍼)이다.

서술형 내용 구조

3 다음은 초고층 건물의 수직 하중과 수평 하중을 견디기 위한 건축 기법에 대해 정리한 것이다. 빈칸에 들어갈 알맞은 내용을 쓰시오.

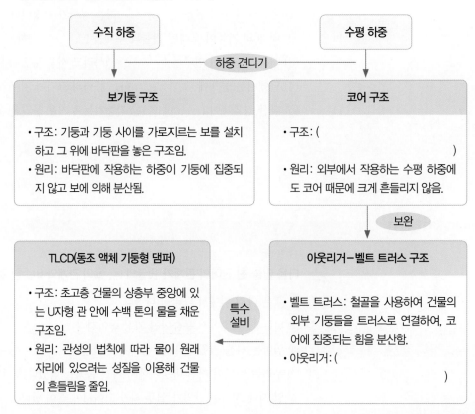

STEP III

1 ㉠~㉢을 설명한 내용으로 적절하지 <u>않은</u> 것은?

① ㉠은 기둥과 기둥 사이에 설치한 수평 구조물 위에 바닥판을 놓는 구조이다.

② ㉠에서 보는 건물에 작용하는 수직 하중이 기둥에 집중되는 것을 예방한다.

③ ㉡에서 코어는 건물의 높이가 높아짐에 따라 그 크기가 커져야 한다.

④ ㉢에서 트러스는 아웃리거와 코어의 결합력을 높여 수평 하중을 덜 받게 한다.

⑤ ㉡과 ㉢을 함께 사용하면 건물에 작용하는 수평 하중을 견디는 힘이 커진다.

2 [A]를 바탕으로 〈보기〉의 'TLCD'를 이해한 내용으로 적절하지 <u>않은</u> 것은?

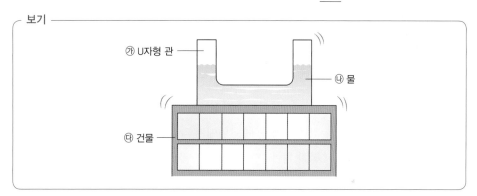

보기

㉮ U자형 관
㉯ 물
㉰ 건물

① ㉮가 한쪽으로 기울어도 ㉯는 원래의 자리에 있으려 할 것이다.

② ㉮가 왼쪽으로 기울면 오른쪽 관에 있는 ㉯의 높이가 왼쪽보다 높아질 것이다.

③ ㉮ 전체의 가로 폭이 넓어질수록 ㉰가 수평 하중을 견디는 효과가 작아질 것이다.

④ ㉮ 안에 있는 ㉯의 양이 많을수록 ㉰에 작용하는 수직 하중이 증가할 것이다.

⑤ ㉮에 채워진 ㉯의 무게가 무거울수록 ㉰의 수평 방향의 흔들림을 줄여 주는 효과가 클 것이다.

📖 지문으로 엮어 읽는 배경지식 **관성의 법칙**

영국의 물리학자 뉴턴은 1687년에 간행된 『프린키피아(PRINCIPIA)』에서 세 가지 운동 법칙을 발표하였다. 그 첫 번째가 관성의 법칙인데 내용은 다음과 같다. "외부에서 힘이 작용하지 않으면 운동하는 물체는 계속 그 상태로 운동하려고 하고, 정지한 물체는 계속 정지해 있으려고 한다." 이러한 관성의 법칙은 버스가 출발할 때 계속 정지해 있으려는 승객들이 뒤로 쏠리는 현상이나, 버스가 급정거할 때 계속 운동하려는 승객들이 앞으로 쏠리는 현상에서 확인할 수 있다.

제책 기술의 등장 배경과 유형

[2017학년도 9월 고1 학력평가]

종이가 개발되기 전, 인류는 동물의 뼈나 양피지* 등에 필요한 정보를 기록해 왔다. 하지만 담긴 정보량에 비해 부피가 방대하였고 그로 인해 보존과 가독에 어려움을 겪었다. 그런데 종이의 개발로 부피가 줄어들면서 종이로 된 책이 주된 기록 매체가 되었고 책의 보존성과 가독성, 휴대성 등을 더욱 높이기 위한 제책* 기술의 발달이 요구되었다.

서양은 종이책을 만들기 시작했을 때 제지* 기술이 동양에 비해 미숙했고 질 나쁜 종이로 책을 제작해야 했기에 책의 내구성을 높이기 위한 기술이 필요했다. 그래서 표지에 가죽을 씌우거나 나무판을 덧대는 방법을 개발했는데 이를 양장(洋裝)이라 한다. 양장은 내지 묶기와 표지 제작을 따로 한 후에 합치는 방법이다. 내지는 실매기 방식을 활용해 실로 단단히 묶고, 표지는 판지에 천이나 가죽 등의 마감 재료를 접착하여 만든다. 표지와 내지를 결합할 때는 책등*과 결합되는 내지 부분에 접착제를 발라 책등에 붙인다. 또한 내지보다 두껍고 질긴 종이인 면지를 표지와 내지 사이에 접착제로 붙여 이어 줌으로써 책의 내구성을 높인다. 표지 부착 후에는 가열한 쇠막대로 앞뒤 표지의 책등 쪽 가까운 부분을 눌러 홈을 만들어 책의 펼침성이 좋도록 한다.

18세기 말에 유럽은 산업 혁명으로 인쇄*가 기계화되면서 대량 생산을 위한 기반이 갖추어지고, 경제의 발전으로 일부 계층에만 국한됐던 독서 인구가 확대되어 제책 기술도 대량 생산이 가능한 방식으로 발전해야 했다. 이를 위해 간편하게 철사를 사용해 매는 제책 기술이 개발되었는데 처음에는 '옆매기'라 ㉠불리는 기술을 사용하였다. 그러나 옆매기는 책장 넘김이 용이하지 않아 '가운데매기'라 불리는 중철(中綴)이 주된 방식으로 자리 잡았다. 중철은 인쇄지를 포개 놓고 책장이 접히는 한가운데 부분을 ㄷ자형 철침을 이용해 매었는데, 보통 2개의 철침으로 표지와 내지를 고정하지만 표지나 내지가 한가운데서부터 떨어지는 경우가 잦아 철침을 4개로 박기도 하였다. 중철은 광고지, 팸플릿* 등 오랜 보관이 필요 없거나 분량이 적은 인쇄물에 사용해 왔으며, 중철된 책은 쉽게 펼치거나 넘길 수 있고 두루마리처럼 말아서 간편하게 휴대할 수도 있다.

20세기 중반에는 화학 접착제가 개발되며 무선철(無線綴)이라는 제책 기술이 등장했다. 이름처럼 실이나 철사 없이 화학 접착제만으로 책을 묶는 방식이다. 이 방법은 자동화가 가능해 대량 생산에 더욱 적합했고, 생산 단가가 낮아지면서 판매 가격을 낮출 수 있어 책의 대중화에 기여했다. 그리고 1990년대에는 습기 경화형 우레탄 핫 멜트가 개발되면서 개발 초보다 내구성이 더욱 강화된 책을 만들게 되었다. 무선철 기술은 지금도 계속 보완, 발전하고 있으며 그로 인해 오늘날 대부분의 책은 무선철 방식으로 제작되고 있다.

* **양피지**: 양의 생가죽을 얇게 펴서 약품 처리를 한 후에 표백하여 말린, 글을 쓰는 데 사용하는 재료. 서양의 고대에서 중세까지 많이 사용하였다.
* **제책**: 낱장으로 되어 있는 원고나 화고(畵稿), 인쇄물, 백지 따위를 차례에 따라 실이나 철사로 매고 표지를 붙여 한 권의 책으로 꾸미는 일.
* **제지**: 종이를 만듦.
* **책등**: 책을 매어 놓은 쪽의 겉으로 드러난 부분.
* **인쇄**: 잉크를 사용하여 판면(版面)에 그려져 있는 글이나 그림 따위를 종이, 천 따위에 박아 냄.
* **팸플릿**: 설명이나 광고, 선전 따위를 위하여 얄팍하게 맨 작은 책자.

STEP
Ⅰ

어휘 활용

1 다음 단어를 활용하기에 적절한 문장을 찾아 바르게 연결하시오.

(1) 보존성	•		•	ㄱ. 가로쓰기가 세로쓰기에 비해 (　　　　)이 높다.
(2) 가독성	•		•	ㄴ. 이번에 개발한 냄비는 영구적이라 할 수 있을 만큼 (　　　　)이 뛰어나다.
(3) 휴대성	•		•	ㄷ. 육포는 수분이 적고 (　　　　)이 높아 예로부터 군인들이 식량으로 사용했다.
(4) 내구성	•		•	ㄹ. 핸드폰은 노트북 컴퓨터에 비해 크기가 작아 (　　　　)이 좋다는 장점이 있다.

어휘 활용

2 다음 밑줄 친 부분이 윗글의 ㉠과 가장 유사한 의미로 사용된 것을 고르시오.

① 이 노래가 요즘 아이들에게 가장 많이 불리는 노래이다.

② 재산을 불리는 재주는 누구나 가지고 있는 것은 아니다.

③ 쇠를 불리는 일은 대장장이가 해야 할 가장 기본적인 작업이다.

④ 백성들을 외면하고 제 배만 불리는 관리들을 탐관오리라고 한다.

⑤ 우리 역사상 최고의 성군으로 불리는 세종 대왕은 훈민정음을 창제했다.

STEP
Ⅱ

서술형　중심 화제

1 윗글의 중심 내용을 쓰시오.

(　　　　　　　　　　　　　　　　　　　　　　　　　　　　　　)

문단 정리

2 다음은 윗글의 각 문단의 중심 내용을 정리한 것이다. 빈칸에 들어갈 알맞은 말을 쓰시오.

1문단	(　　　　　)이 주된 기록 매체가 되면서 제책 기술의 발달이 요구되었다.
2문단	서양에서 종이책을 만들면서 책의 내구성을 높이기 위해 (　　　　)이라는 제책 기술을 개발했다.
3문단	산업 혁명 이후 유럽에서 책을 대량 생산하기 위해 중철이라는 제책 기술을 사용했다.
4문단	20세기 중반에는 화학 접착제가 개발되면서 (　　　　)이라는 제책 기술을 사용했으며, 지금도 계속 보완, 발전하고 있다.

서술형 [내용 구조]

3 다음은 제책 기술의 발전 과정을 정리한 것이다. 빈칸에 들어갈 알맞은 내용을 쓰시오.

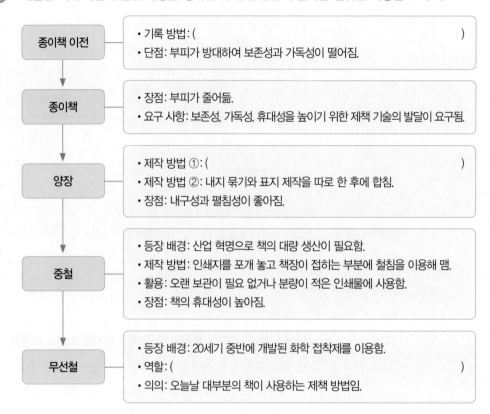

종이책 이전
- 기록 방법: (   )
- 단점: 부피가 방대하여 보존성과 가독성이 떨어짐.

종이책
- 장점: 부피가 줄어듦.
- 요구 사항: 보존성, 가독성, 휴대성을 높이기 위한 제책 기술의 발달이 요구됨.

양장
- 제작 방법 ①: (   )
- 제작 방법 ②: 내지 묶기와 표지 제작을 따로 한 후에 합침.
- 장점: 내구성과 펼침성이 좋아짐.

중철
- 등장 배경: 산업 혁명으로 책의 대량 생산이 필요함.
- 제작 방법: 인쇄지를 포개 놓고 책장이 접히는 부분에 철침을 이용해 맴.
- 활용: 오랜 보관이 필요 없거나 분량이 적은 인쇄물에 사용함.
- 장점: 책의 휴대성이 높아짐.

무선철
- 등장 배경: 20세기 중반에 개발된 화학 접착제를 이용함.
- 역할: (   )
- 의의: 오늘날 대부분의 책이 사용하는 제책 방법임.

STEP
Ⅲ

수능형 [핵심 정보의 파악]

1 〈보기〉는 양장에 따라 제작한 책의 단면이다. ㉮~㉲에 대한 설명으로 적절하지 <u>않은</u> 것은?

보기

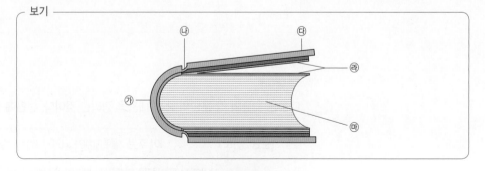

① ㉮는 접착제를 활용하여 ㉱와 결합되도록 하였다.
② ㉯는 가열한 쇠막대로 눌러 펼침성을 향상시켰다.
③ ㉰는 따로 제작한 뒤 실매기를 통해 ㉱와 결합시켰다.
④ ㉲는 ㉱보다 튼튼한 종이를 사용해 책의 내구성을 높였다.
⑤ ㉳는 실로 묶은 후 ㉱를 활용하여 ㉯와 결합시켰다.

2 윗글과 〈보기〉를 고려할 때, 제책 회사가 제시할 의견으로 가장 적절한 것은?

┌─ 보기 ─
│ 올해 문집 제작을 위한 요구 사항을 말씀드립니다. 작년에 제작된 문집은 간편하게 말아서 휴
│ 대가 가능했지만 표지의 한가운데가 떨어지는 문제가 있었습니다. 이에 대한 보완이 필요하며
│ 올해는 분량이 100쪽 이상 증가한 점과 학생들이 오래도록 문집을 보관하고 싶어 하는 점을 고
│ 려해 주시기 바랍니다. 또한 문집 제작 비용을 절감하는 방향으로 제안서를 보내 주시기 바랍
│ 니다.
└─

① 표지가 쉽게 떨어지지 않게 철침으로 옆을 묶겠습니다.

② 분량이 증가한 점을 고려하여 내지와 표지를 별도로 제작한 후 묶겠습니다.

③ 표지와 내지의 결합력을 높이기 위해 철침을 2개에서 4개로 늘려 묶겠습니다.

④ 오래도록 보관할 수 있게 실매기를 한 후 튼튼한 면지를 접착제로 붙이겠습니다.

⑤ 책의 단가를 낮추고 내구성을 높이기 위해 성능이 좋은 화학 접착제를 사용하여 묶겠습니다.

◎ 지문으로 분석하는 시각 자료 **책의 내구성을 높이기 위한 양장**

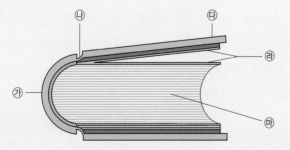

 제시된 그림은 서양에서 책의 내구성을 높이기 위해 개발한 제책 방식인 양장의 구성을 나타낸 것이다. ㉮는 책등으로 접착제를 발라 내지와 면지를 붙이는 부분이다. ㉯는 홈으로 가열한 쇠막대로 앞뒤 표지의 책등 쪽 가까운 부분을 눌러 책의 펼침성이 좋도록 하는 부분이다. ㉰는 표지로 판지에 천이나 가죽 등의 마감 재료를 접착하여 만든 부분이다. ㉱는 면지로 책의 내구성을 높이기 위해서 표지와 내지 사이에 접착제로 붙여 이어 준 부분이다. ㉲는 내지로 실매기 방식을 활용해 실로 단단히 묶은 부분이다. 이를 바탕으로 제책 방식의 하나인 양장을 이해하고, 제시된 자료를 해석하여 선지 정보의 적절성을 판단한다.

미래주의 회화

[2020학년도 3월 고1 학력평가]

필독 TIP

어휘 ★★★★
문장 ★★★
배경지식 ★★★★

이 글은 20세기 초에 등장한 미래주의 회화의 표현 기법에 대해 설명하고 있다. 미래주의 화가들이 대상을 생동감 있고 역동적으로 표현하기 위해 사용한 기법과 각 기법의 특징을 파악하며 읽도록 한다.

미래주의는 20세기 초 이탈리아 시인 마리네티의 '미래주의 선언'을 시작으로, 화가 발라, 조각가 보치오니, 건축가 상텔리아, 음악가 루솔로 등이 참여한 전위 예술* 운동이다. 당시 산업화에 뒤처진 이탈리아는 산업화에 대한 열망과 민족적 자존감을 ⓐ고양시킬 수 있는 새로운 예술을 필요로 하였다. 이에 산업화의 특성인 속도와 운동에 주목하고 이를 예술적으로 표현하려는 미래주의가 등장하게 되었다.

특히 미래주의 화가들은 질주하는 자동차, 사람들로 북적이는 기차역, 광란의 댄스홀, 노동자들이 일하는 공장 등 활기찬 움직임을 보여 주는 모습을 주요 소재로 삼아 산업 사회의 역동적인 모습을 표현하였다. 그들은 대상의 움직임의 ⓑ추이*를 화폭에 담아냄으로써 대상을 생동감 있게 형상화하려 하였다. 이를 위해 미래주의 화가들은, 시간의 흐름에 따른 대상의 움직임을 하나의 화면에 표현하는 분할주의 기법을 사용하였다. '질주하고 있는 말의 다리는 4개가 아니라 20개다.'라는 미래주의 선언의 내용은, 분할주의 기법을 통해 대상의 역동성을 ⓒ지향하고자 했던 미래주의 화가들의 생각을 잘 드러내고 있다.

분할주의 기법은 19세기 사진작가 머레이의 연속 사진 촬영 기법에 영향을 받은 것으로, 이미지의 겹침, 역선(力線), 상호 침투를 통해 대상의 연속적인 움직임을 효과적으로 표현하였다. 먼저 이미지의 겹침은 화면에 하나의 대상을 여러 개의 이미지로 중첩*시켜서 표현하는 방법이다. 마치 연속 사진처럼 화가는 움직이는 대상의 잔상*을 바탕으로 시간의 흐름에 따른 대상의 움직임을 겹쳐서 나타내었다. 다음으로 힘의 선을 나타내는 역선은, 대상의 움직임의 궤적*을 여러 개의 선으로 구현하는 방법이다. 미래주의 화가들은 사물이 각기 특징적인 움직임을 갖고 있다고 보고, 이를 역선을 통해 표현함으로써 사물에 대한 화가의 느낌을 드러내었다. 마지막으로 상호 침투는 대상과 대상이 겹쳐서 보이게 하는 방법이다. 역선을 사용하여 대상의 모습을 나타내면 대상이 다른 대상이나 배경과 구분이 모호해지는 상호 침투가 발생해 대상이 사실적인 형태보다는 ⓓ왜곡*된 형태로 표현된다. 이러한 방식으로 미래주의 화가들은 움직이는 대상의 속도와 운동을 효과적으로 나타낼 수 있었다.

기존의 전통적인 서양 회화가 대상의 고정적인 모습에 ⓔ주목하여 비례, 통일, 조화 등을 아름다움의 요소로 보았다면, 미래주의 회화는 움직이는 대상의 속도와 운동이라는 미적 가치에 주목하여 새로운 미의식을 제시했다는 점에서 의의를 찾을 수 있다. 이러한 미래주의 회화는 이후 모빌과 같이 나무나 금속으로 만들어 입체적 조형물의 운동을 보여 주는 키네틱 아트가 등장하는 데 ㉠영감*을 제공한 것으로 평가되고 있다.

* **전위 예술**: 기존의 표현 예술 형식을 부정하고 새로운 표현을 추구하는 예술 경향.
* **추이**: 일이나 형편이 시간의 경과에 따라 변하여 나감. 또는 그런 경향.
* **중첩**: 거듭 겹치거나 포개어짐.
* **잔상**: 외부 자극이 사라진 뒤에도 감각 경험이 지속되어 나타나는 상.
* **궤적**: 수레바퀴가 지나간 자국이라는 뜻으로, 물체가 움직이면서 남긴 움직임을 알 수 있는 자국이나 자취를 이르는 말.
* **왜곡**: 사실과 다르게 해석하거나 그릇되게 함.
* **영감**: 창조적인 일의 계기가 되는 기발한 착상이나 자극.

STEP I

어휘 의미

1 윗글의 ⓐ~ⓔ의 의미를 〈보기〉에서 찾아 기호를 쓰시오.

> ── 보기 ──
> ㉮ 어떤 목표로 뜻이 쏠리어 향함.
> ㉯ 관심을 가지고 주의 깊게 살핌.
> ㉰ 정신이나 기분 따위를 북돋워서 높임.
> ㉱ 사실과 다르게 해석하거나 그릇되게 함.
> ㉲ 일이나 형편이 시간의 경과에 따라 변하여 나감.

ⓐ: (   ) ⓑ: (   ) ⓒ: (   ) ⓓ: (   ) ⓔ: (   )

서술형 **어휘 의미**

2 다음에 제시된 한자의 뜻을 참고하여 단어의 의미를 쓰시오.

(1) 광란(狂亂): 狂(광: 미치다), 亂(란: 어지럽다) → (   )

(2) 궤적(軌跡): 軌(궤: 바큇자국), 跡(적: 자취)
　　　　　　　　　　　　　→ (   )

(3) 역동(力動): 力(역: 힘), 動(동: 움직이다) → (   )

STEP II

서술형 **중심 화제**

1 윗글의 중심 내용을 쓰시오.

(   )

문단 정리

2 다음은 윗글의 각 문단의 중심 내용을 정리한 것이다. 빈칸에 들어갈 알맞은 말을 쓰시오.

1문단	속도와 운동을 예술적으로 표현하는 ( )는 산업화에 대한 열망과 민족적 자존감을 고양시킬 수 있는 새로운 예술의 필요로 등장하였다.
2문단	미래주의 화가들은 산업 사회의 역동적인 모습을 표현하기 위해 ( )을 사용하였다.
3문단	분할주의 기법은 이미지의 겹침, 역선(力線), ( )를 통해 대상의 연속적인 움직임을 효과적으로 표현하였다.
4문단	미래주의 회화는 움직이는 대상의 속도와 운동이라는 미적 가치에 주목하여 새로운 ( )을 제시했다는 점에서 의의가 있고, 이후 키네틱 아트가 등장하는 데 영향을 주었다.

내용 구조

3 다음은 미래주의 회화의 표현법을 정리한 것이다. 빈칸에 들어갈 알맞은 말을 쓰시오.

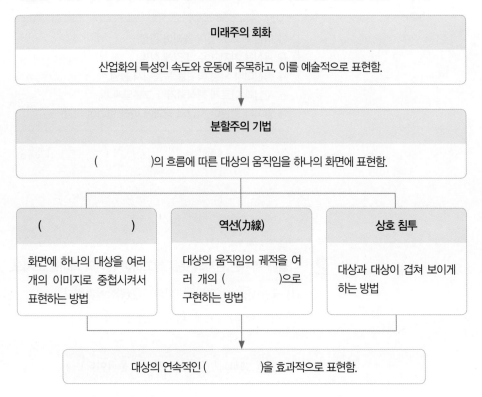

미래주의 회화
산업화의 특성인 속도와 운동에 주목하고, 이를 예술적으로 표현함.

분할주의 기법
(　　　　　)의 흐름에 따른 대상의 움직임을 하나의 화면에 표현함.

(　　　　　)	역선(力線)	상호 침투
화면에 하나의 대상을 여러 개의 이미지로 중첩시켜서 표현하는 방법	대상의 움직임의 궤적을 여러 개의 (　　　　)으로 구현하는 방법	대상과 대상이 겹쳐 보이게 하는 방법

대상의 연속적인 (　　　　)을 효과적으로 표현함.

STEP III

수능형 세부 정보의 추론

1 ㉠의 구체적 내용으로 가장 적절한 것은?

① 전통 회화 양식에서 벗어나 움직이는 대상이 주는 아름다움을 최초로 작품화하려는 생각

② 기존의 방식과 달리 미적 가치를 3차원에서 실제로 움직이는 대상을 통해 구현하려는 생각

③ 사진의 촬영 기법을 회화에 접목시켜 비례와 조화에서 오는 조형물의 예술성을 높이려는 생각

④ 산업 사회의 역동적인 모습에서 벗어나 인류가 추구해야 할 미래상을 화폭에 담아내려는 생각

⑤ 예술적 대상의 범위를 구체적인 대상에서 추상적인 대상으로 확대하여 작품을 창작하려는 생각

2 윗글을 바탕으로 〈보기〉를 감상한 내용으로 적절하지 <u>않은</u> 것은?

보기

발라의 「강아지의 다이내미즘」은 여인이 강아지를 데리고 산책하는 모습을 그린 미래주의 회화의 대표적인 작품이다.

① 움직이는 강아지의 모습을 속도감 있게 그린 것에서 미래주의 회화의 경향을 엿볼 수 있겠군.

② 선을 교차시켜 쇠사슬의 잔상을 구체적으로 재현한 것에서 역선을 통해 사실적인 형태를 강조했음을 알 수 있겠군.

③ 강아지의 발과 바닥의 경계가 모호하게 보이는 것에서 대상과 배경의 상호 침투 효과를 엿볼 수 있겠군.

④ 강아지의 발을 중첩시켜 표현한 것은 이미지 겹침을 통해 시간의 흐름에 따른 대상의 움직임을 나타낸 것이겠군.

⑤ 사람의 다리를 두 개가 아닌 여러 개로 그린 것은 분할주의 기법을 활용하여 걷는 이의 역동적 모습을 강조한 것이겠군.

📖 지문으로 엮어 읽는 배경지식 **자코모 발라(Giacomo Balla, 1871~1958)**

자코모 발라는 이탈리아의 토리노에서 태어났으며, 화가이자 조각가, 무대 디자이너로 활동했다. 1895년 로마로 이주하여 초상화 겸 삽화가로 생계를 유지하다가, 1900년 프랑스 파리에서 신인상주의 화가들의 작품을 보고 감명을 받았다. 이후에는 신인상주의의 점묘법과 유사한 표현 기법을 자신의 그림에 적용하기 시작했다. 이러한 표현 기법은 그가 계속해서 실험했던 빛과 대기, 움직임을 묘사하기에 적합했다. 제시된 그림은 1912년에 발표된 「발코니를 뛰는 소녀」라는 작품으로, 발라가 활용했던 표현 기법이 잘 나타나 있다.

◀ 자코모 발라, 「발코니를 뛰는 소녀」

니체의 예술 철학과 표현주의

[2019학년도 9월 고1 학력평가]

필독 TIP

어휘 ★★★★
문장 ★★★★
배경지식 ★★★★

이 글은 니체의 철학적 견해와 이에 영향을 받은 표현주의 회화에 대해 설명하고 있다. 니체의 예술 철학과 표현주의의 연관성을 파악하며 읽도록 한다.

＊ **상정**: 어떤 정황을 가정적으로 생각하여 단정함. 또는 그런 단정.

＊ **인식**: 사물을 분별하고 판단하여 앎.

＊ **사유**: 대상을 두루 생각하는 일.

＊ **형이상학적 이원론**: 세계를 경험의 세계와 경험을 초월한 세계로 나누고, 사물의 본질과 존재의 근본 원리를 사유를 통해 연구하는 이론.

＊ **허무**: 무가치하고 무의미하게 느껴져 매우 허전하고 쓸쓸함.

＊ **미학**: 자연이나 인생 및 예술 따위에 담긴 미의 본질과 구조를 해명하는 학문.

＊ **재현**: 다시 나타남. 또는 다시 나타냄.

　서양 철학은 존재에 대한 물음에서 시작되었다. 고대 그리스 철학자 파르메니데스는 있는 것은 있고 없는 것은 없다고 말했다. 그는 어떤 존재가 있다가 없어지고 없다가 있게 되는 일은 불가능하다며 존재의 생성과 변화, 소멸을 부정했다. 그에게 존재는 영원하며 절대적이고 불변성을 가지는 것이었다. 이에 반해 헤라클레이토스는 존재의 생성과 변화를 긍정했다. 그는 존재하는 모든 것이 변화의 과정 중에 있으며 끊임없이 생성과 소멸을 반복하는 것이라고 생각했다. 존재에 대한 두 철학자의 견해는 플라톤의 이데아론에 영향을 주었다. 플라톤은 존재를 끊임없이 변하는 존재와 영원히 변하지 않는 존재로 나누었다. 그는 우리가 경험하는 현실 세계의 존재는 변한다고 생각했다. 그리고 현실 세계에 존재하는 모든 것의 근원을 이데아로 상정*하고 이데아를 영원하고 불변하는 존재, 그 자체로 완전한 진리로 여겼다. 반면에 현실 세계의 존재는 이데아를 모방한 것일 뿐 이데아와 달리 불완전하다고 보았다. 또한 감각을 통해 인식할 수 있는 현실 세계의 존재와 달리 이데아는 오직 이성에 의해서만 인식*할 수 있다는 이성 중심의 사유*를 전개했다. 플라톤의 이러한 철학적 견해는 이후 서양 철학의 주류가 되었다.

　그러나 플라톤의 견해를 바탕으로 한 서양 철학의 주류적 입장은 근대에 이르러 니체에 의해 강한 비판을 받았다. 헤라클레이토스의 견해를 받아들인 니체는 영원히 변하지 않는 존재, 절대적이고 영원한 진리는 없다고 주장했다. 또한 우리가 살고 있는 현실 세계가 유일한 세계라면서 '신은 죽었다'라고 선언하며 형이상학적 이원론*이 말하는 진리, 신 중심의 초월적 세계, 합리적 이성 체계 모두를 부정했다. 니체는 형이상학적 이원론이 진리를 영원불변한 것으로 고정하고, 현실 너머의 이상 세계와 초월적 대상을 생명의 근원으로 설정함으로써 인간이 현실의 삶을 부정하도록 만들었다고 보았다. 그래서 생명의 근원과 삶의 의미를 상실한 인간은 허무*에 직면하게 되었다는 것이다.

　니체는 허무에서 벗어나기 위해서는 생명의 본질을 회복해야 한다고 했다. 그는 인간이 자신의 삶을 지탱할 수 있게 하는 것을 '힘에의 의지'로 보았다. 니체가 말하는 '힘에의 의지'는 주변인이나 사물을 자기 마음대로 지배하고 억압하려는 의지가 아니라 자기 극복을 이끌어 내고 생명의 상승을 지향하는 의지로 이해할 수 있다. 니체는 이러한 '힘에의 의지'가 생성과 변화의 끊임없는 과정 중에서 창조적 생성 작용을 하는데, 그 최고의 형태가 예술이라고 했다. 그는 본능에 내재한 감성을 바탕으로 하는 예술적 충동을 중시하였고, 예술가의 창작 활동을 인간의 삶의 가치 상승을 도와주는 '힘에의 의지'로 보았다. 그는 예술을 통해 생명력을 회복하고 허무를 극복할 수 있음을 강조한 것이다.

　이러한 니체의 철학적 견해는 20세기 초의 예술가들에게 많은 영향을 주었는데, 특히 회화에서 독일의 표현주의가 니체의 철학을 수용했다. 표현주의는 전통적인 사실주의 미학*을 따르지 않았다. 사실주의 미학은 형이상학적 이원론에 근거하여 존재와 진리의 참모습을 모방하는 것을 예술의 목적으로 받아들이는 재현*의 미학이었다. 그러나 니체의 철학적 관점에서 예술을 이해한 표현주의 화가들은 예술의 목적을 대상의 재현이 아니라 인간의 감정과 충동을 표현하는 것으로 생각했다. 그들은 사실주의 미학에서 이성보다 열등한 것이라고 여겼던 감정을 존재의 본질을 드러내는 것으로 보았다. 그들이 생각하는 인간의 감정은 시시각각 변화하며 생성과 소멸을 반복하는 것이었기에 그림을 그리는 동안에도 매 순간 변화하는 감정을 중시했다. 그래서 대상의 비례*와 고유한 형태를 왜곡하고, 색채도 실제보다 더 강하게 과장해서 그리거나 대비되는 원색을 대담하게* 사용하는 등의 방법을 통해 자신의 감정과 충동을 표현했다. 또한 원근법에 얽매이지 않는 화면 구성을 보임으로써 작품에서 드러나는 공간이 현실 공간의 재현이 아니라 화가 자신의 감정을 표현하기 위한 상징과 의미를 생산하는 공간이라는 인식을 드러냈다.

표현주의 화가들은 이성과 합리성의 가치를 추구하던 당시 사회의 분위기에 반발*하며 예술가로서의 감정적, 주관적인 표현을 예술이 추구해야 하는 가치로 보았다. 그들은 자유로운 형태와 색채로 자신들이 가지고 있던 내면의 불안, 공포, 고뇌 등을 예술로써 극복하려고 노력하면서 강한 생명력을 보여 주었다. 결국 화가의 내면을 적극적으로 표현했던 표현주의는 니체의 철학을 근거로 예술에 대한 새로운 해석을 보여 주었다고 할 수 있다.

* **비례**: 표현된 물상의 각 부분 상호 간 또는 전체와 부분 간이 양적으로 일정한 관계가 됨. 또는 그런 관계.
* **대담하게**: 담력이 크고 용감하게.
* **반발**: 어떤 상태나 행동 따위에 대하여 거스르고 반항함.

STEP I

어휘 의미

1 다음 내용이 맞으면 ○, 틀리면 ✕표를 하시오.

(1) 온전하게 보호하여 유지하는 것을 '회복'이라고 한다. ( )

(2) 사상이나 학술 따위의 주된 경향이나 갈래를 '주류'라고 한다. ( )

(3) 어떤 정황을 가정적으로 생각하여 단정하는 것을 '상정'이라고 한다. ( )

(4) 어떠한 일이나 사물을 직접 당하거나 접하는 것을 '직면'이라고 한다. ( )

어휘 의미

2 다음은 윗글에 제시된 주요 개념어의 사전적 의미를 정리한 것이다. 빈칸에 들어갈 알맞은 단어를 쓰시오.

(1) 표현주의 : 객관적인 사실보다 사물이나 사건에 의하여 야기되는 주관적인 ( ) 과 반응을 표현하는 데에 중점을 두는 예술 사조.

(2) ( ): 일반적으로 현실을 있는 그대로 묘사·재현하려고 하는 창작 태도. 19세기 중엽에 유럽에서 일어난 예술 사조.

(3) ( ): 일정한 시점에서 본 물체와 공간을 눈으로 보는 것과 같이 멀고 가까움을 느낄 수 있도록 평면 위에 표현하는 방법.

STEP II

서술형 중심 화제

1 윗글의 핵심 문장을 찾아 쓰시오.

( )

2 다음은 윗글의 각 문단의 중심 내용을 정리한 것이다. 빈칸에 들어갈 알맞은 말을 쓰시오.

1문단	(　　　　)에 대한 파르메니데스와 헤라클레이토스의 견해에 영향을 받은 플라톤의 이데아론은 이후 서양 철학의 주류가 되었다.
2문단	헤라클레이토스의 견해를 받아들인 (　　　　)는 당시 철학적 주류를 이루었던 형이상학적 이원론을 비판하였다.
3문단	니체는 '힘에의 의지'가 생성과 변화의 끊임없는 과정 중에서 창조적 생성 작용을 하는데, 그 최고의 형태가 (　　　　)이라고 하였다.
4문단	니체의 철학을 수용한 (　　　　)는 예술의 목적을 대상의 재현이 아닌 인간의 감정과 충동을 표현한 것이라고 생각했다.
5문단	화가의 내면을 적극적으로 표현했던 표현주의는 (　　　　)의 철학을 근거로 예술에 대한 새로운 해석을 보여 주었다.

3 다음은 니체의 예술 철학과 표현주의의 연관성을 정리한 것이다. 빈칸에 들어갈 알맞은 말을 쓰시오.

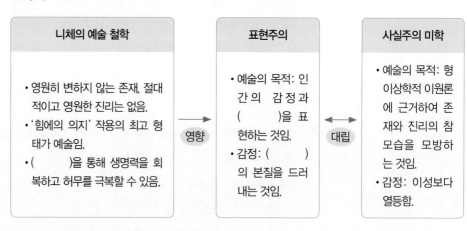

니체의 예술 철학		표현주의		사실주의 미학
• 영원히 변하지 않는 존재, 절대적이고 영원한 진리는 없음. • '힘에의 의지' 작용의 최고 형태가 예술임. • (　　　)을 통해 생명력을 회복하고 허무를 극복할 수 있음.	영향 →	• 예술의 목적: 인간의 감정과 (　　　)을 표현하는 것임. • 감정: (　　　)의 본질을 드러내는 것임.	← 대립 →	• 예술의 목적: 형이상학적 이원론에 근거하여 존재와 진리의 참모습을 모방하는 것임. • 감정: 이성보다 열등함.

STEP **III**

1 윗글에 나타난 표현주의 화가들의 생각으로 적절하지 않은 것은?

① 인간의 감정을 존재의 본질을 드러내는 것으로 인식했다.

② 존재와 진리의 참모습을 모방하는 것이 중요하다고 여겼다.

③ 시시각각 변화하며 생성과 소멸을 반복하는 감정을 중시했다.

④ 예술가로서의 주관적 표현을 예술이 추구해야 하는 가치라고 생각했다.

⑤ 작품에서 드러나는 공간을 화가의 감정을 표현하기 위한 공간으로 인식했다.

수능형 구체적 상황에 적용

2 윗글에 나타난 니체의 사상과 연결 지어 〈보기〉의 작품을 감상한 내용으로 가장 적절한 것은?

─ 보기 ─

독일 표현주의 화가인 키르히너의 「해바라기와 여인의 얼굴(1906)」은 창가에 놓인 해바라기 꽃병과 여인의 모습을 그린 작품으로 화가의 내면이 잘 표현되었다는 평가를 받는다. 해바라기는 노란색, 꽃병은 녹색, 배경은 주황색의 화려한 원색으로 그려져 있고, 해바라기 앞의 여인은 슬프고 우울해 보인다. 활짝 핀 해바라기의 윤곽은 빨갛고 두터운 선으로 그려져 해바라기의 노란색과 대비를 이루고 있다. 또한 여인보다 뒤에 있는 해바라기 꽃병이 더 크게 그려진 화면 구성을 보이고 있다.

① 여인을 슬프고 우울해 보이게 그린 것을 보니 인간은 결코 허무를 극복할 수 없다는 니체의 철학과 관련된 것으로 볼 수 있겠군.

② 해바라기를 강조한 화면 구성을 보니 현실 너머의 이상 세계를 생명의 근원이라고 여긴 니체의 견해가 반영된 것으로 볼 수 있겠군.

③ 해바라기의 노란색과 윤곽의 빨간색을 대비한 것을 보니 초월적 세계를 재현한 것이 현실 세계라는 니체의 입장과 관련된 것으로 볼 수 있겠군.

④ 해바라기, 꽃병, 배경 등을 화려한 원색으로 그린 것을 보니 감성을 바탕으로 한 예술적 충동을 중요하게 여겼던 니체의 생각에 영향을 받은 것으로 볼 수 있겠군.

⑤ 해바라기 꽃병과 여인을 원근법에 어긋나게 그린 것을 보니 인간은 자기 주변의 사물을 지배해야 한다는 의지를 강조한 니체의 주장이 수용된 것으로 볼 수 있겠군.

📖 지문으로 엮어 읽는 배경지식 **표현주의 대표 작가, 키르히너(Kirchner, 1880~1938)**

▲ 키르히너, 「베를린 거리」

독일의 화가이자 판화가인 키르히너는 독일 표현주의의 선구자로 '브뤼케(Die Brücke: 다리)파'를 조직했다. 고흐, 뭉크 그리고 야수파 화가들의 작품에서 영향을 받았으며 동시에 원시 미술에 매료되어 매우 거칠고 원색적인 화면을 만들어 냈다. 그는 예술가로서의 감정적, 주관적인 표현을 중요하게 여겼으며, 이는 독일 표현주의로 표현되는 미술 사조의 중요한 특징이 되었다.

그는 1911년에 베를린으로 이주하여 대도시의 불안과 긴장, 타락의 기운을 느끼고, 이를 소재로 광폭하고 혼란스러운 도시의 정경을 화폭에 담아냈다.

이후 1915년에 제1차 세계 대전에 참가했으나, 신경 쇠약으로 임시 제대한 후 심한 우울증을 겪다가 58세가 되던 1938년에 생을 마감했다.

엑스레이 아트

[2019학년도 3월 고1 학력평가]

필독 TIP

어휘 ★★★
문장 ★★
배경지식 ★★

이 글은 엑스레이 아트의 개념과 창작 방법에 대해 설명하고 있다. 엑스레이 아트의 특징과 작품의 창작 의도를 구현하기 위해 사용하는 창작 방법을 파악하며 읽도록 한다.

최근 예술 분야에서는 과학 기술을 이용하여 새로운 장르를 개척하려는 시도가 이루어지고 있다. 이러한 배경을 바탕으로 등장한 예술의 하나가 바로 'ⓐ엑스레이 아트(X-ray Art)'이다. 엑스레이 아트는 엑스레이 사진을 활용하여 만든 예술 작품을 의미한다.

엑스레이 아트의 거장*인 닉 베세이는 엑스레이를 활용하여 오브제* 내부에 주목한 작품을 만들었다. 그는 「튤립」이라는 작품을 통해 꽃봉오리에 감추어진 암술과 수술을 드러냄으로써, 꽃의 보이지 않는 내부의 아름다움을 탐색하였다. 또한 「셀피」라는 작품을 통해 현대 사회의 외모 지상주의를 비판하기도 했다. 이 작품은 자기 얼굴을 찍는 사람의 모습을 엑스레이로 촬영한 것으로, 엑스레이로 인체를 촬영할 경우 외양이 드러나지 않는 점을 이용하여 창작 의도를 나타낸 것이다.

엑스레이 아트의 창작 의도를 구현하기 위해서는 오브제의 특성을 고려해야 한다. 이는 오브제의 재질과 두께에 따라 엑스레이의 투과율이 달라지기 때문이다. 이러한 이유로 엑스레이 아트에서는 엑스레이가 투과*되지 않는 물질이 포함된 오브제를 배제*하기도 하고, 역으로 이를 활용하기도 한다. 촬영을 할 때에는 오브제의 두께에 따라 엑스레이의 강도와 오브제에 엑스레이가 투과되는 시간을 조절해야 의도하는 명도의 사진을 얻을 수 있다. 또한 오브제와 근접한 거리에서 촬영해야 하는 엑스레이의 특성상, 가로 35cm, 세로 43cm인 엑스레이 필름의 크기보다 오브제가 클 경우 오브제를 여러 부분으로 나누어서 촬영한다. 한편 작품 창작 의도를 구현하는 데 오브제의 모든 구성 요소가 필요하지 않다면 오브제의 일부 구성 요소만 선택하여 창작 의도를 드러낼 수도 있다. 그리고 오브제가 겹쳐 있을 경우, 창작 의도와 다른 사진이 나올 수 있으므로 이를 고려하여 오브제를 적절하게 배치하고 촬영 각도를 결정한다.

이렇게 촬영한 엑스레이 사진은 컴퓨터 그래픽 작업을 거치는데, 창작 의도를 드러내기 위해 여러 장의 사진을 합성하기도 한다. 특히 항공기 동체*와 같이 크기가 큰 대상을 오브제로 삼아 여러 날에 걸쳐 촬영할 경우, 촬영할 당시의 기온, 습도 등의 영향으로 각각의 사진들마다 명도가 다르게 나타날 수 있다. 그러므로 그래픽 작업을 통해 사진들의 명도를 보정*한 뒤, 이 사진들을 퍼즐처럼 맞추어 하나의 사진으로 합성하여 작품을 완성한다.

엑스레이는 대상의 골격이나 구조를 노출하는 기술이라는 점에서 차가운 느낌을 주기도 한다. 하지만 이를 활용한 엑스레이 아트는 발상의 전환을 통해 감상자들에게 기존의 예술 작품과는 다른 미적 감수성*을 불러일으킨다는 점에서 현대 예술의 외연*을 넓히는 데 기여하였다는 평가를 받고 있다.

＊ **거장**: 예술, 과학 따위의 어느 일정 분야에서 특히 뛰어난 사람.

＊ **오브제(objet)**: 일상 용품이나 물건을 본래의 용도로 쓰지 않고 예술 작품에 사용하는 기법 또는 그 물체.

＊ **투과**: 장애물에 빛이 비치거나 액체가 스미면서 통과함.

＊ **배제**: 받아들이지 아니하고 물리쳐 제외함.

＊ **동체**: 항공기의 날개와 꼬리를 제외한 중심 부분.

＊ **보정**: 부족한 부분을 보태어 바르게 함.

＊ **감수성**: 외부 세계의 자극을 받아들이고 느끼는 성질.

＊ **외연**: 일정한 개념이 적용되는 사물의 전 범위.

STEP I

어휘 의미

1 다음과 같은 사전적 의미를 지닌 단어를 〈보기〉에서 찾아 쓰시오.

보기
| 개척 | 시도 | 주목 | 배치 | 기여 |

(1) 도움이 되도록 이바지함. (   )

(2) 관심을 가지고 주의 깊게 살핌. (   )

(3) 어떤 것을 이루어 보려고 계획하거나 행동함. (   )

(4) 사람이나 물자 따위를 일정한 자리에 나누어 둠. (   )

(5) 새로운 영역, 운명, 진로 따위를 처음으로 열어 나감. (   )

어법 적용

2 〈보기〉의 내용을 참고하여 빈칸에 들어갈 알맞은 말에 ○표 하시오.

보기
제11항 한자음 '랴, 려, 례, 료, 류, 리'가 단어의 첫머리에 올 적에는, 두음 법칙에 따라 '야, 여, 예, 요, 유, 이'로 적는다.

다만, 모음이나 'ㄴ' 받침 뒤에 이어지는 '렬, 률'은 '열, 율'로 적는다.

(1) 이 제품은 빛 (투과율 / 투과률)이 좋습니다.

(2) 이 병은 (사망율 / 사망률)이 매우 높습니다.

STEP II

서술형 중심 화제

1 윗글의 주제를 한 문장으로 쓰시오.

(   )

문단 정리

2 다음은 윗글의 각 문단의 중심 내용을 정리한 것이다. 빈칸에 들어갈 알맞은 말을 쓰시오.

1문단	엑스레이 사진을 활용하여 만든 예술 작품을 ( )라고 한다.
2문단	엑스레이 아트의 거장 닉 베세이는 엑스레이를 활용하여 ( )에 주목한 「튤립」, 「셀피」 같은 작품을 만들었다.
3문단	엑스레이 아트의 창작 의도를 구현하기 위해서는 오브제의 ( )을 고려해야 한다.
4문단	촬영한 엑스레이 사진은 ( ) 작업을 거쳐 창작 의도를 드러낸다.
5문단	엑스레이 아트는 ( )을 통해 현대 예술의 외연을 넓히는 데 기여하였다는 평가를 받는다.

내용 구조

3 다음은 엑스레이 아트의 창작 방법을 정리한 것이다. 빈칸에 들어갈 알맞은 말을 쓰시오.

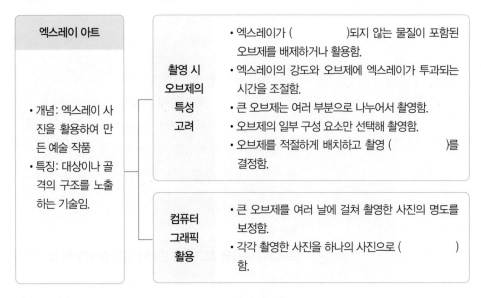

엑스레이 아트		
• 개념: 엑스레이 사진을 활용하여 만든 예술 작품 • 특징: 대상이나 골격의 구조를 노출하는 기술임.	**촬영 시 오브제의 특성 고려**	• 엑스레이가 (　　　)되지 않는 물질이 포함된 오브제를 배제하거나 활용함. • 엑스레이의 강도와 오브제에 엑스레이가 투과되는 시간을 조절함. • 큰 오브제는 여러 부분으로 나누어서 촬영함. • 오브제의 일부 구성 요소만 선택해 촬영함. • 오브제를 적절하게 배치하고 촬영 (　　　)를 결정함.
	컴퓨터 그래픽 활용	• 큰 오브제를 여러 날에 걸쳐 촬영한 사진의 명도를 보정함. • 각각 촬영한 사진을 하나의 사진으로 (　　　) 함.

STEP Ⅲ

수능형 구체적 상황에 적용

1 윗글을 바탕으로 할 때, 〈보기〉의 작품에 대해 보인 반응으로 적절하지 **않은** 것은?

─ 보기 ─

「버스」는 실제 버스와 사람을 오브제로 삼아, 이를 여러 날에 걸쳐 각각 촬영한 뒤 합성한 엑스레이 아트이다. 작가는 작품의 창작 의도를 구현하는 데 필요한 바퀴나 차체 등의 일부 구성 요소들만 선택하였다. 그리고 버스의 측면이 보이도록 촬영하여 버스에 타고 있는 사람들의 여러 가지 자세와 인체 골격의 다양한 모습을 드러내고 있다.

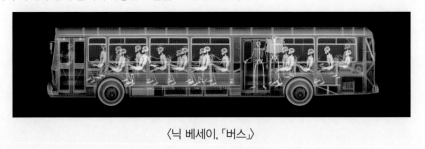

〈닉 베세이, 「버스」〉

① 물체를 투과하는 엑스레이를 이용한 것은 일상적 시선으로는 볼 수 없는 인체 골격의 모습을 보여 주려는 의도였겠군.

② 바퀴나 차체 등의 일부 구성 요소만 선택한 것에는 필요하지 않은 부분을 배제하려는 작가의 의도가 반영된 것이겠군.

③ 버스의 측면이 보이도록 촬영한 것은 촬영 각도에 따라 엑스레이가 투과되지 않는 효과를 이용하기 위한 것이겠군.

④ 작품이 한 번에 촬영한 사진처럼 보이는 것은 컴퓨터 그래픽 작업을 통해 각 사진의 명도를 보정한 결과이겠군.

⑤ 엑스레이 필름보다 큰 실제 크기의 오브제를 선정하였기 때문에 촬영한 여러 장의 사진을 합성한 것이겠군.

수능형 핵심 정보의 파악

2 ⊙의 의의로 가장 적절한 것은?

① 오브제를 찍은 사진에 의도적인 변형을 가하여 오브제의 실체를 감추는 예술이다.

② 실존하지 않는 대상을 그래픽 작업으로 만들어 사회의 병폐를 풍자하는 예술이다.

③ 인체나 사물의 외양을 있는 그대로 드러냄으로써 아름다움의 의미를 구현하는 예술이다.

④ 눈에 보이지 않을 만큼 작은 오브제를 가시화하여 대상의 본질에 대해 탐색하는 예술이다.

⑤ 겉으로 드러나지 않는 오브제의 내부를 의도적으로 보여 주어 예술의 영역을 확장한 예술이다.

📖 지문으로 엮어 읽는 배경지식 **엑스레이 아트와 닉 베세이(Nick Veasey, 1962~)**

◀ 닉 베세이, 「튤립」

엑스레이(X-ray)는 1895년 독일의 물리학자 뢴트겐(Rötgen, 1845~1923)이 발견한 것으로, 뢴트겐은 이 공로를 인정받아 1901년 노벨 물리학상을 받았다. 엑스레이의 특징은 몸속 깊은 곳까지 투과하기 때문에 뼈를 포함한 인체의 내부 구조물을 볼 수 있다는 데 있다. 이러한 특징을 지닌 엑스레이는 영상 의학 분야에서 약 50년간 인체 내부의 영상을 얻을 수 있는 유일한 기법이었으며 질병 진단 및 치료 분야에 이바지해 왔다. 또한 내부 구조물을 볼 수 있는 엑스레이로 인해 눈에 보이는 것이 전부가 아니라는 인식이 생겼고, 이러한 인식은 문화에 대한 기본적인 시각마저 바꾸어 놓았다. 의학 분야에서 사용하던 엑스레이는 마침내 현대 예술의 한 분야가 되었다.

제시된 「튤립」은 닉 베세이가 2019년에 발표한 것으로, 꽃봉오리에 가려진 암술과 수술을 드러내어 꽃의 보이지 않는 아름다운 내부를 탐색한 작품이다. 닉 베세이의 다른 작품인 「버스」는 기증된 시신 한 구를 사망한 후 8시간 안에 여러 차례 촬영한 것을 합성한 것이다. 엑스레이 촬영 시 방사능 수치가 너무 높게 나오기 때문에 살아 있는 사람 대신 시신을 촬영한 것이다. 닉 베세이는 약 20여 년간 작은 곤충부터 거대한 비행기 동체까지 엑스레이로 촬영해 전시하는 엑스레이 아트 활동을 해 왔다. 이러한 작품 활동을 통해 닉 베세이는 사물의 겉모습이 아닌 본질과 내재된 아름다움을 부각시키기 위해 노력한 작가라는 평가를 받는다.

인상주의와 후기 인상주의

[2018학년도 3월 고1 학력평가]

필독 TIP

어휘 ★★
문장 ★★
배경지식 ★★

이 글은 전통적인 사실적 회화 기법을 거부하고 새로운 경향을 추구한 인상주의와 후기 인상주의에 대해 설명하고 있다. 모네와 세잔의 화풍을 비교해 보고 입체파에 영향을 미친 후기 인상주의의 특징을 파악하며 읽도록 한다.

사진이 등장하면서 회화는 대상을 사실적으로 재현(再現)*하는 역할을 사진에 넘겨주게 되었고, 그에 따라 화가들은 회화의 의미에 대해 고민하게 되었다. 19세기 말 등장한 인상주의와 후기 인상주의는 전통적인 회화에서 중시되었던 사실주의적 회화 기법을 거부하고 회화의 새로운 경향*을 추구하였다.

인상주의 화가들은 색이 빛에 의해 시시각각 변화하기 때문에 대상의 고유한 색은 존재하지 않는다고 생각하였다. 인상주의 화가 모네는 대상을 사실적으로 재현하는 회화적 전통에서 벗어나기 위해 빛에 따라 달라지는 사물의 색채와 그에 따른 순간적 인상을 표현하고자 하였다.

모네는 대상의 세부적인 모습보다는 전체적인 느낌과 분위기, 빛의 효과에 주목했다. 그 결과 빛에 의한 대상의 순간적 인상을 포착*하여 대상을 빠른 속도로 그려 내었다. 그에 따라 그림에 거친 붓 자국과 물감을 덩어리로 찍어 바른 듯한 흔적이 남아 있는 경우가 많았다. 이로 인해 대상의 윤곽*이 뚜렷하지 않아 색채 효과가 형태 묘사를 압도*하는 듯한 느낌을 준다. 이와 같은 기법은 그가 사실적 묘사에 더 이상 치중*하지 않았음을 보여 주는 것이었다. 그러나 모네 역시 대상을 '눈에 보이는 대로' 표현하려 했다는 점에서 이전 회화에서 추구했던 사실적 표현에서 완전히 벗어나지는 못했다는 평가를 받았다.

후기 인상주의 화가들은 재현 위주의 사실적 회화에서 근본적으로 벗어나는 새로운 방식을 추구하였다. 후기 인상주의 화가 세잔은 "회화에는 눈과 두뇌가 필요하다. 이 둘은 서로 도와야 하는데, 모네가 가진 것은 눈뿐이다."라고 말하면서 사물의 눈에 보이지 않는 형태까지 찾아 표현하고자 하였다. 이러한 시도는 회화란 지각되는* 세계를 재현하는 것이 아니라 대상의 본질을 구현해야 한다는 생각에서 비롯되었다.

세잔은 하나의 눈이 아니라 두 개의 눈으로 보는 세계가 진실이라고 믿었고, 두 눈으로 보는 세계를 평면에 그리려고 했다. 그는 대상을 전통적 원근법에 억지로 맞추지 않고 이중 시점을 적용하여 대상을 다른 각도에서 바라보려 하였고, 이를 한 폭의 그림 안에 표현하였다. 또한 질서 있는 화면 구성을 위해 대상의 선택과 배치가 자유로운 (　ⓐ　)를 선호하였다.

세잔은 사물의 본질을 표현하기 위해서는 '보이는 것'을 그리는 것이 아니라 '아는 것'을 그려야 한다고 주장하였다. 그 결과 자연을 관찰하고 분석하여 사물은 본질적으로 구, 원통, 원뿔의 단순한 형태로 이루어졌다는 결론에 도달하였다. 이를 회화에서 구현하기 위해 그는 이중 시점에서 더 나아가 형태를 단순화하여 대상의 본질을 표현하려 하였고, 윤곽선을 강조하여 대상의 존재감을 부각하려 하였다. 회화의 정체성에 대한 고민에서 비롯된 ㉠그의 이러한 화풍은 입체파 화가들에게 직접적인 영향을 미치게 되었다.

＊ **재현**: 다시 나타남. 또는 다시 나타냄.
＊ **경향**: 현상이나 사상, 행동 따위가 어떤 방향으로 기울어짐.
＊ **포착**: 어떤 기회나 정세를 알아차림.
＊ **윤곽**: 사물의 테두리나 대강의 모습.
＊ **압도**: 눌러서 넘어뜨림. 보다 뛰어난 힘이나 재주로 남을 눌러 꼼짝 못 하게 함.
＊ **치중**: 어떠한 것에 특히 중점을 둠.
＊ **지각되는**: 감각 기관을 통하여 대상이 인식되는.

STEP
Ⅰ

어휘 활용

1 다음 문장에 들어갈 알맞은 단어를 찾아 ○표를 하시오.

(1) 그 사람은 사고 당시의 상황을 (재기 / 재현)하였다.

(2) 기업은 대체로 영리 (추구 / 추가)를 목적으로 한다.

(3) 적군의 움직임이 아군의 감시망에 낱낱이 (포착 / 포격)되었다.

(4) 생활 수준이 높아짐에 따라 무공해 식품의 (선호 / 불호)가 두드러진다.

어휘 의미

2 다음은 ⓐ에 들어갈 단어의 의미이다. ⓐ에 알맞은 단어를 고르시오.

> 몡 과일, 꽃, 화병 따위의 스스로 움직이지 못하는 물체들을 놓고 그린 그림.

① 산수화   ② 인물화
③ 정물화   ④ 풍경화
⑤ 풍속화

STEP
Ⅱ

서술형 중심 화제

1 윗글의 핵심 문장을 찾아 쓰시오.

(   )

문단 정리

2 다음은 윗글의 각 문단의 중심 내용을 정리한 것이다. 빈칸에 들어갈 알맞은 말을 쓰시오.

1문단	인상주의와 후기 인상주의는 ( )의 등장으로 사실주의적 회화 기법을 거부하고 회화의 새로운 경향을 추구하였다.
2문단	인상주의 화가 모네는 ( )에 따라 달라지는 사물의 색채와 그에 따른 순간적 인상을 표현하고자 하였다.
3문단	모네는 빛에 의한 대상의 순간적 ( )을 포착하여 대상을 빠른 속도로 그려 냄으로써 더 이상 사실적 묘사에 치중하지 않았다.
4문단	후기 인상주의 화가 ( )은 사실적 회화에서 근본적으로 벗어나고자 눈에 보이지 않는 형태까지 찾아 표현하려고 하였다.
5문단	세잔은 ( )을 적용하여 대상을 다른 각도에서 바라보고 이를 그림 안에 표현하였다.
6문단	형태를 단순화하여 대상의 본질을 표현하고, 윤곽선을 강조하여 대상의 존재감을 부각한 세잔의 화풍은 ( ) 화가들에게 직접적인 영향을 미치게 되었다.

3 다음은 인상주의에서 후기 인상주의를 거쳐 입체파로 전개되는 과정을 나타낸 것이다. 빈칸에 들어갈 알맞은 말을 쓰시오.

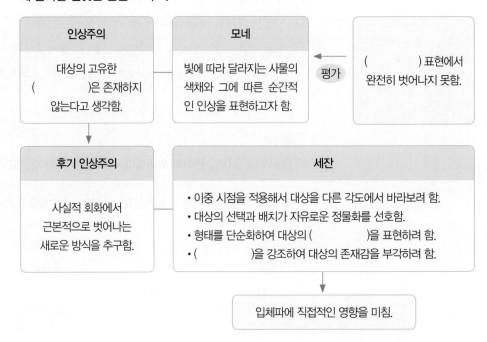

인상주의	모네	( ) 표현에서 완전히 벗어나지 못함.
대상의 고유한 ( )은 존재하지 않는다고 생각함.	빛에 따라 달라지는 사물의 색채와 그에 따른 순간적인 인상을 표현하고자 함.	평가

후기 인상주의	세잔
사실적 회화에서 근본적으로 벗어나는 새로운 방식을 추구함.	• 이중 시점을 적용해서 대상을 다른 각도에서 바라보려 함. • 대상의 선택과 배치가 자유로운 정물화를 선호함. • 형태를 단순화하여 대상의 ( )을 표현하려 함. • ( )을 강조하여 대상의 존재감을 부각하려 함.

입체파에 직접적인 영향을 미침.

STEP
Ⅲ

1

수능형 다른 상황에 적용

〈보기〉를 바탕으로 할 때, 세잔의 화풍을 ㉠과 같이 평가한 이유로 가장 적절한 것은?

보기

입체파 화가들은 사물의 본질을 표현하고자 대상을 입체적 공간으로 나누어 단순화한 후, 여러 각도에서 바라보는 관점으로 사물을 해체하였다가 화폭 위에 재구성하는 방식을 취하였다. 이러한 기법을 통해 관찰자의 위치와 각도에 따라 각기 다르게 보이는 대상의 다양한 모습을 한 화폭에 담아내려 하였다.

---

① 대상의 본질을 드러내기 위해 다양한 각도에서 바라보아야 한다는 관점을 제공하였기 때문에

② 대상을 복잡한 형태로 추상화하여 대상의 전체적인 느낌을 부각하는 방법을 시도하였기 때문에

③ 사물을 최대한 정확하게 묘사하기 위해 전통적 원근법을 독창적인 방법으로 변용시켰기 때문에

④ 시시각각 달라지는 자연을 관찰하고 분석하여 대상의 인상을 그려 내는 화풍을 정립하였기 때문에

⑤ 지각되는 세계를 있는 그대로 표현하기 위해 사물을 해체하여 재구성하는 기법을 창안하였기 때문에

수능형 구체적 상황에 적용

2 윗글을 바탕으로 할 때, 〈보기〉의 선생님의 질문에 대한 대답으로 적절하지 **않은** 것은?

─ 보기 ─

선생님: (가)는 모네의 「사과와 포도가 있는 정물」이고, (나)는 세잔의 「바구니가 있는 정물」입니다. 이 두 작품은 각각 모네와 세잔의 작품 경향이 잘 반영되어 있는 작품으로 평가받고 있습니다. 두 화가의 작품 경향을 바탕으로 (가)와 (나)를 감상해 볼까요?

(가) 　　　(나)

① (가)에서 포도의 형태를 뚜렷하지 않게 그린 것은 빛에 의한 순간적인 인상을 표현한 것이라고 볼 수 있겠군요.

② (나)에서는 질서 있게 화면을 구성하기 위해 의도적으로 대상이 선택되고 배치된 것으로 볼 수 있겠군요.

③ (가)와 달리 (나)에 있는 정물들의 뚜렷한 윤곽선은 대상의 존재감을 부각시키기 위해 사용한 것으로 볼 수 있겠군요.

④ (나)와 달리 (가)의 식탁보의 거친 붓 자국은 대상에서 느껴지는 인상을 빠른 속도로 그려 낸 결과라고 볼 수 있겠군요.

⑤ (가)와 (나) 모두 사물을 단순화해서 표현한 것을 통해 사실적인 재현에서 완전히 벗어났다는 평가를 받을 수 있겠군요.

📖 지문으로 엮어 읽는 배경지식 **입체주의(입체파)**

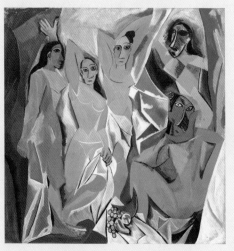

▲ 피카소, 「아비뇽의 처녀들」

입체주의는 20세기 초 프랑스 파리에서 일어난 미술 운동이다. 입체주의는 사물의 본질을 객관적으로 파악하고자 대상을 여러 각도에서 바라보고 입체적으로 표현했으며, 대표적인 작가로는 피카소, 브라크 등이 있다. 입체주의는 전통적인 사실주의적 회화 기법인 원근법, 명암법 등을 거부하고 사물을 입체 조각으로 표현했다. 그리고 사물을 여러 각도에서 본 후 그것을 한 화면에 조합해서 그렸기 때문에 한 사물의 위, 아래, 옆 등 다양한 모습이 한 화폭에 담긴 매우 복잡한 구성의 작품이 탄생하게 되었다. 또한 작품에 신문, 잡지, 벽지 등을 찢어 붙이는 콜라주를 이용하기도 했다. 이러한 입체주의는 추상 미술의 모태가 되어 이후에 나타나는 미래주의, 오르피즘, 신조형주의 등에 큰 영향을 미쳤다. 제시된 피카소의 그림 「아비뇽의 처녀들」은 1907년에 발표되었으며, 미술사 최초의 입체주의 작품으로 평가받는다.

겸재와 단원의 진경산수화

[2017학년도 9월 고1 학력평가]

필독 TIP

어휘 ★★
문장 ★★
배경지식 ★★★

이 글은 겸재 정선과 단원 김홍도의 화풍을 통해 진경산수화의 특징과 의의에 대해 설명하고 있다. 두 화가의 작가 의식과 작품에 나타나는 화풍의 차이를 비교하며 읽도록 한다.

18세기 조선에서는 진경산수화가 유행하였다. 진경산수화는 우리나라의 산하*를 직접 답사*하고 화폭에 담은 산수화이다. 무엇보다 진경(眞景)은 대상의 겉모습만을 묘사하지 않고, 대상의 본질을 표현한 그림임을 강조한 말이다. 하지만 대상의 본질에 대한 이해는 작가에 따라 다르게 나타났다.

이 시기의 대표적인 작가인 겸재 정선은 중국의 화법인 남종 문인화* 기법을 바탕으로 우리 산하를 주체적으로 그려 내었다. 성리학에 깊은 이해를 가졌던 겸재는 재구성과 변형, 즉 과감한 생략과 과장으로 학문적 이상과 우리의 산하에 대한 감흥을 표현했다. 또한 겸재는 음과 양의 조화를 화폭에 담고자 했다.

㉠「구룡폭도」에서 물줄기가 내 눈앞에서 쏟아지는 듯한 감흥을 표현하기 위해 겸재는 앞, 위, 아래에서 본 것을 모두 한 그림에 담아냈다. 폭포수를 강조하기 위해 물줄기를 길고 곧게 내려 긋고 위에서 본 물웅덩이를 과장되게 둥글게 변형하였다. 그림을 보는 이들이 폭포수의 감흥에 집중할 수 있도록 실재하는 폭포 너머의 봉우리를 과감히 생략했다. 절벽은 서릿발* 같은 필선을 통해 강한 양의 기운을 표현한 반면 절벽의 나무는 먹의 번짐을 바탕으로 한 묵법*을 통해 음의 기운을 그려 냈다.

진경산수화의 새로운 전기*를 마련한 이는 단원 김홍도이다. 국가의 공식 행사를 사실대로 기록하는 화원이었던 단원은 계산된 구도로 전대*에 비해 더욱 치밀하고 박진감 넘치는 화풍을 보였다. 그는 초상화에 인물을 사실적으로 묘사하여 인물의 정신까지 담아내려고 한 것처럼 대상의 완벽한 재현으로 자연에서 느낀 감흥에 충실하려고 하였다. 특히 중국을 거쳐 들어온 서양 화법 중 원근법, 투시법 등을 수용해 보다 사실적인 경치를 그려 내었다.

정조의 명을 ⓐ받아 단원이 그린 「구룡연」은 금강산의 구룡 폭포를 직접 찾아가 그 모습을 담은 것이다. 흘러내리는 물줄기, 폭포 너머로 보이는 봉우리, 폭포 앞의 구름다리까지 사진을 찍은 듯이 생략 없이 그렸다. 과장과 꾸밈이 없이 보이는 그대로의 각도로 그린 것이다. 그리고 절벽 바위 하나하나의 질감을 나타내기 위해 선의 굵기와 농담*에 변화를 주어 입체감 있게 표현하였다.

진경산수화는 우리나라의 산천이 곧 진경이라는 당시 사람들의 생각을 담고 있는 소중한 전통인 것이다. 우리 산하를 진경으로 표현함에는 우리 국토에 대한 애정, 우리 문화에 대한 자긍심이 담겨 있다. 이러한 진경산수화는 19세기 여러 작가들에게 영향을 미쳤다.

* **산하**: 산과 내라는 뜻으로, '자연'을 이르는 말.
* **답사**: 현장에 가서 직접 보고 조사함.
* **남종 문인화**: 학문과 교양을 갖춘 문인들이 비직업적으로 수묵과 담채를 써서 내면세계의 표현에 치중한 그림의 경향.
* **서릿발**: 땅속의 물이 얼어 기둥 모양으로 솟아오른 것. 또는 그것이 뻗는 기운.
* **묵법**: 동양화에서, 먹으로 그림을 그리는 기법.
* **전기**: 전환점이 되는 기회나 시기.
* **전대**: 지나간 시대.
* **농담**: 색깔이나 명암 따위의 짙음과 옅음. 또는 그런 정도.

STEP
Ⅰ

어휘 의미

1 다음과 같은 사전적 의미를 지닌 단어를 〈보기〉에서 찾아 쓰시오.

┌─ 보기 ──┐
│   │
│   화폭   필선   묵법   농담   │
│   │
└───┘

(1) 그림을 그려 놓은 천이나 종이의 조각. (   )

(2) 동양화에서, 먹으로 그림을 그리는 기법. (   )

(3) 글씨를 쓰거나 그림을 그릴 때 드러나는 붓의 선. (   )

(4) 색깔이나 명암 따위의 짙음과 옅음. 또는 그런 정도. (   )

어휘 활용

2 다음 밑줄 친 부분이 윗글의 ⓐ와 가장 유사한 의미로 사용된 것을 고르시오.

① 그는 빨간색이 잘 받지 않는다.

② 나무에서 떨어지는 열매를 받았다.

③ 이번 국어 시험에서 100점을 받았다.

④ 내일까지 서류를 제출하라는 검찰의 통고를 받았다.

⑤ 회사의 미래를 생각하면 신입 사원을 받지 않을 수 없다.

STEP
Ⅱ

서술형 중심 화제

1 윗글의 중심 내용을 쓰시오.

┌───┐
│ (   ) │
└───┘

문단 정리

2 다음은 윗글의 각 문단의 중심 내용을 정리한 것이다. 빈칸에 들어갈 알맞은 말을 쓰시오.

1문단	( )는 우리나라의 산하를 직접 답사하고 화폭에 담은 산수화이다.
2문단	( )은 과감한 생략과 과장으로 학문적 이상과 우리의 산하에 대한 감흥을 표현했으며, 음과 양의 조화를 화폭에 담고자 하였다.
3문단	「구룡폭도」는 과장과 ( ) 기법을 활용하였으며, 음의 기운을 그려 냈다.
4문단	( )는 치밀하고 박진감 넘치는 화풍을 보였으며, 원근법, 투시법 등을 수용해 사실적인 경치를 그려 내었다.
5문단	「구룡연」은 과장과 꾸밈이 없이 보이는 그대로의 각도로 그렸으며, 선의 굵기와 농담에 변화를 주어 ( ) 있게 표현하였다.
6문단	우리 국토에 대한 애정, 우리 문화에 대한 자긍심이 담겨 있는 진경산수화는 19세기 여러 작가들에게 영향을 미쳤다.

3 다음 구조도의 빈칸에 알맞은 내용을 써넣어, 윗글의 내용을 정리하시오.

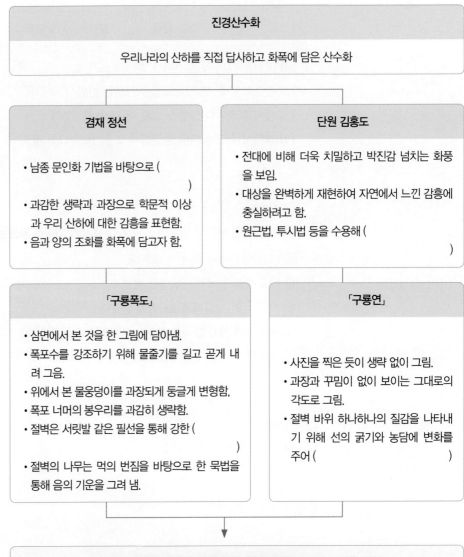

진경산수화

우리나라의 산하를 직접 답사하고 화폭에 담은 산수화

겸재 정선
- 남종 문인화 기법을 바탕으로 (   )
- 과감한 생략과 과장으로 학문적 이상과 우리 산하에 대한 감흥을 표현함.
- 음과 양의 조화를 화폭에 담고자 함.

단원 김홍도
- 전대에 비해 더욱 치밀하고 박진감 넘치는 화풍을 보임.
- 대상을 완벽하게 재현하여 자연에서 느낀 감흥에 충실하려고 함.
- 원근법, 투시법 등을 수용해 (   )

「구룡폭도」
- 삼면에서 본 것을 한 그림에 담아냄.
- 폭포수를 강조하기 위해 물줄기를 길고 곧게 내려 그음.
- 위에서 본 물웅덩이를 과장되게 둥글게 변형함.
- 폭포 너머의 봉우리를 과감히 생략함.
- 절벽은 서릿발 같은 필선을 통해 강한 (   )
- 절벽의 나무는 먹의 번짐을 바탕으로 한 묵법을 통해 음의 기운을 그려 냄.

「구룡연」
- 사진을 찍은 듯이 생략 없이 그림.
- 과장과 꾸밈이 없이 보이는 그대로의 각도로 그림.
- 절벽 바위 하나하나의 질감을 나타내기 위해 선의 굵기와 농담에 변화를 주어 (   )

우리 국토에 대한 애정, 우리 문화에 대한 자긍심이 담긴 진경산수화는
19세기 여러 작가들에게 영향을 미침.

STEP III

1 윗글의 서술 방식에 대한 설명으로 적절한 것은?

① 작가 의식과 작품을 연관 지어 서술하고 있다.
② 작품의 독창성을 문답 형식으로 설명하고 있다.
③ 작품에 대한 여러 관점의 이론을 상호 비교하고 있다.
④ 화풍의 변천 과정에서 나타난 문제점을 제시하고 있다.
⑤ 작품의 예술성을 전문가의 평을 근거로 강조하고 있다.

2 ㉠과 〈보기〉를 비교한 설명으로 가장 적절한 것은?

보기

[1절] 박연 폭포가 흘러가는 물은 범사정*으로 감돌아든다.

[2절] 박연 폭포가 제아무리 깊다 해도 우리네 양인(兩人)의 정만 못하리라.

[13절] 구만장천 걸린 폭포 은하수를 기울인 듯 신비로운 풍경에 심신이 새로워지누나.

　(후렴) 에~ 에루화 좋고 좋다 어지럼마 디여라 내 사랑아

　　　　　　　　　　　　　　　　　　　　　　　　　　　　　– 경기 민요, 「박연 폭포」

* 범사정(泛槎亭): 박연 폭포 앞에 있는 정자

① ㉠은 대상에 대한 감흥을, 〈보기〉는 자신들의 사랑을 표현하기 위해 폭포를 소재로 하고 있다.

② ㉠은 한 방향에서 바라본, 〈보기〉는 여러 방향에서 바라본 폭포를 표현하고 있다.

③ ㉠은 실재하는 대상을 생략하여, 〈보기〉는 대상과의 차이를 강조하여 폭포수에 집중하도록 하고 있다.

④ ㉠은 원근법을 활용하여, 〈보기〉는 흐르는 물의 모습을 묘사하여 폭포를 입체감 있게 표현하였다.

⑤ ㉠은 묵법을 활용하여, 〈보기〉는 자연물에 비유하여 음양의 원리를 표현하였다.

📖 지문으로 엮어 읽는 배경지식　**겸재와 단원이 그린 구룡 폭포**

「구룡폭도」는 외금강 명소인 구룡 폭포를 그린 것으로 겸재 정선의 『겸재 정선 화첩』에 포함된 작품이다. 폭포수의 물줄기를 길고 곧게 표현하거나 물웅덩이를 둥글게 변형하는 등 과장되게 표현하고 폭포 너머의 봉우리를 과감히 생략하여 그림을 보는 이들이 폭포수의 감흥에 오롯이 집중할 수 있도록 했다. 금강산의 전체 경관을 담은 「금강내산전도」와 내금강의 명소인 「만폭동도」와 함께 정선의 금강산 그림 3대 대표작으로 꼽힌다. 한편 「구룡연」은 김홍도의 화첩 『금강사군첩』에 속한 작품이다. 「구룡폭도」와 같이 내금강 명소인 구룡 폭포를 그린 것이다. 흘러내리는 물줄기, 폭포 너머로 보이는 봉우리, 폭포 앞의 구름다리까지 정밀하고 세밀하게 묘사하였다. 정선이 폭포의 윗부분을 과감하게 생략한 것에 반해 김홍도는 폭포 윗부분의 풍경까지 충실히 그려 낸 것이 두드러지는 차이점이다.

지휘자의 음악 해석

[2017학년도 6월 고1 학력평가]

지휘자와 오케스트라가 베토벤의 교향곡을 소리로 재현해 내지 않는다면 베토벤의 명곡은 결코 우리 앞에 '생생한 소리'로서 존재할 수 없다. 지휘자와 오케스트라가 작곡가의 악보를 소리로 바꾸는 과정에서 '음악 해석'이라는 것이 이루어진다. 지휘자는 자신의 음악적 관점을 리허설을 통해 전달하고, 여러 가지 손동작과 표정, 몸짓 등으로 감정을 표현하거나 음악의 느낌을 단원들에게 전달하며 훌륭한 연주를 이끌어 낸다. 그 순간 지휘자는 단지 박자만 맞추는 것이 아니라 음악을 해석하고 있는 것이다.

일반인들에게 음악 해석이란 말은 조금 낯설지도 모른다. 엄연히* 작곡가가 남긴 악보가 있고, 지휘자나 연주자는 악보에 써 있는 대로 음악을 지휘하거나 연주를 하면 될 테니 연주의 차이도 거기서 거기 아니냐고 할 수도 있다. 하지만 막상 악보를 보고 연주를 해 보면 이것이 간단한 문제가 아니라는 것을 알게 된다. 가령 '점점 느리게 연주하라'는 뜻의 '리타르단도'라든가 '점점 빠르게 연주하라'는 뜻의 '스트린젠도'라는 기호가 나타났을 때 과연 어디서부터 어떻게 느려져야 하고 어떻게 빨라져야 할까? 작곡가가 아무리 악보를 정교하게* 그린다 해도 작곡가는 연주자들에게 자신이 의도한 음악을 정확하게 전달해 낼 수 없다. 이것이 바로 '악보의 불완전성'이며 이 불완전성이야말로 다양한 음악 해석을 가능하게 한다.

그럼 베토벤의 「교향곡 5번」이 지휘자의 관점에 따라 얼마나 다르게 연주될 수 있는지 살펴보자. 1악장 도입부만 해도 지휘자마다 천차만별*이다. 베토벤 「교향곡 5번」을 여는 '따따따딴~'의 네 음은 베토벤의 운명이 문을 두드리는 소리라고 해서 흔히 '운명의 동기'라고 불린다. 운명의 동기가 나타나는 1악장의 첫 페이지에 베토벤은 '알레그로 콘 브리오', 즉 '빠르고 활기 있게' 연주하라고 적어 놓았다. 그리고 그 옆에는 정확한 템포를 지시하기 위해 2분 음표를 메트로놈* 108로 연주하라고 적어 놓았다. 1악장은 2/4박자의 곡이므로 2분 음표의 템포는 곧 한 마디의 템포인 셈인데, 한 마디를 메트로놈 108의 속도로 연주한다는 것은 연주자들을 긴장시킬 만한 매우 빠른 템포이다.

하지만 정확하고 무자비*하기로 유명한 지휘자 토스카니니는 정확하게 베토벤이 원하는 템포 그대로 운명의 동기를 연주한다. 그리고 운명의 동기를 반복적으로 구축*하며 운명이 추적*해 오는 것 같은 뒷부분도 사정없이 몰아친다. 그의 해석으로 베토벤 음악의 추진력은 더욱 돋보인다.

반면 음악을 주관적으로 해석하기로 유명한 푸르트뱅글러는 베토벤이 적어 놓은 메트로놈 기호에 별로 신경을 쓰지 않았다. 푸르트뱅글러의 지휘로 재탄생한 운명의 노크 소리는 매우 느린 템포로 연주된다. 그럼에도 불구하고 한 음 한 음 힘 있고 또렷하게 표현된 그 소리는 그 어느 노크 소리보다 가슴을 울리는 웅장함을 담고 있다. 두 번째 노크 소리의 여운이 끝나기가 무섭게 시작되는 '운명의 추적' 부분에서도 푸르트뱅글러는 이 작품에 대한 독특한 시각을 보여 준다. 그는 여기서 도입부의 느린 템포와는 전혀 다른 매우 빠른 템포로 음악을 이끌어 가면서 웅장하게 표현된 운명의 동기와는 대조적으로 더욱 긴박감 넘치는 운명의 추적을 느끼게 한다. 푸르트뱅글러는 비록 1악장 도입부에서 베토벤이 적어 놓은 메트로놈 기호를 지키지는 않았다. 하지만 도입부에 나타난 두 번의 노크 소리를 느리고 웅장하게 연주한 후 뒷부분의 음

* **엄연히:** 어떠한 사실이나 현상이 부인할 수 없을 만큼 뚜렷하게.
* **정교하게:** 솜씨나 기술 따위가 정밀하고 교묘하게.
* **천차만별:** 여러 가지 사물이 모두 차이가 있고 구별이 있음.
* **메트로놈:** 악곡의 박절(拍節)을 측정하거나 템포를 나타내는 기구.
* **무자비:** 인정이 없이 냉혹하고 모짊.
* **구축:** 체제, 체계 따위의 기초를 닦아 세움.
* **추적:** 도망하는 사람의 뒤를 밟아서 쫓음.

악은 빠르고 긴박감 넘치게 이끌어 감으로써 베토벤 음악이 지닌 웅장함과 역동성을 더욱 잘 부각*시키고 있다. 그렇다면 푸르트벵글러의 해석이 틀렸다고 할 수 있을까? 악보에 충실하고자 했던 토스카니니와 악보 너머의 음악적 느낌에 더 충실하고자 했던 푸르트벵글러 중 누가 옳은 것일까?

음악에선 틀린 음을 연주하는 것 이외에 틀린 것이란 없다. 틀린 것이 아니라 다른 것이다. 여러 가지 '다름'을 허용하는 것이야말로 클래식 음악을 더욱 생동감 넘치는 현재의 음악으로 재현하는 원동력이 된다.

* **부각**: 어떤 사물을 특징지어 두드러지게 함.

STEP I

어휘 의미

1 다음에 제시된 초성과 뜻을 참고하여 빈칸에 들어갈 알맞은 단어를 쓰시오.

(1) 인정이 없이 냉혹하고 모짊. ㅁㅈㅂ → (   )

(2) 매우 다급하고 절박한 느낌. ㄱㅂㄱ → (   )

(3) 목표를 향하여 밀고 나아가는 힘. ㅊㅈㄹ → (   )

(4) 여러 가지 사물이 모두 차이가 있고 구별이 있음. ㅊㅊㅁㅂ → (   )

어휘 의미

2 다음 단어의 사전적 의미를 찾아 바르게 연결하시오.

(1) 생생하다	•		•	㉮ 체제, 체계 따위의 기초를 닦아 세우다.
(2) 정교하다	•		•	㉯ 시들거나 상하지 아니하고 생기가 있다.
(3) 구축하다	•		•	㉰ 어떤 사물을 특징지어 두드러지게 하다.
(4) 부각하다	•		•	㉱ 내용이나 구성 따위가 정확하고 치밀하다.

STEP II

서술형 **중심 화제**

1 윗글의 중심 내용을 쓰시오.

(   )

문단 정리

2 다음은 윗글의 각 문단의 중심 내용을 정리한 것이다. 빈칸에 들어갈 알맞은 말을 쓰시오.

1문단	지휘자와 오케스트라가 작곡가의 악보를 소리로 바꾸는 과정에서 (　　　　)이라는 것이 이루어진다.
2문단	악보의 (　　　　)으로 인해 다양한 음악 해석이 가능하다.
3문단	베토벤은 「교향곡 5번」의 1악장 도입부를 (　　　　　　) 연주하라고 적어 놓았다.
4문단	지휘자 (　　　　)는 정확하게 베토벤이 원하는 템포 그대로 운명의 동기를 연주하여, 베토벤 음악의 추진력을 돋보이게 하였다.
5문단	지휘자 (　　　　)는 1악장 도입부를 베토벤의 의도대로 연주하지 않았으나, 베토벤 음악이 지닌 웅장함과 역동성을 잘 부각시켰다.
6문단	음악 연주에서 (　　　　)을 허용하는 것은 클래식 음악을 더욱 생동감 넘치는 현재의 음악으로 재현하는 원동력이 된다.

내용 구조

3 다음은 베토벤의 「교향곡 5번」 1악장 도입부의 연주 방식을 정리한 것이다. 빈칸에 들어갈 알맞은 말을 쓰시오.

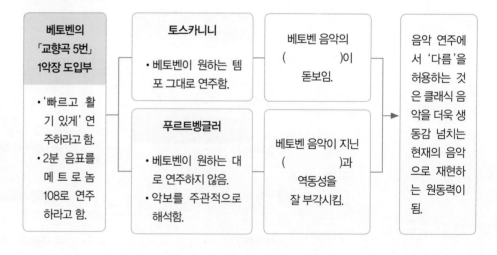

STEP III

수능형 **핵심 정보의 파악**

1 '음악 해석'에 대한 이해로 적절하지 <u>않은</u> 것은?

① 동일한 곡이라도 지휘자마다 연주자에게 다른 요구를 할 수 있다.

② 악보를 통해 작곡가의 의도를 연주자에게 완벽하게 전달하기는 어렵다.

③ 작곡가가 악보에 자신의 의도를 정확하게 담았다면 음악 해석은 불필요하다.

④ 음악 해석은 지휘자나 연주자가 작곡가의 악보를 소리로 재현할 때 이루어진다.

⑤ 지휘자는 동작이나 표정을 통해 연주자들에게 자신이 해석한 음악의 느낌을 전달한다.

수능형 다른 상황에 적용

2 윗글을 바탕으로 〈보기〉에 대해 보인 반응으로 적절하지 <u>않은</u> 것은?

보기

　　베토벤 당시의 호른으로는 재현부에서 C장조로 낮아진 제2주제의 팡파르를 연주할 수 없었다. 그래서 베토벤은 자신의 「교향곡 5번」 1악장 재현부에서 제2주제 팡파르를 호른과 음색이 가장 유사한 목관 악기인 바순으로 연주하도록 했다. 그러나 19세기에 관악기의 개량이 이루어지면서 어떤 음이든 연주할 수 있는 호른이 널리 보급되었다. 그러자 어떤 지휘자들은 베토벤 「교향곡 5번」 1악장의 재현부에서 제2주제 팡파르를 호른으로 연주해야 한다고 주장했다. 하지만 어떤 지휘자들은 베토벤이 악보에 적어 놓은 그대로 바순의 연주를 고집했다.

① 베토벤은 당시 악기의 한계 때문에 자신이 의도한 바를 정확하게 구현하지 못했겠군.

② 토스카니니는 베토벤이 악보에 적어 놓은 그대로 바순으로 연주하는 데 동조했겠군.

③ 자신의 음악 해석에 따라 호른이나 바순 이외의 악기로 연주하는 지휘자도 있을 수 있겠군.

④ 호른으로 연주를 해야 한다고 주장한 지휘자들은 악보에 충실한 음악 해석을 중요시했겠군.

⑤ 윗글의 글쓴이는 바순과 호른 중 어떤 악기로 연주해도 그 지휘자의 연주가 틀렸다고는 생각하지 않겠군.

📖 지문으로 엮어 읽는 배경지식 **베토벤의 「교향곡 5번 C단조」, '운명'**

▲ 베토벤(Beethoven, 1770~1827)

　　베토벤의 「교향곡 5번 C단조」는 베토벤의 다섯 번째 교향곡으로 흔히 '운명 교향곡'이라고 불린다. 이는 이 곡의 1악장 첫머리 '빠바바 밤'이라는 강렬한 음색을 두고 베토벤이 "운명이 이처럼 문을 두드린다."라고 표현한 데서 유래한다고 보고 있다.

　　이 곡은 1808년 12월 22일 오스트리아의 수도 빈의 극장 테아터 안 데어 빈(Theater an der Wien)에서 열린 베토벤의 세 번째 음악회에서 초연되었는데, 당시는 이 곡에 대해 '너무 길고 복잡한 곡'이라는 평이 지배적이었다. 하지만 강한 승리감을 안겨 주는 4악장의 이미지로 대중적으로는 굉장한 인기를 얻었고, 베토벤은 큰 명성을 얻게 되었다.

신라 범종의 조형 양식과 계승

[2017학년도 3월 고1 학력평가]

필독 TIP

어휘 ★★★
문장 ★★★
배경지식 ★★★★

이 글은 우리나라 범종의 전형인 신라 범종의 특징을 중국이나 일본 종과 비교하며 설명하고 있다. 세 나라 범종의 공통점과 차이점을 살펴보고, 신라 범종만의 독특한 조형 양식을 파악하며 읽도록 한다.

절에서 시간을 알리거나 의식을 행할 때 쓰이는 종을 범종이라고 한다. 범종은 불교가 중국에 유입되면서 나타나기 시작하여 우리나라와 일본의 사찰로 퍼져 나갔다. 중국 종의 영향 속에서도 우리나라와 일본의 범종은 각각 독특한 조형* 양식을 발전시켰는데, 우리나라 범종의 전형적인 조형 양식은 신라에서 완성되었다. 신라에서는 독창적이고 섬세한 조형 양식을 지닌 대형 종을 주조*하였는데, 이는 중국이나 일본의 주조 공법으로는 만들기 어려운 것이었다. 이러한 신라 종의 조형 양식은 조선 초기를 기점으로 한 ㉠큰 변화가 나타나기 전까지 후대의 범종으로 계승되었다.

신라 종의 몸체는 항아리를 거꾸로 세워 놓은 것과 비슷하게 가운데가 불룩하게 튀어나온 모습을 하고 있다. 이와 달리 중국 종은 몸체의 하부가 팔(八) 자로 벌어져 있으며, 일본 종은 수직 원통형으로 되어 있다. 범종의 정상부에는 종을 매다는 용 모양의 고리인 용뉴(龍鈕)가 있는데, 신라 종의 용뉴는 쌍용 형태인 중국 종이나 일본 종의 용뉴와는 달리 한 마리 용의 모습을 하고 있다. 그리고 용뉴 뒤에는 우리나라의 범종에서만 특징적으로 나타나는 음통이 있다.

주조 공법이 발달했던 신라의 범종에는 섬세한 문양들이 장식되어 있어 중국 종이나 일본 종과 차이를 보인다. 신라 종의 상부와 하부에는 각각 상대와 하대라고 부르는 동일한 크기의 문양 띠가 있는데, 여기에는 덩굴무늬나 연꽃무늬 등의 불교적 상징물이 장식되어 있다. 상대 바로 아래 네 방향에는 사다리꼴의 유곽이 있으며 그 안에 연꽃 봉오리 형상이 장식된 유두가 9개씩 있어, 단순한 꼭지 형상의 유두가 있는 일본 종이나 유두와 유곽 모두 존재하지 않는 중국 종과 차이를 보인다. 그리고 가장 불룩하게 튀어나온 종의 정점부에는 타종 부위인 당좌(撞座)*가 있으며, 이 당좌 사이에는 천인상(天人像)이 아름답게 장식되어 있어 가로 세로의 띠만 있는 일본 종과 차이가 있다.

고려 시대에는 이러한 신라 종의 조형 양식이 미약한 변화 속에서 계승된다. 전기에는 상대와 접하는 종의 상판 둘레에 견대라 불리는 어깨 문양의 장식이 추가되고 유곽과 당좌의 위치가 달라지며, 천인상만 부조*되어 있던 자리에 삼존불 등이 함께 나타난다. 그리고 고려 후기로 가면 전기 양식의 견대가 연꽃을 세운 모양으로 변하고, 원나라의 침입 이후 전래된 라마교*의 영향으로 범자(梵字)* 문양 등의 장식이 나타난다. 한편, 범종이 소형화되어 신라 종이 조형 상식이 계승되면서도 그러한 조형 양식을 지닌 대형 종의 주조 공법은 사라지게 된다.

조선 초기에는 새 왕조를 연 왕실 주도로 다시 대형 종이 주조된다. 이때 조선에서는 신라의 대형 종 주조 공법을 대신하여 중국 종의 주조 공법을 도입하게 된다. 그러면서 중국 종처럼 음통이 없이 쌍용으로 된 용뉴가 등장하며, 당좌가 사라지고, 신라 종의 섬세한 장식 대신 중국 종의 전형적인 장식들이 나타나게 된다. 이후 불교를 억제하는 정책에 따라 한동안 범종 제작이 통제되었고, 16세기에 사찰 주도로 소형 종이 주조되면서 사라졌던 신라 종의 조형 양식이 다시 나타난다. 그 후 이러한 혼합 양식과 복고* 양식이 병립하다가 복고 양식이 사라지면서 우리나라의 범종은 쇠퇴기에 접어들게 된다.

* **조형**: 여러 가지 재료를 이용하여 구체적인 형태나 형상을 만듦.
* **주조**: 녹인 쇠붙이를 거푸집에 부어 물건을 만듦.
* **당좌**: 종을 칠 때에 망치가 늘 닿는 자리.
* **부조**: 조각에서, 평평한 면에 글자나 그림 따위를 도드라지게 새기는 일.
* **라마교**: 인도에서 티베트로 전하여진 대승 불교가 티베트의 고유 신앙과 동화하여 발달한 종교.
* **범자**: 산스크리트어를 적는 인도의 문자를 통틀어 이르는 말.
* **복고**: 과거의 모양, 정치, 사상, 제도, 풍습 따위로 돌아감.

STEP Ⅰ

어휘 의미

1 다음 단어의 사전적 의미를 찾아 바르게 연결하시오.

(1) 유입 •	• ㉮ 나란히 섬.
(2) 조형 •	• ㉯ 문화, 지식, 사상 따위가 들어옴.
(3) 기점 •	• ㉰ 어떠한 것이 처음으로 일어나거나 시작되는 곳.
(4) 통제 •	• ㉱ 일정한 방침이나 목적에 따라 행위를 제한하거나 제약함.
(5) 병립 •	• ㉲ 여러 가지 재료를 이용하여 구체적인 형태나 형상을 만듦.

어휘 의미

2 다음은 윗글에 제시된 주요 개념어의 사전적 의미를 정리한 것이다. 초성과 뜻을 참고하여 빈칸에 들어갈 알맞은 단어를 쓰시오.

(1) ㅈㅈ : 녹인 쇠붙이를 거푸집에 부어 물건을 만듦.
　　예 올림픽을 기념하여 기념주화를 (　　　　)하였다.

(2) ㅂㅈ : 조각에서, 평평한 면에 글자나 그림 따위를 도드라지게 새기는 일.
　　예 그 성당 벽면에는 장미 문양이 (　　　　)로 새겨져 있다.

STEP Ⅱ

서술형 중심 화제

1 윗글의 중심 내용을 쓰시오.

(　　　　　　　　　　　　　　　　　　　　　　　　　　　　　　　)

문단 정리

2 다음은 윗글의 각 문단의 중심 내용을 정리한 것이다. 빈칸에 들어갈 알맞은 말을 쓰시오.

1문단	우리나라 범종의 전형적인 조형 양식은 (　　　　　　)에서 완성되어 후대의 범종으로 계승되었다.
2문단	신라 종의 몸체는 항아리를 거꾸로 세워 놓은 모양이고, 용뉴는 한 마리 용의 모습을 하고 있으며, 용뉴 뒤에는 (　　　　)이 있다.
3문단	신라 종에는 문양 띠가 있는 상대와 하대가 있고, 사다리꼴의 유곽, 연꽃 봉오리 형상의 유두가 있으며, 타종 부위의 당좌 사이에는 (　　　　)이 장식되어 있다.
4문단	(　　　　) 시대에는 신라 종의 조형 양식이 미약한 변화 속에서 계승되며, 범종이 소형화된다.
5문단	조선 초기에는 (　　　　) 종의 주조 공법을 도입하다가 16세기에 신라 종의 조형 양식이 다시 나타나지만, 이후 우리나라의 범종은 쇠퇴기에 접어든다.

서술형 내용 구조

3 다음은 세 나라의 범종을 비교·대조한 것이다. 빈칸에 들어갈 알맞은 내용을 쓰시오.

신라 범종		중국 범종	일본 범종
항아리를 거꾸로 세워 놓은 듯, ( ).	몸체	하부가 팔(八) 자로 벌어져 있음.	수직 원통형임.
한 마리 용의 모습을 하고 있음.	용뉴	( ).	쌍용 형태임.
우리나라 범종에만 있음.	음통	없음.	없음.
덩굴무늬나 연꽃무늬 띠가 있음.	상대와 하대		
사다리꼴의 유곽과 ( ).	유곽과 유두	없음.	단순한 꼭지 형상의 유두만 있음.
당좌 사이에 있음.	천인상		당좌 사이에 천인상은 없고 가로 세로의 띠만 있음.

수능형 세부 정보의 추론

1 ㉠이 나타나게 된 이유로 가장 적절한 것은?

① 조선 시대에 불교를 억제하는 정책을 펴면서 범종 제작이 통제되었기 때문이다.

② 고려 시대에 종이 소형화되면서 신라 종의 조형 양식이 전승되지 못했기 때문이다.

③ 중국 종의 주조 공법으로 대형 종을 만들면서 중국 종의 조형 양식을 따르게 되었기 때문이다.

④ 16세기에 사찰 주도로 범종을 주조할 때 신라 종의 조형 양식을 복원하는 데 한계가 있었기 때문이다.

⑤ 조선 초기에 사찰 주도로 대형 종을 주조하면서 섬세한 조형 양식을 지닌 신라 종을 따르고자 했기 때문이다.

수능형 구체적 상황에 적용

2 〈보기〉는 신라 시대에 만들어진 범종의 그림이다. 이 범종의 ⓐ~ⓔ와 관련된 설명으로 적절하지 <u>않은</u> 것은?

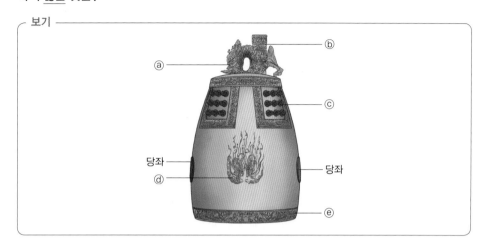

① 용이 한 마리인 형태의 ⓐ는 쌍용 형태인 중국 종이나 일본 종과 차이가 있다.

② ⓑ는 중국 종이나 일본 종에는 존재하지 않는 신라 종의 독특한 조형 양식에 해당한다.

③ 중국 종에는 ⓒ가 존재하지 않고, 일본 종에 존재하는 것은 ⓒ와 형상이 다르다.

④ 일본 종은 신라 종과 달리 ⓓ의 주변에 가로 세로의 띠가 있다.

⑤ 신라 종은 중국 종이나 일본 종과 달리 몸체의 정점부가 ⓔ 부분보다 볼록하게 튀어나와 있다.

📖 지문으로 이해하는 독해 지식 **묘사**

대상의 모습이나 상태 등을 그림 그리듯이 구체적이고 치밀하게 표현하는 서술 방식을 묘사라고 한다. 일정한 순서에 따라 서술되며 대상을 직접 보고 있는 듯한 느낌을 준다. 제시된 부분은 신라 범종의 문양 장식을 객관적으로 묘사하고 있다. 범종의 상부와 하부, 유곽, 유두 등에 대한 문양 정보를 사실적으로 제시하고 있는데, 이렇게 대상의 객관적 상태를 있는 그대로 그리는 것을 객관적 묘사라고 한다.

주조 공법이 발달했던 <u>신라의 범종에는</u> 섬세한 문양들이 장식되어 있어 중국 종이나 일본 종과 차이를 보인다.
<u>묘사의 대상</u>
신라 종의 상부와 하부에는 각각 상대와 하대라고 부르는 동일한 크기의 문양 띠가 있는데, 여기에는 덩굴무늬나
<u>상부와 하부의 문양 묘사</u>
연꽃무늬 등의 불교적 상징물이 장식되어 있다. 상대 바로 아래 네 방향에는 사다리꼴의 유곽이 있으며 <u>그 안에 연
꽃 봉오리 형상이 장식된 유두가 9개씩 있어, 단순한 꼭지 형상의 유두가 있는 일본 종이나 유두와 유곽 모두 존재
하지 않는 중국 종과 차이를 보인다.</u> 그리고 가장 볼록하게 튀어나온 종의 정점부에는 타종 부위인 당좌(撞座)가 있
<u>유곽에 있는 문양과 유두 형상 묘사</u>
으며, 이 당좌 사이에는 천인상(天人像)이 아름답게 장식되어 있어 가로 세로의 띠만 있는 일본 종과 차이가 있다.
<u>당좌와 천인상 문양 묘사</u>

(가) 예술 정의에 대한 미학 이론의 전개 / (나) 예술 작품에 대한 주요 비평 방법

[2021학년도 9월 모의평가]

가 미학은 예술과 미적 경험에 관한 개념과 이론에 대해 논의하는 철학의 한 분야로서, 미학의 문제들 가운데 하나가 바로 예술의 정의에 대한 문제이다. 예술이 자연에 대한 모방*이라는 아리스토텔레스의 말에서 비롯된 모방론은, 대상과 그 대상의 재현이 닮은꼴이어야 한다는 재현의 투명성 이론을 전제*한다. 그러나 예술가의 독창적인 감정 표현을 중시하는 한편 외부 세계에 대한 왜곡*된 표현을 허용하는 낭만주의 사조가 18세기 말에 등장하면서, 모방론은 많이 쇠퇴했다. 이제 모방을 필수 조건으로 삼지 않는 낭만주의 예술가의 작품을 예술로 인정해 줄 수 있는 새로운 이론이 필요했다.

20세기 초에 콜링우드는 진지한 관념이나 감정과 같은 예술가의 마음을 예술의 조건으로 규정하는 표현론을 제시하여 이 문제를 해결하였다. 그에 따르면, 진정한 예술 작품은 물리적 소재를 통해 구성될 필요가 없는 정신적 대상이다. 또한 이와 비슷한 시기에 외부 세계나 작가의 내면보다 작품 자체의 고유 형식을 중시하는 형식론도 발전했다. 벨의 형식론은 예술 감각이 있는 비평가들만이 직관적*으로 식별할 수 있고 정의는 불가능한 어떤 성질을 일컫는 '의미 있는 형식'을 통해 그 비평가들에게 미적 정서를 유발하는 작품을 예술 작품이라고 보았다.

20세기 중반에, 뒤샹이 변기를 가져다 전시한 「샘」이라는 작품은 예술 작품으로 인정되지만 그것과 형식적인 면에서 차이가 없는 일반적인 변기는 예술 작품으로 인정되지 않는 이유를 설명하지 못하게 되자 두 가지 대응 이론이 나타났다. 하나는 우리가 흔히 예술 작품으로 분류하는 미술, 연극, 문학, 음악 등이 서로 이질적이어서 그것들 전체를 아울러 예술이라 정의할 수 있는 공통된 요소를 갖지 않는다는 웨이츠의 예술 정의 불가론이다. 그의 이론은 예술의 정의에 대한 기존의 이론들이 겉보기에는 명제의 형태를 취하고 있으나 사실은 참과 거짓을 판정할 수 없는 사이비 명제이므로, 예술의 정의에 대한 논의 자체가 불필요하다는 견해를 대변한다.

다른 하나는 예술계라는 어떤 사회 제도에 속하는 한 사람 또는 여러 사람에 의해 감상의 후보 자격을 수여받은 인공물을 예술 작품으로 규정하는 디키의 제도론이다. 하나의 작품이 어떤 특정한 기준에서 훌륭하므로 예술 작품이라고 부를 수 있다는 평가적 이론들과 달리, 디키의 견해는 일정한 절차와 관례*를 거치기만 하면 모두 예술 작품으로 볼 수 있다는 분류적 이론이다. 예술의 정의와 관련된 이 논의들은 예술로 분류할 수 있는 작품들의 공통된 본질을 찾는 시도이자 예술의 필요충분조건을 찾는 시도이다.

나 예술 작품을 어떻게 감상하고 비평해야 하는지에 대해 다양한 논의들이 있다. 예술 작품의 의미와 가치에 대한 해석과 판단은 작품을 비평하는 목적과 태도에 따라 달라진다. 예술 작품에 대한 주요 비평 방법으로는 맥락주의 비평, 형식주의 비평, 인상주의 비평이 있다.

㉠맥락주의 비평은 주로 예술 작품이 창작된 사회적·역사적 배경에 관심을 갖는다. 비평가 텐은 예술 작품이 창작된 당시 예술가가 살던 시대의 환경, 정치·경제·문화적 상황, 작품이 사회에 미치는 효과 등을 예술 작품 비평의 중요한 근거*로 삼는다. 그 이유는 예술 작품이 예술가가 속해 있는 문화의 상징과 믿음을 구체화하며, 예술가가 속한 사회의 특성들을 반영한다고 보기 때문이다. 또한 맥락주의 비평에서는 작품이 창작된 시대적 상황 외에 작가의 심리적 상태와 이념을 포함하여 가급적 많은 자료를 바탕으로 작품을 분석하고 해석한다.

그러나 객관적 자료를 중심으로 작품을 비평하려는 맥락주의는 자칫 작품 외적인 요소에 치중*하여 작품의 핵심적 본질을 훼손할 우려가 있다는 비판을 받는다. 이러한 맥락주의 비평의 문제점을 극복하기 위한 방법으로는 형식주의 비평과 인상주의 비평이 있다. 형식주의 비평은 예술 작품의 외적 요인 대신 작품의 형식적 요소와 그 요소들 간 구조적 유기성*의 분석을 중요하게 생각한다. 프리드와 같은 형식주의 비평가들은 작품 속에 표현된 사물, 인간, 풍경 같은 내용보다는 선, 색, 형태 등의 조형* 요소와 비례, 율동, 강조 등과 같은 조형 원리를 예술 작품의 우수성을 판단하는 기준이라고 주장한다.

ⓒ인상주의 비평은 모든 분석적 비평에 대해 회의적인 시각을 가지고 있어 예술을 어떤 규칙이나 객관적 자료로 판단할 수 없다고 본다. "훌륭한 비평가는 대작들과 자기 자신의 영혼의 모험들을 관련시킨다."라는 비평가 프랑스의 말처럼, 인상주의 비평은 비평가가 다른 저명*한 비평가의 관점과 상관없이 자신의 생각과 느낌에 대하여 자율성과 창의성을 가지고 비평하는 것이다. 즉, 인상주의 비평가는 작가의 의도나 그 밖의 외적인 요인들을 고려할 필요 없이 비평가의 자유 의지로 무한대*의 상상력을 가지고 작품을 해석하고 판단한다.

* **치중**: 어떠한 것에 특히 중점을 둠.
* **유기성**: 따로 떼어 낼 수 없을 만큼 서로 긴밀히 연관되어 있는 성질.
* **조형**: 여러 가지 재료를 이용하여 구체적인 형태나 형상을 만듦.
* **저명**: 세상에 이름이 널리 드러나 있음.
* **무한대**: 한없이 큼.

STEP I

어휘 활용

1 다음을 참고하여 빈칸에 들어갈 알맞은 단어에 ○표를 하시오.

> 소리는 같으나 뜻이 다른 단어들의 의미 관계를 '동음이의 관계'라고 하며, 동음이의 관계를 이루는 단어들을 '동음이의어'라고 한다.
>
> • 이론(理論)¹ 사물의 이치나 지식 따위를 해명하기 위하여 논리적으로 정연하게 일반화한 명제의 체계.
> • 이론(異論)² 달리 논함. 또는 다른 이론(理論)이나 의견.

(1) 이 문제에 대해서는 [이론(理論) / 이론(異論)]의 여지가 없다.

(2) 예술은 학문적 지식이나 [이론(理論) / 이론(異論)]과 구별되는 특성을 지니고 있다.

(3) 이 문제에 대해서는 전문가들 간에도 [이론(理論) / 이론(異論)]이 분분하기 때문에 단정적으로 결론을 내리기 어렵다.

(4) 하나의 작품이 어떤 특정한 기준에서 훌륭하므로 예술 작품이라고 부를 수 있다는 평가적 [이론(理論) / 이론(異論)]들과 달리, 디키의 견해는 일정한 절차와 관례를 거치기만 하면 모두 예술 작품으로 볼 수 있다는 분류적 이론이다.

STEP II

서술형 **중심 화제**

1 (가)와 (나)의 중심 내용을 쓰시오.

> (가): ( )
> (나): ( )

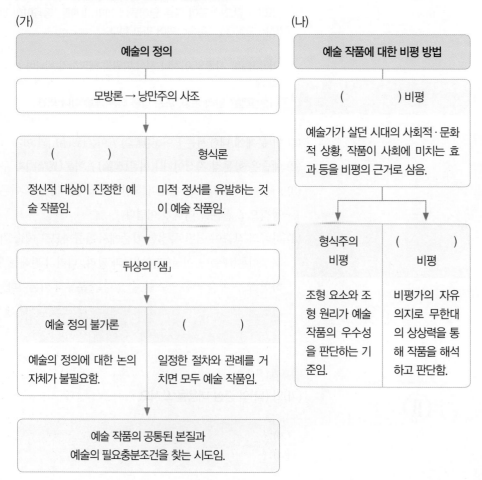

문단 정리

2 다음은 (가)와 (나) 각 문단의 중심 내용을 정리한 것이다. 빈칸에 들어갈 알맞은 말을 쓰시오.

	(가)	(나)
1문단	모방론은 (　　　　) 사조의 등장으로 쇠퇴하고, 새로운 이론이 필요했다.	예술 작품에 대한 비평 방법으로는 맥락주의 비평, 형식주의 비평, 인상주의 비평이 있다.
2문단	표현론과 형식론은 낭만주의 작품을 예술로 인정했다.	맥락주의 비평은 예술 작품이 창작된 (　　　　) 상황에 관심을 가지며, 많은 자료를 바탕으로 작품을 분석하고 해석한다.
3문단	예술 장르 전체를 아우르는 예술의 공통된 (　　　　)가 없다고 보는 예술 정의 불가론이 등장했다.	형식주의 비평은 작품의 형식적 요소와 그 요소 간 구조적 (　　　　)의 분석을 중요시하며, 조형 요소와 조형 원리를 예술 판단의 기준으로 삼는다.
4문단	제도론을 비롯한 예술 정의에 대한 여러 논의들은 작품의 공통된 본질을 찾고 예술의 (　　　　)을 찾는 시도이다.	인상주의 비평은 비평가의 자유 의지로 무한대의 (　　　　)을 통해 작품을 해석하고 판단한다.

내용 구조

3 다음은 (가)와 (나)에 나타난 예술의 정의에 대한 이론과 예술 작품에 대한 비평 방법을 정리한 것이다. 빈칸에 들어갈 알맞은 말을 쓰시오.

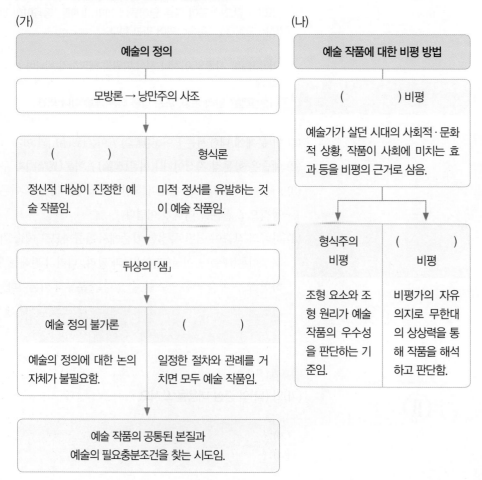

STEP
Ⅲ

수능형 구체적 상황에 적용

1 피카소의 「게르니카」에 대해 〈보기〉의 A는 ㉠의 관점, B는 ㉡의 관점에서 비평한 내용이다. (나)를 바탕으로 A, B를 이해한 내용으로 적절하지 <u>않은</u> 것은?

보기

피카소, 「게르니카」

A: 1937년 히틀러가 바스크 산악 마을인 '게르니카'에 30여 톤의 폭탄을 퍼부어 수많은 인명을 살상한 비극적 사건의 참상을, 울부짖는 말과 부러진 칼 등의 상징적 이미지를 사용하여 전 세계에 고발한 기념비적인 작품이다.

B: 뿔 달린 동물은 슬퍼 보이고, 아이는 양팔을 뻗어 고통을 호소하고 있다. 우울한 색과 기괴한 형태들이 나를 그 속으로 끌어들이는 듯하다. 그러나 빛이 보인다. 고통과 좌절감이 느껴지지만 희망을 갈구하는 훌륭한 작품이다.

① A에서 '1937년'에 '게르니카'에서 발생한 사건을 언급한 것은 역사적 정보를 바탕으로 작품을 해석하기 위한 것이겠군.

② A에서 비극적 참상을 '전 세계에 고발'하였다고 서술한 것은 작품이 사회에 미치는 효과를 드러내고자 한 것이겠군.

③ B에서 '슬퍼 보이고'와 '고통을 호소하고'라고 서술한 것은 작가의 심리적 상태를 표현하려는 것이겠군.

④ B에서 '우울한 색과 기괴한 형태'를 언급한 것은 비평가의 주관적 인상을 반영하기 위한 것이겠군.

⑤ B에서 '희망을 갈구하는'이라고 서술한 것은 비평가의 자유로운 상상력이 반영된 것이겠군.

◎ 지문으로 분석하는 시각 자료 **피카소, 「게르니카」**

피카소의 「게르니카」는 에스파냐 내전 당시 프랑코 총통이 나치의 폭격기로 에스파냐의 게르니카를 폭격하여 수많은 시민을 학살하고 마을을 폐허로 만들자, 분노한 피카소가 한 달 반 만에 완성한 작품이다. 이 그림은 목이 베인 군인, 죽은 아이를 품은 어머니의 울부짖음 등을 통해 당시 사건에서 느낀 공포를 극대화하여 드러내고 있으며, 흑색과 백색, 회색만을 사용하여 깊은 절망감을 표현하고 있다. 피카소는 이 작품의 내용과 색상을 통해 전쟁의 무서움, 민중의 분노와 슬픔을 강렬하게 드러낸 것이다. 이러한 작품의 사회적·역사적 배경은 맥락주의 비평의 근거가 된다. 한편 인상주의 비평에서는 예술을 어떤 규칙이나 객관적 자료로 판단할 수 없다고 했으므로, 작품에 대한 비평가의 생각과 느낌을 창의적이고 자유롭게 드러내어 비평할 수 있다. 이러한 두 비평 방법의 개념과 관점을 바탕으로, 「게르니카」를 비평한 선지 정보의 적절성을 판단한다.

(가) 과거제의 사회적 기능과 의의 / (나) 과거제의 부작용과 개혁 방안

[2021학년도 6월 모의평가]

필독 TIP

어휘 ★★★
문장 ★★
배경지식 ★★★

(가)는 과거제가 가져온 사회적 효과와 과거제가 유럽에 미친 영향을 바탕으로 과거제의 긍정적 측면을 설명하고 있고, (나)는 과거제의 부정적 측면과 이를 극복하기 위한 관료 선발 제도 개혁론을 설명하고 있다. 과거제에 대한 (가)와 (나)의 서로 다른 관점을 이해하며 읽도록 한다.

가 한국, 중국 등 동아시아 사회에서 오랫동안 유지되었던 과거제는 세습적* 권리와 무관하게 능력주의적인 시험을 통해 관료를 선발하는 제도라는 점에서 합리성을 갖추고 있었다. 정부의 관직을 두고 정기적으로 시행되는 공개 시험인 과거제가 도입되어, 높은 지위를 ⓐ얻기 위해서는 신분이나 추천보다 시험 성적이 더욱 중요해졌다.

명확하고 합리적인 기준에 따른 관료 선발 제도라는 공정성을 바탕으로 과거제는 보다 많은 사람들에게 사회적 지위 획득의 기회를 줌으로써 개방성을 제고*하여 사회적 유동성 역시 증대시켰다. 응시 자격에 일부 제한이 있었다 하더라도, 비교적 공정한 제도였음은 부정하기 어렵다. 시험 과정에서 익명성의 확보를 위한 여러 가지 장치를 도입한 것도 공정성 강화를 위한 노력을 보여 준다.

과거제는 여러 가지 사회적 효과를 가져왔는데, 특히 학습에 강력한 동기를 제공함으로써 교육의 확대와 지식의 보급에 크게 기여했다. 그 결과 통치에 참여할 능력을 갖춘 지식인 집단이 폭넓게 형성되었다. 시험에 필요한 고전과 유교 경전이 주가 되는 학습의 내용은 도덕적인 가치 기준에 대한 광범위한 공유를 이끌어 냈다. 또한 최종 단계까지 통과하지 못한 사람들에게도 국가가 여러 특권을 부여하고 그들이 지방 사회에 기여하도록 하여 경쟁적 선발 제도가 가져올 수 있는 부작용을 완화하고자 노력했다.

동아시아에서 과거제가 천 년이 넘게 시행된 것은 과거제의 합리성이 사회적 안정에 기여했음을 보여 준다. 과거제는 왕조의 교체와 같은 변화에도 불구하고 동질적인 엘리트*층의 연속성을 가져왔다. 그리고 이러한 연속성은 관료 선발 과정뿐 아니라 관료제에 기초한 통치의 안정성에도 기여했다.

과거제를 장기간 유지한 것은 세계적으로 드문 현상이었다. 과거제에 대한 정보는 선교사*들을 통해 유럽에 전해져 많은 관심을 불러일으켰다. 일군*의 유럽 계몽사상가들은 학자의 지식이 귀족의 세습적 지위보다 우위에 있는 체제를 정치적인 합리성을 갖춘 것으로 보았다. 이러한 관심은 사상적 동향뿐 아니라 실질적인 사회 제도에까지 영향을 미쳐서, 관료 선발에 시험을 통한 경쟁이 도입되기도 했다.

나 조선 후기의 대표적인 관료 선발 제도 개혁론인 유형원의 공거제* 구상은 능력주의적, 결과주의적 인재 선발의 약점을 극복하려는 의도와 함께 신분적 세습의 문제점도 의식한 것이었다. 중국에서는 17세기 무렵 관료 선발에서 세습과 같은 봉건적인 요소를 부분적으로 재도입하려는 개혁론이 등장했다. 고염무는 관료제의 상층에는 능력주의적 제도를 유지하되, ⊙지방 관인 지현들은 어느 정도의 검증 기간을 거친 이후 그 지위를 평생 유지시켜 주고 세습의 길까지 열어 놓는 방안을 제안했다. 황종희는 지방의 관료가 자체적으로 관리를 초빙해서 시험한 후에 추천하는 '벽소'와 같은 옛 제도를 ⓑ되살리는 방법으로 과거제를 보완하자고 주장했다.

이러한 개혁론은 갑작스럽게 등장한 것이 아니었다. 과거제를 시행했던 국가들에서는 수백 년에 ⓒ걸쳐 과거제를 개선하라는 압력이 있었다. 시험 방식이 가져오는 부작용들은 과거제의 중요한 문제였다. 치열한 경쟁은 학문에 대한 깊이 있는 학습이 아니라 합격만을 목적으로 하는 형식적 학습을 하게 만들었고, 많은 인재들이 수험 생활에 장기간 ⓓ매달리면서 재능을 낭

* **세습적**: 한집안의 재산이나 신분, 직업 따위를 그 자손들이 대대로 물려받는.
* **제고**: 수준이나 정도 따위를 끌어올림.
* **엘리트**: 사회에서 뛰어난 능력이 있다고 인정한 사람. 또는 지도적 위치에 있는 사람.
* **선교사**: 외국에 파견되어 기독교의 전도에 종사하는 사람.
* **일군**: 한 무리. 또는 한 패.
* **공거제**: 선비의 능력을 평소에 관찰한 다음, 공정한 추천을 통해 관리로 임용하는 제도.

비하는 현상도 낳았다. 또한 학습 능력 이외의 인성이나 실무 능력을 평가할 수 없다는 이유로 시험의 익명성에 대한 회의도 있었다.

　과거제의 부작용에 대한 인식은 과거제를 통해 임용된 관리들의 활동에 대한 비판적 시각으로 연결되었다. 능력주의적 태도는 시험뿐 아니라 관리의 업무에 대한 평가에도 적용되었다. 세습적이지 않으면서 몇 년의 임기마다 다른 지역으로 이동하는 관리들은 승진을 위해서 빨리 성과를 낼 필요가 있었기에, 지역 사회를 위해 장기적인 전망*을 가지고 정책을 추진하기보다 가시적이고 단기적인 결과만을 중시하는 부작용을 가져왔다. 개인적 동기가 공공성과 상충* 되는 현상이 나타났던 것이다. 공동체 의식의 약화 역시 과거제의 부정적 결과로 인식되었다. 과거제 출신의 관리들이 공동체에 대한 소속감이 낮고 출세 지향적이기 때문에 세습 엘리트나 지역에서 천거*된 관리에 비해 공동체에 대한 충성심이 약했던 것이다.

　과거제가 지속되는 시기 내내 과거제 이전에 대한 향수가 존재했던 것은 그 외의 정치 체제를 상상하기 ⓔ어려웠던 상황에서, 사적이고 정서적인 관계에서 볼 수 있는 소속감과 충성심을 과거제로 확보하기 어렵다는 판단 때문이었다. 봉건적 요소를 도입하여 과거제를 보완하자는 주장은 단순히 복고적인 것이 아니었다. 합리적인 제도가 가져온 역설적 상황을 역사적 경험과 주어진 사상적 자원을 활용하여 보완하고자 하는 시도였다.

＊**전망**: 앞날을 헤아려 내다봄. 또는 내다보이는 장래의 상황.
＊**상충**: 맞지 아니하고 서로 어긋남.
＊**천거**: 어떤 일을 맡아 할 수 있는 사람을 그 자리에 쓰도록 소개하거나 추천함.

어휘 활용

1 다음 문장의 빈칸에 들어갈 알맞은 단어를 〈보기〉에서 찾아 쓰시오.

　보기
　• 합리성: 이론이나 이치에 합당한 성질.
　• 공정성: 공평하고 올바른 성질.
　• 익명성: 어떤 행위를 한 사람이 누구인지 드러나지 않는 특성.
　• 공공성: 한 개인이나 단체가 아닌 일반 사회 구성원 전체에 두루 관련되는 성질.

(1) 바른 언론은 (　　　)을 띠게 마련이다.
(2) 이번 재판의 (　　　) 여부에 의문을 제기하는 사람이 많다.
(3) 이 회사의 대표는 업무 결정 방식에서 (　　　)을 추구한다.
(4) 고양시에 사는 김 씨는 (　　　)을 유지하며 10년째 봉사 활동을 이어 오고 있다.

어휘 의미

2 윗글의 ⓐ~ⓔ의 사전적 의미를 〈보기〉에서 찾아 쓰시오.

　보기
　① 가능성이 거의 없다.
　② 죽거나 없어졌던 것을 다시 살리다.
　③ 일정한 횟수나 시간, 공간을 거쳐 이어지다.
　④ 권리나 결과·재산 따위를 차지하거나 획득하다.
　⑤ 어떤 일에 관계하여 거기에만 몸과 마음이 쏠려 있다.

ⓐ: (　　　　) ⓑ: (　　　　) ⓒ: (　　　　) ⓓ: (　　　　) ⓔ: (　　　　)

STEP II

1 (가)와 (나)의 중심 내용을 쓰시오.

(가): (   )
(나): (   )

문단 정리

2 다음은 (가)와 (나) 각 문단의 중심 내용을 정리한 것이다. 빈칸에 들어갈 알맞은 말을 쓰시오.

	(가)	(나)
1문단	동아시아 사회에서 ( )는 시험을 통해 관료를 선발하는 합리적인 제도이다.	조선과 중국에서 관료 선발 제도 개혁론이 등장하였다.
2문단	과거제는 ( )을 바탕으로 많은 사람들에게 사회적 지위 획득의 기회를 주었다.	형식적 학습, 재능 낭비, 인성·실무 능력 평가 불가능이라는 과거제의 ( )으로 개혁론이 등장하였다.
3문단	과거제는 교육의 확대와 지식의 보급에 크게 기여하였다.	과거제의 부작용에 대한 인식은 관리들에 대한 ( ) 시각으로 연결되었다.
4문단	과거제의 합리성은 엘리트층의 연속성을 가져와 사회적 안정에 기여하였다.	( )의 도입을 통해 과거제를 보완하자는 주장은 역사적 경험과 사상적 자원을 활용하여 보완하려는 시도였다.
5문단	과거제가 ( ) 사회에 영향을 미쳤다.	

내용 구조

3 다음은 (가)와 (나)에 나타난 과거제에 대한 관점을 정리한 것이다. 빈칸에 들어갈 알맞은 말을 쓰시오.

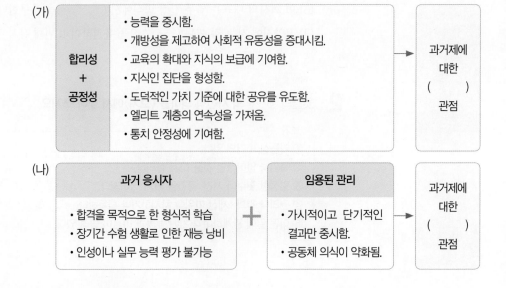

수능형 전개 방식 파악

1 (가)와 (나)의 서술 방식으로 가장 적절한 것은?

① (가)와 (나) 모두 특정 제도가 사회에 미친 영향을 인과적으로 서술하고 있다.

② (가)와 (나) 모두 특정 제도를 분석하는 두 가지 이론을 구분하여 소개하고 있다.

③ (가)는 (나)와 달리 구체적 사상가들의 견해를 언급하며 특정 제도에 대한 관점을 드러내고 있다.

④ (나)는 (가)와 달리 특정 제도에 대한 선호와 비판의 근거들을 비교하면서 특정 제도의 특징을 제시하고 있다.

⑤ (가)는 특정 제도의 발전을 통시적으로, (나)는 특정 제도에 대한 학자들의 상반된 입장을 공시적으로 언급하고 있다.

수능형 세부 정보의 추론

2 (나)를 참고할 때, ㉠과 같은 제안이 등장하게 된 배경을 추론한 내용으로 적절하지 <u>않은</u> 것은?

① 과거제로 등용된 관리들이 근무지를 자주 바꾸게 되어 근무지에 대한 소속감이 약했기 때문이었을 것이다.

② 과거제로 등용된 관리들의 봉건적 요소에 대한 지향이 공공성과 상충되는 세태로 나타났기 때문이었을 것이다.

③ 과거제로 선발한 관료들은 세습 엘리트에 비해 개인적 동기가 강해서 공동체 의식이 높지 않았기 때문이었을 것이다.

④ 과거제를 통해 배출된 관료들이 출세 지향적이어서 장기적 안목보다는 근시안적인 결과에 치중했기 때문이었을 것이다.

⑤ 과거제가 낳은 능력주의적 태도로 인해 관리들이 승진을 위해 가시적인 성과만을 내려는 경향이 강해졌기 때문이었을 것이다.

📖 지문으로 이해하는 독해 지식 | **인과**

어떤 결과가 나타나게 된 원인을 밝히거나 어떤 원인으로 나타난 현상을 설명하는 방법을 인과라고 한다. 즉, 앞뒤의 내용이 원인과 결과, 또는 결과와 원인이 되는 관계이다. (가)와 (나)는 과거제가 사회에 미친 영향을 원인과 결과로 설명하고 있다.

> **가** 과거제는 여러 가지 사회적 효과를 가져왔는데, 특히 학습에 강력한 동기를 제공함으로써 교육의 확대와 지식의 보급에 크게 기여했다. 그 결과 통치에 참여할 능력을 갖춘 지식인 집단이 폭넓게 형성되었다.
> <small>원인 / 결과①</small>
> <small>결과②</small>
>
> **나** 치열한 경쟁은 학문에 대한 깊이 있는 학습이 아니라 합격만을 목적으로 하는 형식적 학습을 하게 만들었고, 많은 인재들이 수험 생활에 장기간 매달리면서 재능을 낭비하는 현상도 낳았다.
> <small>원인 / 결과①</small>
> <small>결과②</small>

(가) 진화론도 진화한다 / (나) 이타적 인간의 출현

[2021학년도 3월 고2 학력평가]

가 다윈은 같은 종에 속하는 개체들이 생존 경쟁*에서 살아남아 번식하면 그 형질 중 일부가 자손에게 전달돼 진화가 일어난다는 '자연 선택설'을 주장하였다. 그런데 개체가 다른 개체들과의 생존 경쟁에서 이기기 위해서는 이기적인 행동을 할 수밖에 없지만, 자연계에서는 동물들의 이타적* 행동이 자주 관찰된다. 이에 진화론을 옹호하는 학자들은 동물의 이타적 행동을 설명하는 이론을 제시하였다.

해밀턴은 개체들의 이타적 행동은 자신과 같은 유전자를 공유하는 친족들의 생존과 번식에 도움을 줌으로써 자신의 유전자를 후세에 많이 전달하기 위한 행동이라는 혈연 선택 가설을 제시하였다. ㉠해밀턴의 법칙에 의하면, 'r×b-c>0'을 만족할 때 개체의 이타적 유전자가 진화한다. 이때 'r'은 유전적 근연도*로 이타적 행위자와 이의 수혜자*가 유전자를 공유할 확률을, 'b'는 이타적 행위의 수혜자가 얻는 이득을, 'c'는 이타적 행위자가 감수*하는 손실을 의미한다. 부나 모가 자식과 같은 유전자를 공유할 확률은 50%이고, 형제자매 간에 같은 유전자를 공유할 확률도 50%이다. r은 2촌인 형제자매를 기준으로 1촌이 늘어날 때마다 반씩 준다. 가령, 행위자가 세 명의 형제를 구하고 죽는다면 '0.5×3-1>0'이므로 행위자의 유전자는 그의 형제들을 통해 다음 세대로 퍼지게 된다. 이러한 해밀턴의 이론은 유전자의 개념으로 동물의 이타적 행동을 설명한 것으로, 이타적 행동의 진화에 얽힌 수수께끼를 푸는 중요한 열쇠로 평가된다.

도킨스는 『이기적 유전자』에서 동물의 이타적인 행동은 유전자가 다른 유전자와의 생존 경쟁에서 살아남아 더 많은 자신의 복제본을 퍼뜨리기 위한 행동이라고 설명하였다. 그에 따르면 유전자란 다음 세대에 다른 DNA 서열로 대체될 수 있는 DNA 단편으로, 염색체상에서 임의의 어떤 DNA 단편은 그와 동일한 위치나 순서에 있는 다른 유전자들과 경쟁 관계에 있다. 그는 다윈과 같은 기존의 진화론자와 달리 생존 경쟁의 주체를 유전자로 보고 개체는 단지 그러한 유전자를 다음 세대로 전달하는 운반체에 불과하다고 보았다. 그러므로 이타적으로 보이는 개체의 행동은 겉보기에만 그럴 뿐, 실은 유전자가 다른 DNA와의 생존 경쟁에서 이기기 위한 이기적인 행동인 셈이다. 이러한 도킨스의 이론은 유전자의 이기성으로 동물의 여러 행동을 설명하여 과학계에 큰 반향을 불러일으켰으나, 개체를 단순히 유전자의 생존을 돕는 수동적 존재로 보았다는 점에서 비판을 받기도 하였다.

나 경제학적 관점에서 이타적 행동이란 자신의 손해를 감수하면서 타인에게 이익을 주는 행동이기 때문에 이기적 사람들과 이타적 사람들이 공존할 경우 이타적 사람들은 자연히 도태*될 수밖에 없다. 그럼에도 불구하고 우리 주변에는 여전히 이타적 행동을 하는 사람들이 존재한다. 이에 대해 최근 진화적 게임 이론에서는 '반복-상호성 가설'과 '집단 선택 가설'을 통해 사람들이 이타적 행동을 하는 이유 및 이타적 인간이 진화하는 이유에 대해 설명하고 있다.

반복-상호성 가설에서는 자신이 이기적으로 행동할 경우 상대방도 이기적인 행동으로 보복할 수 있기 때문에 이를 피하기 위해 이타적 행동을 한다고 주장하는데, 이를 게임 이론 중 하나인 TFT 전략으로 설명한다. TFT 전략이란 상대방이 협조할지 배신할지 모르고 선택이 매회 동시에 일어나는 상황에서 처음에는 무조건 상대방에게 협조하고 그다음부터는 상대방이 바로 전에 사용한 방법을 모방하는 전략이다. 즉 상대방이 이타적으로 행동하면 자신도 이타적으로, 상대방이 이기적으로 행동하면 자신도 이기적으로 행동하는 것이다. 이러한 행동이 반복되면 점점 상대방의 배신 횟수는 줄고 협조 횟수는 늘어 서로에게 이득이 되는 결과를 얻게 된다. 반복-상호성 가설은 혈연관계가 아닌 사람들 사이의 이타적 행동을 설명하는 데 유용하지만 반복적이지 않은 상황에서 나타나는 이타적 행동을 설명하는 데는 한계가 있다.

집단 선택 가설에서는 이타적 구성원이 많은 집단이 그렇지 않은 집단과의 생존 경쟁에 유리하기 때문에 이타적 인간이 진화한다고 설명한다. 개인 간의 생존 경쟁에서 우월한 개인이 생존하는 개인 선택에서는 이기적 인간이 살아남는 데 유리하지만, 집단 간의 생존 경쟁에서 우월한 집단이 생존하는 집단 선택에서는 이타적 구성원이 많은 집단일수록 식량을 구하거나 다른 집단과의 분쟁에 효과적으로 대응할 수 있기 때문에 생존할 확률이 높다. 따라서 집단 선택에 의해 이타적인 구성원이 많은 집단이 생존하게 되면 자연히 이를 구성하는 이타적 인간도 진화하게 된다. 실제로 인류는 혹독한 빙하기*를 거쳐 살아남은 존재라는 점에서 집단 선택 가설은 설득력을 얻는다. 하지만 이타적인 구성원이 많은 집단이라 하더라도 그 안에는 이기적인 구성원도 함께 존재하기 마련이다. 그러므로 집단 선택에 의해서 이타적인 구성원이 진화하기 위해서는 집단 선택이 일어나는 속도가 개인 선택이 일어나는 속도를 압도*해야 한다. 그러나 사회 생물학*에서는 집단 선택의 속도가 현저하게 느리다는 점을 들어 집단 선택 가설은 논리적으로만 가능할 뿐이라고 비판하고 있다. 이에 대해 최근 집단 선택 가설에서는 개인 선택이 일어나는 속도를 늦추고 집단 선택의 효과를 높이는 장치로서 법과 관습과 같은 제도에 주목하면서, 집단 선택의 유효성을 높일 수 있는 방안에 대해서도 연구를 진행하고 있다.

* **빙하기**: 빙하 시대에, 중위도 지역까지 빙하가 존재하였던 시기.

* **압도**: 보다 뛰어난 힘이나 재주로 남을 눌러 꼼짝 못 하게 함.

* **사회 생물학**: 사회 현상을 생물학적인 지식과 방법으로 연구하는 학문. 선악의 문제를 유전자나 개인의 체험과 관련시켜 밝히려는 연구를 한다.

STEP I

1 **어휘 의미**

다음은 윗글에 제시된 주요 개념어의 사전적 의미를 정리한 것이다. 빈칸에 들어갈 알맞은 단어를 〈보기〉에서 찾아 쓰시오.

보기

진화론　　유전자　　디엔에이(DNA)

(1) (　　　　): 생물체의 개개의 유전 형질을 발현시키는 원인이 되는 인자이다. 염색체 가운데 일정한 순서로 배열되어, 생식 세포를 통하여 어버이로부터 자손에게 유전 정보를 전달한다.

(2) (　　　　): 유전 정보를 보유하고 있는 물질로, '유전자의 본체' 또는 '유전 정보의 본체'라고 한다. 배열 순서에 유전 정보가 들어 있어 그 정보에 해당하는 단백질을 만든다.

(3) (　　　　): 생물은 진화하는 것이라는 주장으로, 1859년에 영국의 생물학자 다윈이 『종의 기원』에서 체계화하였다. 생물은 생활 환경에 적응하면서 단순한 것에서 복잡한 것으로 진화하며, 생존 경쟁에 적합한 것은 살아남고 그렇지 못한 것은 도태된다는 학설이다.

STEP
II

서술형 중심 화제

1 (가)와 (나)의 중심 내용을 쓰시오.

(가): (   )
(나): (   )

문단 정리

2 다음은 (가)와 (나) 각 문단의 중심 내용을 정리한 것이다. 빈칸에 들어갈 알맞은 말을 쓰시오.

	(가)	(나)
1문단	( )을 옹호하는 학자들이 동물의 이타적 행동을 설명하는 이론을 제시하였다.	( )에서 '반복−상호성 가설'과 '집단 선택 가설'을 통해 사람들이 이타적 행동을 하는 이유 및 이타적 인간이 진화하는 이유를 설명하였다.
2문단	해밀턴은 ( )을 통해 동물들의 이타적 행동을 설명하였다.	반복−상호성 가설은 TFT 전략을 통해 이타적 행동을 설명하였다.
3문단	도킨스는 『이기적 유전자』를 통해 동물의 이타적 행동을 설명하였다.	집단 선택 가설은 집단 간 ( )에서 나타나는 유리함을 통해 이타적 인간이 진화하는 이유를 설명하였다.

내용 구조

3 다음 구조도의 빈칸에 알맞은 말을 써넣어, 윗글의 내용을 정리하시오.

(가)

동물의 이타적 행동을 설명하기 위한 이론

해밀턴의 혈연 선택 가설

• 개체들의 이타적 행동: 자신과 같은 유전자를 공유하는 친족들의 생존과 번식에 도움을 줌으로써 자신의 (   )를 후세에 많이 전달하기 위한 행동임.

• 평가: 이타적 행동의 진화에 얽힌 수수께끼를 푸는 중요한 열쇠로 평가됨.

도킨스의 『이기적 유전자』

• 동물의 이타적 행동: 유전자가 다른 유전자와의 생존 경쟁에서 살아남아 더 많은 자신의 (   )을 퍼뜨리기 위한 행동임.

• 평가: 개체를 단순히 유전자의 생존을 돕는 (   ) 존재로 보았다는 점에서 비판을 받음.

(나)

┌───┐
│   이타적 행동을 하는 이유 및 이타적 인간이 진화하는 이유   │
└───┘

반복−상호성 가설	집단 선택 가설
• 이타적 행동의 이유: 자신이 이기적으로 행동할 경우 상대방도 이기적인 행동으로 (　　　　)할 수 있기 때문에	• 이타적 인간의 진화 이유: (　　　　) 구성원이 많은 집단이 그렇지 않은 집단과의 생존 경쟁에 유리하기 때문에
• 평가: 반복적이지 않은 상황에서 나타나는 이타적 행동을 설명하는 데는 한계가 있음.	• 평가: 사회 생물학에서는 집단 선택의 (　　　　)가 현저하게 느리다는 점을 들어 집단 선택 가설은 논리적으로만 가능할 뿐이라고 비판함.

STEP
Ⅲ

수능형 전개 방식 파악

1 (가)와 (나)의 서술상의 공통점으로 가장 적절한 것은?

① 이타적 행동을 설명하는 대립된 이론을 절충하고 있다.

② 이타적 행동을 정의한 후 구체적 유형을 분류하고 있다.

③ 이타적 행동에 관한 이론들을 통시적으로 고찰하고 있다.

④ 이타적 행동을 설명하는 이론의 발전 방향을 전망하고 있다.

⑤ 이타적 행동에 관한 이론과 그에 대한 평가를 제시하고 있다.

수능형 세부 정보의 파악

2 ㉠을 이해한 내용으로 적절하지 않은 것은?

① 유전적 근연도에 초점을 맞춰 이타적 행위를 설명하고 있다.

② 개체의 이기적 행동에 숨겨진 이타적 동기에 대해 설명하고 있다.

③ 이타적 행위자와 그의 수혜자가 삼촌 관계일 경우 r은 0.25가 된다.

④ 이타적 행위자와 수혜자가 부모 자식이나 형제자매 관계일 경우 r은 같다.

⑤ 이타적 행위자와 그의 수혜자가 혈연관계일 때, b와 c가 같으면 이타적 유전자가 진화하지 않는다.

 지문으로 엮어 읽는 배경지식 **리처드 도킨스, 『이기적 유전자』**

　리처드 도킨스는 영국의 진화 생물학자로 『이기적 유전자』에서 인간의 번식은 유전자를 존속시키기 위한 프로그램된 행동이라고 주장한다. 유전자는 이기적 존재로 자신의 생존에만 신경을 쓰기 때문에 생명체는 유전자를 보존하기 위한 수단에 불과하다는 것이다. 이러한 주장을 담은 『이기적 유전자』는 생물학계에 많은 논쟁을 불러일으켰으며, 진화를 인간의 관점이 아닌 유전자의 시각에서 바라보는 새로운 인식의 체계를 보여 주었다.

EBS
필독 중학 국어 비문학 독해

3

실전 학습

①

실전 모의고사
1회

—

②

실전 모의고사
2회

01~05 다음 글을 읽고 물음에 답하시오.

서양 철학은 출발과 동시에 '언어'를 중요하게 ㉠다루었다. 고대 그리스의 아리스토텔레스부터 데카르트, 카를 훔볼트, 페르디낭 드 소쉬르, 하이데거에 이르기까지 철학자들은 '언어'의 문제를 탐구했다. 이렇게 언어의 근원과 본질, 기능, 논리 등을 그 대상으로 하는 철학의 한 분야를 언어 철학이라 한다. 현대 철학에서 '언어의 전환'을 이룬 가장 중요한 언어 철학자는 루트비히 비트겐슈타인이다.

비트겐슈타인의 철학은 전기와 후기로 나뉘는데 전기는 그의 저서 ㉮『논리 철학 논고』를 중심으로 전개된다. 그는 이 책에서 '세계는 사실들의 총체이다.'로 시작하여, '말할 수 없는 것에 대해 우리는 침묵해야 한다.'로 마무리되는 7가지의 철학적 명제를 제시했다. 비트겐슈타인에 따르면 언어는 세계를 대변하고, 묘사하며, 서술하는 세 가지와 관계가 있다.

이 세계는 단순히 사물로서만이 아니라, 어떤 일정한 관계 속에 있는 '사실', 즉 '경우'로 이루어져 있다. 예를 들면, 한 권의 책은 단순히 사물로서가 아니라 '너의 책'이거나 '지루한 책' 등의 일정한 '경우'로 존재한다. 이 관계 속의 '경우'가 세계를 이루며, 그 형식은 'a는 b와 관계된다.'라고 표현되므로 곧 'aRb*'로 말할 수 있다. 악보가 악곡을 전달하듯이 언어는 곧 이 세계를 이루는 '경우'를 모방하여 세계를 이루는 '경우'를 전달한다는 것이다. 비트겐슈타인은 이때 언어가 '경우'의 그림을 그려 낸다고 말한다. 이것이 그가 말하는 '명제의 그림 이론'이다. 그러나 비트겐슈타인이 모든 '경우'를 언어로 다 표현할 수 있다고 보았던 것은 아니다. 바로 『논리 철학 논고』의 마지막 명제가 이것을 말해 준다. 말할 수 없는 것을 말하는 것은 논리적·도덕적으로도 무의미하며, 세계에는 말할 수 없는 것이 분명 있다는 것이다. 비트겐슈타인은 이 말할 수 없는 세계의 한계가 곧 언어의 한계라고 보았다.

이후 비트겐슈타인은 『철학 탐구』를 통해 '언어 게임'이라는 개념을 내세우며 새로운 철학을 시도한다. 이 후기의 이론은 자신의 전기 이론을 비판하며 시작한다. 한 단어는 항상 한 대상을 모방하는 것이 아니라 언어, 즉 문맥 안에서 다르게 이해될 수 있다는 것이다. 한 단어는 일정한 사용 규칙을 가진 '언어 게임' 안에서 의미를 갖는다. 말하는 것은 하나의 행위이며 동시에 삶의 표현 방식이기 때문에 말하는 것으로써 개인과 세계를 또는 개인과 공동체를 연결 짓는다. 언어의 의미는 사용 규칙에 의한 것이며 이 규칙은 하나의 언어를 사용하는 사람끼리의 언어 문법이라는 것이다. 예를 들어 우리는 인사할 때 "식사하셨어요?" 또는 "어디 가세요?"라고 하는데 한국이라는 언어 공동체에서는 이를 당연히 인사로 이해하기 때문에 아무도 '왜 이 사람은 내가 밥을 먹었는지 궁금해하는 걸까?'라고 생각하지 않는다. 하지만 다른 언어 공동체 사람에게는 이것이 대단히 이상한 물음이 된다. 내가 밥을 먹었든 어디를 가든 자기가 무슨 상관인가 하고 말이다. 이러한 언어 사용법을 비트겐슈타인은 '언어의 문법'이라고 말하며, 이 문법을 이해할 때 언어의 의미를 제대로 파악할 수 있다고 역설했다.

비트겐슈타인 이후 언어 철학은 존 오스틴(1911~1960)과 존 설(1932~)에 의해서 언어가 사회적 환경과 밀접하게 관련되어 있음을 연구하는 언어 행위에 관한 이론으로 발전하였다.

* R은 여기서 '관계'라는 뜻의 Relation을 의미함.

01 윗글에 대한 설명으로 가장 적절한 것은?

① 언어 철학의 역사를 통시적으로 기술하고 있다.
② 언어 철학의 한계를 비판적으로 서술하고 있다.
③ 비트겐슈타인 철학의 문제점을 나열하고 있다.
④ 비트겐슈타인의 철학을 시기별로 나누어 설명하고 있다.
⑤ 비트겐슈타인의 철학을 분석하며 앞으로의 전망을 제시하고 있다.

02 윗글을 통해 알 수 있는 내용이 아닌 것은?

① 고대부터 '언어'는 오랫동안 철학의 주요 과제였다.

② 비트겐슈타인은 '사물'과 '사실'의 개념을 구분하였다.

③ 비트겐슈타인은 모든 '사실'을 'aRb'로 표현할 수 있다고 보았다.

④ 비트겐슈타인은 말하는 것은 언어 문법을 규칙으로 삼는 '언어 게임'이라고 보았다.

⑤ 비트겐슈타인은 말하는 행위를 공동체 및 사회적 환경과 연결 짓는 철학의 기초를 다졌다.

03 ㉮의 관점에서 〈보기〉를 이해한 반응으로 적절하지 않은 것은?

보기

　고흐의 「아를의 침실」이라는 그림을 보면, 이 침실에는 침대, 탁자, 의자, 벽, 액자라고 불리는 여러 대상이 존재한다. 그러나 ㉮에 따르면 대상은 그냥 존재할 수 없다. 이 침실을 세계라고 한다면, 세계는 대상들의 총체가 아니라 '사실'들의 총체이다.

① 언어를 통해 '침실'을 보여 줄 수 있다.

② '침대가 존재한다.'는 '사실'을 보여 준다.

③ '탁자'라는 이름은 사물을 지시할 뿐이다.

④ '액자는 사각형이다.'는 '경우'를 모방한 것이다.

⑤ '침대, 탁자, 의자, 벽, 액자'를 합한 것이 이 방이다.

04 〈보기〉의 관점에 대해 비트겐슈타인이 동의할 만한 진술로 가장 적절한 것은?

보기

　언어는 기호가 조합되어 어떤 것을 표현하는데, 이때 기호는 지시하는 것과 지시되는 것으로 이루어진다. 이들의 결합은 우연적인 것으로 나타난다. 예를 들면, '나무'는 영어로 'tree', 독일어로는 'baum'이다.

① 세계는 사실들의 총체이다.

② 언어는 항상 한 대상을 모방한다.

③ 언어의 의미는 사용 규칙에 의한 것이다.

④ 언어는 세계를 대변하고, 묘사하며, 서술한다.

⑤ 말할 수 없는 세계의 한계가 곧 언어의 한계이다.

05 다음 밑줄 친 단어의 문맥적 의미가 ㉠과 가장 가까운 것은?

① 이 병원은 피부병만을 다루고 있다.

② 이 상점은 주로 전자 제품만을 다룬다.

③ 회의에서 물가 안정을 당면 과제로 다루었다.

④ 그는 상대 선수를 마음대로 다루며 쉽게 승리했다.

⑤ 요즘 아이들은 학용품을 소홀히 다루는 경향이 있다.

06~11 다음 글을 읽고 물음에 답하시오.

　인간은 언제나 자신의 이익만을 추구하는 이기적 존재이므로 시장의 작용에 의해 자본주의는 영원히 발전한다고 여겨 온 주류 경제학자의 믿음은 가렛 하딘이 1968년 『사이언스』에 「공유지의 비극」이라는 논문을 실으면서 큰 균열이 생겼다. 공유지의 비극이란 공공의 자원이 있을 때, 사람들이 그것을 조금도 아끼려 하지 않기 때문에 자원이 쉽게 고갈되는 현상을 뜻한다. 그렇다면 이 비극은 불가피한 것인가? 만일 그렇다면 이 비극을 극복하기 위해서는 어떤 노력이 필요한가?

엘리너 오스트롬 교수는 이러한 공유지의 비극을 극복하기 위해 지구상에서 벌어지고 있는 노력에 대한 방대한 분석을 담아 『공유지 관리』라는 책을 펴냈다. 여기서 오스트롬은 '시장적 해결 방식', '국가적 해결 방식' 그리고 '공동체적 해결 방식'을 소개하고 있다.

'시장적 해결 방식'은 공유지의 비극은 인간의 이기심으로 인해 벌어지는 일이므로 공유지의 소유를 명확히 정하자는 것이다. 그러나 이 방법은 적용하기 어려운 ⓐ분야가 존재한다. 지구 온난화를 일으키는 주범인 온실가스 같은 것이 그런 것이다. 한국에서 온실가스를 잔뜩 뿜어 대면 그 가스는 대기를 타고 옆 나라로 흘러 들어간다. 게다가 온실가스라는 것은 어차피 지구 공기를 전체적으로 데우기 때문에 특정 지역에서 뿜어 대도 피해는 전 세계가 입기 마련이다. '국가적 해결 방식'은 공유지의 비극을 극복하기 위해 강력한 힘을 가진 정부가 이를 규제하는 것이다. 그런데 이 방법은 ⓑ효율성의 문제가 제기된다. 예를 들어 초원의 풀을 아끼기 위해 경찰을 풀어 농민들이 키우는 양의 숫자를 관리해야 한다면 이게 다 세금이 드는 일이다. 게다가 위법자를 적발했을 때 도대체 어느 정도까지 처벌을 해야 하는지도 고민이 된다.

위의 두 가지 해법이 공유 자원의 관리에는 ⓒ적용될 수 없거나 혹은 적용될 수 있더라도 비용이 많이 드는 방법이라면, 제3의 길로서의 ㉠공동체적 해법은 어떨까? 오스트롬은 공동체 구성원들 간의 상호 감시와 상호 제재를 통한 공유 자원 관리가 효과적이라고 말한다. 공동체 구성원들은 상호 신뢰를 기초로 서로를 감시하고 규제하면서 비극을 극복할 수 있다는 것이다.

오스트롬이 보기에 인간은 언제나 공공의 이득을 위해 행동할 준비가 되어 있는 존재는 아니지만 동시에 언제나 개인적 이득만을 위해 행동하는 비도덕적 존재만도 아니다. 적절한 제도하에서는 자신의 이익과 공동의 이익을 조화시킬 수 있을 것이기 때문이다. 이때 적절한 제도란 물질적 이득을 추구하는 개인들을 외적으로 또는 위에서 아래로 강제하는 장치가 아니라, 상호 신뢰를 통해 서로를 강제할 수 있는 동료 간의 감시 및 견제 장치이다. 이것이 가능한 것은 인간은 상대방이 협조하려는 의지가 있다는 사실이 확인되면 언제

든지 이에 협조로 응답하고, 자신의 행동이 타인에게 미치는 영향을 고려하며, 다른 누군가의 행동이 타인에게 해를 입히는 경우 자기 일처럼 나서서 이를 제어해 내고자 하는 ⓓ의향을 가진 존재이기 때문이다.

공동체에 기반하여 사회 질서를 유지할 수 있다는 아이디어는 누군가에게는 낡은 이념으로 또 누군가에게는 유토피아적 이념으로 여겨져 왔다. 사적 소유권이 잘 정의되고, 경쟁이 적절히 보장되며, 국가가 시장의 실패를 적절히 교정하는 역할을 하면, 그게 전부라는 믿음이 점점 확고해져 왔다. 그러는 동안 공동체적 해법의 가능성은 점차 잊히고 말았다. 국가와 시장이라는 쌍두마차가 사회적 기능을 모두 흡수해 감에 따라 사람들은 서로에 대해 지게 되는 의무로부터 벗어나기 시작했다. 그 과정에서 사람들은 갈등의 해결 주체로서가 아니라 구경꾼으로 전락한 측면이 있다. 그러한 점에서 오스트롬이 제시한 공동체적 해법은 사람들을 다시금 갈등의 해결 주체로 세우는 데 ⓔ기여했다는 평가를 받고 있다.

06 윗글의 서술 방식으로 가장 적절한 것은?

① '공유지의 비극'의 개념을 예를 들어 설명하고 있다.
② '공유지의 비극'을 해결하는 공동체적 방식을 전문가의 견해를 인용하여 제시하고 있다.
③ '공유지의 비극'의 해결 방식을 세 가지로 제시하고 각 방식의 장단점을 분석하고 있다.
④ '공유지의 비극'의 해결 방식 두 가지를 제시하고 이를 절충한 제3의 이론을 소개하고 있다.
⑤ '공유지의 비극'의 해결 방식이 변화해 온 역사적 과정을 세 가지로 분류하여 설명하고 있다.

07 윗글에서 언급된 내용이 <u>아닌</u> 것은?

① '공유지의 비극'의 개념

② '공유지의 비극'이 일어나는 이유

③ 주류 경제학이 인간을 바라보는 관점

④ 공동체적 해결 방식이 인간을 바라보는 관점

⑤ 공유 자원의 고갈을 막기 위한 국제 사회의 노력

08 윗글을 바탕으로 〈보기〉를 설명한 내용으로 적절하지 <u>않은</u> 것은?

┌─ 보기 ───────────────────────────────┐

[최후통첩 게임]

○ 진행 방법

　진행자는 참여자 A에게 1만 원을 공짜로 지급한다. A는 이 돈을 참여자 B와 나눠 가져야 한다. 얼마를 나눠 주건 그건 전적으로 A의 자유이다.

　파트너인 B가 A의 제안을 받아들이면 게임은 끝나고 두 사람은 돈을 나눠 갖지만, B가 A의 제안을 거절하면 게임은 무효가 되어 진행자가 1만 원을 빼앗아 오고, A와 B는 한 푼도 갖지 못한다.

　(단, 이용 가능한 재화의 최소 단위는 1원이고, A와 B는 서로 모르는 사이이다.)

○ 결과

　1. A는 B에게 평균적으로 약 4,500원의 돈을 나눈 것으로 밝혀졌다.

　2. A가 2,000원 이하를 제안했을 때 B는 대부분 그 제안을 거부했다.

└────────────────────────────────────┘

① 주류 경제학에 의하면 A는 B에게 1원을 나눠 주어야 한다.

② 주류 경제학에 의하면 A가 2,000원 이하의 금액을 제안하면 B는 이를 거절해야 한다.

③ 오스트롬에 의하면 A는 평균적으로 자신의 이익과 B의 이익을 조화시키는 선택을 한 것이다.

④ 오스트롬에 의하면 B는 공정한 분배는 수용하고 불공정한 분배는 견제하는 선택을 한 것이다.

⑤ 오스트롬에 의하면 A와 B의 선택은 공동체에 기반하여 사회 질서를 유지할 수 있다는 가능성을 보여 주는 것이다.

09 윗글을 바탕으로 〈보기〉의 사례를 이해한 것으로 적절하지 <u>않은</u> 것은?

┌─ 보기 ───────────────────────────────┐

(가) 1989년 짐바브웨 정부는 코끼리가 멸종 위기에 처하자 코끼리가 사는 지역을 몇 구역으로 나눈 뒤, 각 부족에게 나눠 주었다. 부족들은 과거처럼 코끼리를 마구 잡았다가는 자기 구역의 코끼리가 멸종할 것이라고 생각했다. 결국 부족원들은 자기 구역 안에서만 코끼리를 잡되, 그 숫자를 적당히 조절하기 시작했다.

(나) 2015년 12월 12일 파리에서 파리 기후 변화 협정이 발표되었다. 이후 2016년 11월 4일부터 포괄적으로 적용되는 국제법으로서의 효력이 발효되었다. 자율에 맡기면 아무도 스스로 온실가스를 줄이지 않을 것이므로 유엔(UN)이라는 대표 기구가 나서서 규제를 만든 것이다.

(다) 1970년대 초반 터키 어민들이 물고기를 남획하여 해산물이 고갈될 지경에 이르자, 어민들 스스로 협동조합을 만들었다. 조합의 어부들은 조업 순서와 시간을 정하고 조업량도 자체적으로 조절하였다. 이들은 조합의 규칙을 스스로 지켜 나갔다.

└────────────────────────────────────┘

① (가)와 같은 방식은 적용할 수 있는 범위에 한계가 있겠군.

② (나)의 해결 방식은 국제법을 어기는 나라를 규제할 방법에 대해 고민해야겠군.

③ (다)의 조합원들은 물질적 이득을 추구하지 않고 상호 신뢰를 통해 서로를 견제하고 있군.

④ (가), (나)의 해결 방식은 인간을 이기적인 존재로 전제한 것이군.

⑤ (가), (나), (다)의 문제는 모두 공유 자원의 영역에서 발생한 것이군.

10 ㉠의 의의로 가장 적절한 것은?

① 공유지의 비극을 해결할 수 있는 유일한 해결 방법이다.

② 국가와 시장이 공유 자원 관리의 주체임을 강조한 해결 방법이다.

③ 인간이 언제나 공공의 이익을 위해 행동할 수 있는 존재임을 강조하였다.

④ 인간이 공유지의 비극을 해결할 수 있는 능동적 주체임을 강조한 해결 방법이다.

⑤ 인간이 서로에 대해 지는 의무를 벗어나 국가와 시장의 실패를 극복할 수 있는 방법이다.

11 ⓐ~ⓔ의 사전적 의미로 적절하지 <u>않은</u> 것은?

① ⓐ: 여러 갈래로 나누어진 범위나 부분.

② ⓑ: 들인 노력과 얻은 결과의 비율이 높은 특성.

③ ⓒ: 알맞게 이용하거나 맞추어 씀.

④ ⓓ: 어떠한 일을 이루고자 하는 마음.

⑤ ⓔ: 도움이 되도록 이바지함.

12~17 다음 글을 읽고 물음에 답하시오.

배터리는 어떻게 전기 에너지를 만들어 낼까? 배터리 내부에는 다양한 화학 물질이 있지만, 이러한 화학 물질이 들어가고 나오는 출구는 없다. 그러나 전기 전자 제품에 배터리를 연결하고 전원을 켜면 배터리로부터 전기 에너지가 나와 제품이 작동하기 시작한다. 즉, 배터리는 화학 에너지를 전기 에너지로 직접 변환시키는 에너지 변환 장치라고 정의 내릴 수 있다.

전자는 일을 할 수 있는 능력이 있어서 배터리에 전선을 연결하면 배터리 내의 (−)극에서 전자를 방출하고, 방출된 전자가 전선을 따라 이동하며 일을 한 후 (+)극으로 들어가게 된다. 배터리의 원리는 전자를 추적하면 알 수 있다. 전자를 추적할 때는 다음 두 가지를 기억할 필요가 있다. 첫째, 전자는 오직 전기가 통하는 고체 물질에서만 움직일 수 있다. 액체 내에서 전자는 홀로, 즉 독립적으로 움직일 수 없으며, 운반체에 실려 이동하게 된다. 둘째, 전자가 갖고 있는 전기적 특성인 전하량은 배터리 내부에서 전자가 만들어진 곳으로 반드시 돌아와야 한다. 이때 전자가 직접 전하량을 전달하거나 또는 이온들이 그 역할을 담당하게 된다. 이러한 원리를 구현하기 위한 배터리 구조는 종류에 관계없이 모두 두 개의 전극과 이온들이 움직이는 액체인 전해질로 구성되어 있으며 전해질 내에 두 개의 전극이 들어 있다. 전극은 전자가 자유롭게 움직일 수 있는 고체로서 (−)극과 (+)극으로 구성되어 있다. (−)극은 전자를 방출하는 전극이며, (+)극은 전자 제품을 통과하면서 일을 한 전자를 받아들이는 전극이다. 이때 (−)극에서 일어나는 반응을 산화 반응, (+)극에서 일어나는 반응을 환원 반응이라고 한다.

이제 스마트폰의 리튬 이온 배터리의 기본 원리를 알아보자. 리튬 이온 배터리의 (−)극은 흑연(C_6), (+)극은 리튬 코발트 산화물($LiCoO_2$)로 구성된다. 흑연과 리튬 코발트 산화물 구조 내 공간은 리튬이 자유로이 움직일 수 있다는 특성이 있다. 그리고 두 전극 사이는 리튬 이온을 포함한 육불화인 산리튬($LiPF_6$)이 유기물에 녹아 있는 전해질로 채워져 있다.

배터리가 충전될 때, 리튬 이온이 (+)극에서 (−)극으로 이동하며 전자를 받아들인다. 충전이 완료된 배터리의 흑연(C_6) 전극은 층과 층 사이에 리튬 이온(Li^+)이 가득 들어 있으며 리튬 코발트 산화물($LiCoO_2$) 전극은 리튬 이온이 빠져나가 내부에 빈 공간이 많은 상태이다. 반대로 스마트폰에 리튬 이온 배터리를 연결한 후 전원을 켜면 흑연 층 사이에 들어 있던 리튬 이온이 전자를 방출하며 전해질 속으로 들어가고, 방출된 전자는 외부 회로를 통해 일을 한 후 ㉠리튬 코발트 산화물($LiCoO_2$) 전극으로 들어가는 과정에 의하여 전기 에너지를 얻을 수 있다.

그렇다면 과연 스마트폰 배터리의 에너지를 증가시켜 궁극적으로는 충전하지 않고 사용할 수 있는 방법이 있을까? 두 전극에서 일어나는 산화 반응 및 환원 반응이 많을수록, 두 전극 사이의 위치 에너지의 차이 즉, 전압의 차이가 클수록 스마트폰 배터리의 에너지는 증가한다. 또 배터리를 충전할 때 흑연(C_6) 내에 들어가는 리튬이 많을수록 방전* 시 많은 양의 전자를 내놓을 수 있으므로 배터리의 에너지를 증가시키기 위해서는 먼저 흑연의 양을 증가시켜야 한다. 그리고 배터리 구조를 고려할 때 전자를 받아들일 수 있는 리튬 코발트 산화물 구조 내 공간과 전해질의 양도 함께 증가해야 한다. 즉, 배터리의 크기가 클수록 배터리가 갖는 에너지의 양이 함께 증가할 것이다. 이렇게 되면 배터리의 무게가 무거워지고 부피가 증가하여 휴대하기에는 불편해질 것이다.

이러한 배터리의 특성을 고려할 때 ⓒ스마트폰용 배터리를 충전 없이 사용하는 것은 불가능해 보인다.

* **방전**: 두 전극 사이에 전압을 가하였을 때 전류가 흐르는 현상

12 윗글의 내용 전개 방법으로 적절한 것을 모두 고른 것은?

보기
ⓐ 설명 대상의 개념을 정의하고 있다.
ⓑ 설명 대상을 유사한 다른 대상과 비교하고 있다.
ⓒ 의문의 형식으로 화제를 제시한 후 이에 대해 답하고 있다.
ⓓ 설명 대상을 나누는 기준을 제시한 후 대상을 구분하고 있다.
ⓔ 설명 대상의 장단점을 평가하여 종합적인 결론을 도출하고 있다.

① ⓐ, ⓑ
② ⓐ, ⓒ
③ ⓑ, ⓓ
④ ⓒ, ⓓ
⑤ ⓓ, ⓔ

13 윗글을 읽고 답할 수 있는 질문으로 적절하지 <u>않은</u> 것은?

① 배터리의 전극을 구성하는 고체 물질에는 어떤 것들이 있는가?
② 어떤 과정을 거쳐 배터리에서 화학 에너지가 전기 에너지로 바뀌는가?
③ 액체 물질에서 전자가 독립적으로 움직일 수 있는 방법에는 무엇이 있는가?
④ 배터리에 전원을 공급했을 때 일어나는 화학적 변화는 무엇인가?
⑤ 스마트폰 배터리의 에너지를 증가시킬 수 있는 이론적 방법으로는 어떤 것이 있는가?

14 〈보기〉는 윗글의 심화 학습을 위한 그림 자료이다. 윗글을 참고하여 〈보기〉를 이해한 내용으로 적절하지 <u>않은</u> 것은?

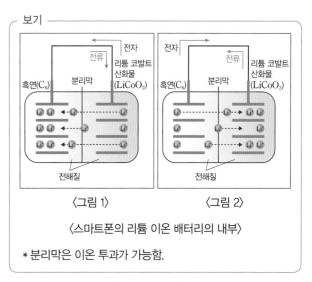

〈스마트폰의 리튬 이온 배터리의 내부〉

* 분리막은 이온 투과가 가능함.

① 〈그림 1〉의 과정에서 리튬 이온(Li^+)이 (−)극으로 이동한다.
② 〈그림 1〉의 과정에서 (+)극은 내부에 빈 공간이 많은 상태가 된다.
③ 〈그림 2〉의 (−)극에서는 전자가 방출되는 산화 반응이 일어난다.
④ 〈그림 2〉의 과정에서 전자는 전선을 따라 일을 한 후 (+)극으로 들어간다.
⑤ 〈그림 2〉의 과정에서 리튬 이온(Li^+)이 전자를 받아들여 전기 에너지를 만들어 낸다.

15 문맥상 ⊙과 바꿔 쓰기에 가장 적절한 것은?

① (+)극으로 바뀌는 과정
② (−)극으로 바뀌는 과정
③ 전하량을 운반하는 과정
④ 산화 반응이 일어나는 과정
⑤ 환원 반응이 일어나는 과정

16 ⓛ의 이유로 가장 적절한 것은?

① 전극을 구성하는 물질의 양을 무한정 늘릴 수 없으므로

② 전해질과 같은 액체 물질은 용량이 제한되어 있으므로

③ 산화-환원 반응이 잘 일어나는 물질을 찾지 못했으므로

④ 리튬 이온 배터리의 경우 전기 에너지를 오랜 시간 저장할 수 없으므로

⑤ 전자를 받아들일 수 있는 물질인 리튬 코발트 산화물의 구조는 계속 변화하므로

17 윗글을 읽은 독자가 〈보기〉에 대해 보인 반응으로 적절하지 않은 것은?

> 보기
>
> 배터리의 에너지는 폭포를 이용한 수력 발전과 비교할 수 있다. 수력 발전은 물의 위치 에너지 차이를 이용해 전기 에너지를 얻는 방식으로, 물이 떨어지는 높이차가 클수록, 떨어지는 물의 양이 많을수록 발전을 통해 얻는 전기 에너지의 양은 증가한다.

① 〈보기〉의 '물'은 윗글에서 언급한 전자와 비슷한 기능을 하겠군.

② 〈보기〉의 '높이차'는 윗글에서 언급한 전압 차이와 비슷한 기능을 하겠군.

③ 〈보기〉의 폭포의 위쪽은 윗글에서 설명하고 있는 전자가 생산되는 (−)극과 비슷하군.

④ 〈보기〉의 수력 발전은 윗글의 배터리처럼 에너지를 변환시킨다는 공통점을 지니고 있군.

⑤ 〈보기〉의 수력 발전은 윗글의 산화-환원 반응에 견줄 만한 과정 없이 에너지를 얻는 방식이군.

01~05 다음 글을 읽고 물음에 답하시오.

색채는 형태도 무게도 없다. 그러나 마티스는 「마담 마티스」라는 작품에서 색채만으로 형태와 입체감, 그림자, 원근, 심지어 모델의 내면을 표현하는 데 성공하였다. 색채를 이렇게 현란하게 다룬 화가가 또 있었던가? 마티스의 그림은 평면적이고, 그림자가 없으며, 어느 곳도 물체의 색을 그대로 그리지 않았다. ㉠같은 원색을 사용하여 색채의 병치와 병렬로 그림의 모든 요소를 나타냈다.

색채 표시법에는 RGB 체계와 CMY 체계가 있다. CMY는 잉크나 물감을 사용할 때의 감산 혼합 색채로 시안(Cyan)*, 마젠타(Magenta)*, 노랑(Yellow)을 말한다. 이론적으로는 물감을 섞을 때 CMY로 모든 색을 만들 수 있다. CMY를 다 섞으면 검정이 되는데, 이런 혼색을 감산 혼합이라고 한다. 이는 물감의 색소가 다른 색은 흡수하고 특정한 색만 반사하므로 두 색을 섞으면 양쪽의 색소가 각기 특정의 흡수대가 있어서 색을 나타내는 광자를 감소시키기 때문이다. 또한 빛의 혼합을 이루는 3원색은 빨강(Red), 녹색(Green), 파랑(Blue), 즉 RGB다. 이 세 빛을 다 섞으면 흰빛이 된다. 빛이 합해지면 광자가 더 증가하므로 가산 혼합이라고 한다. 마티스는 색을 섞을 때 감산 혼합이 되어 색이 더 어두워지는 것을 피하기 위해 병치 혼합을 사용하였다. 즉 순색을 팔레트 위에서 섞지 않고 캔버스 위에 병치시켜 우리 눈의 망막에 동시에 닿게 하여 빛의 혼합이 된 색을 느끼게 하는 것이다.

마티스의 작품 「춤」은 빨강, 녹색, 파랑, 단지 세 가지 색뿐이다. 이 세 가지 색은 빛의 3원색이다. 물감으로 그렸지만 빛의 3원색이 만들어 내는 현란함이 우리 눈을 자극한다. 또한 빨강과 녹색은 보색이다. 빛의 보색은 서로 섞으면 흰색이 된다. 한 가지 색만 바라보다가 하얀 종이로 눈을 돌리면 그곳에 보색의 ㉡잔상이 생긴다. 즉, 한 가지 색만 칠하면 주위에 보색 효과가 나타나는 것이다. 보색에 둘러싸인 색은 더욱 강렬한 느낌을 준다. 마티스는 분명히 물감을 사용하여 그림을 그리고 채색하였지만 빛의 3원색, 즉 RGB 3색을 사용하였다. 푸른 하늘과 녹색 언덕이 극도로 단순화되었고,

다섯 명의 무희는 강렬한 붉은색으로 도드라져 있으며, 서로 손을 맞잡고 돌아가는 무한의 생명력을 만들어 냈다. 마티스는 색채 효과를 극대화하기 위해 화면을 평면화하였다. 그는 단색의 색채는 의미가 없으며 색과 색이 만나면서 색들 간의 관계에 의해 진실된 색이 나타난다고 믿었다.

마티스는 끊임없이 탐구하는 사람이었다. 그의 화풍은 언제나 큰 폭으로 변하고 성숙해졌다. 그는 일관된 단순함과 강렬함으로 자신의 감정을 표현하였다. 이러한 그의 색에 대한 열정은 20세기 회화의 일대 혁명이라 평가받는, 원색의 대담한 병렬을 강조하는 야수파의 탄생으로 이어지게 되었다. 차츰 마티스는 강렬하고 개성 있는 색채 효과의 표출을 절제하기 시작하였고 화면은 조화와 평온을 추구하며 성숙해졌다. 1910년 뮌헨에서 열린 이슬람 미술전과 그 ㉢이듬해부터 두 차례에 걸친 모로코 여행의 영향으로 통일된 색채의 장식적인 요소, 특히 아라베스크나 꽃무늬를 배경으로 한 평면적인 구성의 독특한 작품을 창조하였다.

마티스는 순도 높은 색면들이 서로 인접하면서 독특한 색감을 창조하는 그만의 예술을 확립함으로써 피카소와 함께 현대 미술의 중요한 ㉣이정표가 되었다. 그리고 말년에는 몸이 불편해지면서는 색종이를 오려 붙이는 독특한 화풍이 돋보이는 「푸른 누드」를 창조하며 새로운 회화의 ㉤지평을 열었다.

* **시안(Cyan)**: 인쇄 잉크로서 원색인 파랑보다 약간 밝은 파랑.
* **마젠타(Magenta)**: 인쇄 잉크로서 원색인 빨강에서 약간 분홍 계열을 띠는 색.

01 윗글의 제목으로 가장 적절한 것은?

① 색채의 마술사, 마티스
② 야수파의 거장, 마티스
③ 빛을 그린 화가, 마티스
④ 배경과 선으로 입체를 표현한 화가, 마티스
⑤ 단순한 구도로 내면을 표현한 화가, 마티스

02 윗글의 내용 전개 방식으로 가장 적절한 것은?

① 마티스 화풍의 특징을 작품을 예로 들어 설명하고 그 의의를 밝히고 있다.

② 마티스 화풍의 변화 과정을 설명하고 그에 대한 마티스의 의견을 덧붙이고 있다.

③ 마티스와 야수파의 공통점과 차이점을 통해 그가 현대 미술에 미친 영향을 밝히고 있다.

④ 마티스 화풍과 관련된 이론을 소개하고 그가 추구하던 작품 세계의 한계를 설명하고 있다.

⑤ 마티스 화풍에 대한 다양한 견해를 제시하고 그의 작품을 통해 그 타당성을 입증하고 있다.

03 윗글을 통해 알 수 있는 내용으로 가장 적절한 것은?

① '빨강, 녹색'의 빛을 섞으면 광자가 더 감소하여 흰색이 된다.

② '시안, 마젠타, 노랑' 물감만으로도 표현할 수 있는 색채는 매우 많다.

③ '빨강, 녹색, 파랑'의 잉크를 섞어 흰색을 만드는 것은 가산 혼합이다.

④ 마티스는 '빨강, 녹색, 파랑'의 빛을 섞는 가산 혼합의 방식을 사용하였다.

⑤ 야수파는 다양한 색을 팔레트 위에서 섞은 후 병치시키는 방법을 많이 사용하였다.

04 윗글을 바탕으로 〈보기〉를 감상한 내용으로 적절하지 않은 것은?

┌ 보기 ─────────

◀ 마티스, 「음악」

「춤」은 마티스의 그림을 꾸준히 사들이던 러시아의 부호 시츄킨의 의뢰로 탄생한 걸작이다. 시츄킨은 이 그림이 마음에 들어서 마티스에게 이 그림과 짝이 될 만한 음악을 주제로 한 그림을 또 의뢰했다. 마티스는 편안하게 쉬는 느낌의 그림을 그려야겠다고 생각하고 「춤」과 같은 색, 같은 형태의 구성이지만 「춤」과는 다른 느낌을 주는 「음악」을 그리게 되었다.
└────────────

① 이 작품도 「춤」과 같이 빛의 3원색이 사용되었군.

② 이 작품은 「춤」과 달리 조용하고 차분한 느낌을 주고 있군.

③ 마티스는 이 작품에서 물체의 색을 사실적으로 표현하고 있군.

④ 마티스는 색의 관계에 의해 빛이 혼합된 색을 느끼게 하려 했군.

⑤ 평면적이고 그림자가 없는 화면에 의해 색채 효과가 극대화되고 있군.

05 ㉠~㉤의 문맥적 의미로 적절하지 않은 것은?

① ㉠: 여러 가지의.

② ㉡: 지워지지 아니하는 지난날의 모습.

③ ㉢: 바로 다음의 해.

④ ㉣: 어떤 일이나 목적의 기준.

⑤ ㉤: 사물의 전망이나 가능성 따위를 비유적으로 이르는 말.

06~11 다음 글을 읽고 물음에 답하시오.

다리의 공통점은 물을 건너기 위해 만들어졌다는 것이다. 물을 건넌다는 것은 인간들에게는 언제나 짜릿한 도전이었다. 오랜 세월에 걸쳐 독창력과 용기를 지닌 사람들이 물을 건너는 문제에 정면으로 도전해 왔고, 그 결과 세상에는 인간 기술의 가장 위대한 결실이라 할 수 있는 다리들이 만들어졌다. 다리마다 ㉠짓는 데 필요한 조건들이 다르기 때문에 아주 다양한 다리가 건설되는 것 같지만 실제로 다리는 형교, 외팔교, 아치교, 현수교, 그리고 새롭게 등장한 사장교의 다섯 종류밖에 없다.

형교는 수평으로 놓은 보를 수직으로 세운 기둥이 받치는 구조로 통나무 다리처럼 양쪽에 걸쳐 놓은 다리이다. 외팔교는 한 끝만 고정시켜 버팀목으로 받친 구조의 다리이고, 아치교는 본체가 아치로 되어 있는 구조이다. 현수교는 강이나 해협의 양쪽에 굵은 줄이나 쇠사슬 등을 건너질러 놓고 거기에 의지하여 매달아 놓은 다리이다. 사장교는 탑을 세워 그곳으로부터 다리에 줄을 연결하여 다리에 가해지는 무게가 줄과 탑을 통해 땅속으로 전달되도록 고안된 다리이다.

옆의 사진은 대표적인 현수교인 미국 샌프란시스코의 금문교이다. 1933년부터 1937년까지 건설된 이 다리는 완공 당시 중앙 경간 거리가 1,280m로 세계 최고였다. 경간 거리란 연속된 두 개의 기둥 사이의 거리를 말한다. 다리 전체 길이가 약 2km에 달하는 금문교는 교량이 두 개의 거대한 케이블*을 통해 매달려 있다. 교량은 견고하면서 무게가 ㉡나가기 때문에 다리에 연결되어 있는 케이블에 무게를 실어 준다. 이 두 케이블은 포물선을 이루고 있는데 하중이 케이블을 따라 균일하게 분산될 때 생기는 포물선 모양을 현수선이라고 한다. 두 개의 현수선은 230m 높이의 두 주탑의 지지를 받고 있으며 양쪽 끝의 케이블 앵커*에 고정되어 있다. 케이블이 흡수한 하중 전체는 두 개의 주탑으로 전달되어 케이블 앵커로 이동하고 이후 마지막으로 지면까지 이르게 된다.

현수교는 다리 중에서 경간 거리가 멀어서 다리의 중간 부분에 교각을 세우지 않아도 되었기 때문에 주변 경관을 훼손하는 것을 줄일 수 있었으며, 임시 지지 장치를 사용해야 하는 아치교에 비해 건설하기도 훨씬 쉬웠다. 일단 중앙의 주탑이 완성되면 여기에 케이블을 설치하고 그런 다음 교량 바닥을 매달기만 하면 되었다. 이런 형태의 다리는 확실히 경제적이어서 그 덕분에 크게 성공할 수 있었지만 상대적으로 유연하기 때문에 취약하다는 단점도 있었다.

현수교와 달리 앵커를 고정시킬 단단한 암석이 없는 지형에서는 사장교가 만들어지게 되었다. 사장교는 하나의 탑, 혹은 여러 개의 탑에서 하나 또는 두 개의 면으로 뻗어 있는 일련의 케이블이 다리의 상판을 지탱해 준다. 현수교의 케이블과 달리 사장교의 케이블은 직선으로 뻗어 있다. 사장교는 앵커가 없기 때문에 같은 거리를 이어 주는 현수교보다 자재가 적게 들어간다는 점에서 경제적이다. 그러나 현재 건설

중인 가장 긴 사장교도 그 길이가 가장 긴 현수교의 절반 정도에 지나지 않는데 이런 관계는 뒤바뀔 것 같아 보이지 않는다. 거대한 사장교를 세운다면 다리 상판에 가해지는 엄청난 압력을 견딜 수 있는 부피의 구조물을 만들어야 할 텐데 결국 그것은 실용성이 없을 것이다.

* 케이블: 실이나 철사 따위를 꼬아서 만든 굵은 줄.
* 케이블 앵커: 케이블을 정착시키는 장치.

06 윗글을 읽고 답할 수 있는 질문으로 적절한 것을 모두 골라 묶은 것은?

> 보기
>
> ㉮ 다섯 가지의 다리가 만들어지게 된 배경은 무엇인가?
> ㉯ 다섯 가지의 다리 중 가장 최근에 만들어진 것은 무엇인가?
> ㉰ 외팔교와 아치교를 짓는 데 필요한 조건상의 차이점은 무엇인가?
> ㉱ 현수교를 짓는 데 필요한 지형적 조건으로는 어떤 것이 있는가?

① ㉮, ㉯ 　② ㉮, ㉰ 　③ ㉯, ㉰
④ ㉯, ㉱ 　⑤ ㉰, ㉱

07 윗글에 사용된 서술 방식으로 가장 적절한 것은?

① 대상의 종류를 나누어 서술하고 있다.
② 대상의 역사적 변화 과정을 서술하고 있다.
③ 대상의 장단점을 절충하여 대안을 도출하고 있다.
④ 대상이 만들어지는 과정을 순서대로 서술하고 있다.
⑤ 대상에 적용된 원리를 도출하여 그 의의를 밝히고 있다.

08 윗글을 바탕으로 〈보기〉를 이해한 내용으로 적절하지 않은 것은?

> 보기

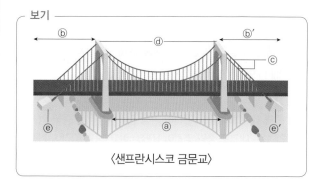

〈샌프란시스코 금문교〉

① ⓐ의 중간에는 교각을 세우지 않아도 되어 건설이 쉽고 경제적이다.

② ⓑ와 ⓑ'는 주탑과 케이블 앵커 사이의 거리이며, ⓑ+ⓑ'는 약 720m이다.

③ 교량의 무게는 ⓒ를 따라 균일하게 분산되며, ⓒ의 최고점은 230m에 이른다.

④ ⓓ는 물속에 설치되는 받침점으로 여기에 교량 바닥을 매달아 무게를 지지한다.

⑤ 교량의 무게는 ⓒ에 실리며, ⓓ와 ⓔ 그리고 ⓓ와 ⓔ'를 차례로 거쳐 지면으로 흡수된다.

	㉮	㉯
①	현수교	사장교
②	현수교	형교
③	아치교	현수교
④	사장교	아치교
⑤	사장교	현수교

09 윗글을 읽고 〈보기〉에 대해 보인 반응으로 적절하지 않은 것은?

┌ 보기 ─────────────
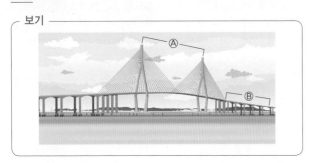
└───────────────────

① Ⓐ는 교량이 직선으로 뻗은 케이블을 통해 매달려 있군.

② Ⓐ가 같은 거리를 이어 주는 현수교보다 더 경제적이겠군.

③ Ⓐ에 세워진 두 개의 탑은 다리 상판에 가해지는 압력을 견디고 있군.

④ Ⓑ는 수평의 보를 수직의 교각이 받치는 구조가 연속되어 있군.

⑤ 주변 경관을 해치지 않으려면 Ⓑ와 같은 방식으로 다리를 만들면 되겠군.

10 윗글을 읽은 학생이 자료를 찾아 〈보기〉와 같이 메모했을 때 ㉮와 ㉯에 들어갈 말로 적절한 것은?

┌ 보기 ─────────────
현재 세계에서 중앙 경간이 가장 긴 (㉮)는 중국 양쯔 강의 수통 대교로 중앙 경간이 1,088m이고, 중앙 경간이 가장 긴 (㉯)는 일본의 아카시 대교로 중앙 경간이 1,991m이다.
└───────────────────

11 다음 중 ㉠, ㉡과 동일한 의미로 쓰인 예가 바르게 짝지어진 것은?

① ㉠: 아이의 이름은 철수라고 지었다.

　ㄴ ㉡: 삼촌은 체중이 100㎏이나 나갔다.

② ㉠: 억지로 미소를 지어서 웃고 있다.

　ㄴ ㉡: 물가가 너무 올라 생활비가 많이 나간다.

③ ㉠: 여름에는 삼베로 옷을 짓는다.

　ㄴ ㉡: 이 그림은 값이 무려 3천만 원이나 나간다.

④ ㉠: 나물을 볶아 아침을 지었다.

　ㄴ ㉡: 전깃불이 나간 걸 보니 정전이 되었나 보다.

⑤ ㉠: 몸이 허한 것 같아 보약을 지어 먹었다.

　ㄴ ㉡: 그는 이미 20년 넘게 한 직장을 나가고 있다.

12~17 다음 글을 읽고 물음에 답하시오.

　실용적인 물건일수록 화려한 장식보다 견고하고 단순한 형태를 선호하는 것은 당연해 보인다. 하지만 이는 서양의 조형 예술이 지향해 왔던 조형적 경향이기도 하다. 수학적 질서로 단단하게 구축된 파르테논 신전에서부터 르네상스 시대의 인체 조각이나 건축, 20세기 들어 구축된 기하학적 조형들이 수학 이론, 특히 기하학 논리의 조형적 변용에 불과했다는 사실이 밝혀지지 않았을 때까지만 해도 단순한 형태를 지향하는 이러한 입장은 보편타당한 것으로 받아들여졌다. 그런데 21세기로 넘어오면서 큰 변화가 이루어지기 시작한다. 견고하고 단순한 형태를 벗어던지려는 시도가 적지 않게 나타난 것이다. 이것은 단지 유행이 아니라 우주관의 변화에 따른 새로운 체제로 평가받는다.

프랑스의 디자이너 패트릭 주앙의 ㉠의자 「솔리드」가 그 예이다. 얼핏 보기에 이것이 의자라는 사실을 ⓐ알아차리기는 어렵다. 가느다란 선으로 표현된 플라스틱 재료가 분출해 흘러넘치는 듯한 형상은 견고한 기하학적 구조와

▲ 의자 「솔리드」

완벽한 기능성을 ⓑ나타내는 기존 디자인들과는 다른 조형 문법을 보여 준다. 자세히 살펴보면 구조적인 면이 제법 계산되었음을 알 수 있으나 그런 안정감을 일부러 피한 흔적이 ⓒ뚜렷하다. 견고한 구조 주변으로 불규칙한 부분들을 밀집시켜 놓았다.

완벽한 아름다움이나 성능을 내세우지 않은 대신 이 디자인에서는 살아 숨 쉬는 역동성이 느껴진다. 가느다란 선들이 힘 있게 움직이는 것 같으면서도 서로 엮여 있는 모습은 마치 강하게 솟구치는 나뭇가지 또는 액체의 비균질적 흐름을 연상케 한다. 게다가 산업 시대의 상징이라고 할 수 있는 플라스틱에서 살아 숨 쉬는 자연물과 같은 느낌을 받는다는 것만으로도 이 디자인은 제 몫을 다하지 않았나 싶다. 이 의자의 생명감이야말로 서양 조형 예술의 근본을 건드리고 있다. 이 의자는 살아 숨 쉬는 인상을 위해 다른 모든 가치들을 제품의 뒷자리로 물렸다. 디자이너는 자신의 디자인을 생명체로 만들고 싶어 했던 것이다.

㉡붐뱅크라는 이름의 벤치를 보자. 벤치라고는 하는데, 기다란 통나무에 고전적인 모양의 의자 등받이만 끼워져 있다.

▲ 벤치 「붐뱅크」

이 통나무 덩어리를 벤치로 쓰기에는 적지 않은 불편이 따를 것이다. 다른 의자에서 등받이만 빼서 통나무에 끼웠으니 디자이너의 무성의함도 지적할 수 있을 것이다. 하지만 실제로는 정반대의 결과를 낳았다. 디자인의 개념을 혁신적으로 바꾼, 세계 디자인 역사에 길이 남을 작품이 되었다. 그 이유는 이 디자인이 ⓓ던지는 다음과 같은 메시지 때문이었다.

[A] '인간이 생태계 속 하나의 존재에 불과하다면 인간이 쓰는 물건 역시 인간이라는 제한된 영역에 헌신할 것이 아니라 인간이 속한 생태 구조 속에서 역할을 해야 하지 않을까? 그렇다면 그 재료를 인간에 맞추어 극단적으로 가공하기보다는, 자연에 맞추어 적절한 수준으로 가공하는 것이 바람직하지 않을까?'

이 통나무 덩어리는 바로 이런 메시지를 던지면서 첨단 기술과 화려함으로 만들어진 디자인들을 시대에 뒤떨어지고 자연을 배려하지 않은 것으로 만들어 버린다. 그리고 그동안 기업에 헌신하기만 한 디자인이나 오직 사람을 위한 기능에만 헌신해 온 디자인, 기계론적 우주관을 벗어나지 못한 디자인들이 크게 반성하도록 만든다. 이로써 이 벤치는 하나의 인문학 텍스트가 되었다.

이처럼 21세기 디자인은 기계론적 우주관을 완전히 ⓔ벗어나 생물학적 우주관을 전통과 미래 위에서 실현하고 있으며 기계 시대 디자인이 주지 못했던 매력을 만들어 내고 있다. 디자인 분야에서 이루어 낸 이와 같은 변화는 디자인 분야가 ㉢사색의 공간으로 작동하고 있었음을 입증한다. 어느새 디자인은 앞서가는 인문학 분야로 자리 잡고 있다.

12 윗글에 사용된 내용 전개 방식에 대한 학생의 반응으로 적절하지 <u>않은</u> 것은?

	내용 전개 방식	학생의 반응	
		○	×
①	설명 대상의 변화 과정을 시대별로 서술하고 있다.	✔	
②	독자의 이해를 돕기 위해 예시를 활용하고 있다.	✔	
③	상반된 견해를 절충하여 대안을 제시하고 있다.		✔
④	주제와 관련된 핵심 개념의 의미를 설명하고 있다.		✔
⑤	중심 내용을 정리하며 글을 마무리하고 있다.	✔	

13 윗글을 읽은 독자가 〈보기〉의 ㉮에 대해 보일 수 있는 반응으로 적절하지 <u>않은</u> 것은?

보기

▲ 르코르뷔지에, 「LC 3」

'건축은 지구의 중력에 맞서 위에서 내리누르는 힘을 견뎌야 한다.'

장식을 배제한 '기계로서의 집'을 주장한 건축가 르코르뷔지에는 이와 같은 생각을 담아 의자 ㉮「LC 3」을 디자인했다.

① 수학적 질서를 그대로 적용하여 구조적인 면을 면밀히 계산한 디자인이군.

② 푹신한 가죽 쿠션을 사용하여 화려하면서도 실용적인 면을 부각한 디자인이군.

③ 앉는 사람의 무게를 견뎌야 하는 물건으로서의 구조와 형태를 가장 많이 고려했겠군.

④ 건축에 사용되는 금속 재질을 통해 의자가 지탱해야 하는 무게감을 견딜 수 있도록 했군.

⑤ 어느 방향에서 보나 사각형의 기하학적 형태를 지니고 있어 의자의 기능에는 충실하겠군.

14 ㉠, ㉡에 대한 설명으로 가장 적절한 것은?

① ㉠과 ㉡은 일부러 기하학적 구조를 계산하지 않아 자연의 생명감이 부각되고 있다.

② ㉠과 ㉡은 소재를 자연에서 취하여 자연의 일부로서의 인간에 대한 사색을 드러내고 있다.

③ ㉠과 ㉡에는 실용적 물건의 디자인을 바라보는 고정 관념에서 벗어나려 했던 의도가 담겨 있다.

④ ㉠과 달리 ㉡은 디자인 분야에서 생물학적 우주관을 실현해 낸 새로운 체제로 평가할 수 있다.

⑤ ㉡과 달리 ㉠은 구조적으로 안정감이 있어야 한다는 의자의 가치를 전면에 내세우고 있다.

15 글의 맥락을 고려할 때 [A]에 추가할 수 있는 질문으로 가장 적절한 것은?

① 문화와 자연을 구분하는 바람직한 기준은 무엇인가?

② 의자의 기능성을 반드시 사람의 관점에서만 바라봐야 하는가?

③ 생태계의 중심인 인간이 환경을 바라보는 바람직한 관점은 무엇인가?

④ 환경을 파괴하지 않고도 환경이 인간의 삶에 기여할 수 있게 하는 방법은 무엇인가?

⑤ 인간의 삶과 함께하는 실용적 물건인 의자의 기능성을 높이기 위한 방법은 무엇인가?

16 ㉢과 바꿔 쓸 수 있는 말로 가장 적절한 것은?

① 수학적 질서를 실험하는 공간으로

② 새로운 유행을 실험하는 공간으로

③ 역동적 디자인을 실험하는 공간으로

④ 새로운 우주관을 실험하는 공간으로

⑤ 고전적 디자인을 실험하는 공간으로

17 문맥상 ⓐ~ⓔ와 바꿔 쓰기에 가장 적절한 것은?

① ⓐ: 간주(看做)하기는

② ⓑ: 표출(表出)하는

③ ⓒ: 농후(濃厚)하다

④ ⓓ: 제안(提案)하는

⑤ ⓔ: 탈출(脫出)해

사뿐

중학 사회
중학 역사

사회를 한 권으로
가뿐하게!

중학 사회

①-1

②-1

①-2

②-2

중학 역사

①-1

②-1

①-2

②-2

중 | 학 | 도 | 역 | 시 EBS

EBS

정답과 해설

필독

중학 국어로 수능 잡기

중학 국어 | 비문학 독해 3

정답과 해설

1부

- 지문 분석편 -

해제 이 글은 조선 시대 통치 기조인 민본 사상과 관련하여 조선 학자들이 제시한 백성에 대한 관점을 설명하고 있다. 정도전은 백성을 보살피는 군주의 덕성과 관료의 자질 향상을 강조했다. 이이는 백성의 교화와 민생 안정을 강조한 한편, 군주가 백성에 대한 두려움을 가지고 백성의 신망을 얻고자 애써야 한다고 강조했다. 정약용은 사회적 약자에 속한 백성을 적극적으로 보살필 것과 백성이 자신의 경제적 형편에 따라 통치 체제 유지를 위한 역할을 수행해야 한다고 논했다. 이러한 논의는 조선의 통치 계층이 백성을 위한 다양한 정책을 펼치는 바탕이 되었다.

주제 백성에 대한 조선 시대 학자들의 관점

조선 시대의 유학자들은 왕권의 기반이 민심에 있으며 민심을 천심으로 받아들여야 한다고 보는 민본(民本) 사상을 통치 기조로 삼을 것을 주장했다. 이러한 관점에서 군주는 백성의 뜻을 하늘의 뜻으로 받들며 섬기고 덕성을 갖춘 성군으로서 백성의 모범이 되어야 하며, 백성을 사랑하는 애민의 태도로 백성의 삶을 안정시키고 백성을 교화해야 하는 존재라고 강조했다. 또한 백성은 보살핌과 가르침을 받는 존재로서 통치에 순응해야 한다고 보았다.
▶ 1문단: 민본 사상에 따른 군주와 백성의 역할

군주와 백성에 대한 이러한 관점은 조선 개국을 주도하고 통치 체제를 설계한 정도전의 주장에도 드러난다. 정도전은 군주나 관료가 백성에 대한 통치권을 지닌 것은 백성을 지배하기 위한 것이 아니라 백성을 보살피고 안정시키기 위한 것이라고 보았다. 군주나 관료가 지배자가 아니라 백성을 위해 일하는 봉사자일 때 이들의 지위나 녹봉은 그 정당성이 확보된다고 여긴 것이다. 또한 왕권이 정상적으로 작동하기 위해서는 왕을 정점으로 하여 관료 조직을 위계적으로 정비하는 것과 더불어, 민심을 받들어 백성을 보살피는 자로서 군주가 덕성을 갖추는 것이 중요하다고 보았다. 백성을 위하는 관료의 자질 향상 및 책무의 중요성을 강조한 한편, 관료의 비행을 감독하는 감사 기능의 강화를 주장하기도 했다. 이러한 정도전의 주장은 백성을 보살핌의 대상으로 바라본 민본 사상의 관점에 입각한 것이라 할 수 있다.
▶ 2문단: 백성에 대한 조선 초기 정도전의 관점

조선 중기의 학자 이이 역시 군주의 바람직한 덕성을 강조한 한편 군주와 백성의 관계를 부모와 자식의 관계에 빗대어 백성을 보살펴야 하는 대상이라 논했다. 이이는 특히 애민은 부모가 자녀를 가르치듯 군주가 백성들을 도덕적으로 교화함으로써 실현되며, 교화를 순조롭게 이루기 위해서는 우선 백성들을 경제적으로 안정시켜야 한다는 점을 강조했다. 또한 백성은 군주에 대한 신망을 지닐 수도 버릴 수도 있는 존재이므로, 군주는 백성을 두려워하는 외민(畏民)의 태도를 지녀야 함을 역설했다. 백성을 보살피고 교화해야 할 대상으로 여긴 점은 정도전의 관점과 상통하는 지점이다. 다만 군주가 백성에 대한 두려움을 가지고 백성의 신망을 유지하기 위해 노력해야 한다는 것을 강조한 점에서 차이가 있다.
▶ 3문단: 백성에 대한 조선 중기 이이의 관점

조선 후기의 학자 정약용은 환자나 극빈자, 노인과 어린이 등 사회적 약자에 속하는 백성을 적극적으로 보호하는 것이 애민의 내용이라고 주장했다. 이는 백성을 보살핌의 대상으로 바라보는 시각을 구체화한 것이라 할 수 있다. 한편 정약용은 백성을 통치 체제 유지에 기여해야 하는 존재라 보고, 백성이 각자의 경제적 형편에 부합하는 역할을 수행해야 한다고 주장하여 백성에 대한 기존의 관점과 차이를 드러냈다. 그는 가난한 백성인 '소민'은 교화를 따름으로써, 부유한 백성인 '대민'은 생산 수단을 제공하고 납세의 부담을 맡음으로써 통치 질서의 안정에 기여해야 한다고 논했다. 이는 조선 후기 농업 기술과 상·공업의 발달로 인해 재산을 축적한 백성들이 등장한 현실을 고려한 것으로, 백성이 국가를 유지하는 근간이라고 보는 관점에 기반한 주장이었다.
▶ 4문단: 백성에 대한 조선 후기 정약용의 관점

조선 시대 학자들의 이와 같은 주장은 군주를 비롯한 통치 계층이 백성을 존중하는 정책을 펼치는 바탕이 되었다. 백성을 대상으로 한 교육 제도, 관료의 횡포를 견제하는 감찰 제도, 민생 안정을 위한 조세 및 복지 제도, 백성의 민원을 수렴하는 소원 제도 등은 백성을 위한 정책이 구현된 사례라 할 수 있다.
▶ 5문단: 조선 시대 백성을 위한 정책 구현 사례

해제 이 글은 중국 역사에서 인성론이 대두하게 된 시대적 상황과 인성론이 인간 본성에 대한 이론적 탐구를 넘어 사회적·정치적 관점으로 해석, 변형된 배경에 대해 다루고 있다. 고자는 인간의 본성은 역동적이며 본성에는 선함도 악함도 없다는 성무선악설을 주장하였다. 맹자는 인간에게 선한 본성이 선천적으로 내재해 있으며 이 선한 본성의 실현은 주체 자신의 노력에 의해서만 가능하다는 성선설을 통해 고자의 성무선악설을 비판하였다. 순자는 맹자의 성선설이 비현실적이며 정치적 질서를 해칠 가능성이 있다고 비판하며, 성악설을 통해 인간의 악한 본성과 이기적 욕망이 사회적 혼란을 초래하기 때문에 외적 강제력이 필요하다는 점을 역설하였다.

주제 인성론의 세 가지 학설에서 주장하는 인간의 본성

중국 역사에서 전국 시대는 전쟁으로 점철된 시대였다. 여러 사상가들이 혼란한 정국을 수습하고 백성들을 고통에서 벗어나게 하기 위해 대안을 마련하였는데, 이 과정에서 그들의 이론을 뒷받침할 형이상학적 체계로서의 인성론이 대두되었다. 인성론은, 인간의 본성이 선하다는 성선설, 인간의 본성이 악하다는 성악설, 인간의 본성에는 애초에 선과 악이라는 구분이 전혀 없다는 성무선악설 등으로 분류될 수 있다. 맹자와 순자를 비롯한 사상가들은 인간 본성에 대한 이론적 탐구에서 더 나아가 사회적·정치적 관점으로 인성론을 구성하고 변형시켜 왔다.

□: 인성론의 세 가지 종류　■: 이 글의 중심 화제

▶ 1문단: 인성론이 등장하게 된 상황과 인성론의 종류

맹자의 성선설이 국가 공권력에 저항하기 위해 호족들 및 지주들이 선한 본성을 갖춘 자신들을 간섭하지 말라는 이념적 논거로 사용되었다면, 순자나 법가의 성악설은 군주가 국가 공권력을 정당화할 때 그 논거로서 사용되었다. 즉 선악이란 윤리적 개념이 정치적 개념과 불가분의 관계에 놓여 있다는 사실을 확인할 수 있다. 『성선설에서는 개체가 외부의 강제적인 간섭 없이도 '정치적 질서'를 낳고 유지할 수 있다고 본 반면, 성악설에서는 외부의 간섭이 없을 경우 개체는 '정치적 무질서'를 초래할 뿐인 존재라고 본 것이다.』

성선설의 정치적 효용
성악설의 정치적 효용
성선설과 성악설의 정치적 개념과의 관계 ①
『 』: 성선설과 성악설의 정치적 개념과의 관계 ②

▶ 2문단: 선악을 정치적 개념으로 다룬 성선설과 성악설

한편 고자는 성무선악설을 통해 인간이 가지고 있는 식욕과 같은 자연적인 욕구가 본성이므로 이를 정치적이면서 동시에 윤리적인 범주로서의 선과 악의 개념으로 다룰 수 없다고 주장했다.

문제 2-①번 고자의 주장 ①　고자의 주장 ②

그는 인간의 본성을 '소용돌이치는 물'로 비유했는데, 이러한 관점은 소용돌이처럼 역동적인 삶의 의미를 지닌 인간을 규격화함으로써 그 역동성을 마비시키려는 일체의 외적 간섭에 저항하는 입장을 취하도록 하였다.

문제 2-②번 고자: 인간의 본성은 역동적인 것

▶ 3문단: 고자의 인간 본성에 관한 관점

맹자는, 인간의 본성을 역동적인 것으로 간주한 고자의 인성론을 비판하였다. 맹자는 살아 있는 버드나무와 그것으로 만들어진 나무 술잔의 비유를 통해, 나무 술잔으로 쓰일 수 있는 본성이 이미 버드나무 안에 있다고 보았다. 맹자는 인간이 선천적으로 지닌 이러한 본성을 인의예지 네 가지로 규정하였다. 고통에 빠진 타인을 측은히 여기는 동정심, 즉 측은지심은 인간이라면 누구나 갖고 있다고 보고, 측은한 마음은 인간의 의식적 노력에서 나온

맹자: 인간의 본성은 선천적인 것
맹자의 주장 ①
문제 2-③번 모든 인간이 가진 측은지심

것이 아니라 불쌍한 타인을 목격할 때 저절로 내면 깊은 곳에서 흘러나온다고 본 것이 맹자의 관점이었다. 다시 말해 인간은 스스로의 노력으로 본성을 실현할 수 있는 존재, 즉 타인의 힘이 아닌 자력으로 수행할 수 있는 존재라고 보았다. 이것이 바로 맹자 수양론의 기본 전제이다.

문제 2-④번 맹자의 주장 ②

▶ 4문단: 맹자의 인간 본성에 대한 관점과 수양론

모든 인간은 선한 본성을 지니고 있고, 이 선한 본성의 실현은 주체 자신의 노력에 의해서만 가능하다는 맹자의 성선설을 순자는 사변적이고 낙관적이며 현실 감각이 결여된 주장으로 보았다. 선한 인간이 되기 위해서 인간은 국가 질서, 학문, 관습 등과 같은 외적인 것에 의존할 필요가 없다고 본 맹자의 논리는 현실 사회에서 국가 공권력과 사회 규범의 역할을 전적으로 부정하는 논거로도 사용될 수 있었기 때문이다. 순자의 견해처럼 인간의 본성이 악하다고 전제할 때 그것을 교정하고 순치할 수 있는 외적인 강제력, 다시 말해 국가 권력이나 전통적인 제도들이 부각될 수 있다. 국가 질서와 사회 규범을 정당화하기 위한 순자의 견해는 성악설뿐만 아니라 현실주의적 인간관에서 비롯되었다.

맹자의 성선설에 대한 순자의 비판 ①
순자의 주장 ①
문제 1-①번 문제 2-⑤번 인간의 악한 본성을 교정할 강제력의 필요성
순자의 주장 ②

▶ 5문단: 성선설에 대한 순자의 비판과 성악설의 관점 ①

순자는 인간의 욕망이 무한하지만 그것을 충족시켜 줄 재화는 매우 한정되어 있다고 보고 이런 모순을 해결하기 위해서 국가에 의해 예(禮)가 만들어졌다는 입장을 견지하였다. 만약 인간에게 외적인 공권력과 사회 규범이 없는 경우를 가정한다면 인간들은 자신들의 욕망 충족에 있어 턱없이 부족한 재화를 놓고 일종의 전쟁 상태에 빠지게 될 것이고, 그 결과 사회는 걷잡을 수 없는 무질서 상태로 전락하게 될 것이다. 맹자의 성선설이 비현실적일 뿐만 아니라 정치적 질서를 해칠 가능성이 있다고 본 순자의 비판은, 바로 인간과 사회에 대한 이와 같은 견해로부터 나온 것이다.

순자의 주장 ③
맹자의 성선설에 대한 순자의 비판 ②

▶ 6문단: 성선설에 대한 순자의 비판과 성악설의 관점 ②

인문
03 스피노자 윤리학의 코나투스

해제 이 글은 스피노자 윤리학의 핵심 개념인 코나투스를 인간의 삶을 지속하고자 하는 욕망으로 제시하면서, 이것을 통해 인간의 감정과 선악의 개념까지 연결 짓고 있다. 감정을 신체 변화의 표현으로 보았던 스피노자는 신체적 활동 능력이 증가하면 기쁨, 신체적 활동 능력이 감소하면 슬픔을 느낀다고 하였다. 또한 선악은 사물이 다른 사물과 맺는 관계에 따른 결과이며 자신의 신체적 활동 능력을 증가시키거나 감소시키는 것이 선악이라고 하였다. 인간의 선악에 대한 판단은 자신의 감정에 따라 결정되기 때문에 스피노자 윤리학에서는 욕망을 긍정하고 자신과 타자 모두의 코나투스를 증가시킬 수 있는 기쁨의 관계를 형성하라는 당부를 하고 있다.

주제 코나투스의 개념과 코나투스가 우리에게 주는 의미

스피노자의 윤리학을 이해하기 위해서는 코나투스(Conatus)라는 개념이 필요하다. 스피노자에 따르면 실존하는 모든 사물은
▨ : 이 글의 중심 화제
자신의 존재를 유지하기 위해 노력하는데, 이것이 바로 그 사물
코나투스의 개념 ①
의 본질인 코나투스라는 것이다. 정신과 신체를 서로 다른 것이 아니라 하나로 보았던 그는 정신과 신체에 관계되는 코나투스를 충동이라 부르고, 다른 사물들과 같이 인간도 자신을 보존하고자 하는 충동을 갖고 있다고 보았다. 특히 인간은 자신의 충동을 의
인간과 동물의 차이
식할 수 있다는 점에서 동물과 차이가 있다며 인간의 충동을 욕망이라고 하였다. 즉 인간에게 코나투스란 삶을 지속하고자 하는
코나투스의 개념 ②
욕망을 의미한다.
▶ 1문단: 스피노자가 말하는 코나투스의 개념

스피노자에 따르면 코나투스를 본질로 지닌 인간은 한번 태어난 이상 삶을 지속하기 위해 힘쓴다. 하지만 인간은 자신의 힘만으로 삶을 지속하기 어렵다. 인간은 다른 것들과의 관계 속에서만 삶을 유지할 수 있으므로 언제나 타자와 관계를 맺는다. 이때 타자로부터 받은 자극에 의해 신체적 활동 능력이 증가하거나 감소하는 변화가 일어난다. 감정을 신체의 변화에 대한 표현으로
신체와 감정의 관계
보았던 스피노자는「신체적 활동 능력이 증가하면 기쁨의 감정을
┌ : 신체적 활동 능력의 변화에 따라 느끼는 감정
느끼고, 신체적 활동 능력이 감소하면 슬픔의 감정을 느낀다」고 생각했다. 또한 신체적 활동 능력이 감소하는 것과 슬픔의 감정을 느끼는 것은 코나투스가 감소하고 있음을 보여 주는 것, 다시 말해 삶을 지속하고자 하는 욕망이 줄어드는 것이라고 여겼다. 그래서 인간은 코나투스의 증가를 위해 자신의 신체적 활동 능력을 증가
코나투스와 신체 및 감정의 관계
시키고 기쁨의 감정을 유지하려고 노력한다는 것이다.
▶ 2문단: 코나투스와 인간 감정의 관계

한편 스피노자는 선악의 개념도 코나투스와 연결 짓는다. 그는 사물이 다른 사물과 어떤 관계를 맺느냐에 따라 선이 되기도 하고 악이 되기도 한다고 말한다. 코나투스의 관점에서 보면 선이란 자신의 신체적 활동 능력을 증가시키는 것이며, 악은 자신의
선의 개념 ①
신체적 활동 능력을 감소시키는 것이다. 이를 정서의 차원에서
문제 1~④번 악의 개념 ①
설명하면 선은 자신에게 기쁨을 주는 모든 것이며, 악은 자신에
문제 1~①번 선의 개념 ②
게 슬픔을 주는 모든 것이다. 한마디로 인간의 선악에 대한 판단
악의 개념 ② 선악에 대한 판단과 감정의 관계
은 자신의 감정에 따라 결정된다는 것을 의미한다.
▶ 3문단: 코나투스와 선악 개념의 관계

이러한 생각을 토대로 스피노자는 코나투스인 욕망을 긍정하고 욕망에 따라 행동하라고 이야기한다. 슬픔은 거부하고 기쁨을
문제 2번 스피노자 윤리학의 당부 ①
지향하라는 것, 그것이 곧 선의 추구라는 것이다. 그리고 코나투스는 타자와의 관계에 영향을 받으므로 인간에게는 타자와 함께 자신의 기쁨을 증가시킬 수 있는 공동체가 필요하다고 말한다.
공동체가 필요한 이유
그 안에서 자신과 타자 모두의 코나투스를 증가시킬 수 있는 기
문제 1~⑤번 스피노자 윤리학의 당부 ②
쁨의 관계를 형성하라는 것이 스피노자의 윤리학이 우리에게 하는 당부이다.
▶ 4문단: 스피노자 윤리학이 우리에게 하는 당부

고대 중국인과 순자의 하늘에 대한 인식

해제 이 글은 하늘에 대한 고대 중국인들의 인식과 하늘은 단지 자연 현상일 뿐이라는 순자의 관점을 제시하면서, 순자가 말한 '불구지천(不求知天)'의 본뜻을 설명하고 있다. 고대 중국인들은 하늘이 왕조의 탄생과 정치적 변천까지 결정한다고 보았다. 하지만 순자는 하늘을 단지 자연 현상으로 보았으며, 자연 현상에 대해 하늘의 뜻이 무엇인지 알려고 노력할 필요가 없다고 주장하고 있다. 또한 '불구지천'을 통해 하늘에 의지가 있다고 보는 종교적 사유를 비판하고 인간의 의지를 중시하였으며, 인간 사회의 정치에 대해 중점을 두었다.

주제 하늘에 대한 순자의 인식과 '불구지천'의 의미

ⓒ고대 중국인들은 인간이 행하지 못하는 불가능한 일은 그들이 신성하다고 생각한 하늘에 의해서 해결 가능하다고 보았다. 그리
　　　　고대 중국인들의 하늘에 대한 인식 ①
하여 하늘은 인간에게 자신의 의지를 심어 두려움을 갖고 복종하게 하는 의미뿐만 아니라 인간의 모든 일을 책임지고 맡아서 처리하는 의미로까지 인식되었다. 그 당시에 하늘은 인간에게 행운과 불운을 가져다줄 수 있는 힘이고, 인간의 개별적 또는 공통적
　　고대 중국인들의 하늘에 대한 인식 ②
운명을 지배하는 신비하고 절대적인 존재라는 믿음이 형성되었
　고대 중국인들의 하늘에 대한 인식 ③
다. 이러한 하늘에 대한 인식은 결과적으로 하늘을 권선징악의
　　　　　　　　　　　　고대 중국인들의 하늘에 대한 인식 ④
주재자로 보고, 모든 새로운 왕조의 탄생과 정치적 변천까지도
　　　　　　　　　고대 중국인들의 하늘에 대한 인식 ⑤
그것에 의해 결정된다는 믿음의 근거로 작용하였다. 하지만 그러한 하늘에 대한 인식은 인간 지혜의 성숙과 문명의 발달로 인한 새로운 시대의 요구에 의해서 대폭 수정될 수밖에 없었다.
　　　　　　　　▶ 1문단: 고대 중국인들의 하늘에 대한 인식

ⓒ순자의 하늘에 대한 주장은 그 당시까지 진행된 하늘의 논의와 엄격히 구분될 뿐만 아니라 그것을 매우 새롭게 변모시킨 하나의 획기적인 사건으로 규정지을 수 있다. 순자는 하늘을 단지 자연
　　　　　　　　　　　　　문제 2번 순자의 하늘에 대한 인식 ①
현상으로 보았다. 그가 생각한 하늘은 별, 해와 달, 사계절, 추위와 더위, 바람 등의 모든 자연 현상을 가리킨다. 따라서 하늘은 사람을 가난하게 만들 수도 없고, 병들게 할 수도 없고, 재앙을 내릴 수도 없고, 부자로 만들 수도 없으며, 길흉화복을 줄 수도 없다. 사람들이 치세(治世)와 난세(亂世)를 하늘과 연결시키는 것은 심리적으로 하늘에 기대는 일일 뿐이다. 치세든 난세든 그 원
　　　　　　　　　　　　순자의 하늘에 대한 인식 ②
인은 사람에게 있는 것이지 하늘과는 무관하다. 사람이 받게 되는 재앙과 복의 원인도 모두 자신에게 있을 뿐 불변의 질서를 갖고 있는 하늘에 있지 않다. 　　▶ 2문단: 하늘을 단지 자연 현상으로 본 순자

하늘은 그 자체의 운행 법칙을 따로 갖고 있어 인간의 길과 다
　　　　　　문제 1번 순자의 하늘에 대한 인식 ③
르다. 천체의 운행은 불변의 정규 궤도에 따른다. 해와 달과 별이 움직이고 비가 내리고 바람이 부는 것은 모두 제 나름의 길이 있다. 사계절은 말없이 주기에 따라 움직일 뿐이다. 물론 일식과 월식이 일어나고 비바람이 아무 때나 일고 괴이한 별이 언뜻 출현하는 경우는 있을 수 있다. 하지만 이런 일이 항상 벌어지는 것은 아니며 하늘이 이상 현상을 드러내 무슨 길흉을 예시하는 것은 더더욱 아니다. 즉, 하늘은 아무 이야기도 하지 않는데 사람들은 하늘과 관련된 이야기를 만들어 낸다는 것이다. 그래서 순자는

천재지변이 일어난다고 해서 하늘의 뜻이 무엇인지 알려고 노력
　　　　　'불구지천'의 의미 ①
할 필요가 없다고 말한다. 그것이 바로 순자가 말하는 불구지천
(不求知天)의 본뜻이다. 　　▶ 3문단: 순자가 말하는 '불구지천'의 본뜻

순자가 말한 '불구지천'의 뜻은 자연 현상으로서의 하늘이 아
　　　　　　　　　문제 1번 '불구지천'의 의미 ②
니라 하늘에 무슨 의지가 있다고 주장하고 그것을 알아내겠다고 덤비는 종교적 사유의 접근을 비판하려는 것이다. 그러니까 억지로 하늘의 의지를 알려고 힘을 쏟을 필요가 없다. 사람들은 자연 현상에 대해 특별한 의미를 부여하지 말고 오직 인간 사회에서 스스로가 해야 할 일을 열심히 해야 한다. 즉, 재앙이 닥치면 공포에 떨며 기도나 하는 것이 아니라 적극적인 행위로 그것을 이
　　　문제 1번 인간의 의지를 강조한 순자의 주장
겨 내야 한다는 것이다. ▶ 4문단: 하늘에 대한 종교적 사유의 접근을 비판한 순자

순자의 관심은 하늘에 있지 않고 사람에 있었다. 특히 인간 사
　　　　　　　인간을 중심으로 인간 사회의 정치에 중점을 둔 순자
회의 정치야말로 순자가 중점을 둔 문제였다. 순자는 "하늘은 만물을 낳을 수 있지만 만물을 변별할 수는 없다."라고 말한다. 이는 인간도 만물의 하나로 하늘이 낳은 존재이나 하늘은 인간을 낳았을 뿐 인간을 다스리려는 의지는 갖고 있지 않다는 것이다. 따라서 하늘은 혈기나 욕구를 지닌 존재도 아니다. 그저 만물을
　　　　　　　　　　　하늘에 대한 순자 관점의 핵심
생성해 내는 자연일 뿐이다.
　　　　　▶ 5문단: 하늘이 만물을 생성해 내는 자연일 뿐이라고 생각한 순자

해제 이 글은 이성 중심의 합리론을 비판하고 경험을 중시한 경험론의 대표적인 철학자 흄의 이론을 소개하고 있다. 흄은 지식의 근원을 경험으로 보고, 경험을 인상과 관념으로 나눈 뒤, 인상이 없는 관념은 과학적 지식이 될 수 없다고 주장했다. 또한 인과 관계란 시공간적으로 인접한 두 사건이 반복해서 발생할 때 갖는 관찰자의 습관적 기대에 불과하다고 말하면서 인과 관계를 통해 얻은 과학적 지식이 필연적이라고 볼 수 없다고 비판했다. 또한 흄은 경험을 통해 얻은 과학적 진실이라 하더라도 그것이 진리인지를 확인할 수 없다는 회의적인 태도를 취했다. 이와 같은 주장 때문에 흄은 극단적인 회의주의자라고 비판을 받기도 했지만, 이성만을 중시했던 당시 철학 사조에 반기를 들고 근대 철학에 새로운 방향성을 제시했다는 점에서 의의가 있다.

주제 흄이 주장한 경험론과 그에 대한 평가

18세기 **경험론**의 대표적인 철학자 **흄**은 '모든 지식은 경험에서
⬛: 이 글의 중심 화제　　　　　　　　흄의 주장 ①
나온다.'라고 주장하면서, 이성을 중심으로 진리를 탐구했던 데
　　　　　　　　　흄의 입장 ①
카르트의 합리론을 비판하고 경험을 중심으로 한 새로운 철학 이
흄의 입장 ②
론을 구축하려 하였다. 그러나 지나치게 경험만을 중시한 나머지, 그는 과학적 탐구 방식 및 진리를 인식하는 문제에 대해서도
　　　　　　　흄의 입장 ③
비판하기에 이른다. 그 결과 흄은 서양 근대 철학사에서 극단적
　　　　　　　흄의 경험론에 대한 평가
인 회의주의자로 평가받는다.
　▶ 1문단: 경험론을 주장한 흄의 입장과 그에 대한 평가
흄은 지식의 근원을 경험으로 보고 이를 인상과 관념으로 구분하여 설명하였다. **인상**은 오감(五感)을 통해 얻을 수 있는 감각이나 감정 등을 말하고, 관념은 인상을 머릿속에 떠올리는 것을 말
문제 1-①번
한다. 가령, 혀로 소금의 '짠맛'을 느끼는 것은 인상이고, 머릿속으로 '짠맛'을 떠올리는 것은 관념이다. 인상은 단순 인상과 복합 인상으로 나뉘는데, 단순 인상은 단일 감각을 통해 얻는 인상을, 복합 인상은 단순 인상들이 결합된 인상을 의미한다. 따라서 '짜다'는 단순 인상에, '짜다'와 '희다' 등의 단순 인상들이 결합된 소금의 인상은 복합 인상에 해당된다. 그리고 단순 인상을 통해 형성되는 관념을 단순 관념, 복합 인상을 통해 형성되는 관념을 복합 관념이라 한다. 흄은 단순 인상이 없다면 단순 관념이 존재하
문제 2번 흄이 생각한 단순 인상과 단순 관념의 관계
지 않는다고 보았다. 그런데 '황금 소금'은 현실에 존재하지 않기
복합 관념: 복합 인상이 없어도 존재
때문에 그 자체에 대한 복합 인상은 없지만, '황금'과 '소금' 각각의 인상이 존재하기 때문에 복합 관념이 존재할 수 있다. 따라서 복합 관념은 복합 인상이 없더라도 존재할 수 있다. 하지만 흄은 '황금 소금'처럼 인상이 없는 관념은 과학적 지식이 될 수 없다고
　　　　　　흄의 주장 ②
말하였다.
　▶ 2문단: 경험을 인상과 관념으로 구분한 흄의 주장
흄은 과학적 탐구 방식으로서의 인과 관계에 대해서도 비판적 태도를 보였다. 그는 인과 관계란 시공간적으로 인접한 두 사건이 반복해서 발생할 때 갖는 관찰자의 습관적인 기대에 불과하다
문제 1-⑤번 흄이 주장한 인과 관계의 개념
고 말하였다. 즉, '까마귀 날자 배 떨어진다'라는 속담이 의미하는 것처럼 인과 관계는 필연적 관계임을 확인할 수 없다는 것이다. 그는 '까마귀가 날아오르는 사건'과 '배가 떨어지는 사건'을 관찰할 수는 있지만, '까마귀가 날아오르는 사건이 배가 떨어지

는 사건을 야기했다.'라는 생각은 추측일 뿐 두 사건의 인과적 연
문제 1-④번 인과 관계는 필연적 관계는 아님.
결 관계를 관찰할 수 없다고 주장한다. 결국 인과 관계란 시공간
　　　　　　　　　흄의 주장 ③
적으로 인접한 두 사건에 대한 주관적 판단에 불과하므로, 이런 방법을 통해 얻은 과학적 지식이 필연적이라는 생각은 적합하지 않다고 흄은 비판하였다.
　▶ 3문단: 과학적 탐구 방식으로서의 인과 관계에 대한 흄의 비판
또한 흄은 진리를 알 수 있는가의 문제에 대해서도 회의적인 태도를 취했다. 전통적인 진리관에서는 진술의 내용이 사실과 일
　　　　　　　　　　　　전통적인 진리관 ↗
치할 때 진리라고 본다. 하지만 흄은 진술 내용이 사실과 일치하
　　　　　문제 1-③번 흄의 진리관
는지의 여부를 판단할 수 없다고 보았다. 예를 들어 '소금이 짜다.'라는 진술이 진리가 되기 위해서는 실제 소금이 짜야 한다. 그런데 흄에 따르면 우리는 감각 기관을 통해서만 세상을 인식할 수 있기 때문에 실제 소금이 짠지는 알 수 없다. 그러므로 '소금이 짜다.'라는 진술은 '내 입에는 소금이 짜게 느껴진다.'라는 진술에 불과할 뿐이다. 따라서 비록 경험을 통해 얻은 과학적 지식
　　　　　　　　　　　　　　　　흄의 주장 ④
이라 하더라도 그것이 진리인지의 여부는 확인할 수 없다는 것이 흄의 입장이다.
　　　　　▶ 4문단: 진리를 인식하는 문제에 대한 흄의 비판
이처럼 흄은 경험론적 입장을 철저하게 고수한 나머지, 과학적 지식조차 회의적으로 바라보았다는 점에서 비판을 받기도 했다.
흄의 경험론에 대한 비판
하지만 그는 이성만 중시했던 당시 철학 사조에 반기를 들고 경
　　　　　┌: 흄의 경험론에 대한 철학사적 평가
험을 중심으로 지식 및 진리의 문제를 탐구했다는 점에서 근대 철학에 새로운 방향성을 제시했다는 평가를 받는다.
　▶ 5문단: 흄의 경험론에 대한 비판과 철학사적 평가

해제 이 글은 조선 전기 사회의 신분 구조의 바탕이 된 양천제와 반상제에 대해 설명하고 있다. 조선 왕조를 세운 신흥 사대부들은 중앙 집권 체제의 확립을 추구하면서 노비를 줄이고 양인을 늘리는 것을 조선 국역 정책의 기본 방향으로 삼았다. 조선 시대 신분 제도는 법적으로는 모든 구성원을 양인과 천인으로 나눈 양천제를, 사회 통념상으로는 당시 실제 계급 관계를 반영한 반상제가 서로 혼재된 구조였다. 조선 사회는 차츰 양천제라는 법제적 틀에서 사회 통념상의 신분 규범이 규정 요소로서 확고히 자리 잡는 방향으로 변화해 갔다.

주제 조선 전기 사회 신분 구조의 바탕인 양천제와 반상제

고려 말 중앙 집권 체제의 약화와 왕권의 쇠퇴 속에서 조선 왕조를 세운 신흥 사대부들은 지주층이었기 때문에 노비 노동력이 필요했다. 그러나 이들은 강력한 중앙 집권 체제의 확립을 위해 국역(國役) 대상인 양인 계층의 폭을 넓히려 하였다. 따라서 노비가 꼭 있어야 하더라도 되도록 양인을 더 많이 확보하려는 것이 <u>조선 왕조 국역 정책의 기본 방향</u>
새 왕조가 추구한 국역 정책의 기본 방향이었다.
▶ 1문단: 조선 왕조가 추구한 국역 정책의 기본 방향
이처럼 국역 대상의 확보를 새 왕조 통치 체제의 발판으로 추구하면서, 법제적으로도 모든 사회 구성원을 일단 ⟨양인⟩과 ⟨천인⟩으로 나누었다. 이들 사이에는 의무와 권리에서 차등이 있었는데
양천제
먼저 의무 면에서 양인 남자는 국역인 군역(軍役)과 요역(徭役)의
문제 1-①번 양인 남자의 의무
의무가 있었다. 이에 비해 천인은 군역에서 철저히 배제되었다.
문제 1-①번 천인의 의무 ▶ 2문단: 양인과 천인의 의무 차이
권리 면에서 양인과 천인은 신체와 생명의 보호와 같은 인간의
양인과 천인의 권리 차이 ① – 기본권의 보장 여부
기본권을 공권력으로 보장받을 수 있는지에서 뚜렷이 차이가 났다. 천인인 노비는 재산으로 보아 매매·상속·양도·증여의 대상이 되었으며, 사는 곳을 옮길 자유가 없었다. 노비와 양인이 싸우
문제 1-⑤번 거주지 이전의 자유가 없는 노비
면 노비가 한 등급 더 무거운 벌을 받는 것은 양·천 사이의 법적
문제 1-④번 양인과 노비의 법적 지위의 차이가 나타나는 예
지위의 차이를 잘 보여 준다. 그보다 권리 면에서 양·천의 가장
양인과 천인의 권리 차이 ② – 법적 지위의 차이
분명한 차이는 관직 진출권이 있느냐는 것이었다. 양인 중에도
문제 1-②번 양인과 천인의 권리 차이 ③ – 관직 진출권 여부
관직 진출권이 제한된 사람이 적지 않았으나 양인은 일단 관직 진출권이 있었다. 더러 노비가 국가에 큰 공로를 세워 정규 관직인 유품직(流品職)을 받기도 하였으나 이때는 반드시 양인이 되
문제 1-③번 노비가 관직을 받는 과정
는 종량(從良) 절차를 먼저 밟아야 했다.
▶ 3문단: 양인과 천인의 권리 차이
그러나 이러한 양·천 구분은 국가의 법적 구분이었지, 실제 사회 구성은 좀 더 복잡했다. 양·천이라는 법적 구분 아래 사회 구성원은 상급 신분층인 ⟨양반 계층⟩, 의관·역관과 같은 기술관이
◯: 조선의 실제 사회 구성 계층
나 서얼 등의 ⟨중인 계층⟩, 양인 중 수가 가장 많았던 ⟨평민 계층⟩, 노비가 주류인 ⟨천민 계층⟩으로 나뉘었다. ▶ 4문단: 조선의 실제 사회 구성
조선을 양반 관료 사회라고 규정하듯이 양반은 정치·사회·경제 면에서 갖가지 특권과 명예를 독점적으로 누리면서 그 아래인 중인·평민·천민과는 격을 달리했다. 이를 반상(班常)이라는 말로 표현한다. 반상은 곧 신분을 지배자와 피지배자로 나눈 것으로서, 반상의 반(班)에는 중인이 들어가지 않았지만 상(常)에는
반: 양반 계층(지배자) ↔ 상: 평민 계층, 천민 계층(피지배자)
평민부터 노비까지 포함되었다. 이러한 구분은 법적 구분과는 달

리 사회 통념상으로 최고 신분인 양반의 지배자적 위치를 돋보이
문제 2-③번 반상제에 반영된 의식
게 하려는 의식에서 생겼다고 하겠다.
▶ 5문단: 조선의 사회 통념상 신분 규범인 반상제
이처럼 국가 차원의 법적 규범인 양천제와 당시 실제 계급 관계를 반영한 사회 통념상 구분인 반상제가 서로 섞여 중세의 신
양천제 + 반상제
분 구조를 이루었다. 『중세 사회가 발전하면서 신분 구조는 양천
◎: 이 글의 중심 화제
제라는 법제적 틀에서 차츰 사회 통념상의 신분 규범이 규정 요
『 』: 중세 사회의 발전에 따른 신분 구조의 변화 – 반상제가 규정 요소로 자리 잡음.
소로 확고히 자리 잡는 방향으로 변화했다.』 이는 지주제의 확대와 발전, 그리고 조선 사회의 안정과 변동을 나타내는 것이기도 하였다.
▶ 6문단: 중세 신분 구조의 변화 방향과 그 의미

해제 이 글은 합리적 판단을 할 수 없을 때 사람들이 신속하게 사용하는 어림짐작인 휴리스틱에 의한 인간의 판단과 추론을 설명하고 있다. 대표성 휴리스틱은 어떤 대상이 특정 집단에 속할 가능성을 판단할 때, 그 대상이 특정 집단의 전형적인 이미지와 닮은 정도에 따라 판단하는 경향이다. 회상 용이성 휴리스틱은 당장 머릿속에 잘 떠오르는 정보에 의존하여 판단하는 경향이다. 시뮬레이션 휴리스틱은 과거에 발생한 특정 사건이나

미래에 일어날 일들을 마음속에 떠올려 그 장면을 상상해 보는 것이다. 이러한 휴리스틱은 종종 잘못된 판단으로 이어질 수도 있지만, 휴리스틱은 거의 자동적으로 작용하며 경험에 기반하여 답을 찾는 효율적인 방법이라고 볼 수도 있다.

주제 판단과 추론에 영향을 미치는 휴리스틱의 종류와 특성

사람들은 하루에도 수많은 일들을 판단하면서 살아간다. 「판단을 할 때마다 필요한 모든 정보를 수집하여 이용하고자 하면, 정
문제 1-③번 「 ♪ 인지적으로 부담을 느낄 때 작용하는 휴리스틱
보를 수집하는 것도 힘들뿐더러 그 정보를 처리하는 것도 부담이 된다. 그렇기 때문에 사람들은 과거 경험을 바탕으로 어림짐작을
문제 1-②번
하게 되는데, 이를 휴리스틱이라고 한다. 이러한 휴리스틱에는
▨▨▨ : 이 글의 중심 화제
대표성 휴리스틱과 회상 용이성 휴리스틱, 그리고 시뮬레이션 휴리스틱 등이 있다.   ▶ 1문단: 휴리스틱의 개념과 종류

대표성 휴리스틱은 어떤 대상이 특정 집단에 속할 가능성을 판
문제 2-③번
단할 때, 그 대상이 특정 집단의 전형적인 이미지와 얼마나 닮았
는지에 따라 판단하는 경향을 말한다. 우리는 키 198㎝인 사람이
대표성 휴리스틱의 적용 예시
키 165㎝인 사람보다 농구 선수일 가능성이 높을 것이라 판단한다. 이와 같이 대표성 휴리스틱은 흔히 첫인상을 형성할 때나 타
대표성 휴리스틱의 적용
인에 대해 판단을 할 때 작용한다. 그런데 대표성 휴리스틱에 따른 판단은 그 대상이 가지고 있는 특정 집단의 전형적인 속성에만 주목하여 이루어진 것이다. 따라서 이러한 판단은 신속한 결정을 내리는 데 도움이 되기도 하지만, 항상 정확하고 객관적인
것이라고 보기는 어렵다.   대표성 휴리스틱의 적용 오류
                          ▶ 2문단: 대표성 휴리스틱의 개념과 특성

회상 용이성 휴리스틱은 당장 머릿속에 잘 떠오르는 정보에 의
문제 2-①, ④번
존하여 판단하는 경향을 말한다. 사람들에게 작년 겨울 독감에 걸린 환자들이 얼마나 많았는지 물어보면, 일단 자기 주변에서 발생한 사례들을 떠올려 추정하게 된다. 이러한 추정은 적절할 수도 있지만, 실제 발생 확률과는 다를 수도 있다. 사람들은 최근에 자신이 경험한 사례, 생동감 있는 사례, 충격적이거나 극적인
회상 용이성 휴리스틱의 적용 예시
사례들을 더 쉽게 회상한다. 그래서 비행기 사고 장면을 담은 충격적인 뉴스 보도 영상을 접하게 되면, 그 장면이 자꾸 떠올라 자동차보다 비행기가 더 위험하다고 생각하게 되는 것이다. 그러나 이것은 실제 사고 발생 확률을 고려하지 못한 잘못된 판단이다.
회상 용이성 휴리스틱의 적용 오류   ▶ 3문단: 회상 용이성 휴리스틱의 개념과 특성
시뮬레이션 휴리스틱은 과거에 발생한 특정 사건이나 미래에
문제 2-⑤번
일어날 일들을 마음속에 떠올려 그 장면을 상상해 보는 것이다. 범죄 용의자를 심문하는 경찰관이 그 용의자의 진술에 기초해서
시뮬레이션 휴리스틱의 적용 예시
범죄 장면을 머릿속에 그려 보는 것이 이에 해당한다. 이때 경찰관은 그 용의자를 범인으로 가정해야만 그가 범죄를 저지르는 장

면을 머릿속에 떠올려 볼 수 있다. 이러한 가상적 장면을 자꾸 머릿속에 떠올리다 보면, 그 용의자가 정말 범인인 것처럼 생각하게 된다. 그래서 그가 범인임을 입증하는 객관적인 증거를 충분
시뮬레이션 휴리스틱의 적용 오류
히 수집하기도 전에 그를 범인이라고 판단할 가능성이 높아지는 것이다.   ▶ 4문단: 시뮬레이션 휴리스틱의 개념과 특성

이처럼 휴리스틱은 종종 판단 착오를 낳기도 하지만, 경험에
휴리스틱에 대한 평가
기반하여 답을 찾는 효율적인 방법이라고 볼 수도 있다. 일상생활에서 우리의 판단과 추론이 항상 합리적인 사고 과정을 거쳐 일어나는 것은 아니다. 우리는 '결정을 위한 시간이 많지 않다.'
휴리스틱이 자동적으로 작용하는 이유
는 가정을 무의식적으로 하고 있다. 휴리스틱은 우리가 쓰고 싶지 않아도 거의 자동적으로 작용한다. 그리고 수많은 대안 중 순
문제 1-④번 결정이나 판단을 할 때 자동적으로 작용하는 휴리스틱
식간에 몇 가지 혹은 단 한 가지의 대안만을 남겨 판단하기 쉽게
문제 1-⑤번 인지적 노력을 절약하는 사람들의 경향
만들어 준다. 이런 점에서 인간은 '인지적 구두쇠'라고 할 만하다.   ▶ 5문단: 휴리스틱에 대한 평가와 인간이 사용하는 휴리스틱

사회 01 손실 보상 청구권에 대한 해석

해제 이 글은 공적 부담의 평등을 위해 인정되는 헌법상 권리인 손실 보상 청구권에 대해 설명하고 있다. 손실 보상 청구권의 성립 요건인 특별한 희생과 재산권의 사회적 제약 사이의 구별에 대해 경계 이론과 분리 이론은 서로 다른 입장을 취한다. 경계 이론은 특별한 희생과 재산권의 사회적 제약은 침해의 정도에 있어서만 차이가 있다고 본다. 반면 분리 이론은 특별한 희생과 재산권의 사회적 제약은 입법자의 의사에 따라 완전히 분리된다고 본다. 따라서 사회적 제약을 넘어 개인의 재산권을 침해하는 행정

작용에 대해 보상 규정이 없을 때, 경계 이론은 헌법 제23조 제3항을 근거로 손실을 보상해야 한다고 보지만, 분리 이론은 헌법 제23조 제2항을 근거로 손실을 보상하는 것이 아니라 위법한 행정 작용을 폐지해야 한다고 본다.

주제 경계 이론과 분리 이론의 관점에서 해석한 손실 보상 청구권

공익을 위한 적법한 행정 작용으로 개인의 재산권에 특별한 희생이 발생한 경우, 개인은 자신이 입은 재산상 손실을 보상하도록 요구할 수 있는 권리인 '손실 보상 청구권'을 갖는다. 여기서
  ┗ : 이 글의 중심 화제
'특별한 희생'이란 보호할 필요가 있는 재산권에 대한 침해를 이
  ┗ 특별한 희생의 개념
르는 말로, 이로 인한 손실은 국가가 보상해야 한다. 가령 감염병 예방법에 따르면, 행정 기관이 감염병 예방을 위해 의료 기관의
  ┗ 특별한 희생의 예: 공용 침해 중 사용에 해당함.
병상이나 연수원, 숙박 시설 등을 동원한 경우 이로 인한 손실을 개인에게 보상하여야 하는데, 이때의 재산권 침해가 특별한 희생에 해당하는 것이다. ▶ 1문단: 손실 보상 청구권과 특별한 희생의 개념

손실 보상 청구권은 공적 부담의 평등을 위해 인정되는 헌법상
  ┗ 행정 작용으로 발생한 특별한 희생을 공공이 분담하기 위한 것임.
권리이다. 행정 작용으로 누군가에게 특별한 희생이 발생하면, 그로 인한 부담을 공공이 분담하는 것이 평등 원칙에 부합하기 때문이다. 또한 (헌법) 제23조 제3항은 "공공 필요에 의한 재산권
          └ 문제 2-②번 헌법 제23조 제3항: 특별한 희생에 대한 규정
의 수용·사용 또는 제한 및 그에 대한 보상은 법률로써 하되, 정당한 보상을 지급하여야 한다."라고 하여, '공공 필요에 의한 재산권의 수용·사용 또는 제한', 즉 공용 침해와 이에 대한 보상이 법률에 규정되어야 함을 명시하고 있다. 공용 침해 중 <u>수용</u>이란 개인의 재산권을 국가로 이전하는 것, <u>사용</u>이란 행정 기관이 개인의 재산권을 일시적으로 사용하는 것, <u>제한</u>이란 개인의 재산권 사용 또는 그로 인한 수익을 한정하는 것을 의미한다. 한편 제23조 제3항은 내용상 분리될 수 없는 사항은 함께 규정되어야 한다는 의미의 '불가분 조항'이다. 따라서 공용 침해 규정과 보상 규정은 하나의 법률에서 규정되어야 한다.
  ▶ 2문단: 헌법 제23조 제3항의 내용 및 특징 – 특별한 희생

그러나 (헌법)은 제23조 제1항에서 "모든 국민의 재산권은 보장
  ┗ 재산권의 내용은 법률로써 그 내용이 구체화된 것임.
된다. 그 내용과 한계는 법률로 정한다."라고 규정하여, 재산권은 법률에 의해 구체화된다고 밝히고 있다. 또한 (제2항)에서 "재산권의 행사는 공공복리에 적합하도록 하여야 한다."라고 하여, 개인
  문제 2-①번 헌법 제23조 제2항: 재산권의 사회적 제약에 대한 규정
의 재산권 행사가 공익에 적합하여야 한다는 재산권의 '사회적 제약'을 규정하고 있다. 특히 토지처럼 공공성이 강한 사유 재산
  문제 2-③번 재산권 행사 제약에 해당하는 토지의 공공성
은 재산권 행사에 더욱 강한 사회적 제약을 받을 수 있다. 만약 재산권 침해가 사회적 제약의 범위 내에 있다면 이로 인한 손실

은 보상의 대상이 되지 않는다. 즉 재산권 침해가 특별한 희생에 해당할 때만 보상이 가능한 것이다.
  ▶ 3문단: 헌법 제23조 제1항과 제2항의 내용 및 특징–사회적 제약

재산권의 사회적 제약과 특별한 희생의 구별에 대해 경계 이론과 분리 이론은 서로 다른 입장을 취한다. 경계 이론에 따르면 양자는 별개가 아니라 단지 침해의 정도에 있어서만 차이가 있을
  ┗ 경계 이론의 주장 ①
뿐이다. 재산권 침해는 그 정도가 사회적 제약의 범위를 넘어서
  문제 1-④번 경계 이론에서 손실 보상 청구권의 성립 여부를 판단하는 기준
면 특별한 희생으로 바뀐다는 것이다. 따라서 경계 이론은 사회적 제약을 벗어나는 재산권 침해는 보상 규정이 없어도 보상이
  문제 1-①번 경계 이론의 주장 ②
이루어져야 한다고 본다. 보상을 규정하지 않은 채 공용 침해를
  문제 1-⑤번 보상 규정 없는 재산권 침해에 대한 경계 이론의 견해
규정하고 있는 법률은, 불가분 조항인 헌법 제23조 제3항에 위반되어 위헌이고, 위헌임이 밝혀진 법률에 근거한 공용 침해 행위는 위법한 행정 작용이 된다는 것이다. 경계 이론은 적법한 공용 침해 행위의 경우에 보상이 인정된다면, 위법한 공용 침해 행위
  ┗ 경계 이론의 주장 ③
의 경우에도 헌법 제23조 제3항을 근거로 보상을 인정해야 한다는 입장이다. ▶ 4문단: 경계 이론의 주장

이에 반해 분리 이론은 재산권의 사회적 제약에 대한 헌법 제
  문제 1-②번 분리 이론의 주장 ①
23조 제2항의 규정과 특별한 희생에 대한 제3항의 규정은 입법자의 의사에 따라 완전히 분리된다고 주장한다. 따라서 재산권 침해를 규정한 법률에 보상 규정이 없는 경우 입법자가 이러한 재산권 침해를 특별한 희생이 아닌 사회적 제약으로 규정한 것으로 본다. 재산권 침해가 사회적 제약 또는 특별한 희생 중 무엇에
  문제 1-④번 문제 2-④번 분리 이론의 주장 ②
해당하는지 결정하는 것은 법률을 제정하는 입법자의 권한이라는 것이다. 만약 해당 법률에 규정된 재산권 침해가 헌법 제23조
  문제 1-⑤번 보상 규정 없는 재산권 침해에 대한 분리 이론의 견해
제2항에서 규정한 재산권의 공익 적합성을 넘어서서 개인의 재산권을 과도하게 침해한다면, 이러한 법률은 헌법 제23조 제2항을 위반하여 위헌이고, 위헌임이 밝혀진 법률에 근거한 행정 작용은 위법하게 된다. 분리 이론은 이러한 경우 손실을 보상하는 것이
  ┗ 분리 이론의 주장 ③
아니라, 위법한 행정 작용 자체를 제거해야 한다고 본다. 재산권을 존속시키는 것이 재산권을 침해하면서 그 손실을 보상하는 것보다 우선한다고 보기 때문이다. ▶ 5문단: 분리 이론의 주장

해제 이 글은 추격 사이클 이론을 소개하면서 산업 주도권 이동과 관련된 세 가지 종류의 추격 사이클에 대해 설명하고 있다. 산업 주도권 이동과 관련하여 새로운 기술 등장, 시장의 변화, 정부의 규제 혹은 직접적 지원이라는 세 가지 기회의 창이 열릴 수 있다. 산업 주도권 이동은 '진입 단계-점진적 추격 단계-추월 단계-추락 단계'로 나눌 수 있는데, 이는 세 가지 종류의 추격 사이클로 설명할 수 있다. 정상 사이클은 네 가지 단계를 모두 경험하는 경우, 중도 실패 사이클은 제2단계에서 다음 단계로 넘어가지 못하는 경우, 슈퍼 사이클은 제3단계에서 선발 기업을 추월한 후발 기업이 산업의 주도권을 오랫동안 유지할 가능성이 높은 경우를 의미한다. 결국 기업의 추격 사이클은 기회의 창에 대한 기업의 전략적 선택에 따른 결과이며, 추격 사이클 이론은 외부적 요인과 주체적 요인이 모두 중요하게 영향을 미친다.

주제 산업 주도권 이동과 관련된 추격 사이클 이론

특정 산업에서 선발 기업이 후발 기업보다 기술력이나 마케팅 능력 면에서 더 뛰어나다는 점을 고려하면, 선발 기업이 산업의 주도권을 유지하는 것이 자연스러워 보인다. 그런데 오늘날의 국제 경제 환경에서는 후발 기업이 선발 기업을 따라잡아 산업의 주도권이 선발 기업에서 후발 기업으로 이동하는 현상이 종종 관찰된다. 이러한 현상을 설명하는 이론으로 추격 사이클 이론이 있다.
산업의 주도권 이동의 개념
추격 사이클 이론: 이 글의 중심 화제
▶ 1문단: 추격 사이클 이론에 대한 소개

산업의 주도권 이동과 관련하여 기업에는 세 가지 기회의 창이 열릴 수 있다. 첫 번째는 새로운 기술의 등장이다. 기존에 없었던
산업의 주도권 이동과 관련한 기회
새로운 기술이 등장하는 경우에 선발 기업과 후발 기업은 비교적
새로운 기술 등장에 해당하는 상황
동등한 출발점에 서게 된다. 선발 기업이 자신들의 기존 기술을 최대한 활용하고 싶은 미련을 버리지 못해 새로운 기술의 도입을 주저할 때 후발 기업이 새로운 기술을 도입한다면 선발 기업보다
후발 기업의 기회 ①
유리한 상황에 놓일 수 있다. 두 번째는 시장의 갑작스러운 변화이다. 경기 순환 또는 새로운 소비자층의 등장과 같은 변화가 여
시장의 갑작스러운 변화에 해당하는 상황
기에 속하는데, 이는 새로운 기술의 등장과 마찬가지로 반복해서 발생한다. 특히 불황기에 일부 선발 기업은 적자로 인해 자원을 방출하기도 하는데, 이때 후발 기업은 이런 자원을 적은 비용으
후발 기업의 기회 ②
로 이용할 수 있다. 또 불황기에는 기술 이전과 지식 획득이 쉬워
후발 기업의 기회 ③
지고 비용도 저렴해질 수 있는데, 이 역시 후발 기업에게 이득이 될 수 있다. 세 번째는 정부의 규제 혹은 직접적인 지원이다. 이
문제 1-①번 정부의 규제 혹은 직접적인 지원에 해당하는 상황
를 통해 선발 기업과 후발 기업의 비대칭적인 환경이 조성될 때 선발 기업은 시장에서 불리한 위치에 놓이게 된다. 이때 비대칭적인 환경의 의미는 정부가 산업 진입 허가 또는 보조금 등을 통해 선발 기업을 자국 시장에서 불리한 위치에 놓이게 한다는 것이다. 이는 후발 기업이 시장에 진입하면서 생기는 불리함을 상
후발 기업의 기회 ④
쇄할 수 있는 계기로 작용한다.
▶ 2문단: 산업 주도권 이동과 관련된 세 가지 기회

이런 기회의 창과 관련해 산업의 주도권 이동은 '정상 사이클',
추격 사이클로 설명 가능한 산업 주도권 이동
'중도 실패 사이클', '슈퍼 사이클'이라는 세 가지 종류의 추격 사이클로 설명이 가능하다. 이 중 정상 사이클은 다음의 네 단계를 모두 경험하는 경우이다. 제1단계는 진입 단계이다. 국영 기업 혹

은 정부의 지원을 받는 민간 기업이 후발 기업으로 나타날 때, 이들은 보조금 등의 이점으로 선발 기업에 비해 일정한 비용 우위
제1단계에서 후발 기업의 기회
를 누린다. 제2단계는 점진적 추격 단계이다. 이 단계에서 후발 기업들은 점차 투자를 위한 이윤을 확보해 시장 점유율을 높여
제2단계에서 후발 기업의 기회
간다. 투자를 위한 이윤의 확보는 선발 기업보다 후발 기업에서 일어날 가능성이 높다. 왜냐하면 선발 기업의 주주들은 투자를 위한 이윤의 확보보다는 배당을 더 선호하는 경향이 있지만 후발 기업의 주주들은 상대적으로 반대의 경향을 보이기 때문이다. 그
문제 1-②번 배당보다는 투자를 위한 이윤의 확보를 선호함.
러나 점진적 추격 단계에 도달한 후발 기업이 저부가 가치 제품 시장에서 고부가 가치 제품 시장으로 이동하지 못하면 다음 단계로 넘어가지 못할 가능성이 높은데, 이 경우를 중도 실패 사이클이라 한다. 제3단계는 추월 단계이다. 이 단계에서 후발 기업은 확보된 이윤을 새로운 기술과 같은 기회에 신속하고 과감하게 투
문제 1-③번 제3단계에서 후발 기업의 기회
자하고 채택하여 산업 주도권에 갑작스럽고 큰 변화를 일으킨다. 그 결과 선발 기업은 후발 기업에 밀려 추락을 경험하게 된다. 제4단계는 추락 단계이다. 새롭게 리더가 된 후발 기업이 새 기술
문제 1-④번 제4단계에서 후발 기업의 위기
및 소비 패턴의 변화를 놓친다면 이 단계에서 다른 도전자에 밀려 추락하게 된다. 그런데 제3단계에서 선발 기업을 추월한 후발 기업이 기술, 시장, 또는 규제의 변화 등에 민첩하게 대응하는 경우 산업의 주도권을 오랫동안 유지할 가능성이 높은데, 이 경우를 슈퍼 사이클이라고 한다.
▶ 3문단: 산업 주도권 이동과 관련된 세 가지 추격 사이클

결국 기업의 추격 사이클은 기회의 창들에 대한 기업의 전략적
추격 사이클의 의미
선택에 따른 결과라고 할 수 있다. 이런 관점에서 추격 사이클 이론은 특정 요소 결정론적이기보다는 외부적 요인과 주체적 요인
추격 사이클 이론의 특징
을 모두 중시한다고 할 수 있다.
▶ 4문단: 추격 사이클의 의미와 추격 사이클 이론의 특징

해제 이 글은 거래 비용 이론을 소개하면서 거래 비용에 대해 여러 가지 측면에서 설명하고 있다. 거래 비용은 생산 비용을 제외한, 재화를 거래하는 과정에서 발생하는 모든 비용이다. 시장에서 재화를 거래할 때 발생하는 시장 거래 비용과 기업 내에서 거래할 때 발생하는 조직 내 거래 비용을 합치면 총거래 비용이 되고, 이러한 총거래 비용이 최소가 되는 지점이 바로 기업의 최적 규모가 된다. 이러한 거래 비용은 인간적 요인과 환경적

요인에서 발생한다. 인간의 제한된 합리성과 기회주의적 속성이라는 인간적 요인 때문에 거래 비용이 발생하고, 자산 특수성과 정보의 불확실성이라는 환경적 요인 때문에 거래 비용이 높아지게 된다.

주제 거래 비용의 개념과 종류 및 발생 요인

현대 사회의 기업들은 새로운 내부 조직을 만들거나 다른 기업과 합병하는 등의 방식을 통해 기업의 규모를 변화시키기도 한다. 신제도학파에서는 기업들의 이러한 규모 변화를 거래 비용이라는 개념으로 설명하는데, 이를 거래 비용 이론이라고 한다.
거래 비용 이론의 개념
▣: 이 글의 중심 화제 ▶ 1문단: 거래 비용 이론에 대한 소개

거래 비용 이론에서 말하는 거래 비용이란 재화를 생산하는 데 드는 생산 비용을 제외한, 경제 주체들이 재화를 거래하는 과정에서 발생하는 모든 비용을 말한다. 즉 「경제 주체가 거래 의사
문제 1번 『」: 거래 비용이 발생하는 과정
와 능력을 가진 상대방을 탐색하는 과정, 가격이나 교환 조건을 상대방과 협상하여 계약을 하는 과정, 또 계약 후 계약 이행 여부를 확인하고 강제하는 과정 등에서 발생하는 비용을 거래 비용이라고 할 수 있다.
▶ 2문단: 거래 비용의 개념과 거래 비용이 발생하는 과정

거래 비용 이론에서는 기업은 시장에서 재화를 거래할 때 발생하는 거래 비용인 시장 거래 비용을 줄이기 위해, 재화를 자체적으로 생산하는 것에 대해 고려하게 된다고 보았다. 이런 상황에서 기업이 새로운 내부 조직을 만들거나 다른 기업을 합병하여 내부 조직으로 흡수하는 등의 방법을 통해 거래를 내부화하면 기업의 조직 내에서도 거래가 일어나게 된다. 그 결과 거래 비용이 발생하게 되고, 이를 조직 내 거래 비용이라고 한다. 이때 시장 거래 비용과 조직 내 거래 비용을 합친 것을 총거래 비용이라고 하며, 기업은 총거래 비용을 고려하여 기업의 규모를 결정하게 된다.
▶ 3문단: 거래 비용의 종류

예를 들어 어떤 제품을 생산하는 기업을 가정해 보자. 이 기업
상황의 예시를 통한 거래 비용 설명
에서는 시장 거래를 통해 다른 기업으로부터 모든 부품을 조달하
시장 거래 비용
여 제품을 생산할 수도 있고, 반대로 기업 내부적으로 모든 부품
조직 내 거래 비용
을 제조하여 제품을 생산할 수도 있다. 만약 이 기업이 다른 기업과의 시장 거래를 통해 모든 부품을 조달한다면 조직 내 거래 비용은 발생하지 않고, 시장 거래 비용만 발생하게 될 것이다. 이런 상황에서 기업은 시장 거래 비용을 줄이기 위해 시장 거래에서 조달하던 부품의 일부를 기업 내에서 생산하려 할 것이다. 이렇게 기업이 부품을 자체 생산하여 내부 거래를 증가시키면 시장
문제 2-①, ②번 시장 거래 비용과 조직 내 거래 비용의 관계
거래 비용은 감소하지만, 조직 내 거래 비용은 증가하게 된다. 이때 기업은 총거래 비용이 최소가 되는 지점까지 내부 조직의 규
문제 2-③번 기업의 최적 규모가 결정되는 지점

모를 확대하여 부품을 자체 생산할 수 있고, 이 지점이 바로 기업
문제 2-④번 기업의 총거래 비용이 최소가 되는 지점
의 최적 규모라고 할 수 있다. ▶ 4문단: 기업의 최적 규모를 결정하는 과정

그렇다면 거래 비용이 발생하는 요인은 무엇일까? 거래 비용 이론에서는 이를 인간적 요인과 환경적 요인으로 나누어 설명한다. 인간적 요인에는 인간의 제한된 합리성과 기회주의적 속성이
거래 비용이 발생하는 요인 ①
있다. 먼저, 인간은 거래 상황 속에서 정보를 수집하고 처리할 때
제한된 합리성의 개념
완벽하게 합리적인 선택을 할 수 있는 존재는 아니라는 것이다. 다음으로 인간은 효용의 극대화를 위해 자신의 이익만을 추구하
기회주의적 속성의 개념
는 기회주의적 면모를 보일 가능성이 높다는 것이다. 이와 같은 인간적 요인으로 인해 거래 상황 속에서 인간은 완벽한 선택을 할 수 없고, 거래 상대를 전적으로 신뢰할 수는 없으므로 거래의 과정 속에서 거래 비용이 발생하게 된다는 것이다.
▶ 5문단: 거래 비용이 발생하는 요인 ① – 인간적 요인

환경적 요인에는 자산 특수성과 정보의 불확실성 등이 있다.
거래 비용이 발생하는 요인 ②
먼저 자산 특수성이란 다양한 거래 주체를 통해 일반적으로 구할
자산 특수성의 개념
수 있는 자산이 아닌, 특정 거래 주체와의 거래에서만 높은 가치를 갖는 자산의 속성을 말한다. 따라서 「특정 주체와의 거래에서
『」: 자산 특수성이 높을 때의 상황
는 높은 가치를 갖던 것이 다른 주체와의 거래에서는 가치가 하락하는 경우, 자산 특수성이 높다고 할 수 있다. 이때 자산 특수성이 높으면 경제 주체들은 기회주의적으로 행동할 가능성이 커질 수 있기 때문에 이를 보완하고자 다양한 안전장치를 마련하려할 것이다. 이로 인해 거래 비용은 더 높아질 수 있는 것이다.」 다음으로 거래 상대의 정보를 확인할 수 없는 상황에서 거래 주체
정보의 불확실성이 생기는 이유
는 자신의 이익을 위해 정보를 공유하지 않을 가능성이 높다. 그렇기 때문에 일반적으로 「정보가 불확실한 거래 상황일수록 거래
『」: 정보의 불확실성이 높을 때의 상황
주체들은 상대의 정보를 알아내기 위한 노력을 할 것이고, 이로 인해 거래 비용은 높아지게 된다.」
▶ 6문단: 거래 비용이 발생하는 요인 ② – 환경적 요인

해제 이 글은 최근 빠르게 확산되고 있는 구독 경제의 개념과 유형, 소비자와 생산자 입장에서 구독 경제의 장단점에 대해 설명하고 있다. 구독 경제는 소비자가 회원 가입 및 신청을 하면 정기적으로 원하는 상품을 배송받거나, 필요한 서비스를 언제든지 이용할 수 있는 경제 모델을 말하는 것으로, 정기 배송 모델, 무제한 이용 모델, 장기 렌털 모델 등의 유형이 있다. 이러한 구독 경제를 이용하면 소비자는 소유나 관리에 대한 부담 없이 필요할 때 사용할 수 있다는 장점이 있는 반면, 구독 서비스가 많아지면 고정 지출이 늘어나 경제적 부담이 될 수 있다는 단점이 있다. 생산자 역시 매월 정기적인 매출을 올릴 수 있다는 장점이 있지만, 소비자가 서비스에 만족하지 못할 경우 이전보다 낮은 수익을 얻을 수 있다는 단점이 있다. 따라서 소비자와 생산자는 자신의 경제 활동에 도움이 되는 방향으로 구독 경제를 활용할 필요가 있다.

주제 구독 경제의 유형과 장단점

직장인 A 씨는 셔츠 정기 배송 서비스를 신청하여 일주일간 입을 셔츠를 제공받고, 입었던 셔츠는 반납한다. A 씨는 셔츠를 직접 사러 가거나 세탁할 필요가 없어져 시간을 절약할 수 있게 되었다. 이처럼 소비자가 회원 가입 및 신청을 하면 정기적으로 원하는 상품을 배송받거나, 필요한 서비스를 언제든지 이용할 수 있는 경제 모델을 '구독 경제'라고 한다.
구독 경제의 개념
▶ 1문단: 구독 경제의 개념
: 이 글의 중심 화제

신문이나 잡지 등 정기 간행물에만 적용되던 구독 모델은 최근 들어 그 적용 범위가 점차 넓어지고 있다. 이로 인해 사람들은 소유와 관리에 대한 부담은 줄이면서 필요할 때 사용할 수 있는 방식으로 소비를 할 수 있게 되었다. 이러한 구독 경제에는 크게 세 가지 유형이 있다. 첫 번째 유형은 정기 배송 모델인데, 월 사용료를 지불하면 칫솔, 식품 등의 생필품을 지정 주소로 정기 배송해 주는 것을 말한다. 두 번째 유형은 무제한 이용 모델로, 정액 요금을 내고 영상이나 음원, 각종 서비스 등을 무제한 또는 정해진 횟수만큼 이용할 수 있는 모델이다. 세 번째 유형인 장기 렌털 모델은 구매에 목돈이 들어 경제적 부담이 될 수 있는 자동차 등의 상품을 월 사용료를 지불하고 이용하는 것을 말한다.
전통적인 구독 경제의 예
문제 2~⑤번 구독 경제의 확대로 인한 영향
문제 1~②번 정기 배송 모델의 뜻
문제 1~③, ④번 무제한 이용 모델의 뜻
문제 1~⑤번 장기 렌털 모델의 뜻
▶ 2문단: 구독 경제의 세 가지 유형

최근 들어 구독 경제가 빠르게 확산되고 있는데, 그 이유는 무엇일까? 경제학자들은 구독 경제의 확산 현상을 '합리적 선택 이론'으로 설명한다. 경제 활동을 하는 소비자가 주어진 제약 속에서 자신의 효용을 최대화하려는 것을 합리적 선택이라고 하는데, 이때 효용이란 소비자가 상품을 소비함으로써 얻는 만족감을 의미한다. 소비자들이 한정된 비용으로 최대한의 만족을 얻기 위해 노력한 결과가 구독 경제의 확산으로 이어졌다는 것이다. 이것은 최근의 소비자들이 상품을 소유함으로써 얻는 만족감보다는 상품을 사용함으로써 얻는 만족감을 더 중요시한다는 것을 보여 준다고 할 수 있다.
합리적 선택의 개념
구독 경제 확산의 이유
구독 경제 확산이 의미하는 것
▶ 3문단: 구독 경제가 확산되는 이유

구독 경제는 소비자의 입장에서 소유하기 이전에는 사용해 보지 못하는 상품을 사용해 볼 수 있다는 장점이 있다. 구독 경제를 이용하면 값비싼 상품을 사용하는 데 큰 비용을 들이지 않아도 되고, 상품 구매 행위에 들이는 시간과 구매 과정에 따르는 불편
소비자의 입장에서 구독 경제의 장점 ①
소비자의 입장에서 구독 경제의 장점 ②
소비자의 입장에서 구독 경제의 장점 ③

함 등의 문제를 해결할 수 있다. 생산자의 입장에서는 상품을 사용하는 고객들의 정보를 수집하고, 이를 통해 개별화된 서비스를 제공하여 고객과의 관계를 지속적으로 유지할 수 있다. 또한 매월 안정적으로 매출을 올릴 수 있다는 장점도 있다.
생산자의 입장에서 구독 경제의 장점 ①
생산자의 입장에서 구독 경제의 장점 ②
▶ 4문단: 구독 경제의 장점

그러나 구독 경제의 확산이 경제 활동의 주체들에게 긍정적인 면만 있는 것은 아니다. 소비자의 입장에서는 구독하는 서비스가 지나치게 많아질 경우 고정 지출이 늘어나 경제적으로 부담이 될 수 있다. 생산자의 입장에서는 상품이 소비자에게 만족감을 주지 못하거나 고객과의 관계를 지속적으로 유지하지 못할 경우 구독 모델 이전에 얻었던 수익에 비해 낮은 수익을 얻는 경우도 있다. 따라서 소비자는 합리적인 소비 계획을 수립하고 생산자는 건전한 수익 모델을 연구하여 자신의 경제 활동에 도움이 되는 방향으로 구독 경제를 활용할 필요가 있다.
소비자의 입장에서 구독 경제의 단점
생산자의 입장에서 구독 경제의 단점
구독 경제의 바람직한 활용 방안
▶ 5문단: 구독 경제의 단점과 효과적인 활용 방안

해제 이 글은 범죄학의 탄생 배경과 변천 과정, 종합적인 범죄 예방 전략인 셉테드의 원리에 대해 설명하고 있다. 범죄 발생률을 낮추기 위한 노력으로 탄생한 범죄학은 고전주의 범죄학, 실증주의 범죄학, 환경 범죄학으로 발전하였다. 이러한 가운데 범죄의 원인과 예방의 해법을 환경과 디자인에서 찾는 '셉테드(CPTED)'라는 범죄 예방 설계가 등장한다. 우리나라는 2005년 즈음부터 셉테드를 도입하여 도시 설계와 건축물에 범죄 예방 설계 활용을 본격화하기 시작했다. 그동안의 법과 정책, 그리고 셉테드가 동시에 강화된다면 좀 더 안전한 사회를 만들 수 있을 것이다.

주제 범죄학의 변천 과정과 셉테드의 원리

범죄란 사회 질서를 파괴하고 타인의 육체나 정신에 고통을 주 _{'범죄'의 의미} 거나 재산 또는 명예에 손상을 입히는 행위로, 사회의 안녕과 개인의 안전에 해를 끼친다. 그래서 사람들은 여러 논의를 통해 범죄 발생률을 낮추려고 노력해 왔고, 그 결과 탄생한 것이 바로 '범죄학'이다.
: 이 글의 중심 화제
▶ 1문단: 범죄의 개념과 범죄학의 탄생 배경

'고전주의 범죄학'은 법적 규정 없이 시행됐던 지배 세력의 불 _{문제 1-①번 고전주의 범죄학의 등장 배경} 합리한 형벌 제도를 비판하며 18세기 중반에 등장했다. 고전주의 범죄학에서는 범죄를 포함한 인간의 모든 행위는 자유 의지에 입 _{문제 1-⑤번 고전주의 범죄학에서 생각한 범죄의 원인} 각한 합리적 판단에 따라 이루어지므로, 범죄에 비례해 형벌을 부과할 경우 개인의 합리적 선택에 의해 범죄가 억제될 수 있다 _{고전주의 범죄학에서 범죄를 억제하는 방법} 고 보았다. 고전주의 범죄학의 대표자인 베카리아는 「형벌은 법으 『 』: 베카리아의 주장 ① 로 규정해야 하고, 그 법은 누구나 이해할 수 있도록 문서로 만들어야 한다」고 강조했다. 또한 형벌의 목적은 사회 구성원에 대한 _{베카리아의 주장 ②} 범죄 행위의 예방이며, 따라서 범죄를 저지를 경우 누구나 법에 _{문제 1-④번 베카리아의 주장 ③} 의해 확실히 처벌받을 것이라는 두려움이 범죄를 억제할 것이라고 확신했다. 이러한 고전주의 범죄학의 주장은 각 국가의 범죄 및 범죄자에 대한 입법과 정책에 많은 영향을 끼쳤다.
▶ 2문단: 고전주의 범죄학의 등장 배경 및 베카리아의 주장

19세기 중반 이후 사회 혼란으로 범죄율과 재범률이 증가하자, _{실증주의 범죄학의 등장 배경} 범죄의 원인을 과학적으로 증명하려 한 '실증주의 범죄학'이 등장했다. 실증주의 범죄학은 고전주의 범죄학의 비과학성을 비판하며, 범죄의 원인을 개인의 자유 의지로는 통제할 수 없는 생물 _{문제 1-⑤번 실증주의 범죄학에서 생각한 범죄의 원인} 학적·심리학적·사회학적 요소에서 찾으려 했다. 이 분야의 창시자인 롬브로소는 범죄 억제를 위해서는 범죄자들의 개별적 범죄 기질을 도출하고 그 기질에 따른 교정이나 교화, 또는 치료를 _{실증주의 범죄학에서 범죄를 억제하는 방법} 실시해야 한다고 생각했다. 이를 위해 그는 「범죄자만의 특성과 _{문제 1-②, ④번} 『 』: 롬브로소의 주장 행위 원인을 연구하여 범죄자들의 유형을 구분하고 그 유형에 따라 형벌을 달리할 것을 주장했다. 그는 출생부터 범죄자의 기질을 타고나 범죄를 저지를 수밖에 없는 범죄자의 경우 초범일지라도 무기한 구금을 해야 하지만, 우발적으로 범죄를 저지른 범죄자의 수감에는 반대했고, 이러한 생각은 이후 집행 유예 제도의 이론적 기초가 되었다. 비록 차별과 편견이 개입됐다는 비판을 받기는 했지만, 롬브로소의 연구는 이후 범죄 생물학, 범죄 심리학, 범죄 사회학의 탄생과 발전에 큰 영향을 끼쳤다.
▶ 3문단: 실증주의 범죄학의 등장 배경과 롬브로소의 주장

이러한 범죄학의 큰 흐름들은 범죄를 억제하려는 그동안의 법 체계와 정책의 근간이 되어 왔다. 하지만 1970년대 이후 이러한 _{환경 범죄학의 등장 배경} 시도들의 범죄 감소 효과에 대한 비판이 일면서, 환경에 의한 범죄 유발 요인과 환경 개선을 통한 범죄 기회의 감소 효과 등을 연 _{환경 범죄학의 개념} 구하는 '환경 범죄학'이 주목받기 시작했다. 이러한 가운데 건축학이나 도시 설계 전문가들은 범죄의 원인과 예방의 해법을 환경과 디자인에서 찾아야 한다고 주장했다. 바로 '셉테드(CPTED)'라 불리는 범죄 예방 설계가 그것이다. 셉테드는 「건축 설계나 도 : 이 글의 중심 화제 『 』: 셉테드의 개념 시 계획 등을 통해 대상 지역의 방어적 공간 특성을 높여, 범죄 발생 가능성을 줄이고 지역 주민들이 안전감을 느끼도록 하여 궁극적으로 삶의 질을 향상시키는 종합적인 범죄 예방 전략을 의미」한다.
▶ 4문단: 환경 범죄학의 등장과 셉테드의 개념

셉테드는 다음의 원리로 이루어진다. 우선 '자연적 감시의 원리' _{문제 2번 : 셉테드의 원리} 는 공간과 시설물에 대한 가시권을 확보하고 잠재적 범죄자의 은폐 장소를 최소화시킴으로써 내부인이나 외부인의 행동을 주변 사람들이 자연스럽게 관찰할 수 있게 만드는 것이다. 다음으로 '접근 통제의 원리'는 보행로, 조경, 문 등을 통해 사람들의 통행을 일정한 경로로 유도하여 허가받지 않은 사람들의 출입을 통제하거나 차단하는 것을 말한다. '영역성의 원리'는 안과 밖이라는 공간 영역을 조성하여 외부인의 침범 기준을 명확히 확립하는 것을 말한다. 이 외에도 공공장소 및 시설에 대한 내부인들의 활발한 사용을 유도하여 그 근방의 범죄를 감소시킨다는 '활동의 활성화 원리', 공공장소와 시설물이 처음 설계된 대로 지속적으로 유지 및 관리되어야 한다는 '유지 및 관리의 원리'가 있다. 이 모든 원리는 범죄 예방의 전략과 목표를 범죄자 개인이 아닌 도시 및 건축 환경의 설계와 계획에 두고 있다는 점에서 공통적이다.
▶ 5문단: 셉테드의 주요 원리

우리나라는 2005년 즈음부터 셉테드를 도입하여 도시 설계와 건축물에 범죄 예방 설계 활용을 본격화하기 시작했다. 그동안의 법과 정책, 그리고 셉테드가 동시에 강화된다면 좀 더 안전한 사회를 만들 수 있을 것이다.
▶ 6문단: 우리나라의 셉테드 도입과 기대 효과

해제 이 글은 일반적인 법의 개념과 대표적인 종류인 민법과 형법의 원칙과 특징에 대해 설명하고 있다. 법이란 사회 구성원들의 합의에 따라 만들어지고 강제성을 가진 규칙을 말하는 것으로, 대표적인 법에는 민법과 형법이 있다. 민법은 국가 기관이 아닌 사람들 간의 권리관계를 다루는 법률이고, 형법은 범죄와 형벌을 규정하는 법률이다. 형법은 고소, 고발, 인지에 따라 수사가 개시되고 수사 결과 범죄 혐의가 인정되면 기소를 거쳐 재판이 청구된다. 재판을 통해 유죄가 인정되면 선고가 이루어지고 형이 집행된다. 이러한 법률은 법적 권리가 있는 인간에게만 적용되며 그 외의 동물이나 물건에는 법적 권리가 없다.

주제 민법과 형법의 개념과 특징

인간은 집단생활을 하기 때문에 분쟁이 발생할 수밖에 없다. 그래서 문제가 발생하는 것을 예방하거나 문제를 원만히 해결하기 위해 규칙을 만든다. 여러 규칙 중 사회 구성원들의 합의에 따라 만들어지고 강제성을 가진 규칙을 법이라고 한다. 이때 강제성은 공공의 이익을 실현하기 위해 사회 구성원들이 동의할 때만 발휘될 수 있다. 이러한 법은 몇 가지 특징이 있는데 먼저 법은 행동의 결과를 중시한다. 왜냐하면 다른 사람이 행동을 평가할 수 있고 그 변화도 확인할 수 있어야 하기 때문이다. 그리고 법은 국민의 자유와 권리를 보호한다. 만약 법이 없다면 권력자나 국가 기관이 멋대로 권력을 휘두를 수 있을 것이다. 마지막으로 법은 최소한의 간섭만 한다. 개인이 처리해도 되는 일까지 법이 간섭한다면 사람들은 숨이 막혀 평온하게 살기 힘들 것이다.
▶ 1문단: 법의 개념과 특징

대표적인 법에는 민법과 형법이 있다. 민법은 국가 기관이 아닌, 사람들 간의 권리관계를 다루는 법률로서 재산 관계와 가족 관계로 구성되어 있다. 근대 사회에서 형성된 민법의 원칙은 오늘날까지도 중요하게 여겨지고 있다. 중요 원칙 중 하나는 「개인의 사유 재산에 대해 절대적 지배를 인정하고 국가를 비롯한 단체나 개인은 다른 사람의 사유 재산 행사에 간섭하지 못한다는 것이다. 그리고 다른 사람에게 끼친 손해는 그 행위가 위법이고 동시에 고의나 과실에 의한 경우에만 책임을 진다는 원칙도 있다. 그런데 이 원칙들은 경제적 강자가 경제적 약자를 지배하는 수단으로 악용되기도 하여 20세기에 들면서 제한이 생겼다. 그 결과 개인의 사유 재산에 대한 지배는 여전히 보장되지만 공공복리에 적합하도록 행사해야 한다는 것과 같은 수정된 원칙들이 적용되고 있다.
▶ 2문단: 민법의 개념과 중요 원칙

반면, 형법은 범죄와 형벌을 규정하는 법률로서 '죄형 법정주의'라는 기본 원칙이 있다. 죄형 법정주의는 범죄의 행위와 그 범죄에 대한 처벌을 미리 법률로 정해 두어야 한다는 것이다. 그래서 범죄 발생 당시에는 없었던 법이 나중에 생겨도 그것을 소급해서 적용할 수 없다. 또한 민법과 달리 어떤 사항을 직접 규정한 법규가 없을 때, 그와 비슷한 사항을 규정한 법규를 유추하여 적용할 수도 없다.
▶ 3문단: 형법의 개념과 기본 원칙

형법을 위반한 범죄가 발생하면, 먼저 수사 기관이 수사를 한다. 수사를 개시하는 단서로는 고소, 고발, 인지가 있는데, 이 중 고소는 피해자가 하는 반면 고발은 제3자가 한다. 일반적으로 범죄는 수사 기관이 인지하는 것만으로도 수사를 시작할 수 있다. 하지만 명예 훼손죄, 폭행죄 등은 수사를 진행했더라도 피해자가 원하지 않으면 처벌하지 않는다. 수사 결과 피의자가 죄를 범했다고 의심할 만한 충분한 이유가 있다면 구속 영장을 받아 체포해 구속한다. 만약 범죄를 실행 중인 경우는 구속 영장 없이 체포 가능한데, 이 경우 48시간 이내에 구속 영장을 신청해야 하고, 법원은 신청서가 접수된 시간으로부터 48시간 이내에 구속 영장의 발부 여부를 결정해야 한다. 수사 결과 범죄 혐의가 인정되면 검사는 재판을 청구하는데 이를 기소라고 한다. 이때 검사는 피의자의 나이, 환경, 동기 등을 참작하여 기소를 하지 않을 수 있다. 기소로 재판 절차가 시작되면 법원은 사건을 심리하여 범죄 사실이 확인된 경우 유죄를 선고한다. 유죄가 인정되면 법원이 형을 선고하고 집행 절차에 들어간다.
▶ 4문단: 형법의 집행 과정

그런데 만약 동물이 위법한 행동을 하여 다른 사람에게 손해를 끼치면 어떻게 될까? 결론부터 말하면 동물은 아무런 책임이 없다. 법에서는 인간 이외의 것들은 생명의 유무와 상관없이 모두 물건으로 보는데 물건에는 법적 권리가 없다. 법적 권리가 없는 것은 의무와 책임도 없다. 그러므로 동물은 민, 형법상의 책임을 지지 않아도 된다. 다만 손해를 입은 사람은 민법에 따라 동물의 점유자에게 배상을 받을 수 있다.
▶ 5문단: 동물의 민, 형법상의 책임 유무

해제 이 글은 조세의 개념을 제시하고 조세를 부과할 때 고려해야 하는 조세의 효율성과 공평성에 대해 설명하고 있다. 소비자와 생산자가 얻는 편익이 줄어드는 것을 경제적 순손실이라고 하는데, 경제적 순손실이 생기면 경기가 둔화될 수 있으므로 이를 최소화하도록 조세를 부과해야 조세의 효율성을 높일 수 있다. 또한 조세의 공평성은 조세 부과의 형평성을 실현하는 것이다. 공평성을 확보하기 위해서는 공공재를 사용한 만큼 세금을 내는 편익 원칙을 적용하거나, 개인의 소득이나 재산 등을 고려한 세금 부담 능력에 따라 세금을 내는 능력 원칙을 적용해야 한다. 능력 원칙은 소득이 높거나 재산이 많을수록 세금을 많이 부담해야 한다는 수직적 공평과 소득이나 재산이 같을 경우 세금도 같게 부담해야 한다는 수평적 공평으로 나뉜다. 수직적 공평을 확보하기 위해서는 비례세나 누진세를 시행하기도 하고, 수평적 공평에서는 실질적인 조세 부담 능력의 차이를 해결하기 위해 세금을 감면해 주기도 한다.

주제 조세를 부과할 때 고려해야 하는 조세의 효율성과 공평성

■■■: 이 글의 중심 화제
조세는 국가의 재정을 마련하기 위해 경제 주체인 기업과 국민
조세의 개념
들로부터 거두어들이는 돈이다. 그런데 국가가 조세를 강제로 부과하다 보니 경제 주체의 의욕을 떨어뜨려 경제적 순손실을 초래하거나 조세를 부과하는 방식이 공평하지 못해 불만을 야기하는 문제가 나타난다. 따라서 조세를 부과할 때는 조세의 효율성과
문제 1-⑤번 조세 부과 시 고려 사항
공평성을 고려해야 한다.
▶ 1문단: 조세의 개념과 조세를 부과할 때 고려해야 할 요인
우선 조세의 효율성에 대해서 알아보자. 상품에 소비세를 부과
■■■: 이 글의 중심 화제
하면 상품의 가격 상승으로 소비자가 상품을 적게 구매하기 때문에 상품을 통해 얻는 소비자의 편익이 줄어들게 되고, 생산자가 상품을 팔아서 얻는 이윤도 줄어들게 된다. 소비자와 생산자가
경제적 순손실의 개념
얻는 편익이 줄어드는 것을 경제적 순손실이라고 하는데 조세로 인하여 경제적 순손실이 생기면 경기가 둔화될 수 있다. 이처럼
문제 1-①번 조세와 경기의 관계
조세를 부과하게 되면 경제적 순손실이 불가피하게 발생하게 되
조세의 효율성을 높이는 방법
므로, 이를 최소화하도록 조세를 부과해야 조세의 효율성을 높일 수 있다.
▶ 2문단: 조세의 효율성을 높이는 방법

조세의 공평성은 조세 부과의 형평성을 실현하는 것으로, 조세
■■■: 이 글의 중심 화제   문제 1-④번
의 공평성이 확보되면 조세 부과의 형평성이 높아져서 조세 저항
문제 1-②번 조세의 공평성의 효과
을 줄일 수 있다. 공평성을 확보하기 위한 기준으로는 편익 원칙과 능력 원칙이 있다. 편익 원칙은 조세를 통해 제공되는 도로나 가
편익 원칙의 개념
로등과 같은 공공재를 소비함으로써 얻는 편익이 클수록 더 많은 세금을 부담해야 한다는 원칙이다. 이는 공공재를 사용하는 만큼
편익 원칙을 적용했을 때의 장점
세금을 내는 것이므로 납세자의 저항이 크지 않지만, 현실적으로 공공재의 사용량을 측정하기가 쉽지 않다는 문제가 있고 조세 부
편익 원칙 적용의 문제점 ①   편익 원칙 적용의 문제점 ②
담자와 편익 수혜자가 달라지는 문제도 발생할 수 있다.
▶ 3문단: 조세의 공평성을 확보하기 위한 기준인 편익 원칙
능력 원칙은 개인의 소득이나 재산 등을 고려한 세금 부담 능
문제 2-ㄷ 능력 원칙의 개념
력에 따라 세금을 내야 한다는 원칙으로 조세를 통해 소득을 재
문제 1-③번 능력 원칙의 효과
분배하는 효과가 있다. 능력 원칙은 수직적 공평과 수평적 공평으로 나뉜다. 수직적 공평은 소득이 높거나 재산이 많을수록 세
수직적 공평의 개념
금을 많이 부담해야 한다는 원칙이다. 이를 실현하기 위해 특정 세금을 내야 하는 모든 납세자에게 같은 세율을 적용하는 비례세
비례세의 개념
나 소득 수준이 올라감에 따라 점점 높은 세율을 적용하는 누진
문제 2-ㄹ 누진세의 개념

세를 시행하기도 한다.
▶ 4문단: 조세의 공평성을 확보하기 위한 기준인 능력 원칙 ① – 수직적 공평
수평적 공평은 소득이나 재산이 같을 경우 세금도 같게 부담해
수평적 공평의 개념
야 한다는 원칙이다. 그런데 수치상의 소득이나 재산이 동일하더
수평적 공평을 적용할 때의 문제점
라도 실질적인 조세 부담 능력이 달라, 내야 하는 세금에 차이가 생길 수 있다. 예를 들어 「소득이 동일하더라도 부양가족의 수가
문제 2-ㄱ, ㄴ ¹: 세금 감면의 예
다르면 실질적인 조세 부담 능력에 차이가 생긴다. 이와 같은 문제를 해결하여 공평성을 높이기 위해 정부에서는 공제 제도를 통
수평적 공평성을 높이기 위한 방법
해 조세 부담 능력이 적은 사람의 세금을 감면해 주기도 한다.」
▶ 5문단: 조세의 공평성을 확보하기 위한 기준인 능력 원칙 ② – 수평적 공평

해제 이 글은 핵분열과 핵융합의 개념과 원리, 그리고 핵분열과 핵융합을 활용한 우라늄-235 핵분열 발전과 태양의 핵융합, D-T 핵융합 발전에 대해 설명하고 있다. 핵분열과 핵융합은 일반적으로 더 안정된 형태의 원자핵이 되기 위해 일어나는 것으로, 핵분열과 핵융합의 과정에서 일어나는 질량 결손은 에너지로 전환될 수 있으며, 이를 핵분열 발전과 핵융합 발전에 활용한다. 핵분열 발전에서는 중성자의 속도를 느리게 하는 것이 필요하다. 핵융합 발전에서는 태양에서 일어나는 핵융합을 활용하려 한다. 지구에서 태양의 핵융합을 똑같이 재현할 수 없어 D-T 핵융합을 시도하고 있으나, 여러 가지 제약이 있다.

주제 핵분열과 핵융합의 개념과 활용

원자핵은 양성자나 중성자와 같은 핵자들의 결합으로 이루어져 있다. 원자핵을 구성하는 양성자와 중성자의 개수를 모두 더한 것을 질량수라고 하는데, 질량수가 큰 하나의 원자핵이 질량수가 작은 두 개의 원자핵으로 쪼개지는 것을 핵분열이라고 하고 질량수가 작은 두 개의 원자핵이 결합하여 질량수가 큰 하나의 원자핵이 되는 것을 핵융합이라고 한다. ▶1문단: 핵분열과 핵융합의 개념

핵분열이나 핵융합은 핵자당 결합 에너지로 설명할 수 있다. 원자핵의 질량은 그 원자핵을 구성하는 개별 핵자들의 질량을 모두 더한 것보다 작다. 이처럼 핵자들이 결합하여 원자핵이 되면서 질량이 줄어든 것을 질량 결손이라고 한다. '질량-에너지 등가 원리'에 따르면 질량과 에너지는 상호 간의 전환이 가능하고, 이때 에너지는 질량에 광속의 제곱을 곱한 값과 같다. 한편 핵자들의 결합에서 줄어든 질량은 에너지로 전환되는데, 이 에너지는 원자핵의 결합 에너지와 그 크기가 같다. 원자핵의 결합 에너지란 원자핵을 개별 핵자들로 분리할 때 가해야 하는 에너지이다. 원자핵의 결합 에너지를 질량수로 나눈 것을 핵자당 결합 에너지라고 하고 그 값은 원자핵의 종류에 따라 다르다. ▶2문단: 질량 결손의 개념과 원자핵의 결합 에너지와의 상관관계

원자핵을 구성하는 핵자들은 핵자당 결합 에너지가 클수록 더 강력하게 결합되어 있고 이는 원자핵이 더 안정된 상태라는 것을 의미한다. 모든 원자핵은 안정된 상태가 되려는 성질이 있으므로, 핵자당 결합 에너지가 작은 원자핵들은 핵분열이나 핵융합을 거쳐 핵자당 결합 에너지가 큰 상태가 된다. 핵분열이나 핵융합도 반응 전후로 질량 결손이 일어나고, 줄어든 질량은 에너지로 전환된다. ▶3문단: 핵분열이나 핵융합이 일어나는 이유

핵분열과 핵융합에서 발생하는 에너지를 발전에 이용할 수 있다. 우라늄-235(^{235}U) 원자핵을 사용하는 핵분열 발전의 경우, 우라늄 원자핵에 중성자를 흡수시키면 질량수가 작고 핵자당 결합 에너지가 큰 원자핵들로 분열된다. 이때 2~3개의 중성자가 방출되는데 이 중성자는 다른 우라늄 원자핵에 흡수되어 연쇄 반응을 일으킨다. 이 과정에서 질량 결손으로 인해 전환되는 에너지를 발전에 이용하는 것이다. ▶4문단: 우라늄-235 원자핵을 사용하는 핵분열 발전의 과정

핵분열 발전에서는 중성자의 속도를 느리게 해야 한다. 중성자가 너무 빠르게 움직이면 원자핵에 흡수될 확률이 낮기 때문이다. 〈중략〉 한편 연쇄 반응이 급격하게 일어나면 과도한 에너지가 발생하여 폭발이 일어날 수 있기 때문에 제어봉을 사용한다. 제어봉은 중성자를 흡수하는 장치로, 핵분열에 관여하는 중성자 수를 조절하여 급격한 연쇄 반응을 방지한다. ▶5문단: 핵분열 발전에서 유의해야 할 점 - 중성자의 속도 조절

핵융합 발전을 위한 시도도 계속되고 있다. 태양이 에너지를 생성하는 방법이 바로 핵융합이다. 수소(^{1}H) 원자핵을 원료로 하는 태양의 핵융합은 주로 태양의 중심부에서 일어난다. 먼저 수소 원자핵 2개가 융합하여 중수소(^{2}H) 원자핵이 되고, 중수소 원자핵은 수소 원자핵과 융합하여 헬륨-3(^{3}He) 원자핵이 된다. 그리고 2개의 헬륨-3 원자핵이 융합하여 헬륨-4(^{4}He) 원자핵이 된다. 이러한 과정에서 줄어든 질량이 에너지로 전환되는 것이다. ▶6문단: 태양의 핵융합 과정

지구는 태양과 물리적 조건이 달라서 태양의 핵융합을 똑같이 재현할 수 없다. 가장 많이 시도하는 방식은 D-T 핵융합이다. 이 방식에서는 중수소 원자핵과 삼중 수소(^{3}H) 원자핵이 융합하여 헬륨-4 원자핵이 된다. 중수소 원자핵과 삼중 수소 원자핵을 핵융합 발전의 원료로 사용하는 이유는 다른 원자핵들의 핵융합보다 반응 확률이 높고 질량 결손으로 전환되는 에너지도 크기 때문이다. ▶7문단: D-T 핵융합의 원리

하지만 지구에서 핵융합을 일으키는 것은 간단하지 않다. 양(+)의 전하를 띤 원자핵은 음(-)의 전하를 띤 전자와 전기적 인력에 의해 단단히 결합되어 있어서 일반적인 상태에서 원자핵이 융합하는 것은 불가능하다. 따라서 핵융합 반응을 일으키기 위해서는 물질을 원자핵과 전자가 분리된 상태인 플라스마 상태로 만들어야 한다. 또한 원자핵은 양의 전하를 띠고 있어서 서로 가까이 다가갈수록 척력이 강하게 작용한다. 척력을 이겨 내고 원자핵이 융합하게 하기 위해서는 플라스마의 온도를 높여 원자핵이 고속으로 움직일 수 있도록 해야 한다. 따라서 핵융합 발전을 위한 핵융합로에서는 플라스마를 1억 ℃ 이상으로 가열해서 핵융합의 확률을 높인다. 융합로에서 플라스마의 온도를 높인 이후에는 고온 상태를 일정 시간 이상 유지하는 것도 중요하다. 〈후략〉 ▶8문단: 안정적인 핵융합 발전을 위한 조건

해제 이 글은 실어증 환자들의 뇌 손상 부위와 증상을 연구하는 과정에서 발전한 인간의 언어 처리 과정에 대한 이론들을 소개하고 있다. 베르니케 모형은 베르니케 영역과 브로카 영역 간의 긴밀한 정보 교류에 의해 언어가 처리된다는 이론이고, 리시트하임 모형은 베르니케 영역에 개념 중심부를 추가한 이론이다. 마지막으로 베르니케-게쉬윈드 모형은 리시트하임 모형에서 개념 중심부를 제외하는 대신 새롭게 운동 영역과 각회를 언어 중추로 추가한 것으로, 오늘날 언어 처리 과정을 설명하는 표준형으로 평가된다.

주제 여러 가지 언어 처리 과정에 대한 이론

실어증(失語症)이란 후천적인 뇌 손상으로 인해 언어의 표현과
이해에 장애가 발생하는 것이다. 1865년 프랑스의 외과 의사 브
_{실어증의 개념}
로카는 좌뇌의 전두엽과 측두엽 사이가 손상되어 나타나는 실어
_{브로카 영역}
증을 발견하였다. 그는 이 부위를 브로카 영역이라 명명하고 이
곳이 손상되어 나타나는 증상을 브로카 실어증이라 하였다.
_{브로카 실어증의 개념 – 브로카 영역이 손상되어 나타나는 증상}
▶ 1문단: 브로카 실어증의 개념
이후 1874년 독일의 신경 정신과 의사인 베르니케는 좌뇌의 두
_{베르니케 영역}
정엽 아래가 손상되어 나타나는 또 다른 실어증을 발견하였다. 그
는 이 부위를 베르니케 영역이라 명명하고 이곳이 손상되어 나타
나는 증상을 베르니케 실어증이라 하였다. 이와 같은 실어증 환자
_{베르니케 실어증의 개념 – 베르니케 영역이 손상되어 나타나는 증상}
들의 뇌 손상 부위와 증상을 연구하는 과정에서 인간의 언어 처리
과정에 대한 관심이 대두되면서 그와 관련된 이론이 발전해 왔다.
_{■: 이 글의 중심 화제}
▶ 2문단: 베르니케 실어증의 개념
최근 언어 처리 과정에 대한 이론은 뇌의 여러 영역들이 결합
_{결합주의 이론}
하여 언어를 처리한다는 결합주의 이론이 지배적이다. 최초의 결
합주의 이론은 베르니케가 주장한 '베르니케 모형'으로, 그는 베
_{언어 처리 과정에 대한 이론 ①}
르니케 영역과 브로카 영역 간의 긴밀한 정보 교류에 의해서 언
어가 처리된다는 이론을 발표하였다. 이후 1885년 리시트하임은
_{베르니케 모형의 개념}
베르니케 모형에 개념 중심부를 추가하여 베르니케 영역, 브로카
영역, 개념 중심부가 결합하여 언어가 처리된다는 '리시트하임
_{리시트하임 모형의 개념}
모형'을 제시하였다. 〈중략〉 리시트하임 모형은 베르니케 영역,
_{언어 처리 과정에 대한 이론 ②}
브로카 영역, 개념 중심부를 꼭짓점으로 하는 삼각형 모양으로,
『베르니케 영역에서 개념 중심부로, 개념 중심부에서 브로카 영역
_{『 』: 리시트하임 모형에서의 정보 이동}
으로는 일방향으로 정보가 이동하지만, 브로카 영역과 베르니케
_{개념 중심부에서 형성된 의미가 베르니케 영역으로 직접 송부되지 못하는 것을 의미함.}
영역 간에는 쌍방향으로 정보가 이동한다는 특징이 있다.
▶ 3문단: 베르니케 모형과 리시트하임 모형
리시트하임은 자신의 모형을 바탕으로 뇌에서 이루어지는 듣
기와 말하기 과정을 다음과 같이 설명하였다. 우선 듣기 과정은
'베르니케 영역 → 개념 중심부'의 순서로 이루어진다. 즉, 귀로
_{리시트하임 모형의 듣기 과정}
들어온 청각 자극이 베르니케 영역으로 송부되면, 베르니케 영역
은 자신이 저장하고 있는 단어 중 청각 자극과 일치하는 단어를
찾아 개념 중심부로 송부하고, 개념 중심부는 이를 받아 의미를
해석한다는 것이다. 이에 비해 말하기 과정은 '개념 중심부 → 브
로카 영역 → 베르니케 영역 → 브로카 영역'과 같이 브로카 영역
_{리시트하임 모형의 말하기 과정}
을 두 번 거치는 복잡한 순서로 이루어진다. 〈중략〉 그런데 실제
로 말하기 위해서는 발음 기관을 움직여 소리를 만드는 과정이
_{리시트하임 모형의 한계 ①}

필요한데 그의 모형에는 그러한 과정이 드러나 있지 않다. 또한
그는 개념 중심부를 새롭게 추가하였으나 그것의 정확한 위치를
규명하지는 못하였다.
_{리시트하임 모형의 한계 ②}
▶ 4문단: 리시트하임 모형의 듣기와 말하기 과정과 한계
이후 실어증 환자들에 대한 연구가 발전됨에 따라 뇌에서 언어
를 담당하는 중추가 추가로 발견되었다. 이를 토대로 1964년 게
쉬윈드는 '베르니케 – 게쉬윈드 모형'을 새롭게 제시하였다. 그
_{언어 처리 과정에 대한 이론 ③}
는 리시트하임의 모형에서 개념 중심부를 제외하고 새롭게 운동
_{베르니케-게쉬윈드 모형의 특징}
영역과 각회를 언어 중추로 추가하였다. 〈중략〉 게쉬윈드는 기존
의 모형에서 개념 중심부를 제외하는 대신, 청각 형태로 단어가
저장되어 있는 베르니케 영역에서 그러한 역할도 함께 한다고 설
_{개념 중심부의 역할}
명하였다. 즉, 베르니케 영역은 『듣기와 읽기에서는 수용된 자극
_{문제 1-①번 『 』: 베르니케 영역의 역할}
에 해당하는 단어를 찾아 의미를 해석하고, 말하기와 쓰기에서는
의미를 형성한 뒤 해당 단어를 찾는 역할을 한다고 보았다.』
▶ 5문단: 베르니케-게쉬윈드 모형의 특징 ① – 베르니케 영역의 역할
브로카 영역에는 『단어를 조합하여 문장이나 발화를 생성하는
_{문제 1-④번 『 』: 브로카 영역의 역할}
역할 외에 말하기나 쓰기에 필요한 운동 프로그램을 만들어 운동
영역으로 송부하는 역할을 추가하였다. 그리고 운동 영역은 브로
카 영역에서 받은 운동 프로그램에 근거하여 말하기나 쓰기에 필
_{문제 1-⑤번 운동 영역의 역할}
요한 신경적 지시를 내리는 기능을 담당한다고 보았다. 마지막으
로 각회는 『베르니케 영역과 인접해 있으면서 읽기에서는 시각 형
_{문제 1-②번 『 』: 각회의 역할}
태의 정보를 청각 형태로 전환하고, 쓰기에서는 청각 형태의 정
보를 시각 형태로 전환하여 베르니케 영역으로 송부하는 역할』을
한다고 보았다.
▶ 6문단: 베르니케-게쉬윈드 모형의 특징 ② – 브로카 영역, 운동 영역, 각회의 역할
이 모형에 의거하면 듣기 과정은 『기본 청각 영역 → 베르니케
_{베르니케-게쉬윈드 모형의 듣기 과정}
영역'의 순서로 이루어진다. 이와 달리 말하기 과정은 '베르니케
영역 → 브로카 영역 → 운동 영역'의 순서로 이루어진다. 읽기나
_{베르니케-게쉬윈드 모형의 말하기 과정}
쓰기 과정도 듣기나 말하기 과정과 유사하지만, 베르니케 영역에
저장된 단어가 청각 형태이기 때문에 각회를 거치는 과정이 추가
_{베르니케-게쉬윈드 모형에서 읽기, 쓰기 과정의 특징}
된다. 각회에서 처리된 정보는 베르니케 영역으로 송부되어 읽기
의 경우에는 의미를 해석하고, 쓰기의 경우에는 바로 다음 단계
_{문제 1-③번 베르니케-게쉬윈드 모형에서 베르니케 영역의 역할}
인 브로카 영역으로 정보를 송부한다.
▶ 7문단: 베르니케-게쉬윈드 모형의 특징 ③ – 듣기, 말하기, 읽기, 쓰기의 과정
이처럼 뇌에 대한 연구가 발전됨에 따라 언어 처리 과정에 대
한 이론도 정교화되고 있다. 〈후략〉
▶ 8문단: 베르니케-게쉬윈드 모형에 대한 평가

해제 이 글은 우리 몸의 자연 치유력 중 하나인 오토파지에 대해 설명하고 있다. 오토파지는 세포 안에 쌓인 불필요한 단백질과 망가진 세포 소기관을 분해해 세포의 에너지원으로 사용하는 현상으로, 인체가 스트레스를 받으면 활성화된다. 예를 들어 영양분이 충분히 공급되지 않으면 오토파지를 통해 생존에 필요한 아미노산과 에너지를 얻고, 몸속에 침투한 세균이나 바이러스를 오토파지를 통해 제거하기도 한다. 이러한 오토파지가 정상적으로 작동하지 않으면 세포 내 항상성이 무너져 노화나 질병을 초래할 수 있다.

주제 우리 몸의 자연 치유력 중 하나인 오토파지의 개념과 원리

우리 몸에는 외부의 환경이나 미생물로부터 스스로를 지키기 위한 자기방어 시스템이 있는데, 이를 <u>자연 치유력</u>이라고 한다. 우리 몸은 이상이 생겼을 때 자기 진단과 자기 수정을 통해 이를 정상적으로 회복하기 위해 노력한다. 『인체의 자연 치유력 중 하나인 '오토파지'는 세포 안에 쌓인 불필요한 단백질과 망가진 세포 소기관을 분해해 세포의 에너지원으로 사용하는 현상이다.』
<small>자연 치유력의 개념</small>
<small>: 이 글의 중심 화제</small>
<small>문제 2-①번 문제 1-②번 『 』: 이 글의 핵심 문장</small>
<small>오토파지의 개념</small>
▶ 1문단: 자연 치유력과 오토파지의 개념

평소에는 우리 몸이 항상성을 유지할 정도로 오토파지가 최소한으로 일어나는데, 인체가 오랫동안 영양소를 섭취하지 못하거나 해로운 균에 감염되는 등 스트레스를 받으면 활성화된다. 예를 들어 밥을 제때에 먹지 않아 영양분이 충분히 공급되지 않으면 우리 몸은 오토파지를 통해 생존에 필요한 아미노산과 에너지를 얻는다. 이외에도 몸속에 침투한 세균이나 바이러스를 오토파지를 통해 제거하기도 한다.
<small>문제 1-③번 오토파지가 활성화되는 조건</small>
<small>문제 1-④번 영양분이 충분히 공급되지 못할 때 오토파지가 하는 일</small>
<small>세균이나 바이러스가 침투했을 때 오토파지가 하는 일</small>
▶ 2문단: 오토파지가 활성화되는 조건과 역할

그렇다면 오토파지는 어떤 과정을 거쳐 일어날까? 세포 안에 불필요한 단백질과 망가진 세포 소기관이 쌓이면 세포는 세포막을 이루는 구성 성분을 이용해 이를 이중막으로 둘러싸 작은 주머니를 만든다. 이 주머니를 '오토파고솜'이라고 부른다. 오토파고솜은 세포 안을 둥둥 떠다니다가 리소좀을 만나서 합쳐진다. '리소좀'은 단일 막으로 둘러싸인 구형의 구조물로 그 속에 가수 분해 효소를 가지고 있어 오토파지 현상을 주도하는 역할을 한다. 오토파고솜과 리소좀이 합쳐지면 '오토파고리소좀'이 되는데 리소좀 안에 있는 가수 분해 효소가 오토파고솜 안에 있던 쓰레기들을 잘게 부수기 시작한다. 분해가 끝나면 막이 터지면서 막 안에 들어 있던 잘린 조각들이 쏟아져 나온다. 그리고 이 조각들은 에너지원으로 쓰이거나 다른 세포 소기관을 만드는 재료로 재활용된다.
<small>문제 2-②번 오토파지가 일어나는 과정 ①</small>
<small>오토파지가 일어나는 과정 ②</small>
<small>문제 2-③번 오토파지가 일어나는 과정 ③</small>
<small>문제 2-④번 오토파지가 일어나는 과정 ④</small>
<small>문제 2-⑤번 오토파지가 일어나는 과정 ⑤</small>
▶ 3문단: 오토파지가 일어나는 과정

이러한 오토파지가 정상적으로 작동하지 않으면 불필요한 단백질과 망가진 세포 소기관이 세포 안에 쌓이면서 세포 내 항상성이 무너져 노화나 질병을 초래한다. 그래서 과학자들은 여러 가지 실험을 통해 오토파지를 활성화시키는 방법을 연구하거나 오토파지를 이용해 병을 치료하는 방법을 찾고 있다. 자연 치유력에는 오토파지 이외에도 '면역력', '아포토시스' 등이 있다. '면역력'은 질병으로부터 우리 몸을 지키는 방어 시스템이다. '아포토시스'는 개체를 보호하기 위해 비정상 세포, 손상된 세포, 노화된 세포가 스스로 사멸하는 과정으로 우리 몸을 건강한 상태로 유지하게 한다. 이러한 현상들을 통해 우리는 우리 몸을 지킬 수 있는 것이다.
<small>오토파지가 정상적으로 작동하지 않을 경우 발생하는 일</small>
<small>문제 1-①, ②번 아포토시스가 오토파지와 다른 점 - 스스로 사멸함.</small>
▶ 4문단: 오토파지가 정상적으로 작동하지 않을 경우 발생하는 일과 우리 몸의 또 다른 자연 치유력

해제 이 글은 식물이 물을 뿌리에서 흡수하여 잎까지 끌어 올리는 원리인 뿌리압, 모세관 현상, 증산 작용을 설명하고 있다. 뿌리압은 뿌리털 안과 흙 속의 농도 차이에 따라 발생하는 삼투압의 원리가 적용된 것으로, 물이 흡수될 때 밀고 들어오는 압력에 따라 뿌리압이 발생하고 그 힘에 의해 물이 위로 상승한다. 두 번째 원리는 모세관 원리로, 이는 식물체 안에 있는 가느다란 물관의 물 분자가 벽과 결합하려는 힘에 의해 생긴다.

증산 작용은 잎의 기공을 통하여 식물체의 수분이 수증기 상태로 증발하는 현상으로, 잎의 세포에서 물 분자가 증발되면서 아래쪽의 물 분자를 끌어 올리는 것이다. 이처럼 뿌리압과 모세관 현상, 증산 작용이 복합적으로 작용해 식물이 물을 뿌리에서 흡수해 잎까지 보내는 것이다.

주제 식물이 물을 끌어 올리는 원리

식물의 생장에는 물이 필수적이다. 동물과 달리 식물은 잎에서 광합성을 통해 생장에 필요한 양분을 만들어 내는데, 물은 바로 그 원료가 된다.
　　　　　　식물의 생장에 물이 필수적인 이유
물은 지구 중심으로부터 중력을 받기 때문에 높은 곳에서 낮은 곳으로 흐르지만, 식물은 지구 중심과는 반대 방향으로 자란다. 따라서 식물이 줄기 끝에 달려 있는 잎에 물을 공급하려면 중력의 반대 방향으로 물을 끌어 올려야 한다. 『미국의 캘리포니아 레드우드 국립 공원에는 세계에서 키가 가장 큰 세쿼이아가 있다.
　　　식물이 물을 높은 곳까지 끌어 올려야 한다는 내용의 예시
이 나무는 키가 무려 112m에 이르며, 뿌리는 땅속으로 약 15m까지 뻗어 있다고 한다. 따라서 물이 뿌리에서 나무의 꼭대기에 있는 잎까지 도달하려면 127m나 끌어 올려져야 한다』 펌프 같은 장치도 보이지 않는데 대체 물이 어떻게 그 높은 곳까지 올라갈 수 있는 것일까? 식물은 어떤 힘을 이용하여 뿌리로부터 잎까지 물을 끌어 올릴까? 식물이 물을 뿌리에서 흡수하여 잎까지 보내는 데는 뿌리압, 모세관 현상, 증산 작용으로 생긴 힘
　　　　　　　　이 글의 핵심 문장
■: 이 글의 중심 화제
이 복합적으로 작용한다.
▶ 1문단: 식물이 뿌리에서부터 잎까지 물을 끌어 올릴 수 있는 이유
호박이나 수세미의 잎을 모두 떼어 내고 뿌리와 줄기만 남기고 자른 후 뿌리 끝을 물에 넣어 보면, 잘린 줄기 끝에서는 물이 힘차게 솟아오르지는 않지만 계속해서 올라온다. 뿌리털을 둘러싼 세포막을 경계로 안쪽은 땅에 비해 여러 가지 유기물과 무기물들이 더 많이 섞여 있어서 뿌리 바깥보다 용액의 농도가 높다. 다시 말해 뿌리털 안은 농도가 높은 반면, 흙 속에 포함되어 있는 물의 농도가 낮다.
　　　문제 1-④번 뿌리털 안과 흙 속의 농도 차이
이때 농도의 균형을 맞추기 위해 흙 속에 있는 물
　　　　　문제 1-⑤번 뿌리압의 원리
분자는 뿌리털의 세포막을 거쳐 물 분자가 상대적으로 적은 뿌리 내부로 들어온다. 이처럼 농도가 낮은 흙 속의 물을 농도가 높은 뿌리 쪽으로 이동시키는 힘이 생기는데, 이를 뿌리압이라고 한다. 즉 뿌리압이란 뿌리에서 물이 흡수될 때 밀고 들어오는 압력으로, 물을 위로 밀어 올리는 힘이다.
　　　　　　　뿌리압의 개념
▶ 2문단: 식물이 물을 끌어 올리는 원리 ① - 뿌리압
물이 담긴 그릇에 가는 유리관을 꽂아 보면 유리관을 따라 물이 올라가는 것을 관찰할 수 있다. 이처럼 가는 관과 같은 통로를 따라 액체가 올라가거나 내려가는 것을 모세관 현상이라고 한다.
　　　　　　　모세관 현상의 개념
모세관 현상은 물 분자와 모세관 벽이 결합하려는 힘이 물 분자끼리 결합하려는 힘보다 더 크기 때문에 일어난다.
　　　　　　모세관 현상의 원리
따라서 관이 가늘

어질수록 물이 올라가는 높이가 높아진다. 식물체 안에는 뿌리에서 줄기를 거쳐 잎까지 연결된 물관이 있다.
　　　문제 2-④번 물관의 위치
물관은 말 그대로 물이 지나가는 통로인데, 지름이 75㎛(마이크로미터, 1㎛=0.001mm)로 너무 가늘어 눈으로는 볼 수 없다. 이처럼 식물은 물관의 지름이 매우 작기 때문에 모세관 현상으로 물을 밀어 올리는 힘이 생긴다.
▶ 3문단: 식물이 물을 끌어 올리는 원리 ② - 모세관 현상
뜨거운 햇볕이 내리쬐는 더운 여름철에는 큰 나무가 만들어 주는 그늘이 그렇게 고마울 수가 없다. 나무가 만들어 주는 그늘이 건물이 만들어 주는 그늘보다 더 시원한 이유는 무엇일까? 나무의 잎은 물을 수증기 상태로 공기 중으로 내보내는데, 이때 물이 주위의 열을 흡수하기 때문에 나무의 그늘 아래가 건물이 만드는
　　　　나무 그늘 아래가 건물이 만드는 그늘보다 시원한 이유
그늘보다 훨씬 시원한 것이다. 식물의 잎에는 기공이라는 작은 구멍이 있다. 기공을 통해 공기가 들락날락하거나 잎의 물이 공
　　　　문제 2-①, ⑤번 기공의 역할
기 중으로 증발하기도 한다. 이처럼 식물체 내의 수분이 잎의 기공을 통하여 수증기 상태로 증발하는 현상을 증산 작용이라고 한
　　　　　문제 2-②번 증산 작용의 개념
다. 가로 세로가 10×10cm인 잔디밭에서 1년 동안 증산하는 물의 양을 조사한 결과, 놀랍게도 55톤이나 되었다. 이는 1리터짜리 페트병 5만 5천 개 분량에 해당하는 물의 양이다. 상수리나무는 6~11월 사이에 약 9,000kg의 물을 증산하며, 키가 큰 해바라기는 맑은 여름날 하루 동안 약 1kg의 물을 증산한다.
▶ 4문단: 식물이 물을 끌어 올리는 원리 ③ - 증산 작용
기공의 크기는 식물의 종류에 따라 다른데 보통 폭이 8㎛, 길이가 16㎛ 정도밖에 되지 않는다. 크기가 1cm²인 잎에는 약 5만 개나 되는 기공이 있으며, 그 대부분은 잎의 뒤쪽에 있다. 이 기공을 통해 그렇게 엄청난 양의 물이 공기 중으로 증발해 버린다. 증산 작용은 물을 식물체 밖으로 내보내는 작용으로, 뿌리에서 흡수된 물이 줄기를 거쳐 잎까지 올라가는 원동력이다. 잎의 세포에서는 물이 공기 중으로 증발하면서 아래쪽의 물 분자를 끌어 올리는 현상이 일어난다. 즉, 물 분자들은 서로 잡아당기는 힘으로써 연결되는데, 이는 물 기둥을 형성하는 것과 같다. 사슬처럼
　　　　문제 2-④번 증산 작용의 모습
연결된 물 기둥의 한쪽 끝을 이루는 물 분자가 잎의 기공을 통해
　　　　　증산 작용의 원리
빠져나가면 아래쪽 물 분자가 끌어 올려지는 것이다. 증산 작용에 의한 힘은 잡아당기는 힘으로 식물이 물을 끌어 올리는 요인 중 가장 큰 힘이다.
▶ 5문단: 증산 작용으로 물이 끌어 올려지는 과정

해제 이 글은 금성을 새벽이나 초저녁에만 볼 수 있는 이유를 천체의 겉보기 운동을 통해 설명하고 있다. 지구의 자전이나 공전으로 인해 지구에서 관측할 때 천체가 움직이는 것처럼 보이거나 실제 움직임과는 다르게 보이는 현상을 겉보기 운동이라고 하며, 이는 관측자의 위치를 중심으로 천체가 움직이는 방향을 살펴본 것이다. 이를 바탕으로 하면, 금성이 관측되는 시각은 지구에서 바라본 금성의 위치에 따라 달라지고, 위상과 크기는 금성의 위치, 지구와 금성의 거리에 따라 달라진다. 또한 금성의 밝기는 보이는 크기와 지구와의 거리에 따라 결정된다.

주제 천체의 겉보기 운동을 통해 알 수 있는 금성의 관측 특성

금성의 다른 이름인 '샛별'은 새벽에 보이기 때문에 사람들이 금성에 붙인 이름이다. 실제로 금성은 하루 종일 관측할 수 있는 것이 아니라 새벽이나 초저녁에만 볼 수 있다. 이러한 현상이 생기는 이유는 무엇일까?
▶ 1문단: 금성을 새벽이나 초저녁에만 볼 수 있는 이유에 대한 의문 제기

이는 천체의 '겉보기 운동'과 관련이 있다. 지구는 하루에 한 바퀴 자전하면서 태양 주위를 일 년에 한 바퀴 공전한다. 이로 인해 지구상의 관측자가 하늘의 천체를 볼 때, 관측 시기에 따라 천체의 위치가 다르게 보이기도 한다. 왜냐하면 관측자에게는 지구
문제 1-③번 지구가 자전하면서 공전하기 때문에
가 움직이는 것이 아니라 상대적으로 하늘의 천체가 움직이는 것처럼 보이기 때문이다. 이처럼 지구의 자전이나 공전으로 인해 지구에서 관측할 때 천체가 움직이는 것처럼 보이거나 실제 움직
문제 1-①번 겉보기 운동의 개념
임과는 다르게 보이는 현상을 '겉보기 운동'이라 한다.
▨: 이 글의 중심 화제 ▶ 2문단: 겉보기 운동의 개념

겉보기 운동을 이해하기 위해서는 먼저 관측자에게 보이는 천체의 움직임에 대해 알아야 한다. 천체는 지구의 자전 때문에 지
문제 1-④번 천체의 움직임과 지구 자전의 관계
구 자전 방향의 반대 방향으로 움직이는 것처럼 보이게 된다. 이는 마치 고개를 왼쪽으로 돌리면 사물은 오른쪽으로 이동하는 것처럼 보이는 것과 같다. 〈그림〉의 ㉮, ㉯에서처럼 관측자의 위치를 중심으로 할 때, 관측자가 북반구 중위도에서 북쪽을 바라보
문제 1-⑤번 관측자의 위치와 방향의 관계
고 있으면 관측자의 왼쪽이 서쪽이 된다. 이때 지구의 자전 방향은 시계 반대 방향 즉, 서에서 동으로의 방향이므로 하늘의 천체
천체가 동에서 서로 움직이는 것처럼 보이는 이유
는 상대적으로 동에서 서로 움직이는 것처럼 보이는 것이다. 결국 겉보기 운동은 관측자의 위치를 중심으로 천체가 움직이는 방
문제 1-②번 겉보기 운동의 특징
향을 살펴본 것이다.
▶ 3문단: 관측자에게 보이는 천체의 움직임의 특성

또한 천체들 사이의 상대적 위치 관계도 겉보기 운동을 이해하는 데 중요하다. 지구 공전 궤도보다 안쪽에서 공전하는 천체인
내행성의 개념
내행성, 지구, 태양의 위치 관계를 내행성 중 하나인 금성을 중심으로 살펴보면 다음과 같다. 〈그림〉에서 태양, 금성, 지구가 일직
합의 개념
선상에 위치할 때를 '합'이라고 하는데, 지구-금성-태양의 순서로 위치할 때를 '내합', 지구-태양-금성의 순서로 위치할 때를 '외합'이라고 한다. 〈중략〉 '이각'은 다시 '동방 이각'과 '서방 이각'으로 나눌 수 있는데, 이는 〈그림〉의 V_5, V_6에서처럼 금성이 태양보다 동쪽에 있는 경우와 V_2, V_3에서처럼 서쪽에 있는 경
동방 이각
우로 구분한 것이다. 또한 금성이 V_6과 V_2에 있을 때 태양으로부
서방 이각
동방 최대 이각과 서방 최대 이각의 개념

터 가장 멀리 떨어진 것처럼 보인다. 이때의 이각을 각각 '동방 최대 이각'과 '서방 최대 이각'이라고 한다.
▶ 4문단: 천체들 사이의 상대적 위치 관계

관측자에게 보이는 천체의 움직임, 상대적 위치 관계 등을 바탕으로 금성이 관측되는 시각과 시간, 위상과 크기, 밝기를 살펴
▨: 이 글의 중심 화제
보면 다음과 같다. 먼저 금성이 관측되는 시각은 지구에서 바라
금성이 관측되는 시각에 영향을 미치는 요인
본 금성의 위치에 따라 달라진다. 〈중략〉 하지만 지구의 자전으로 인해 관측자의 위치가 ㉯로 변하면, 금성은 관측자의 지평선
『: 금성이 초저녁에 관측되는 이유
위에 있게 되고 태양은 지평선 아래에 있게 되므로 태양이 진 후 초저녁 서쪽 하늘에서 금성을 관측할 수 있다.』 반대로 금성이 서방 이각에 위치하는 경우에는 동일한 이유로 관측자는 ㉯가 아닌
『: 금성이 새벽에 관측되는 이유
㉮에서 금성을 관측할 수 있다.』 또한 태양과 금성, 지구의 위치 관계가 내합과 외합일 때에는 금성이 태양과 함께 뜨고 지기 때
태양이 너무 밝아서 금성을 볼 수 없음
문에 관측되기 어렵다. 따라서 금성은 동방 최대 이각 또는 서방
금성이 관측되는 위치와 관측되기 어려운 위치
최대 이각의 안쪽에 위치할 때만 관측 가능하고, 합의 위치에서는 관측이 어려운 것이다. 한편 금성이 관측되는 시간은 금성의 이각에 따라 달라진다. 이각이 클수록 태양과 금성의 각거리는
태양과 금성이 뜨고 지는 시각의 차이가 크기 때문에
커지므로 금성을 더 오래 볼 수 있다. 〈중략〉
▶ 5문단: 금성이 관측되는 시각과 시간

금성의 위상은 금성이 태양과의 상대적 위치에 따라 지구상의
'금성의 위상'의 개념
관측자에게 보이는 모양으로, 금성은 스스로 빛을 내지 못하고 태양빛을 받아 빛나는 것처럼 보인다. 이때 태양빛을 받는 면이 지구를 향하는 정도에 따라 보이는 형태가 다르다. 금성은 지구
에서 멀어질수록 보이는 크기가 줄어들지만 태양빛을 받는 면의
『: 금성과 지구의 거리에 따른 금성의 위상과 크기 변화
전체를 볼 수 있어 보름달에 가까운 형태로 관측된다. 반면 지구
로 가까워질수록 보이는 크기는 커지지만 태양빛을 받는 면의 일
문제 2번
부분만 볼 수 있으므로 초승달 또는 그믐달에 가까운 형태로 관측된다.』 그리고 최대 이각의 위치에 있을 때에는 반달에 가까운 형태로 관측된다.
▶ 6문단: 금성이 관측되는 위상과 크기

마지막으로 금성의 밝기는 보이는 크기와 지구와의 거리에 따
금성의 밝기에 영향을 미치는 요인
라 결정된다. 금성은 동방 최대 이각을 지나 내합으로 갈수록 점
문제 2번 『: 금성이 보이는 크기와 지구와의 거리에 따른 금성의 밝기 변화
점 밝아지다가 밝기가 줄어든다. 〈중략〉 마찬가지로 금성의 밝기는 내합을 지나 서방 최대 이각으로 갈수록 더 밝아지다가 서방 최대 이각에 가까워질수록 밝기가 줄어들게 된다.』
▶ 7문단: 금성의 밝기

해제 이 글은 북극 해빙이 한여름에도 다 녹지 않고 바다에 떠 있는 이유를 열에너지의 전달에 관한 두 가지 원리를 통해 설명하고 있다. 열에너지는 온도가 높은 곳에서 낮은 곳으로 전달되어 열적 평형을 이루며, 열적 평형을 이루기 전까지 두 물체 간 전달되는 열에너지의 양은 둘 사이의 온도 차, 접촉 시간, 접촉 면의 면적과 비례한다. 이러한 원리를 바탕으로 할 때, 해빙의 수명이 긴 이유는 우선 해빙은 바다 위에 떠 있기에 물에

잠긴 정육면체 얼음과 달리 바닥 부분만 바닷물과 접촉하고 있기 때문이다. 또한 북극 해빙의 면적은 수천만 ㎢가 넘지만 부피는 이보다 훨씬 크기 때문에 해빙이 녹는 시간은 그만큼 늘어나는 것이다. 이러한 이유 때문에 북극의 한여름에도 해빙은 녹지 않고 바다에 떠 있을 수 있다.

주제 열에너지의 전달 원리를 통해 알아본 북극 해빙의 수명이 긴 이유

냉수 속 얼음은 1시간을 넘기지 못하고 모두 녹아 버린다. 반면 북극 해빙 또한 얼음이지만, 10℃가 넘는 한여름에도 다 녹지 않고 바다에 떠 있다. 왜 해빙의 수명은 냉수 속 얼음보다 긴 걸까?
글의 화제 제시 ▶ 1문단: 해빙의 수명이 긴 이유에 대한 화제 제시
해빙의 수명이 긴 이유를 알기 위해서는 냉수 속 얼음에 작용
███ : 이 글의 중심 화제
하는 열에너지의 전달에 관한 두 가지 원리를 먼저 살펴볼 필요가 있다. 첫째, 열에너지는 온도가 높은 곳에서 낮은 곳으로 전달
열에너지 전달의 원리 ①
되는데, 이 때문에 온도가 다른 물체들이 서로 접촉하면 '열적 평형'을 이루려고 한다. 열적 평형은 접촉한 물체들의 열이 똑같아
열적 평형의 개념
져 서로 어떠한 영향도 주거나 받지 않는 상태이다. 예를 들어 3℃인 냉장고 속에 얼음이 든 냉수를 오랜 시간 동안 두면, 냉수와 얼음의 온도는 모두 3℃가 되어 얼음이 모두 녹아 버릴 것이
열적 평형의 상태
다. 둘째, 열에너지는 두 물체 사이의 접촉 면을 통해서만 전달되
열에너지 전달의 원리 ②
며, 접촉 면이 클수록 전달되는 열에너지의 양은 커진다. 앞서 말한 상황에서는 열에너지가 냉수와 얼음이 맞닿는 면을 통해 전달되므로, 얼음이 냉수와 더 많이 맞닿을수록 전달되는 열에너지도 커진다. 따라서 열적 평형을 이루기 전까지 두 물체 간 전달되는
문제 1번 열적 평형을 이루기 전까지 작용하는 열에너지 전달 원리
열에너지의 양은 둘 사이의 온도 차, 접촉 시간, 접촉 면의 면적과 비례함을 알 수 있다.
▶ 2문단: 냉수 속 얼음에 작용하는 열에너지의 전달에 관한 두 가지 원리
그러면 얼음이 모두 녹아 물로 변하는 데에는 시간이 얼마나 걸릴까? 이를 알아내기 위해서 3℃로 유지되는 냉수 속에 정육면체인 얼음 하나를 완전히 잠기게 해서 공기와 접촉할 수 없는 상황을 설정해 보자. 실험 결과 한 변의 길이가 1㎝인 정육면체 얼음이 완전히 녹는 시간은 약 2시간이다. 한편, 같은 냉수 속에 한 변의 길이가 1㎝인 정육면체 얼음 8개를 담근다고 해 보자. 8개의 얼음이 모두 물에 잠겨 있을 때에도 얼음이 완전히 녹는 데에
얼음의 개수와 상관없이 물과 얼음의 접촉 면이 같기 때문
걸리는 시간은 여전히 약 2시간이다. 왜냐하면 각각의 얼음 주변을 물이 완전히 둘러싸고 있어 각각의 얼음이 접촉한 면적은 모두 같으며, 각각의 얼음의 부피는 동일하기 때문이다. 즉, 물에서 각각의 얼음으로 전달되는 열에너지의 양은 물과 얼음의 접촉 면이 모두 동일하다면 개수가 얼마든 변함이 없다.
▶ 3문단: 접촉 면에 영향을 받는 열에너지의 양
그런데 한 변의 길이가 1cm인 정육면체 8개를 붙여 한 변의 길이가 2cm인 정육면체 하나로 만들어 냉수 속에 넣는다면 어떻게

될까? 〈중략〉 물과 접촉하는 면적이 절반으로 줄었기 때문에 같
문제 1번 접촉하는 면과 전달되는 열에너지 양의 관계
은 시간 동안 물에서 얼음으로 전달되는 열에너지의 양도 반으로 줄어들게 된다. 따라서 이 얼음이 다 녹는 데 필요한 시간은 2배
문제 2-③번 면적이 반으로 줄었기 때문에 시간은 2배로 늘어남.
만큼 늘어난 약 4시간가량이다.
▶ 4문단: 접촉 면의 면적에 따라 달라지는 열에너지의 양
이를 북극 해빙에 적용해 보자. 이때 해빙은 정육면체이며 공
███ : 이 글의 중심 화제
기와 접촉하지만 공기와 열에너지를 교환하지 않는다고 가정하자. 해빙은 바다 위에 떠 있기에 물에 잠긴 정육면체 얼음과 달리 바닥 부분만 바닷물과 접촉하고 있다. 그래서 바닷물의 열에너지는 해빙과 바닷물이 접촉하는 바다 부분으로만 전달된다. 이는
열에너지는 두 물체 사이의 접촉 면을 통해서만 전달되기 때문
정육면체의 여섯 면 중 한 면만 닿는 것이기 때문에, 같은 부피의
문제 2-④번 북극 해빙의 수명이 긴 이유 ①
해빙은 물에 잠긴 정육면체 얼음덩어리보다 녹는 시간이 6배 오래 걸린다. 따라서 수명이 훨씬 긴 것이다.
▶ 5문단: 북극 해빙의 수명이 긴 이유 ①
북극 해빙이 쉽게 녹지 않는 또 다른 이유는 부피와 면적 간의 관계 때문이다. 먼저 얼음이 녹는다는 것은 얼음의 부피가 없어진다는 것이기 때문에, 얼음의 부피가 클수록 녹아야 할 얼음의 양은 많다. 또한 얼음이 녹는 것은 앞서 살펴봤듯이 얼음이 물에 닿는 면적과 관련이 있기 때문에, 물에 닿는 면적이 넓을수록 얼음이 녹는 양은 많다. 따라서 얼음이 녹는 시간은 부피가 클수록
문제 1번 얼음이 녹는 시간과 부피, 물에 닿는 면적의 관계
길어지고 물에 닿는 면적이 클수록 짧아짐을 알 수 있다. 여기서 길이가 L배 커지면 면적은 L^2, 부피는 L^3만큼 비례하여 커진다는
제곱-세제곱 법칙의 개념
'제곱-세제곱 법칙'을 적용하면 얼음이 녹는 시간은 L배 만큼 길어짐을 알 수 있다. 예를 들어 한 변의 길이가 2㎝인 정육면체 얼음은 한 변의 길이가 1㎝인 정육면체 얼음보다 길이가 2배 길기 때문에 녹는 시간도 2배 긴 약 4시간가량이 된다. 또한 여기서 면적이 늘어나는 것보다 부피가 늘어나는 비율이 훨씬 큼도 알
문제 2-①번 길이가 2배면 면적은 2^2 문제 2-②번 길이가 2배면 부피는 2^3
수 있다. 북극 해빙의 면적은 수천만 ㎢가 넘지만 부피는 이보다
북극 해빙의 수명이 긴 이유 ②
계산하기 어려울 정도로 매우 크기 때문에 해빙이 녹는 시간은 그만큼 늘어나는 것이다. 결국 『해빙은 실제 다양한 조건을 고려하더라도 물에 닿는 면이 한 면뿐이고, 닿는 면적에 비해 부피가
『 』: 1문단의 '왜 해빙의 수명은 냉수 속 얼음보다 긴 걸까?'에 대한 답
매우 크기 때문에 10℃가 넘는 북극의 한여름에도 다 녹지 않고 바다에 떠 있을 수 있는 것이다.』
▶ 6문단: 북극 해빙의 수명이 긴 이유 ②

해제 이 글은 컴퓨터에서 데이터 처리 속도를 향상시키기 위해 사용하는 캐싱의 개념, 캐싱이 이루어지기 위한 조건, 캐싱이 이루어지는 방식에 대해 설명하고 있다. 이러한 캐싱이 효율적으로 이루어지기 위해서는 참조의 지역성이 고려된다. 또한 캐싱이 이루어질 때 주기억 장치의 데이터 주소가 사용되며, 주기억 장치의 데이터를 캐시 기억 장치에 저장하는 방식의 하나가 직접 매핑이다. 직접 매핑은 장점도 있으나 시스템의 효율이 떨어져 이를 보완하는 방법을 사용하기도 한다.

주제 캐싱이 이루어지는 조건과 방식

컴퓨터의 중앙 처리 장치인 CPU는 데이터를 처리하기 위해 주기억 장치와 끊임없이 데이터를 주고받는다. 그런데 「CPU는 처리 속도가 매우 빠른 반면, 주기억 장치의 처리 속도는 상대적으로 느리다. 그렇기 때문에 CPU가 명령을 실행할 때마다 주기억 장치로부터 데이터를 읽어 오면 두 장치의 처리 속도의 차이로 인해 명령을 빠르게 실행할 수가 없다.」 그래서 캐시 기억 장치를 활용하여 데이터 처리 속도를 향상시킨다. 캐시 기억 장치는 CPU 내에 또는 CPU와 주기억 장치 사이에 위치한 기억 장치로 주기억 장치보다 용량은 작지만 처리 속도가 매우 빠르다. 이러한 캐시 기억 장치에 주기억 장치의 데이터 중 자주 사용되는 데이터의 일부를 복사해 두고 CPU가 이 데이터를 사용하도록 하는 과정을 '캐싱(caching)'이라고 한다.
▶ 1문단: 캐싱의 개념

캐싱이 효율적으로 이루어지려면 CPU가 캐시 기억 장치에 저장된 데이터를 반복적으로 사용하는 것이 중요한데 이를 위해 고려되는 것이 참조의 지역성이다. 참조의 지역성은 시간적 지역성과 공간적 지역성으로 나눌 수 있다. 시간적 지역성은 CPU가 한 번 사용한 특정 데이터가 가까운 미래에 다시 사용될 가능성이 높은 것을 말하고, 공간적 지역성은 한 번 사용한 데이터 근처에 있는 데이터가 곧 사용될 가능성이 높은 것을 말한다.
▶ 2문단: 캐싱이 효율적으로 이루어지기 위한 참조의 지역성

한편 주기억 장치는 '워드(word)' 단위로 데이터가 저장되고 캐시 기억 장치는 '블록(block)' 단위로 데이터가 저장된다. 이때 워드는 비트(bit)의 집합이고 블록은 연속된 워드 여러 개의 묶음을 말한다. 주기억 장치의 데이터가 캐시 기억 장치에 저장되는 장소를 '라인(line)'이라고 한다. 캐시 기억 장치는 일반적으로 하나의 라인에 하나의 블록이 들어갈 수 있도록 설계되어 있기 때문에 주기억 장치에서 캐시 기억 장치로 데이터를 전송할 때에는 블록 단위로 데이터를 전송한다. 캐시 기억 장치의 용량은 주기억 장치보다 훨씬 작기 때문에 주기억 장치의 블록 중에서 일부만 캐시 기억 장치에 저장될 수 있다. 그러므로 캐싱을 위해서는 주기억 장치의 여러 블록이 캐시 기억 장치의 하나의 라인을 공유하여 사용해야 한다.
▶ 3문단: 캐싱을 위한 조건

예를 들어 어떤 컴퓨터의 주기억 장치의 데이터 용량을 워드 2^n개, 캐시 기억 장치의 데이터 용량을 워드 M개라고 가정해 보자. 이때 주기억 장치의 블록 한 개가 K개의 워드로 이루어져 있다고 하면 이 주기억 장치의 총 블록 개수는 2^n/K개가 되며 각 워드는 n비트의 주소로 지정된다. 그리고 캐시 기억 장치의 각 라인은 K개의 워드로 채워지므로 캐시 기억 장치에는 총 M/K개의 라인이 만들어진다.
▶ 4문단: 캐시 기억 장치에 라인이 만들어지는 예

〈중략〉 '태그 필드'는 캐시 기억 장치의 특정 라인에 주기억 장치의 어떤 블록이 저장되어 있는지를 구분해 주는 역할을 한다. 그리고 '라인 필드'는 주기억 장치의 블록이 들어갈 캐시 기억 장치의 라인을 지정해 주며, '워드 필드'는 주기억 장치의 각 블록에 저장되어 있는 워드를 지정해 준다.
▶ 5문단: 캐싱이 이루어질 때 사용되는 데이터 주소

주기억 장치의 데이터를 캐시 기억 장치에 저장하는 방식에는 여러 가지가 있는데 그중 하나가 '직접 매핑'이다. 직접 매핑은 주기억 장치의 데이터를 블록 단위로 캐시 기억 장치의 지정된 라인에 저장하는 방식이다. 직접 매핑 방식에서 캐싱이 이루어지는 과정은 다음과 같다. CPU가 '태그 필드, 라인 필드, 워드 필드'로 이루어진 주소를 통해 데이터를 요청하면, 우선 요청 주소의 라인 필드를 이용하여 캐시 기억 장치의 해당 라인을 확인한다. 그리고 해당 라인에 데이터가 저장되어 있으면 그 라인의 태그와 요청 주소의 태그를 비교한다. 이때 두 태그의 값이 일치하는 경우를 '캐시 히트(cache hit)'라고 하며, 캐시 히트가 일어나면 주소의 워드 필드를 이용하여 라인 내 워드들 중에서 해당 데이터를 찾아 CPU에 보내 준다. 그런데 CPU가 요청한 주소의 태그와 캐시 기억 장치 라인의 태그가 일치하지 않거나 해당 라인이 비어 있어서 요청한 데이터를 찾지 못하는 경우가 있다. 이는 CPU가 요청한 데이터가 캐시 기억 장치에 저장되어 있지 않다는 의미로, 이 경우를 '캐시 미스(cache miss)'라고 한다. 〈중략〉
▶ 6문단: 직접 매핑에서 캐싱이 이루어지는 과정

직접 매핑은 CPU가 요청한 데이터가 캐시 기억 장치에 있는지 확인할 때 해당 라인만 검색하면 되기 때문에 검색 속도가 빠르다. 그리고 회로의 구조가 단순하여 시스템을 구성하는 비용이 저렴한 장점이 있다. 하지만 「같은 라인에 저장되어야 하는 서로 다른 블록을 CPU가 번갈아 요청하는 경우, 계속 캐시 미스가 발생해서 반복적으로 블록이 교체되므로 시스템의 효율이 떨어질 수 있다.」 〈하략〉
▶ 7문단: 직접 매핑의 장점과 단점

해제 이 글은 상변화 물질과 상변화의 개념을 제시하면서, 상변화 물질의 특성, 열 수송을 할 때 상변화 물질을 이용하면 얻을 수 있는 장점 등을 설명하고 있다. 상변화란 물질이 온도나 압력 변화에 의해 이전과 다른 상태로 변하는 것이며, 상변화 물질이란 상변화를 할 때 수반되는 잠열을 효율적으로 사용하기 위해 활용하는 물질이다. 열 병합 발전소에서 공동 주택 기계실의 열 교환기로 이동할 때 상변화 물질은 고체에서 액체로 변하면서 잠열을 흡수하고, 공동 주택 기계실의 열 교환기에서 공동 주택의 찬물을 데우는 과정에서 상변화 물질은 액체에서 고체로 변하면서 잠열을 방출한다. 이렇게 데워진 물은 공동 주택의 세대 난방을 하고, 상변화 물질은 발전소로 회수되어 재사용된다. 이를 통해 열 수송의 효율성이 개선되지만, 상변화 물질을 담은 캡슐의 양을 증가시키는 데는 한계가 있다.

주제 상변화 물질의 변화를 이용한 열 수송

지역난방은 열 병합 발전소에서 전기 생산을 위해 사용된 열을 회수하여 인근 지역의 난방에 활용하는 것이다. 지역난방에서는 회수된 열로 데워진 물을 배관을 통해 인근 지역으로 공급함으로써 열을 수송하는 방식을 주로 사용하는데, 근래에는 열 수송의 효율성을 높이기 위해 상변화 물질을 활용하는 방식을 개발하고 있다.
███: 이 글의 중심 화제
▶ 1문단: 상변화 물질 활용

열 수송에 사용되는 상변화 물질이란, 상변화를 할 때 수반되는 잠열을 효율적으로 사용하기 위해 활용되는 물질을 말한다. 상변화란, 물질의 상태를 고체, 액체, 기체로 분류할 때, 주변의 온도나 압력 변화에 의해 어떤 물질이 이전과 다른 상태로 변하는 것을 의미하는데, 얼음이 물이 되거나 물이 수증기가 되는 것
상변화의 예시 ①
등이 이에 해당한다. 이러한 변화에는 열이 수반되는데, 이를 '잠열'이라고 한다. 예를 들어 비커에 일정량의 얼음을 넣고 가열하
상변화의 예시 ②
면 얼음의 온도가 올라가게 되고, 0℃에 도달하면 얼음이 물로 변하기 시작하여 비커 속에는 얼음과 물이 공존하게 된다. 그런데 비커 속 얼음이 모두 물로 변할 때까지는 온도가 올라가지 않
잠열의 예시
고 계속 0℃를 유지하는데, 이는 비커에 가해진 열이 물질의 온도 변화가 아닌 상변화에 사용되었기 때문이다. 이렇게 상변화에 사용된 열이 잠열인데, 이는 물질의 온도 변화로 나타나지 않는
문제 1~2, ③번
숨어 있는 열이라는 뜻이다. 잠열은 『물질마다 그 크기가 다르며,
문제 1-①, ④번 『』: 잠열의 특성
일반적으로 물질이 고체에서 액체가 되거나 액체에서 기체가 될 때, 또는 고체에서 바로 기체가 될 때에는 잠열을 흡수하고 그 반대의 경우에는 잠열을 방출한다.』 한편 비커를 계속 가열하여 얼
현열의 예시
음이 모두 녹아 물이 된 후에는 다시 온도가 올라가기 시작한다. 이렇게 얼음의 온도가 올라가거나 물의 온도가 올라가는 것처럼 온도 변화로 나타나는 열을 '현열'이라고 한다.
▶ 2문단: 상변화 물질, 잠열과 현열의 개념

그렇다면 상변화 물질의 특성을 이용하여 열 수송을 하면 어떤 장점이 있는 것일까? 상변화 물질을 활용하여 열 병합 발전소에서 인근 지역 공동 주택으로 열을 수송하는 과정을 통해 이를 살펴보자. 『열 병합 발전소에서는 발전에 사용된 수증기를 열 교환
『』: 상변화 물질을 이용한 열 수송 과정 ①
기로 보낸다. 열 교환기로 이동한 수증기는 열 수송에 사용되는

물에 열을 전달하여 물을 데운다. 이 물속에는 고체 상태의 상변화 물질이 담겨 있는 마이크로 단위의 캡슐이 섞여 있다. 이 상변화 물질의 녹는점은 물의 어는점과 끓는점 사이에 있기 때문에,
0℃와 100℃ 사이
물이 데워져 물의 온도가 상변화 물질의 녹는점 이상이 되면 상
문제 2-①번 고체 → 액체: 잠열 흡수
변화 물질은 액체로 상변화하게 된다. 액체가 된 상변화 물질이 섞인 물은 열 교환기에서 나와 온수 공급관을 통해 인근 지역 공동 주택 기계실의 열 교환기로 이동한다. 이 과정에서 상변화 물질이 고체로 상변화되지 않아야 하므로 이동하는 물의 온도는 상
문제 2-②번 상변화 물질이 고체로 상변화되지 않아야 하기 때문에
변화 물질의 녹는점 이상으로 유지되어야 한다.
▶ 3문단: 상변화 물질을 이용한 열 수송 과정 ①

『공동 주택 기계실의 열 교환기로 이동한 물과 캡슐 속 상변화
『』: 상변화 물질을 이용한 열 수송 과정 ②
물질은 공동 주택의 찬물에 열을 전달하면서 온도가 내려간다. 이렇게 공동 주택의 찬물을 데우는 과정에서 상변화 물질의 온도가 상변화 물질의 녹는점 이하로 내려가면 캡슐 속 상변화 물질
액체 → 고체: 잠열 방출
은 액체에서 고체로 상변화하면서 잠열을 방출하게 되는데, 이 역시 찬물을 데우는 데 사용된다. 즉 온수 공급관을 통해 이동해 온 물의 현열과 캡슐 속 상변화 물질의 현열, 그리고 상변화 물질의 잠열이 공동 주택의 찬물을 데우는 데 모두 사용되는 것이다.
문제 2-④번 난방을 위해 사용하는 열
이렇게 데워진 공동 주택의 물은 각 세대의 난방기로 공급되어 세대 난방을 하게 되고, 상변화 물질 캡슐이 든 물은 온수 회수관
문제 2-⑤번 상변화 물질의 회수 및 재사용
을 통해 다시 발전소로 회수되어 재사용된다.』
▶ 4문단: 상변화 물질을 이용한 열 수송 과정 ②

이와 같이 상변화 물질을 활용한 열 수송 방식을 사용하면 현열만 사용하던 기존의 열 수송 방식과 달리 『현열과 잠열을 모두
『』: 상변화 물질을 활용한 열 수송 과정의 장점
사용할 수 있으므로 온수 공급관을 통해 보내는 물의 온도를 현저히 낮출 수 있어 열 수송의 효율성이 개선된다.』 이때 『상변화 물
『』: 상변화 물질을 활용한 열 수송 과정의 한계
질 캡슐의 양을 늘릴수록 열 수송에 활용할 수 있는 잠열의 양은 증가하겠지만 캡슐의 양이 일정 수준 이상으로 늘어나면 물이 원활하게 이동할 수 없으므로 캡슐의 양을 증가시키는 데에는 한계가 있다.』
▶ 5문단: 상변화 물질을 활용한 열 수송의 장점과 한계

해제 이 글은 전기 레인지를 하이라이트 레인지와 인덕션 레인지로 나눈 후, 각 레인지의 가열 방식과 원리에 대해 설명하고 있다. 하이라이트 레인지는 상판 자체를 가열해서 열을 발생시키는 직접 가열 방식으로, 니크롬으로 만들어진 열선을 원형으로 배치하고 열선의 열을 통해 세라믹글라스 판을 직접 가열한다. 인덕션 레인지는 전자기 유도 현상을 통해 용기에 자체적으로 열을 발생시키는 유도 가열 방식으로, 줄열 효과와 자기 이력 현상 등을 활용해 상판을 가열하지 않고도 음식 조리에 필요한 열을 낼 수 있다. 하이라이트 레인지는 다양한 소재의 용기를 사용할 수 있지만, 조리 속도가 느리고 화상의 우려가 있다. 인덕션 레인지는 전용 용기가 필요하고 전자파에 대한 우려가 있지만, 조리 속도가 빠르고 화재와 화상이 발생할 가능성이 낮다는 장점이 있다.

주제 하이라이트 레인지와 인덕션 레인지의 가열 방식

전기 레인지는 용기를 가열하는 방식에 따라 하이라이트 레인
▨ : 이 글의 중심 화제
지와 인덕션 레인지로 나눌 수 있다. 하이라이트 레인지는 상판 자체를 가열해서 열을 발생시키는 직접 가열 방식이고, 인덕션 레인지는 상판을 가열하지 않고 전자기 유도 현상을 통해 용기에 자체적으로 열을 발생시키는 유도 가열 방식이다.
　▶ 1문단: 전기 레인지의 종류

하이라이트 레인지는 주로 니크롬으로 만들어진 열선을 원형
하이라이트 레인지에서 열이 발생하는 원리
으로 배치하고 열선의 열을 통해 그 위의 세라믹글라스 판을 직접 가열한다. 이렇게 발생한 열이 용기에 전달되어 음식을 조리할 수 있게 된다. 하이라이트 레인지는 비교적 다양한 소재의 용
『 』: 하이라이트 레인지의 장단점
기를 쓸 수 있지만 에너지 효율이 낮아 조리 속도가 느리고 상판의 잔열로 인한 화상의 우려가 있다.
　▶ 2문단: 하이라이트 레인지의 원리와 장단점

인덕션 레인지는 표면이 세라믹글라스 판으로 되어 있고 그 밑
문제 1번　　『 』: 인덕션 레인지에서 열이 발생하는 원리
에 나선형 코일이 설치되어 있다. 전원이 켜지면 코일에 2만 Hz 이상의 고주파 교류 전류가 흐르면서 그 주변으로 1초에 2만 번 이상 방향이 바뀌는 교류 자기장이 발생하게 되고, 그 위에 도체인 냄비를 놓으면 교류 자기장에 의해 냄비 바닥에는 수많은 폐회로가 생겨나며 그 회로 속에 소용돌이 형태의 유도 전류인 맴돌이 전류가 발생한다. 이때 흐르는 맴돌이 전류가 냄비 소재의 저항에 부딪혀 줄열 효과가 나타나게 되고 이에 의해 냄비에 열이 발생하게 되는데, 이때 맴돌이 전류의 세기는 나선형 코일에 흐르는 전류의 세기에 비례한다.　▶ 3문단: 인덕션 레인지의 원리 ①

인덕션 레인지의 가열 원리는 강자성체의 자기 이력 현상과도 관련이 있다. 일반적으로 물체는 자기장의 영향을 받으면 자석의
『 』: 자화, 자성체, 자기 포화 상태의 개념 및 특징
성질을 갖게 되는데 이것을 자화라고 하며, 자화된 물체를 자성체라고 한다. 자성체의 자화 세기는 물체에 가해 준 자기장의 세
문제 2-②번
기에 비례하여 커지다가 일정값 이상으로는 더 이상 커지지 않는데, 이를 자기 포화 상태라고 한다. 이때 물체에 가해 준 자기장의 세기를 줄이면 자화의 세기도 줄어들기 시작하며, 외부의 자기장이 사라지면 자석의 성질도 사라진다. 그런데 강자성체의 경
문제 2-①번
우에는 외부 자기장의 세기가 줄어들어도 자화의 세기가 상대적으로 천천히 줄어들게 되고 외부 자기장이 사라져도 어느 정도

자화된 상태를 유지하게 되는데, 이를 자기 이력 현상이라고 하며 자성체에 남아 있는 자화의 세기를 잔류 자기라고 한다. 그리
문제 2-③번
고 처음에 가해 준 외부 자기장의 역방향으로 일정 세기의 자기
문제 2-④번　자화의 세기를 0으로 만드는 방법
장을 가해 주면 자화의 세기가 0이 되고, 자기장을 더 세게 가해 주면 반대쪽으로 커져 자기 포화 상태가 된다. 이러한 과정을 반복하면 자기장의 세기에 따른 자화의 세기는 일정한 곡선을 그리게 되는데 이를 자기 이력 곡선이라고 한다. 이 과정에서 자기 에너지는 열에너지로 전환되어 자성체의 온도를 높이는데, 이때 발생하는 열에너지는 자기 이력 곡선의 내부 면적과 비례한다. 만
문제 2-⑤번　열에너지와 자기 이력 곡선의 내부 면적과의 관계
약 인덕션에 사용하는 냄비의 소재가 강자성체인 경우, 자기 이
인덕션 레인지에 소재의 저항이 크면서 강자성체 냄비를 사용하는 이유
력 현상으로 인해 냄비에 추가로 열이 발생하게 된다.
　▶ 4문단: 인덕션 레인지의 원리 ②

이러한 가열 방식 때문에 인덕션 레인지는 음식 조리에 필요한 열을 낼 수 있도록 소재의 저항이 크면서 강자성체인 용기를 사
인덕션 레인지의 단점 ①
용해야 한다는 제약이 있다. 또한 고주파 전류를 사용하기 때문에 조리 시 전자파에 대한 우려도 있다. 하지만 직접 가열 방식보
인덕션 레인지의 단점 ②　　　　　　　　『 』: 인덕션 레인지의 장점
다 에너지 효율이 높아 순식간에 용기가 가열되기 때문에 상대적으로 빠르게 음식을 조리할 수 있다. 그리고 무엇보다 상판이 직접 가열되지 않기 때문에 발화에 의한 화재의 가능성이 매우 낮고, 뜨거운 상판에 의한 화상 등의 피해로부터 비교적 안전하다는 장점이 있다.
　▶ 5문단: 인덕션 레인지의 단점과 장점

해제 이 글은 열차의 운행 속도를 높이면서도 안전하게 운행하기 위한 열차 안전장치의 세 가지 종류를 제시하고, 각 안전장치의 작동 원리를 설명하고 있다. 자동 폐색 장치(ABS)는 폐색 구간의 양 끝에 신호를 설치하고 열차의 위치에 따라 신호를 자동으로 제어하는 장치이지만, 악천후나 응급 상황으로 충돌 사고가 발생하는 경우가 있다. 자동 열차 정지 장치(ATS)는 선로 위의 지상 장치와 열차 안의 차상 장치로 구성되어, 위급한 상황에 자동으로 열차를 멈추게 한다. 하지만 평상시 기관사의 운전 부담

을 줄여 주는 데 한계가 있다. 자동 열차 제어 장치(ATC)는 송수신 장치, 열차 검지 장치, 속도 신호 생성 장치, 속도 검출기, 처리 장치, 제동 장치 등으로 구성되어 있으며, 이 장치들이 순서대로 작동하여 열차를 멈추게 한다. ATC는 과속으로 생기는 사고를 예방해 주지만, 기관사의 부담은 여전히 남아 있다.

주제 열차 안전장치의 작동 원리

열차 운행의 중요한 과제는 열차를 신속하게 운행하면서도 열
  : 이 글의 중심 화제
차끼리의 충돌 사고를 방지하는 것이다. 열차를 운행할 때는 일반적으로 역과 역 사이에 일정한 간격으로 구간을 설정하고 하나의 구간에는 한 대의 열차만 운행하도록 하는데, 이러한 구간을 폐색 구간이라고 한다. 폐색 구간을 안전하게 관리하면서도 열차 운행의 속도를 높이는 데 도움을 주기 위해서 열차나 선로에는 다양한 안전장치들이 설치되어 있다. ▶ 1문단: 열차 안전장치의 소개

자동 폐색 장치(ABS)는 폐색 구간의 시작과 끝에 신호를 설치하고 궤도 회로를 이용하여 열차의 위치에 따라 신호를 자동으로 제어하는 장치이다. 『폐색 구간에 열차가 있을 때에는 정지 신
『 』: 자동 폐색 장치(ABS)의 작동 원리
호인 적색등이 켜지고, 열차가 폐색 구간을 지나간 후에는 다음 기차가 진입해도 좋다는 녹색등이 표시된다. 이를 바탕으로 뒤따라오는 열차의 기관사는 앞 구간의 열차 유무를 확인하여 열차의 운행 속도를 제어하고 앞 열차와의 안전거리를 유지하며 열차 사고를 방지한다.』 ▶ 2문단: 자동 폐색 장치(ABS)의 개념과 작동 원리

그런데 악천후나 응급 상황으로 기관사가 신호기에 표시된 정
ABS의 한계
지 신호를 잘못 인식하거나 확인하지 못해 충돌 사고가 발생하는 경우가 있다. 이러한 충돌 사고를 방지하기 위한 장치를 설치하는데, 이를 자동 열차 정지 장치(ATS)라고 한다. ATS는 선로 위의 지상 장치와 열차 안의 차상 장치로 구성되는데, 『열차가 지
  ATS의 구성   문제 1번   『 』: ATS의 작동 원리
상 장치를 통과할 때 지상 장치에서 차상 장치로 신호기 점등 정보를 보낸다. 이때 차상 장치에 '정지'를 의미하는 적색등이 켜지면 벨이 울려 기관사에게 알려 준다. 그러면 기관사는 이를 확인하고 제동 장치를 작동하여 열차를 감속하거나 정지시키는 등 열차 전반의 운행을 제어하고 앞 열차와의 안전거리를 유지해야 한다. 그런데 벨이 5초 이상 계속 울리고 있는데도 열차 속도가 줄
어들지 않으면 ATS는 이를 위기 상황으로 판단하고 제동 장치에
기관사가 제동 장치를 작동하지 않는 경우 자동으로 제어 장치를 작동함.
비상 제동을 명령하여 자동으로 열차를 멈춰 서게 한다.』 이렇게 ATS는 위기 상황으로 인한 충돌 사고를 예방해 준다. 하지만 평상시 기관사의 운전 부담을 줄여 주는 데는 한계가 있다.
ATS의 한계   ▶ 3문단: 자동 열차 정지 장치(ATS)의 개념과 작동 원리
자동 열차 제어 장치(ATC)는 『신호에 따라 여러 단계로 나누
                         『 』: ATC의 작동 원리

어진 열차 제한 속도 정보를 지상 장치에서 차상 장치로 전송한다. 그리고 전송된 제한 속도를 넘지 않도록 열차의 속도를 자동으로 감시하고 제어함으로써 선행 열차와의 충돌을 막아 주고 좀 더 효율적인 열차 운행이 가능하게 해 준다.』 ATC는 송수신 장치, 열차 검지 장치, 속도 신호 생성 장치, 속도 검출기, 처리 장치,
                                    ATC의 구성 요소
제동 장치 등으로 구성되어 있다.
                    ▶ 4문단: 자동 열차 제어 장치(ATC)의 작동 원리와 구성
여러 개의 궤도 회로로 나뉜 선로 위를 A열차와 B열차가 달리고 있다고 가정해 보자. 『A, B열차가 서로 다른 궤도 회로에 각각
                         : ATC에서 열차가 멈추는 과정
진입하면 지상의 송수신 장치에서 열차 검지 장치로 신호를 보내고 열차 검지 장치는 이 신호를 바탕으로 선로 위에 있는 A, B열
          문제 2-①번 열차 검지 장치의 역할
차의 위치를 파악한다. 속도 신호 생성 장치는 앞서가는 A열차의 위치와 뒤따라오는 B열차의 위치를 바탕으로 B열차가 주행해야 할 적절한 속도를 연산하여 B열차의 제한 속도를 결정한다. 이 속도는 B열차가 위치하고 있는 궤도 회로에 전송되고 지상의 송
수신 장치를 통해 B열차에 일정 시간 간격으로 계속 전달된다.
      문제 2-②번 송수신 장치의 역할
                         ▶ 5문단: 자동 열차 제어 장치(ATC)의 작동 과정 ①
그러면 B열차의 운전석 계기판에는 수신된 제한 속도와 속도
                              문제 2-④번 계기판의 역할
검출기를 통해 얻은 B열차의 현재 속도가 동시에 표시되어 기관사가 제한 속도를 확인하며 운전할 수 있도록 한다. 이때 열차의 현재 속도가 제한 속도를 초과하면 처리 장치에서 자동으로 신호를 보내고 신호를 받은 제동 장치가 작동되며 열차의 속도를 줄
                                   문제 2-⑤번 제동 장치의 역할
여 준다.』 속도가 줄어 제한 속도 이하가 되면 제동이 풀리고 기관사는 속도를 높이게 된다. ATC는 열차가 제한 속도를 넘지 않도
                                   ATC의 장점
록 자동으로 속도를 조절하기 때문에 과속으로 인한 사고를 예방해 주지만, 제한 속도 안에서는 기관사가 직접 속도를 감속하고
                              ATC의 단점
가속해야 한다는 점에서 기관사의 부담은 여전히 남아 있다.
                         ▶ 6문단: 자동 열차 제어 장치(ATC)의 작동 과정 ②
많은 사람들이 이용하는 열차의 특성상 열차 충돌 사고가 발생하면 큰 인명 피해로 이어진다. 그래서 현재까지도 열차 사이의 안전거리를 확보하면서도 운행 간격을 최대한 단축하고 열차의
                         열차 운행의 연구 과제
운행 속도를 높이는 기술에 대한 연구가 지속적으로 이루어지고 있다. ▶ 7문단: 열차의 안전을 확보하면서도 운행 속도를 높이는 기술 연구의 필요성

해제 이 글은 초고층 건물의 수직 하중과 수평 하중의 개념을 제시하고, 수직 하중과 수평 하중을 견딜 수 있게 하는 초고층 건물의 건축 기법인 보기둥 구조, 코어 구조, 아웃리거−벨트 트러스 구조, TLCD(동조 액체 기둥형 댐퍼)에 대해 설명하고 있다. 초고층 건물에 작용하는 힘에는 건물 자체의 무게로 땅 표면에 수직 방향으로 작용하는 수직 하중과 건물에 가로 방향으로 작용하는 수평 하중이 있는데, 건물의 안전성에 미치는 영향은 수평 하중이 수직 하중보다 더 크다. 수직 하중을 견딜 수 있게 하는 구조로는 보기둥 구조가, 수평 하중을 견딜 수 있게 하는 구조로는 코어 구조와 아웃리거−벨트 트러스 구조가 있다. 현대의 초고층 건물은 특수한 설비를 이용하여 건물에 작용하는 수평 하중을 견딜 수 있게 하는데, 대표적인 것이 TLCD(동조 액체 기둥형 댐퍼)이다.

주제 초고층 건물의 수직 하중과 수평 하중을 견딜 수 있는 기술

초고층 건물은 높이가 200미터 이상이거나 50층 이상인 건물을 말한다. 이런 초고층 건물을 지을 때는 건물에 작용하는 힘을 고려해야 한다. 건물에 작용하는 힘에는 수직 하중과 수평 하중이 있다. 수직 하중은 건물 자체의 무게로 인해 땅 표면에 수직 방향으로 작용하는 힘이고, 수평 하중은 바람이나 지진 등에 의해 건물에 가로 방향으로 작용하는 힘이다.
▶ 1문단: 건물에 작용하는 수직 하중과 수평 하중의 개념

수직 하중을 견디기 위해서 고안된 가장 단순한 구조는 보기둥 구조이다. 보기둥 구조는 기둥과 기둥 사이를 가로지르는 수평 구조물인 보를 설치하고 그 위에 바닥판을 놓은 구조이다. 『보기둥 구조에서는 설치된 보의 두께만큼 건물의 한 층당 높이가 높아지지만, 바닥판에 작용하는 하중이 기둥에 집중되지 않고 보에 의해 분산되기 때문에 수직 하중을 잘 견딜 수 있다.』
문제 1−②번 『 』: 보기둥 구조의 특징
▶ 2문단: 수직 하중을 견디기 위한 보기둥 구조

위에서 아래 방향으로만 작용하는 수직 하중과 달리 『수평 하중은 사방에서 작용하는 힘이기 때문에 초고층 건물의 안전에 미치는 영향이 수직 하중보다 훨씬 크다.』 수평 하중은 초고층 건물의 안전을 위협하는 주요 요인인데, 바람은 건물에 작용하는 수평 하중의 90% 이상을 차지한다. 건물이 많은 도심에서는 넓은 공간에서 좁은 공간으로 바람이 불어오면서 풍속이 빨라지는 현상이 발생해 건물에 작용하는 수평 하중을 크게 만든다. 그리고 바람에 의해 공명 현상이 발생하면 건물이 매우 크게 흔들리게 되어 건물의 안전을 위협하게 된다.
『 』: 수평 하중의 특징
도심 건물의 공간적 특징으로 풍속이 빨라져 수평 하중을 크게 만듦.
▶ 3문단: 건물의 안전에 큰 영향을 미치는 수평 하중

건물이 수평 하중을 견디기 위해서는 기본적으로 뼈대에 해당하는 보와 기둥을 아주 단단하게 붙여야 하지만, 초고층 건물의 경우 이것만으로는 수평 하중을 견디기 힘들다. 그래서 등장한 것이 코어 구조이다. 코어는 빈 파이프 모양의 철골 콘크리트 구조물을 건물 중앙에 세운 것으로, 코어에 건물의 보와 기둥들을 강하게 접합한다. 이렇게 하면 외부에서 작용하는 수평 하중에도 불구하고 코어로 인해 건물이 크게 흔들리지 않게 된다. 그런데 초고층 건물은 그 높이가 높아질수록 수평 하중이 커지고 그에 따라 코어의 크기도 커져야 한다. 코어 구조는 『가운데 빈 공간이 있어 공간 활용의 효율성이 떨어지기 때문에 현대의 초고층 건물
코어의 역할
문제 1−③번 건물의 높이와 코어 크기의 관계
『 』: 코어 구조의 특징
은 코어에 승강기나 화장실, 계단, 수도, 파이프 같은 시설을 설치하는 경우가 많다.』
▶ 4문단: 수평 하중을 견디기 위해 고안된 코어 구조

그런데 초고층 건물의 높이가 점점 높아지면 코어 구조만으로는 수평 하중을 완벽하게 견뎌 낼 수 없다. 그래서 아웃리거−벨트 트러스 구조를 사용하여 코어 구조를 보완한다. 아웃리거−벨트 트러스 구조에서 벨트 트러스는 철골을 사용하여 건물의 외부 기둥들을 삼각형 구조의 트러스로 짜서 벨트처럼 둘러싼 것으로 수평 하중을 지탱하는 역할을 한다. 삼각형 구조의 트러스로 외부 기둥들을 연결하면 외부에서 작용하는 힘이 철골 접합부를 통해 전체적으로 분산되기 때문에 코어에 무리한 힘이 가해지는 것을 예방할 수 있다. 그리고 아웃리거는 콘크리트를 사용하여 건물 외벽에 설치된 벨트 트러스를 내부의 코어와 견고하게 연결한 것으로, 아웃리거와 벨트 트러스는 필요에 따라 건물 중간중간에 여러 개가 설치될 수 있다. 그런데 『아웃리거는 건물 내부를 가로지를 수밖에 없어서 효율적인 공간 구성에 방해가 된다.』 이런 단점을 극복하기 위해 아웃리거를 기계 설비층에 설치하거나 층과 층 사이, 즉 위층 바닥과 아래층 천장 사이에 설치하기도 한다.
벨트 트러스의 역할 ①
벨트 트러스의 역할 ②
『 』: 아웃리거의 특징
▶ 5문단: 코어 구조를 보완하는 아웃리거−벨트 트러스 구조

초고층 건물은 특수한 설비를 이용하여 바람으로 인한 건물의 흔들림을 줄이기도 하는데 대표적인 것이 TLCD, 즉 동조 액체 기둥형 댐퍼이다. TLCD는 U자형 관 안에 수백 톤의 물이 채워진 것으로 초고층 건물의 상층부 중앙에 설치한다. 『바람이 불어 건물이 한쪽으로 기울어져도 물은 관성의 법칙에 따라 원래의 자리에 있으려 하기 때문에 건물이 기울어진 반대쪽에 있는 관의 물 높이가 높아진다. 그렇게 되면 그 관의 아래로 작용하는 중력도 커지고, 이로 인해 건물을 기울어지게 하는 힘을 약화시켜 흔들림이 줄어들게 된다.』 물이 무거울수록 그리고 관 전체의 가로 폭이 넓어질수록 수평 방향의 흔들림을 줄여 주는 효과가 크다. 하지만 그에 따라 수직 하중이 증가하므로 TLCD는 수평 하중과 수직 하중을 함께 고려하여 설계해야 한다.
TLCD 설치 장소
문제 2번 『 』: TLCD의 특징
▶ 6문단: 건물의 흔들림을 줄이는 특수한 설비인 TLCD

해제 이 글은 제책 기술이 발달하게 된 배경과 양장, 중철, 무선철로 이어진 제책 기술의 발전 과정을 설명하고 있다. 인류의 주된 기록 매체가 된 책의 내구성을 높이기 위해서 서양에서는 양장이라는 방법을 개발했다. 18세기 말 산업 혁명 이후의 유럽에서는 책을 대량 생산하기 위해 중철이라는 제책 방법을 사용했다. 중철은 오랜 보관이 필요 없거나 분량이 적은 인쇄물을 제책하는 데 용이했으며, 중철로 된 책은 사용하거나 휴대하기에 편리한 장점이 있었다. 20세기 중반에 화학 접착제가 개발되면서 무선철이라는 제책 기술이 등장하여 책의 대중화에 기여했다. 이후에도 책의 내구성을 강화할 수 있는 화학 접착제가 개발되면서 무선철 기술은 현재도 계속 보완, 발전하고 있다.

주제 시대의 변화에 따른 제책 기술의 발전

종이가 개발되기 전, 인류는 동물의 뼈나 양피지 등에 필요한 정보를 기록해 왔다. 하지만 담긴 정보량에 비해 부피가 방대하였고 그로 인해 보존과 가독에 어려움을 겪었다. 그런데 종이의 개발로 부피가 줄어들면서 종이로 된 책이 주된 기록 매체가 되었고 책의 보존성과 가독성, 휴대성 등을 더욱 높이기 위한 ▦: 이 글의 중심 화제 제책 기술의 발달이 요구되었다.
▶ 1문단: 제책 기술이 발달하게 된 배경

서양은 종이책을 만들기 시작했을 때 제지 기술이 동양에 비해 미숙했고 질 나쁜 종이로 책을 제작해야 했기에 책의 내구성을 높이기 위한 기술이 필요했다. 그래서 표지에 가죽을 씌우거나
양장을 개발한 의도   양장의 방법 ①
나무판을 덧대는 방법을 개발했는데 이를 양장(洋裝)이라 한다. 양장은 내지 묶기와 표지 제작을 따로 한 후에 합치는 방법이다.
양장의 방법 ②
내지는 실매기 방식을 활용해 실로 단단히 묶고, 표지는 판지에
○: 양장을 위한 책의 구성 부분   문제 1번 『 』: 양장의 세부적인 방법
천이나 가죽 등의 마감 재료를 접착하여 만든다. 표지와 내지를 결합할 때는 책등과 결합되는 내지 부분에 접착제를 발라 책등에 붙인다. 또한 내지보다 두껍고 질긴 종이인 면지를 표지와 내지 사이에 접착제로 붙여 이어 줌으로써 책의 내구성을 높인다. 표지 부착 후에는 가열한 쇠막대로 앞뒤 표지의 책등 쪽 가까운 부분을 눌러 홈을 만들어 책의 펼침성이 좋도록 한다.
▶ 2문단: 책의 내구성을 높이기 위한 양장의 방법
『18세기 말에 유럽은 산업 혁명으로 인쇄가 기계화되면서 대량
『 』: 중철이 나타난 배경과 과정
생산을 위한 기반이 갖추어지고, 경제의 발전으로 일부 계층에만 국한됐던 독서 인구가 확대되어 제책 기술도 대량 생산이 가능한 방식으로 발전해야 했다. 이를 위해 간편하게 철사를 사용해 매는 제책 기술이 개발되었는데 처음에는 '옆매기'라 불리는 기술을 사용하였다. 그러나 옆매기는 책장 넘김이 용이하지 않아 '가운데매기'라 불리는 중철(中綴)이 주된 방식으로 자리 잡았다.』중철은 인쇄지를 포개 놓고 책장이 접히는 한가운데 부분을 ㄷ자형 철침을 이용해 매었는데, 보통 2개의 철침으로 표지와 내지를 고정하지만 표지나 내지가 한가운데서부터 떨어지는 경우가 잦아 철침을 4개로 박기도 하였다. 중철은 광고지, 팸플릿 등 오랜 보
중철을 사용한 인쇄물의 종류
관이 필요 없거나 분량이 적은 인쇄물에 사용해 왔으며, 중철된 책은 쉽게 펼치거나 넘길 수 있고 두루마리처럼 말아서 간편하게
중철을 사용한 책의 장점
휴대할 수도 있다. ▶ 3문단: 책의 대량 생산을 위해 사용한 중철

20세기 중반에는 화학 접착제가 개발되며 무선철(無線綴)이라는 제책 기술이 등장했다. 이름처럼 실이나 철사 없이 화학 접착제만으로 책을 묶는 방식이다. 이 방법은 자동화가 가능해 대량 생산에 더욱 적합했고, 생산 단가가 낮아지면서 판매 가격을 낮
문제 2~⑤번 무선철을 사용한 책의 장점과 역할
출 수 있어 책의 대중화에 기여했다. 그리고 1990년대에는 습기 경화형 우레탄 핫 멜트가 개발되면서 개발 초보다 내구성이 더욱 강화된 책을 만들게 되었다. 무선철 기술은 지금도 계속 보완, 발전하고 있으며 그로 인해 오늘날 대부분의 책은 무선철 방식으로 제작되고 있다. ▶ 4문단: 오늘날 많이 사용하는 무선철

해제 이 글은 20세기 초에 등장한 미래주의 회화의 표현 기법에 대해 설명하고 있다. 산업화의 특성인 속도와 운동에 주목하고 이를 예술적으로 표현하려고 한 미래주의 화가들은 시간의 흐름에 따른 대상의 움직임을 하나의 화면에 표현하는 분할주의 기법을 사용하였다. 분할주의 기법은 이미지의 겹침, 역선, 상호 침투를 통해 대상의 연속적인 움직임을 효과적으로 표현하였다. 이러한 미래주의 회화는 기존의 전통적인 서양 회화와는 다른 새로운 미의식을 제시했다는 데 의의가 있으며, 이후 키네틱 아트가 등장하는 데 영향을 주었다.

주제 미래주의 회화의 특징과 의의

미래주의는 20세기 초 이탈리아 시인 마리네티의 '미래주의 선언'을 시작으로, 화가 발라, 조각가 보치오니, 건축가 상텔리아, 음악가 루솔로 등이 참여한 전위 예술 운동이다. 당시 산업화에 뒤처진 이탈리아는 산업화에 대한 열망과 민족적 자존감을 고양시킬 수 있는 새로운 예술을 필요로 하였다. <u>미래주의의 등장 배경</u> 이에 산업화의 특성인 속도와 운동에 주목하고 이를 예술적으로 표현하려는 <u>미래</u> <u>미래주의의 개념</u> <u>주의</u>가 등장하게 되었다.
▓▓▓ : 이 글의 중심 화제 ▶ 1문단: 미래주의의 개념과 등장 배경

특히 미래주의 화가들은 질주하는 자동차, 사람들로 북적이는 기차역, 광란의 댄스홀, 노동자들이 일하는 공장 등 활기찬 움직임을 보여 주는 모습을 주요 소재로 삼아 산업 사회의 역동적인 <u>미래주의 회화의 특징</u> 모습을 표현하였다. 그들은 대상의 움직임의 추이를 화폭에 담아 냄으로써 대상을 생동감 있게 형상화하려 하였다. 이를 위해 미래주의 화가들은, <u>시간의 흐름에 따른 대상의 움직임을 하나의</u> <u>미래주의 화가들이 사용한 기법</u> 화면에 표현하는 <u>분할주의 기법</u>을 사용하였다. 『질주하고 있는 말의 다리는 4개가 아니라 20개다.'라는 미래주의 선언의 내용 문제 2-⑤번 『 』: 분할주의 기법에 나타난 미래주의 화가들의 생각 은, 분할주의 기법을 통해 대상의 역동성을 지향하고자 했던 미래주의 화가들의 생각을 잘 드러내고 있다.』
▶ 2문단: 미래주의 회화의 특징과 미래주의 화가들이 사용한 기법

분할주의 기법은 19세기 사진작가 머레이의 연속 사진 촬영 기법에 영향을 받은 것으로, <u>이미지의 겹침, 역선(力線), 상호 침투</u> <u>분할주의 기법에서 사용한 표현법</u> 를 통해 대상의 연속적인 움직임을 효과적으로 표현하였다. 먼저 이미지의 겹침은 화면에 하나의 대상을 여러 개의 이미지로 중첩 <u>이미지의 겹침의 개념</u> 시켜서 표현하는 방법이다. 마치 연속 사진처럼 화가는 움직이는 대상의 잔상을 바탕으로 시간의 흐름에 따른 대상의 움직임을 겹 문제 2-④번 이미지의 겹침을 활용한 표현 쳐서 나타내었다. 다음으로 힘의 선을 나타내는 역선은, 대상의 움직임의 궤적을 여러 개의 선으로 구현하는 방법이다. 미래주의 문제 2-②번 역선의 개념 화가들은 사물이 각기 특징적인 움직임을 갖고 있다고 보고, 이를 역선을 통해 표현함으로써 사물에 대한 화가의 느낌을 드러내었다. 마지막으로 상호 침투는 대상과 대상이 겹쳐서 보이게 하 <u>상호 침투의 개념</u> 는 방법이다. 『역선을 사용하여 대상의 모습을 나타내면 대상이 문제 2-③번 『 』: 역선과 상호 침투의 효과 다른 대상이나 배경과 구분이 모호해지는 상호 침투가 발생해 대상이 사실적인 형태보다는 왜곡된 형태로 표현된다.』 이러한 방식으로 미래주의 화가들은 움직이는 대상의 속도와 운동을 효과적 으로 나타낼 수 있었다. 문제 2-①번 미래주의 화가들의 표현 방법
▶ 3문단: 분할주의 기법에서 사용한 표현법

기존의 전통적인 서양 회화가 대상의 고정적인 모습에 주목하 <u>전통적인 서양 회화의 특징</u> 여 비례, 통일, 조화 등을 아름다움의 요소로 보았다면, 『미래주의 문제 1번 『 』: 미래주의 회화에 대한 평가 회화는 움직이는 대상의 속도와 운동이라는 미적 가치에 주목하 <u>미래주의 회화의 의의</u> 여 새로운 미의식을 제시했다는 점에서 의의를 찾을 수 있다. 이러한 미래주의 회화는 이후 모빌과 같이 나무나 금속으로 만들어 입체적 조형물의 운동을 보여 주는 키네틱 아트가 등장하는 데 영감을 제공한 것으로 평가되고 있다.』
▶ 4문단: 미래주의 회화의 의의

해제 이 글은 니체의 예술에 대한 철학을 수용하여 화가의 내면을 적극적으로 표현하려고 했던 표현주의 회화에 대해 설명하고 있다. 니체는 당시 플라톤의 견해를 바탕으로 한 서양 철학의 주류적 입장을 비판하며, 영원히 변하지 않는 존재, 절대적이고 영원한 진리는 없다고 주장하였다. 이러한 니체의 철학적 견해는 20세기 초 표현주의 회화로 이어졌는데, 표현주의는 전통적인 사실주의 미학을 따르지 않고 예술의 목적을 대상의 재현이 아니라 인간의 감정과 충동을 표현하는 것으로 생각하였으며, 이는 예술에 대한 새로운 해석을 보여 준 것이라는 데 의의가 있다.

주제 니체의 철학적 견해와 이에 영향을 받은 표현주의 회화

서양 철학은 존재에 대한 물음에서 시작되었다. 고대 그리스 철학자 파르메니데스는 있는 것은 있고 없는 것은 없다고 말했다. 그는 어떤 존재가 있다가 없어지고 없다가 있게 되는 일은 불가능하다며 존재의 생성과 변화, 소멸을 부정했다. 그에게 존재는 영원하며 절대적이고 불변성을 가지는 것이었다. 이에 반해 헤라클레이토스는 존재의 생성과 변화를 긍정했다. 그는 존재하는 모든 것이 변화의 과정 중에 있으며 끊임없이 생성과 소멸을 반복하는 것이라고 생각했다. 존재에 대한 두 철학자의 견해는 플라톤의 이데아론에 영향을 주었다. 플라톤은 존재를 끊임없이 변하는 존재와 영원히 변하지 않는 존재로 나누었다. 그는 우리가 경험하는 현실 세계의 존재는 변한다고 생각했다. 그리고 현실 세계에 존재하는 모든 것의 근원을 이데아로 상정하고 이데아를 영원하고 불변하는 존재, 그 자체로 완전한 진리로 여겼다. 반면에 현실 세계의 존재는 이데아를 모방한 것일 뿐 이데아와 달리 불완전하다고 보았다. 또한 감각을 통해 인식할 수 있는 현실 세계의 존재와 달리 이데아는 오직 이성에 의해서만 인식할 수 있다는 이성 중심의 사유를 전개했다. 플라톤의 이러한 철학적 견해는 이후 서양 철학의 주류가 되었다.
▶ 1문단: 존재에 대한 서양 철학자들의 견해

그러나 플라톤의 견해를 바탕으로 한 서양 철학의 주류적 입장은 근대에 이르러 니체에 의해 강한 비판을 받았다. 헤라클레이토스의 견해를 받아들인 니체는 영원히 변하지 않는 존재, 절대적이고 영원한 진리는 없다고 주장했다. 또한 우리가 살고 있는 현실 세계가 유일한 세계라면서 '신은 죽었다'라고 선언하며 「형이상학적 이원론이 말하는 진리, 신 중심의 초월적 세계, 합리적 이성 체계 모두를 부정했다. 니체는 「형이상학적 이원론이 진리를 영원불변한 것으로 고정하고, 현실 너머의 이상 세계와 초월적 대상을 생명의 근원으로 설정함으로써 인간이 현실의 삶을 부정하도록 만들었다고 보았다. 그래서 생명의 근원과 삶의 의미를 상실한 인간은 허무에 직면하게 되었다는 것이다.
▶ 2문단: 형이상학적 이원론을 비판한 니체의 철학적 견해

니체는 허무에서 벗어나기 위해서는 생명의 본질을 회복해야 한다고 했다. 그는 인간이 자신의 삶을 지탱할 수 있게 하는 것을 '힘에의 의지'로 보았다. 니체가 말하는 '힘에의 의지'는 주변인이나 사물을 자기 마음대로 지배하고 억압하려는 의지가 아니라

자기 극복을 이끌어 내고 생명의 상승을 지향하는 의지로 이해할 수 있다. 니체는 이러한 '힘에의 의지'가 생성과 변화의 끊임없는 과정 중에서 창조적 생성 작용을 하는데, 그 최고의 형태가 예술이라고 했다. 그는 본능에 내재한 감성을 바탕으로 하는 예술적 충동을 중시하였고, 예술가의 창작 활동을 인간의 삶의 가치 상승을 도와주는 '힘에의 의지'로 보았다. 그는 예술을 통해 생명력을 회복하고 허무를 극복할 수 있음을 강조한 것이다.
▶ 3문단: 예술에 대한 니체의 견해

이러한 니체의 철학적 견해는 20세기 초의 예술가들에게 많은 영향을 주었는데, 특히 회화에서 독일의 표현주의가 니체의 철학을 수용했다. 표현주의는 전통적인 사실주의 미학을 따르지 않았다. 사실주의 미학은 형이상학적 이원론에 근거하여 존재와 진리의 참모습을 모방하는 것을 예술의 목적으로 받아들이는 재현의 미학이었다. 그러나 니체의 철학적 관점에서 예술을 이해한 표현주의 화가들은 예술의 목적을 대상의 재현이 아니라 인간의 감정과 충동을 표현하는 것으로 생각했다. 그들은 사실주의 미학에서 이성보다 열등한 것이라고 여겼던 감정을 존재의 본질을 드러내는 것으로 보았다. 그들이 생각하는 인간의 감정은 시시각각 변화하며 생성과 소멸을 반복하는 것이었기에 그림을 그리는 동안에도 매 순간 변화하는 감정을 중시했다. 그래서 대상의 비례와 고유한 형태를 왜곡하고, 색채도 실제보다 더 강하게 과장해서 그리거나 대비되는 원색을 대담하게 사용하는 등의 방법을 통해 자신의 감정과 충동을 표현했다. 또한 원근법에 얽매이지 않는 화면 구성을 보임으로써 작품에서 드러나는 공간이 현실 공간의 재현이 아니라 화가 자신의 감정을 표현하기 위한 상징과 의미를 생산하는 공간이라는 인식을 드러냈다.
▶ 4문단: 니체의 철학을 수용한 표현주의의 특징

표현주의 화가들은 이성과 합리성의 가치를 추구하던 당시 사회의 분위기에 반발하며 예술가로서의 감정적, 주관적인 표현을 예술이 추구해야 하는 가치로 보았다. 그들은 자유로운 형태와 색채로 자신들이 가지고 있던 내면의 불안, 공포, 고뇌 등을 예술로써 극복하려고 노력하면서 강한 생명력을 보여 주었다. 결국 「화가의 내면을 적극적으로 표현했던 표현주의는 니체의 철학을 근거로 예술에 대한 새로운 해석을 보여 주었다고 할 수 있다.
▶ 5문단: 표현주의의 예술적 의의

해제 이 글은 엑스레이 아트의 등장 배경과 개념, 작품의 창작 의도를 구현하기 위한 창작 방법에 대해 설명하고 있다. 엑스레이 아트란 엑스레이 사진을 활용하여 만든 예술 작품을 말하는 것으로, 겉으로 드러나지 않는 대상의 골격이나 구조를 노출하는 기술이라는 특징을 지닌다. 엑스레이 아트는 작품의 창작 의도를 구현하기 위해 오브제의 특성을 고려하기도 하고, 컴퓨터 그래픽 작업을 거치기도 한다. 이러한 엑스레이 아트는 발상의 전환을 통해 감상자들에게 기존의 예술 작품과는 다른 미적 감수성을 불러일으킨다는 점에서 현대 예술의 외연을 넓히는 데 기여하였다는 평가를 받는다.

주제 엑스레이 아트의 창작 방법과 의의

최근 예술 분야에서는 과학 기술을 이용하여 새로운 장르를 개척하려는 시도가 이루어지고 있다. 이러한 배경을 바탕으로 등장
_{엑스레이 아트의 등장 배경}
한 예술의 하나가 바로 '엑스레이 아트(X-ray Art)'이다. 엑스레이 아트는 엑스레이 사진을 활용하여 만든 예술 작품을 의미한다.
_{: 이 글의 중심 화제}
_{엑스레이 아트의 개념 ▶ 1문단: 엑스레이 아트의 개념과 등장 배경}
엑스레이 아트의 거장인 닉 베세이는 엑스레이를 활용하여 오브제 내부에 주목한 작품을 만들었다. 그는 「튤립」이라는 작품을
_{문제 1-①번 엑스레이 아트의 작품 사례 ①}
통해 꽃봉오리에 감추어진 암술과 수술을 드러냄으로써, 꽃의 보이지 않는 내부의 아름다움을 탐색하였다. 또한 「셀피」라는 작품
_{「튤립」의 작품 창작 의도   엑스레이 아트의 작품 사례 ②}
을 통해 현대 사회의 외모 지상주의를 비판하기도 했다. 이 작품
_{「셀피」의 작품 창작 의도}
은 자기 얼굴을 찍는 사람의 모습을 엑스레이로 촬영한 것으로, 엑스레이로 인체를 촬영할 경우 외양이 드러나지 않는 점을 이용하여 창작 의도를 나타낸 것이다.
_{▶ 2문단: 엑스레이 아트의 거장 닉 베세이의 작품 사례}
엑스레이 아트의 창작 의도를 구현하기 위해서는 오브제의 특성
_{엑스레이 촬영 시 고려할 점}
을 고려해야 한다. 이는 오브제의 재질과 두께에 따라 엑스레이
_{오브제의 특성을 고려해야 하는 이유}
의 투과율이 달라지기 때문이다. 이러한 이유로 엑스레이 아트에서는 엑스레이가 투과되지 않는 물질이 포함된 오브제를 배제하
_{엑스레이 촬영 방법 ①}
기도 하고, 역으로 이를 활용하기도 한다. 촬영을 할 때에는 오브제의 두께에 따라 엑스레이의 강도와 오브제에 엑스레이가 투과
_{엑스레이 촬영 방법 ②}
되는 시간을 조절해야 의도하는 명도의 사진을 얻을 수 있다. 또한 오브제와 근접한 거리에서 촬영해야 하는 엑스레이의 특성상, 가로 35cm, 세로 43cm인 엑스레이 필름의 크기보다 오브제가
_{엑스레이 촬영 방법 ③}
클 경우 오브제를 여러 부분으로 나누어서 촬영한다. 한편 작품 창작 의도를 구현하는 데 오브제의 모든 구성 요소가 필요하지 않다면 오브제의 일부 구성 요소만 선택하여 창작 의도를 드러낼
_{문제 1-②번 엑스레이 촬영 방법 ④}
수도 있다. 그리고 오브제가 겹쳐 있을 경우, 창작 의도와 다른 사진이 나올 수 있으므로 이를 고려하여 오브제를 적절하게 배치
_{엑스레이 촬영 방법 ⑤}
하고 촬영 각도를 결정한다. ▶ 3문단: 엑스레이 아트의 창작 방법 ①

이렇게 촬영한 엑스레이 사진은 컴퓨터 그래픽 작업을 거치는데, 창작 의도를 드러내기 위해 여러 장의 사진을 합성하기도 한다. 특히 항공기 동체와 같이 크기가 큰 대상을 오브제로 삼아 여러 날에 걸쳐 촬영할 경우, 촬영할 당시의 기온, 습도 등의 영향
_{엑스레이 사진의 명도에 영향을 미치는 요인}
으로 각각의 사진들마다 명도가 다르게 나타날 수 있다. 그러므로 그래픽 작업을 통해 사진들의 명도를 보정한 뒤, 이 사진들을
_{문제 1-④번 컴퓨터 그래픽 작업 방법 ①}
퍼즐처럼 맞추어 하나의 사진으로 합성하여 작품을 완성한다.
_{문제 1-⑤번 컴퓨터 그래픽 작업 방법 ② ▶ 4문단: 엑스레이 아트의 창작 방법 ②}
엑스레이는 대상의 골격이나 구조를 노출하는 기술이라는 점
_{문제 1-①번 엑스레이의 특성}
에서 차가운 느낌을 주기도 한다. 하지만 이를 활용한 엑스레이 아트는 발상의 전환을 통해 감상자들에게 기존의 예술 작품과는
_{문제 2번 엑스레이 아트에 대한 평가}
다른 미적 감수성을 불러일으킨다는 점에서 현대 예술의 외연을 넓히는 데 기여하였다는 평가를 받고 있다.
_{▶ 5문단: 엑스레이 아트의 의의}

해제 이 글은 사진의 등장으로 전통적인 회화에서 중시되었던 사실주의적 회화 기법을 거부하고 새로운 경향을 추구한 인상주의와 후기 인상주의의 특징을 설명하고 있다. 인상주의 화가로 대표되는 모네는 빛에 따라 달라지는 사물의 색채와 그에 따른 순간적인 인상을 표현하고자 하였다. 반면 후기 인상주의의 대표 작가인 세잔은 사물의 눈에 보이지 않는 형태까지 찾아 표현하고자 했으며, 이를 위해 이중 시점을 활용하여 대상을 다른 각도에서 바라보려고 하였다. 이러한 후기 인상주의의 화풍은 입체파 화가들에 직접적인 영향을 미치게 되었다.

주제 인상주의와 후기 인상주의의 특징

사진이 등장하면서 회화는 대상을 사실적으로 재현(再現)하는 역할을 사진에 넘겨주게 되었고, 그에 따라 화가들은 회화의 의미에 대해 고민하게 되었다. 「19세기 말 등장한 인상주의와 후기 인상주의는 전통적인 회화에서 중시되었던 사실주의적 회화 기법을 거부하고 회화의 새로운 경향을 추구하였다.」
「 」: 이 글의 중심 화제 / 「 」: 이 글 전체의 핵심 문장
▶ 1문단: 인상주의와 후기 인상주의의 등장

인상주의 화가들은 색이 빛에 의해 시시각각 변화하기 때문에 대상의 고유한 색은 존재하지 않는다고 생각하였다. 인상주의 화가 모네는 대상을 사실적으로 재현하는 회화적 전통에서 벗어나기 위해 빛에 따라 달라지는 사물의 색채와 그에 따른 순간적 인상을 표현하고자 하였다.
모네의 화풍
▶ 2문단: 인상주의 화가 모네의 화풍

모네는 대상의 세부적인 모습보다는 전체적인 느낌과 분위기, 빛의 효과에 주목했다.
모네 그림의 특징 ①
그 결과 빛에 의한 대상의 순간적 인상을 포착하여 대상을 빠른 속도로 그려 내었다.
문제 2-①번 모네 그림의 특징 ②
그에 따라 그림에 거친 붓 자국과 물감을 덩어리로 찍어 바른 듯한 흔적이 남아 있는 경우가 많았다.
문제 2-④번 모네 그림의 특징 ③
이로 인해 대상의 윤곽이 뚜렷하지 않아 색채 효과가 형태 묘사를 압도하는 듯한 느낌을 준다.
모네 그림의 특징 ④
이와 같은 기법은 그가 사실적 묘사에 더 이상 치중하지 않았음을 보여 주는 것이었다. 그러나 모네 역시 대상을 '눈에 보이는 대로' 표현하려 했다는 점에서 이전 회화에서 추구했던 사실적 표현에서 완전히 벗어나지는 못했다는 평가를 받았다.
문제 2-⑤번 모네 그림에 대한 평가
▶ 3문단: 모네 그림의 특징과 평가

후기 인상주의 화가들은 재현 위주의 사실적 회화에서 근본적으로 벗어나는 새로운 방식을 추구하였다.
후기 인상주의 화가들의 특징
후기 인상주의 화가 세잔은 "회화에는 눈과 두뇌가 필요하다. 이 둘은 서로 도와야 하는데, 모네가 가진 것은 눈뿐이다."라고 말하면서 사물의 눈에 보이지 않는 형태까지 찾아 표현하고자 하였다. 이러한 시도는 회화란 지각되는 세계를 재현하는 것이 아니라 대상의 본질을 구현해야 한다는 생각에서 비롯되었다.
모네와 구분되는 세잔의 회화에 대한 세계관
▶ 4문단: 후기 인상주의 화가들의 특징

세잔은 하나의 눈이 아니라 두 개의 눈으로 보는 세계가 진실이라고 믿었고, 두 눈으로 보는 세계를 평면에 그리려고 했다. 그는 대상을 전통적 원근법에 억지로 맞추지 않고 이중 시점을 적용하여 대상을 다른 각도에서 바라보려 하였고,
문제 1-①번 세잔 그림의 특징 ①
이를 한 폭의 그림 안에 표현하였다. 또한 질서 있는 화면 구성을 위해 대상의 선택과 배치가 자유로운 정물화를 선호하였다.
문제 2-②번 세잔 그림의 특징 ②
▶ 5문단: 세잔 그림의 특징

세잔은 사물의 본질을 표현하기 위해서는 '보이는 것'을 그리는 것이 아니라 '아는 것'을 그려야 한다고 주장하였다. 그 결과 자연을 관찰하고 분석하여 사물은 본질적으로 구, 원통, 원뿔의 단순한 형태로 이루어졌다는 결론에 도달하였다. 이를 회화에서 구현하기 위해 그는 이중 시점에서 더 나아가 형태를 단순화하여 대상의 본질을 표현하려 하였고,
문제 2-⑤번 세잔 그림의 특징 ③
윤곽선을 강조하여 대상의 존재감을 부각하려 하였다.
문제 2-③번 세잔 그림의 특징 ④
회화의 정체성에 대한 고민에서 비롯된 그의 이러한 화풍은 입체파 화가들에게 직접적인 영향을 미치게 되었다.
▶ 6문단: 입체파 화가들에 영향을 미친 세잔의 화풍

해제 이 글은 겸재 정선과 단원 김홍도의 화풍과 작가 의식을 통해 우리나라 진경산수화의 특징과 의의에 대해 설명하고 있다. 겸재 정선은 남종문인화 기법을 바탕으로 우리 산하를 주체적으로 그려 냈으며, 과감한 생략과 과장으로 학문적 이상과 우리 산하에 대한 감흥을 표현하였다. 반면 국가의 공식 행사를 사실대로 기록하는 화원이었던 단원 김홍도는 대상의 완벽한 재현으로 자연에서 느낀 감흥에 충실하려고 하였다. 특히 그는 원근법과 투시법 등을 수용하여 좀 더 사실적인 경치를 그려 냈다. 이렇듯 진경산수화는 우리 국토에 대한 애정, 우리 문화에 대한 자긍심이 담겨 있는 우리의 소중한 전통으로, 이후 19세기 여러 작가들에게 영향을 미쳤다.

주제 겸재와 단원의 화풍을 통해 본 진경산수화의 특징

18세기 조선에서는 진경산수화가 유행하였다. 진경산수화는
▨: 이 글의 중심 화제
우리나라의 산하를 직접 답사하고 화폭에 담은 산수화이다. 무엇
진경산수화의 개념
보다 진경(眞景)은 대상의 겉모습만을 묘사하지 않고, 대상의 본질을 표현한 그림임을 강조한 말이다. 하지만 대상의 본질에 대한 이해는 작가에 따라 다르게 나타났다. ▶ 1문단: 진경산수화의 개념

이 시기의 대표적인 작가인 겸재 정선은 중국의 화법인 남종
▨: 이 글의 중심 화제
문인화 기법을 바탕으로 우리 산하를 주체적으로 그려 내었다.
겸재 정선의 작품 특징 ①
성리학에 깊은 이해를 가졌던 겸재는 재구성과 변형, 즉 과감한
겸재 정선의 작품 특징 ②
생략과 과장으로 학문적 이상과 우리의 산하에 대한 감흥을 표현
했다. 또한 겸재는 음과 양의 조화를 화폭에 담고자 했다.
겸재 정선의 작품 특징 ③ ▶ 2문단: 겸재 정선의 작가 의식
「구룡폭도」에서 「물줄기가 내 눈앞에서 쏟아지는 듯한 감흥을
문제 2번 『 』: 겸재 정선의 작품 「구룡폭도」의 특징
표현하기 위해 겸재는 앞, 위, 아래에서 본 것을 모두 한 그림에 담아냈다. 폭포수를 강조하기 위해 물줄기를 길고 곧게 내려 긋고 위에서 본 물웅덩이를 과장되게 둥글게 변형하였다. 그림을 보는 이들이 폭포수의 감흥에 집중할 수 있도록 실재하는 폭포 너머의 봉우리를 과감히 생략했다. 절벽은 서릿발 같은 필선을 통해 강한 양의 기운을 표현한 반면 절벽의 나무는 먹의 번짐을 바탕으로 한 묵법을 통해 음의 기운을 그려 냈다.」
▶ 3문단: 「구룡폭도」를 통해 본 겸재 정선의 화풍
진경산수화의 새로운 전기를 마련한 이는 단원 김홍도이다. 국
▨: 이 글의 중심 화제
가의 공식 행사를 사실대로 기록하는 화원이었던 단원은 계산된
구도로 전대에 비해 더욱 치밀하고 박진감 넘치는 화풍을 보였
단원 김홍도의 작품 특징 ①
다. 그는 초상화에 인물을 사실적으로 묘사하여 인물의 정신까지 담아내려고 한 것처럼 대상의 완벽한 재현으로 자연에서 느낀 감
단원 김홍도의 작품 특징 ②
흥에 충실하려고 하였다. 특히 중국을 거쳐 들어온 서양 화법 중 원근법, 투시법 등을 수용해 보다 사실적인 경치를 그려 내었다.
단원 김홍도의 작품 특징 ③ ▶ 4문단: 단원 김홍도의 작가 의식
정조의 명을 받아 단원이 그린 「구룡연」은 금강산의 구룡 폭포
겸재 정선의 「구룡폭도」와 소재가 동일함.
를 직접 찾아가 그 모습을 담은 것이다. 「흘러내리는 물줄기, 폭포
『 』: 단원 김홍도의 작품 「구룡연」의 특징
너머로 보이는 봉우리, 폭포 앞의 구름다리까지 사진을 찍은 듯이 생략 없이 그렸다. 과장과 꾸밈이 없이 보이는 그대로의 각도로 그린 것이다. 그리고 절벽 바위 하나하나의 질감을 나타내기 위해 선의 굵기와 농담에 변화를 주어 입체감 있게 표현하였다.」
▶ 5문단: 「구룡연」을 통해 본 단원 김홍도의 화풍
「진경산수화는 우리나라의 산천이 곧 진경이라는 당시 사람들
『 』: 진경산수화의 의의
의 생각을 담고 있는 소중한 전통인 것이다. 우리 산하를 진경으로 표현함에는 우리 국토에 대한 애정, 우리 문화에 대한 자긍심이 담겨 있다.」 이러한 진경산수화는 19세기 여러 작가들에게 영향을 미쳤다.
▶ 6문단: 진경산수화의 의의와 후대에 미친 영향

해제 이 글은 지휘자와 오케스트라가 작곡가의 악보를 소리로 바꾸는 과정에서 이루어지는 '음악 해석'에 대해 설명하고 있다. 작곡가가 아무리 악보를 정교하게 그린다 해도 작곡가는 연주자들에게 자신이 의도한 음악을 정확하게 전달할 수 없다. 이러한 악보의 불완전성으로 인해 지휘자들마다 서로 다른 음악 해석이 가능한 것이다. 예를 들면 베토벤의 「교향곡 5번」 1악장 도입부에 대한 해석은 지휘자마다 다르다. 토스카니니는 정확하게 베토벤이 원하는 템포 그대로 연주하도록 지휘하고, 푸르트벵글러는 베토벤이 원하는 방향과 상관없이 연주하도록 지휘한다. 즉, 두 지휘자는 베토벤의 음악을 자신의 해석대로 연주하도록 지휘했으나 누가 옳은지는 알 수 없다. 음악 연주에서 이러한 다양한 음악 해석, 즉 여러 가지 '다름'을 허용하는 것은 클래식 음악을 더욱 생동감 넘치는 현재의 음악으로 재현하는 원동력이 된다.

주제 지휘자의 음악 해석의 차이와 음악 연주에서 다름을 허용하는 자세

지휘자와 오케스트라가 베토벤의 교향곡을 소리로 재현해 내지 않는다면 베토벤의 명곡은 결코 우리 앞에 '생생한 소리'로서 존재할 수 없다. 「지휘자와 오케스트라가 작곡가의 악보를 소리로 바꾸는 과정에서 '음악 해석'이라는 것이 이루어진다.
〔문제 1-①, ④, ⑤번〕『 』: 지휘자의 역할인 음악 해석. 지휘자는
지휘자의 역할
자신의 음악적 관점을 리허설을 통해 전달하고, 여러 가지 손동작과 표정, 몸짓 등으로 감정을 표현하거나 음악의 느낌을 단원들에게 전달하며 훌륭한 연주를 이끌어 낸다. 그 순간 지휘자는
단지 박자만 맞추는 것이 아니라 음악을 해석하고 있는 것이다.
[ ]: 이 글의 중심 화제
▶ 1문단: 지휘자의 역할인 음악 해석
일반인들에게 음악 해석이란 말은 조금 낯설지도 모른다. 엄연히 작곡가가 남긴 악보가 있고, 지휘자나 연주자는 악보에 써 있는 대로 음악을 지휘하거나 연주를 하면 될 테니 연주의 차이도 거기서 거기 아니냐고 할 수도 있다. 하지만 막상 악보를 보고 연주를 해 보면 이것이 간단한 문제가 아니라는 것을 알게 된다. 가령 '점점 느리게 연주하라'는 뜻의 '리타르단도'라든가 '점점 빠르게 연주하라'는 뜻의 '스트린젠도'라는 기호가 나타났을 때 과연 어디서부터 어떻게 느려져야 하고 어떻게 빨라져야 할까? 「작
음악 해석이 필요한 이유
곡가가 아무리 악보를 정교하게 그린다 해도 작곡가는 연주자들
〔문제 1-②, ③번〕『 』: 악보의 불완전성. 다양한 음악 해석이 가능한 이유
에게 자신이 의도한 음악을 정확하게 전달해 낼 수 없다. 이것이 바로 '악보의 불완전성'이며 이 불완전성이야말로 다양한 음악
해석을 가능하게 한다.
〔문제 2-③번〕'악보의 불완전성'의 의의
▶ 2문단: 다양한 음악 해석이 가능한 이유
그럼 베토벤의 「교향곡 5번」이 지휘자의 관점에 따라 얼마나
다양한 음악 해석의 구체적 사례
다르게 연주될 수 있는지 살펴보자. 1악장 도입부만 해도 지휘자마다 천차만별이다. 베토벤 「교향곡 5번」을 여는 '따따따딴~'의 네 음은 베토벤의 운명이 문을 두드리는 소리라고 해서 흔히 '운명의 동기'라고 불린다. 「운명의 동기가 나타나는 1악장의 첫 페이지에 베토벤은 '알레그로 콘 브리오', 즉 '빠르고 활기 있게' 연주
『 』: 작곡가(베토벤)가 악보에 적어 놓은 내용
하라고 적어 놓았다. 그리고 그 옆에는 정확한 템포를 지시하기 위해 2분 음표를 메트로놈 108로 연주하라고 적어 놓았다. 1악장은 2/4박자의 곡이므로 2분 음표의 템포는 곧 한 마디의 템포인 셈인데, 한 마디를 메트로놈 108의 속도로 연주한다는 것은 연주자들을 긴장시킬 만한 매우 빠른 템포이다.
▶ 3문단: 베토벤 「교향곡 5번」의 악보 내용

하지만 정확하고 무자비하기로 유명한 지휘자 토스카니니는
음악 해석의 예 ①
「정확하게 베토벤이 원하는 템포 그대로 운명의 동기를 연주한다.
〔문제 2-②번〕 토스카니니의 음악 해석 경향
그리고 운명의 동기를 반복적으로 구축하며 운명이 추적해 오는
『 』: 지휘자 토스카니니의 베토벤 「교향곡 5번」에 대한 해석
것 같은 뒷부분도 사정없이 몰아친다. 그의 해석으로 베토벤 음악의 추진력은 더욱 돋보인다.
▶ 4문단: 베토벤 「교향곡 5번」에 대한 지휘자 토스카니니의 해석
반면 음악을 주관적으로 해석하기로 유명한 푸르트벵글러는
음악 해석의 예 ②
「베토벤이 적어 놓은 메트로놈 기호에 별로 신경을 쓰지 않았다.
『 』: 지휘자 푸르트벵글러의 베토벤 「교향곡 5번」에 대한 해석
푸르트벵글러의 지휘로 재탄생한 운명의 노크 소리는 매우 느린 템포로 연주된다. 그럼에도 불구하고 한 음 한 음 힘 있고 또렷하게 표현된 그 소리는 그 어느 노크 소리보다 가슴을 울리는 웅장함을 담고 있다. 두 번째 노크 소리의 여운이 끝나기가 무섭게 시작되는 '운명의 추적' 부분에서도 푸르트벵글러는 이 작품에 대한 독특한 시각을 보여 준다. 그는 여기서 도입부의 느린 템포와는 전혀 다른 매우 빠른 템포로 음악을 이끌어 가면서 웅장하게 표현된 운명의 동기와는 대조적으로 더욱 긴박감 넘치는 운명의 추적을 느끼게 한다. 푸르트벵글러는 비록 1악장 도입부에서 베토벤이 적어 놓은 메트로놈 기호를 지키지는 않았다. 하지만 도입부에 나타난 두 번의 노크 소리를 느리고 웅장하게 연주한 후 뒷부분의 음악은 빠르고 긴박감 넘치게 이끌어 감으로써 베토벤 음악이 지닌 웅장함과 역동성을 더욱 잘 부각시키고 있다. 그렇다면 푸르트벵글러의 해석이 틀렸다고 할 수 있을까? 악보에 충실하고자 했던 토스카니니와 악보 너머의 음악적 느낌에 더 충실
두 지휘자의 '음악 해석'에 대한 차이
하고자 했던 푸르트벵글러 중 누가 옳은 것일까?
▶ 5문단: 베토벤 「교향곡 5번」에 대한 지휘자 푸르트벵글러의 해석
「음악에선 틀린 음을 연주하는 것 이외에 틀린 것이란 없다. 틀
〔문제 2-⑤번〕『 』: 음악에 대한 글쓴이의 견해
린 것이 아니라 다른 것이다. 여러 가지 '다름'을 허용하는 것이야말로 클래식 음악을 더욱 생동감 넘치는 현재의 음악으로 재현하는 원동력이 된다.
▶ 6문단: 음악 연주에서 '다름'을 허용하는 것의 중요성

↓
베토벤이 적어 놓은 메트로놈 기호는 지키지 않았으나,
베토벤 음악이 지닌 웅장함과 역동성을 잘 부각시켰기
때문에

해제 이 글은 우리나라 범종의 전형인 신라 범종의 특징을 중국 종이나 일본 종과 비교하며 설명하고 있다. 신라에서는 독창적이고 섬세한 조형 양식을 지닌 대형 종을 주조하였는데, 이는 중국이나 일본의 주조 공법으로는 만들기 어려운 것이었다. 이러한 신라 종의 조형 양식은 고려 시대로 넘어오면서 미약한 변화 속에서 계승되다가, 조선 초 중국 종의 주조 공법을 도입하고 범종 제작의 통제를 겪으며 점점 쇠퇴기에 접어들게 된다.

주제 신라 시대 범종의 조형 양식과 변화 양상

절에서 시간을 알리거나 의식을 행할 때 쓰이는 종을 범종이라고 한다. 범종은 불교가 중국에 유입되면서 나타나기 시작하여 우리나라와 일본의 사찰로 퍼져 나갔다. 중국 종의 영향 속에서도 우리나라와 일본의 범종은 각각 독특한 조형 양식을 발전시켰는데, 우리나라 범종의 전형적인 조형 양식은 신라에서 완성되었다. 신라에서는 독창적이고 섬세한 조형 양식을 지닌 대형 종을 주조하였는데, 이는 중국이나 일본의 주조 공법으로는 만들기 어려운 것이었다. 이러한 신라 종의 조형 양식은 조선 초기를 기점으로 한 큰 변화가 나타나기 전까지 후대의 범종으로 계승되었다.
▶ 1문단: 신라에서 완성된 우리나라 범종의 전형적인 조형 양식

신라 종의 몸체는 항아리를 거꾸로 세워 놓은 것과 비슷하게 가운데가 불룩하게 튀어나온 모습을 하고 있다. 이와 달리 중국 종은 몸체의 하부가 팔(八) 자로 벌어져 있으며, 일본 종은 수직 원통형으로 되어 있다. 범종의 정상부에는 종을 매다는 용 모양의 고리인 용뉴(龍鈕)가 있는데, 신라 종의 용뉴는 쌍용 형태인 중국 종이나 일본 종의 용뉴와는 달리 한 마리 용의 모습을 하고 있다. 그리고 용뉴 뒤에는 우리나라의 범종에서만 특징적으로 나타나는 음통이 있다.
▶ 2문단: 신라 종의 조형 양식 ①

주조 공법이 발달했던 신라의 범종에는 섬세한 문양들이 장식되어 있어 중국 종이나 일본 종과 차이를 보인다. 「신라 종의 상부와 하부에는 각각 상대와 하대라고 부르는 동일한 크기의 문양 띠가 있는데, 여기에는 덩굴무늬나 연꽃무늬 등의 불교적 상징물이 장식되어 있다.」 상대 바로 아래 네 방향에는 사다리꼴의 유곽이 있으며 그 안에 연꽃 봉오리 형상이 장식된 유두가 9개씩 있어, 단순한 꼭지 형상의 유두가 있는 일본 종이나 유두와 유곽 모두 존재하지 않는 중국 종과 차이를 보인다. 그리고 가장 불룩하게 튀어나온 종의 정점부에는 타종 부위인 당좌(撞座)가 있으며, 이 당좌 사이에는 천인상(天人像)이 아름답게 장식되어 있어 가로 세로의 띠만 있는 일본 종과 차이가 있다.
▶ 3문단: 신라 종의 조형 양식 ②

고려 시대에는 이러한 신라 종의 조형 양식이 미약한 변화 속에서 계승된다. 전기에는 「상대와 접하는 종의 상판 둘레에 견대라 불리는 어깨 문양의 장식이 추가되고 유곽과 당좌의 위치가 달라지며, 천인상만 부조되어 있던 자리에 삼존불 등이 함께 나타난다.」 그리고 고려 후기로 가면 「전기 양식의 견대가 연꽃을 세운 모

양으로 변하고, 원나라의 침입 이후 전래된 라마교의 영향으로 범자(梵字) 문양 등의 장식이 나타난다. 한편, 범종이 소형화되어 신라 종의 조형 양식이 계승되면서도 그러한 조형 양식을 지닌 대형 종의 주조 공법은 사라지게 된다.」
▶ 4문단: 고려 시대로 계승된 신라 종

조선 초기에는 새 왕조를 연 왕실 주도로 다시 대형 종이 주조된다. 이때 조선에서는 신라의 대형 종 주조 공법을 대신하여 중국 종의 주조 공법을 도입하게 된다. 그러면서 중국 종처럼 음통이 없이 쌍용으로 된 용뉴가 등장하며, 당좌가 사라지고, 신라 종의 섬세한 장식 대신 중국 종의 전형적인 장식들이 나타나게 된다. 이후 불교를 억제하는 정책에 따라 한동안 범종 제작이 통제되었고, 16세기에 사찰 주도로 소형 종이 주조되면서 사라졌던 신라 종의 조형 양식이 다시 나타난다. 그 후 이러한 혼합 양식과 복고 양식이 병립하다가 복고 양식이 사라지면서 우리나라의 범종은 쇠퇴기에 접어들게 된다.
▶ 5문단: 조선 시대 종의 조형 양식 변화

해제 (가) 이 글은 미학의 문제 중 예술의 정의에 대한 내용을 다루고 있다. 낭만주의 사조의 등장으로 '모방론'이 쇠퇴하고 새로운 이론으로 콜링우드의 '표현론'과 벨의 '형식론'이 등장했다. 하지만 뒤샹의 「샘」 이후로 웨이츠의 '예술 정의 불가론'과 디키의 '제도론'이 나타났다. 예술의 정의와 관련된 다양한 이론은 예술로 분류할 수 있는 작품들의 공통된 본질을 찾는 시도이자 예술의 필요충분조건을 찾는 시도이다.
(나) 이 글은 예술 작품의 감상 방법과 여러 가지 비평 방법을 설명하고 있다. 맥락주의 비평은 예술 작품이 창작된 사회적·역사적 배경에 관심

을 가지며 많은 자료를 바탕으로 작품을 분석하고 해석한다. 형식주의 비평은 예술 작품의 형식적 요소와 그 요소들 간 구조적 유기성의 분석을 중요하게 생각한다. 인상주의 비평은 비평가의 자유 의지로 무한대의 상상력을 가지고 작품을 해석하고 판단해야 한다고 본다.

주제 (가) 예술을 정의하고자 한 다양한 미학 이론
(나) 예술 작품에 대한 다양한 해석과 판단 방법

가 미학은 예술과 미적 경험에 관한 개념과 이론에 대해 논의하는 철학의 한 분야로서, 미학의 문제들 가운데 하나가 바로 예술의 정의에 대한 문제이다. 예술이 자연에 대한 모방이라는 아리
: (가)의 중심 화제
스토텔레스의 말에서 비롯된 모방론은, 대상과 그 대상의 재현이
모방론의 전제: 재현의 투명성 이론
닮은꼴이어야 한다는 재현의 투명성 이론을 전제한다. 그러나 예술가의 독창적인 감정 표현을 중시하는 한편 외부 세계에 대한
낭만주의 사조의 특징
왜곡된 표현을 허용하는 낭만주의 사조가 18세기 말에 등장하면서, 모방론은 많이 쇠퇴했다. 〈중략〉 ▶ 1문단: '모방론'과 낭만주의

20세기 초에 콜링우드는 진지한 관념이나 감정과 같은 예술가
표현론의 특징
의 마음을 예술의 조건으로 규정하는 표현론을 제시하여 이 문제를 해결하였다. 그에 따르면, 진정한 예술 작품은 물리적 소재를
예술에 대한 콜링우드의 견해
통해 구성될 필요가 없는 정신적 대상이다. 또한 이와 비슷한 시기에 외부 세계나 작가의 내면보다 작품 자체의 고유 형식을 중
형식론의 특징
시하는 형식론도 발전했다. 벨의 형식론은 예술 감각이 있는 비평가들만이 직관적으로 식별할 수 있고 정의는 불가능한 어떤 성질을 일컫는 '의미 있는 형식'을 통해 그 비평가들에게 미적 정서
예술에 대한 벨의 견해
를 유발하는 작품을 예술 작품이라고 보았다.
▶ 2문단: 콜링우드의 '표현론'과 벨의 '형식론'
20세기 중반에, 뒤샹이 변기를 가져다 전시한 「샘」이라는 작품
표현론과 형식론으로는 설명할 수 없음.
은 예술 작품으로 인정되지만 그것과 형식적인 면에서 차이가 없는 일반적인 변기는 예술 작품으로 인정되지 않는 이유를 설명하지 못하게 되자 두 가지 대응 이론이 나타났다. 하나는 우리가 흔히 예술 작품으로 분류하는 미술, 연극, 문학, 음악 등이 서로 이질적이어서 그것들 전체를 아울러 예술이라 정의할 수 있는 공통된 요소를 갖지 않는다는 웨이츠의 예술 정의 불가론이다. 그의 이론은 예술의 정의에 대한 기존의 이론들이 겉보기에는 명제의 형태를 취하고 있으나 사실은 참과 거짓을 판정할 수 없는 사이
기존 이론의 문제점
비 명제이므로, 예술의 정의에 대한 논의 자체가 불필요하다는
예술의 정의에 대한 웨이츠의 견해
견해를 대변한다. ▶ 3문단: 웨이츠의 '예술 정의 불가론'

다른 하나는 예술계라는 어떤 사회 제도에 속하는 한 사람 또는 여러 사람에 의해 감상의 후보 자격을 수여받은 인공물을 예술 작품으로 규정하는 디키의 제도론이다. 하나의 작품이 어떤

특정한 기준에서 훌륭하므로 예술 작품이라고 부를 수 있다는 평가적 이론들과 달리, 디키의 견해는 일정한 절차와 관례를 거치기
예술에 대한 디키의 견해
만 하면 모두 예술 작품으로 볼 수 있다는 분류적 이론이다. 예술의 정의와 관련된 이 논의들은 예술로 분류할 수 있는 작품들의 공통
예술의 정의에 대한 논의가 가지는 의미
된 본질을 찾는 시도이자 예술의 필요충분조건을 찾는 시도이다.
▶ 4문단: 디키의 '제도론'과 예술의 정의에 대한 논의의 의미

나 〈전략〉 예술 작품에 대한 주요 비평 방법으로는 맥락주의 비
: (나)의 중심 화제
평, 형식주의 비평, 인상주의 비평이 있다.
▶ 1문단: 예술 작품에 대한 주요 비평 방법
맥락주의 비평은 주로 예술 작품이 창작된 사회적·역사적 배
맥락주의 비평의 특징 ①
경에 관심을 갖는다. 비평가 텐은 예술 작품이 창작된 당시 예술
문제 1-①, ②번 「 」: 맥락주의 비평의 특징 ②
가가 살던 시대의 환경, 정치·경제·문화적 상황, 작품이 사회에 미치는 효과 등을 예술 작품 비평의 중요한 근거로 삼는다. 그 이유는 예술 작품이 예술가가 속해 있는 문화의 상징과 믿음을 구체화하며, 예술가가 속한 사회의 특성들을 반영한다고 보기 때문이다. 또한 맥락주의 비평에서는 작품이 창작된 시대적 상황 외
맥락주의 비평의 특징 ③
에 작가의 심리적 상태와 이념을 포함하여 가급적 많은 자료를 바탕으로 작품을 분석하고 해석한다. ▶ 2문단: 맥락주의 비평의 특징

〈중략〉 형식주의 비평은 예술 작품의 외적 요인 대신 작품의
형식주의 비평의 특징
형식적 요소와 그 요소들 간 구조적 유기성의 분석을 중요하게 생각한다. 프리드와 같은 형식주의 비평가들은 작품 속에 표현된 사물, 인간, 풍경 같은 내용보다는 선, 색, 형태 등의 조형 요소와
예술 작품에 대한 형식주의 비평의 판단 기준
비례, 율동, 강조 등과 같은 조형 원리를 예술 작품의 우수성을 판단하는 기준이라고 주장한다. ▶ 3문단: 형식주의 비평의 특징

인상주의 비평은 모든 분석적 비평에 대해 회의적인 시각을 가
「 」: 인상주의 비평의 특징 ①
지고 있어 예술을 어떤 규칙이나 객관적 자료로 판단할 수 없다고 본다. "훌륭한 비평가는 대작들과 자기 자신의 영혼의 모험들을 관련시킨다."라는 비평가 프랑스의 말처럼, 인상주의 비평은 비평가가 다른 저명한 비평가의 관점과 상관없이 자신의 생각과
문제 1-③, ④번 인상주의 비평의 특징 ②
느낌에 대하여 자율성과 창의성을 가지고 비평하는 것이다. 즉, 인상주의 비평가는 작가의 의도나 그 밖의 외적인 요인들을 고려
문제 1-⑤번 인상주의 비평가의 비평 방식
할 필요 없이 비평가의 자유 의지로 무한대의 상상력을 가지고 작품을 해석하고 판단한다. ▶ 4문단: 인상주의 비평의 특징

해제 (가) 이 글은 과거제가 동아시아 사회에 미친 긍정적 효과를 설명하고 있다. 과거제는 사회적 유동성을 증대시켰고, 교육의 확대와 지식의 보급에 기여했다. 이를 통해 지식인 집단이 확대되고 도덕적 가치 기준에 대한 공유를 이끌어 내었으며, 관료에 기초한 통치의 안정성에도 기여했다. 이러한 과거제는 유럽에도 영향을 미쳤다.

(나) 이 글은 과거제의 부정적 측면과 이를 극복하기 위한 관료 선발 제도 개혁론을 설명하고 있다. 과거제는 형식적 학습, 재능 낭비, 인성이나 실무 능력 평가의 불가능이라는 부작용이 있었다. 또한 과거제를 통해 임용된 관리들의 성향이 과거제의 부정적 인식과 연결되었다. 이런 문제를 해결하기 위해 봉건적 요소를 도입하여 과거제를 보완하자는 주장이 대두되었다.

주제 (가) 합리성과 공정성을 바탕으로 사회에 긍정적 효과를 미친 과거제
(나) 과거제의 부작용과 과거제를 보완하려는 관료 선발 제도 개혁론

가 한국, 중국 등 동아시아 사회에서 오랫동안 유지되었던 과거제는 세습적 권리와 무관하게 능력주의적인 시험을 통해 관료를
: (가)와 (나)의 중심 화제
과거제의 합리성 ①
선발하는 제도라는 점에서 합리성을 갖추고 있었다. 정부의 관직을 두고 정기적으로 시행되는 공개 시험인 과거제가 도입되어, 높은 지위를 얻기 위해서는 신분이나 추천보다 시험 성적이 더욱
과거제의 합리성 ②
중요해졌다. ▶ 1문단: 과거제의 합리성

명확하고 합리적인 기준에 따른 관료 선발 제도라는 공정성을
과거제의 공정성
바탕으로 과거제는 보다 많은 사람들에게 사회적 지위 획득의 기회를 줌으로써 개방성을 제고하여 사회적 유동성 역시 증대시켰
과거제의 공정성으로 인한 긍정적 효과
다. 응시 자격에 일부 제한이 있었다 하더라도, 비교적 공정한 제
신분이 천한 사람은 시험에 응시할 수 없음.
도였음은 부정하기 어렵다. 시험 과정에서 익명성의 확보를 위한
공정성 강화를 위한 장치
여러 가지 장치를 도입한 것도 공정성 강화를 위한 노력을 보여준다. ▶ 2문단: 과거제의 공정성

과거제는 여러 가지 사회적 효과를 가져왔는데, 특히 학습에
문제 1-①번 「 」: 인과
강력한 동기를 제공함으로써 교육의 확대와 지식의 보급에 크게
과거제의 사회적 효과 ①
기여했다. 그 결과 통치에 참여할 능력을 갖춘 지식인 집단이 폭
과거제의 사회적 효과 ②
넓게 형성되었다. 시험에 필요한 고전과 유교 경전이 주가 되는 학습의 내용은 도덕적인 가치 기준에 대한 광범위한 공유를 이끌
과거제의 사회적 효과 ③
어 냈다. 또한 최종 단계까지 통과하지 못한 사람들에게도 국가가
과거제의 부작용을 완화하려는 노력
여러 특권을 부여하고 그들이 지방 사회에 기여하도록 하여 경쟁적 선발 제도가 가져올 수 있는 부작용을 완화하고자 노력했다.
▶ 3문단: 과거제의 사회적 효과 ①
동아시아에서 과거제가 천 년이 넘게 시행된 것은 과거제의 합
과거제가 합리적이었기 때문에
리성이 사회적 안정에 기여했음을 보여 준다. 과거제는 왕조의 교체와 같은 변화에도 불구하고 동질적인 엘리트층의 연속성을
과거제의 사회적 효과 ④
가져왔다. 그리고 이러한 연속성은 관료 선발 과정뿐 아니라 관료제에 기초한 통치의 안정성에도 기여했다.
과거제의 사회적 효과 ⑤ ▶ 4문단: 과거제의 사회적 효과 ②
〈중략〉 일군의 유럽 계몽사상가들은 학자의 지식이 귀족의 세습적 지위보다 우위에 있는 체제를 정치적인 합리성을 갖춘 것으
과거제에 대한 유럽 계몽사상가들의 인식
로 보았다. 이러한 관심은 사상적 동향뿐 아니라 실질적인 사회 제도에까지 영향을 미쳐서, 관료 선발에 시험을 통한 경쟁이 도입되기도 했다.
과거제가 유럽에 미친 영향
▶ 5문단: 과거제가 유럽에 미친 영향

나 조선 후기의 대표적인 관료 선발 제도 개혁론인 유형원의 공거제 구상은 능력주의적, 결과주의적 인재 선발의 약점을 극복하
공거제에서 제기한 과거제의 문제점
려는 의도와 함께 신분적 세습의 문제점도 의식한 것이었다. 중국에서는 17세기 무렵 관료 선발에서 세습과 같은 봉건적인 요소를 부분적으로 재도입하려는 개혁론이 등장했다. 고염무는 「관료제의
『 』: 고염무의 개혁안 – 봉건적 요소인 세습 도입
상층에는 능력주의적 제도를 유지하되, 지방관인 지현들은 어느 정도의 검증 기간을 거친 이후 그 지위를 평생 유지시켜 주고 세습의 길까지 열어 놓는 방안을 제안했다. 황종희는 「지방의 관료가
『 』: 황종희의 개혁안 – 관리 추천 제도 부활
자체적으로 관리를 초빙해서 시험한 후에 추천하는 '벽소'와 같은 옛 제도를 되살리는 방법으로 과거제를 보완하자고 주장했다.」
▶ 1문단: 조선과 중국의 관료 선발 제도 개혁론
〈중략〉 시험 방식이 가져오는 부작용들은 과거제의 중요한 문
과거제 개선의 이유
제였다. 「치열한 경쟁은 학문에 대한 깊이 있는 학습이 아니라 합
문제 1-①번 『 』: 인과 과거제의 부작용 ①
격만을 목적으로 하는 형식적 학습을 하게 만들었고, 많은 인재들이 수험 생활에 장기간 매달리면서 재능을 낭비하는 현상도 낳
과거제의 부작용 ②
았다. 또한 학습 능력 이외의 인성이나 실무 능력을 평가할 수 없
과거제의 부작용 ③
다는 이유로 시험의 익명성에 대한 회의도 있었다.」
▶ 2문단: 과거제의 부작용
과거제의 부작용에 대한 인식은 과거제를 통해 임용된 관리들의 활동에 대한 비판적 시각으로 연결되었다. 「능력주의적 태도는 시
문제 2번 『 』: 과거제를 통해 임용된 관리들에 대한 비판적 시각
험뿐 아니라 관리의 업무에 대한 평가에도 적용되었다. 세습적이지
업무 평가에 적용된 과거제의 능력주의
않으면서 몇 년의 임기마다 다른 지역으로 이동하는 관리들은 승진을 위해서 빨리 성과를 낼 필요가 있었기에, 지역 사회를 위해 장기적인 전망을 가지고 정책을 추진하기보다 가시적이고 단기적
과거제를 통해 임용된 관리들의 문제점 ①
인 결과만을 중시하는 부작용을 가져왔다. 개인적 동기가 공공성과
성과 중심의 태도
상충되는 현상이 나타났던 것이다. 공동체 의식의 약화 역시 과거
과거제를 통해 임용된 관리들의 문제점 ②
제의 부정적 결과로 인식되었다. 과거제 출신의 관리들이 공동체에 대한 소속감이 낮고 출세 지향적이기 때문에 세습 엘리트나 지역에서 천거된 관리에 비해 공동체에 대한 충성심이 약했던 것이다.」
▶ 3문단: 과거제를 통해 임용된 관리들에 대한 비판적 시각
〈중략〉 봉건적 요소를 도입하여 과거제를 보완하자는 주장은 단순히 복고적인 것이 아니었다. 합리적인 제도가 가져온 역설적 상황을 역사적 경험과 주어진 사상적 자원을 활용하여 보완하고
봉건적 요소를 도입한 관료 선발 제도 개혁론의 의의
자 하는 시도였다. ▶ 4문단: 봉건적 요소를 도입한 관료 선발 제도 개혁론의 의의

해제 (가) 이 글은 진화론적 관점에서 자연계 동물들의 이타적 행동을 설명하는 두 가지 이론을 제시하고 있다. 해밀턴의 '혈연 선택 가설'은 유전자의 개념으로 동물의 이타적 행동을 설명한 것으로, 진화에 얽힌 수수께끼를 푸는 중요한 열쇠로 평가된다. 도킨스는 『이기적 유전자』에서 동물들의 이타적 행동을 유전자가 생존 경쟁에서 이기기 위해 선택한 이기적 행동이라고 보았는데, 이 이론은 개체를 유전자의 생존을 돕는 수동적 존재로 보았다는 비판을 받았다.

(나) 이 글은 진화적 게임 이론을 바탕으로 한 두 가설을 소개하며, 이타적 인간이 진화하는 이유를 설명하고 있다. '반복-상호설 가설'에서는 자신

이 이기적으로 행동할 경우 상대방도 이기적인 행동을 할 수 있기 때문에 이타적인 행동을 한다고 설명했는데, 반복적이지 않은 상황에서 나타나는 이타적인 행동을 설명할 수 없는 한계가 있다. '집단 선택 가설'은 이타적 구성원이 많은 집단이 경쟁에서 유리하기 때문에 이타적 인간이 진화한다고 설명했는데, 집단 선택의 속도가 개인 선택의 속도보다 느리기 때문에 이 가설은 논리적으로만 가능할 뿐이라는 비판을 받았다.

주제 (가) 진화론의 관점에서 보는 이타적 행동의 이유
(나) 진화적 게임 이론 중 이타적 인간이 진화하는 이유

가 다윈은 같은 종에 속하는 개체들이 생존 경쟁에서 살아남아 번식하면 그 형질 중 일부가 자손에게 전달돼 진화가 일어난다는 '자연 선택설'을 주장하였다. 그런데 개체가 다른 개체들과의 생존 경쟁에서 이기기 위해서는 이기적인 행동을 할 수밖에 없지만, 자연계에서는 동물들의 이타적 행동이 자주 관찰된다. 이에
_{생존 경쟁에서 다른 개체들을 이길 수 없는 행동}
진화론을 옹호하는 학자들은 동물의 이타적 행동을 설명하는 이
_{자연 선택설과는 반대되는 행동에 대한 근거}
론을 제시하였다. ▶ 1문단: 자연 선택설과 이타적 행동에 대한 이론 제시

해밀턴은 개체들의 이타적 행동은 자신과 같은 유전자를 공유
_{이타적 행동을 설명하는 이론 ①}
하는 친족들의 생존과 번식에 도움을 줌으로써 자신의 유전자를 후세에 많이 전달하기 위한 행동이라는 혈연 선택 가설을 제시하였다. 해밀턴의 법칙에 의하면, 'r×b−c＞0'을 만족할 때 개체의
_{문제 2번 해밀턴 법칙의 내용}
이타적 유전자가 진화한다. 〈중략〉 이러한 해밀턴의 이론은 유전
_{해밀턴 이론의 특징}
자의 개념으로 동물의 이타적 행동을 설명한 것으로, 이타적 행
_{문제 1–⑤번 해밀턴 이론에 대한 평가}
동의 진화에 얽힌 수수께끼를 푸는 중요한 열쇠로 평가된다.
▶ 2문단: 해밀턴의 혈연 선택 가설

도킨스는 『이기적 유전자』에서 동물의 이타적인 행동은 유전자가 다른 유전자와의 생존 경쟁에서 살아남아 더 많은 자신의 복제
_{이타적 행동을 설명하는 이론 ②}
본을 퍼뜨리기 위한 행동이라고 설명하였다. 〈중략〉 이러한 도킨스의 이론은 유전자의 이기성으로 동물의 여러 행동을 설명하여 과학계에 큰 반향을 불러일으켰으나, 개체를 단순히 유전자의 생존을 돕는 수동적 존재로 보았다는 점에서 비판을 받기도 하였다.
_{문제 1–⑤번 도킨스 이론의 한계}
▶ 3문단: 도킨스 이론의 특징과 한계

나 경제학적 관점에서 이타적 행동이란 자신의 손해를 감수하면
_{경제학적 관점에서 이타적 행동의 개념}
서 타인에게 이익을 주는 행동이기 때문에 이기적 사람들과 이타적 사람들이 공존할 경우 이타적 사람들은 자연히 도태될 수밖에 없다. 그럼에도 불구하고 우리 주변에는 여전히 이타적 행동을 하는 사람들이 존재한다. 이에 대해 최근 진화적 게임 이론에서는 '반복-상호성 가설'과 '집단 선택 가설'을 통해 사람들이 이
_{이타적 행동과 이타적 인간이 진화하는 이유에 대한 가설}
타적 행동을 하는 이유 및 이타적 인간이 진화하는 이유에 대해 설명하고 있다. ▶ 1문단: 이타적 행동과 그와 관련된 가설들

반복-상호성 가설에서는 자신이 이기적으로 행동할 경우 상대
_{반복-상호성 가설에서 주장하는 이타적 행동의 이유}
방도 이기적인 행동으로 보복할 수 있기 때문에 이를 피하기 위해

이타적 행동을 한다고 주장하는데, 이를 게임 이론 중 하나인 TFT 전략으로 설명한다. TFT 전략이란 상대방이 협조할지 배신할지 모르고 선택이 매회 동시에 일어나는 상황에서 처음에는 무조건 상대방에게 협조하고 그다음부터는 상대방이 바로 전에 사용한 방법을 모방하는 전략이다. 즉 상대방이 이타적으로 행동하면 자신도 이타적으로, 상대방이 이기적으로 행동하면 자신도 이기적으로 행동하는 것이다. 이러한 행동이 반복되면 점점 상대방의 배신 횟수는 줄고 협조 횟수는 늘어 서로에게 이득이 되는 결
_{TFT 전략의 효과}
과를 얻게 된다. 반복-상호성 가설은 혈연관계가 아닌 사람들 사이의 이타적 행동을 설명하는 데 유용하지만 반복적이지 않은 상
_{문제 1–⑤번 반복-상호성 가설의 한계}
황에서 나타나는 이타적 행동을 설명하는 데는 한계가 있다.
▶ 2문단: 반복-상호성 가설의 특징과 한계

집단 선택 가설에서는 이타적 구성원이 많은 집단이 그렇지 않
_{집단 선택 가설에서 주장하는 이타적 인간의 진화 이유}
은 집단과의 생존 경쟁에 유리하기 때문에 이타적 인간이 진화한다고 설명한다. 개인 간의 생존 경쟁에서 우월한 개인이 생존하는 개인 선택에서는 이기적 인간이 살아남는 데 유리하지만, 집단 간의 생존 경쟁에서 우월한 집단이 생존하는 집단 선택에서는 이타적 구성원이 많은 집단일수록 식량을 구하거나 다른 집단과
_{집단 선택에서 이타적 구성원이 많은 집단이 생존 경쟁에 유리한 이유}
의 분쟁에 효과적으로 대응할 수 있기 때문에 생존할 확률이 높다. 따라서 집단 선택에 의해 이타적인 구성원이 많은 집단이 생
_{이타적 인간이 진화하는 이유}
존하게 되면 자연히 이를 구성하는 이타적 인간도 진화하게 된다. 〈중략〉 집단 선택에 의해서 이타적인 구성원이 진화하기 위해서는 집단 선택이 일어나는 속도가 개인 선택이 일어나는 속도
_{이타적 인간이 진화하기 위한 조건}
를 압도해야 한다. 그러나 사회 생물학에서는 집단 선택의 속도가 현저하게 느리다는 점을 들어 집단 선택 가설은 논리적으로만
_{문제 1–⑤번 집단 선택 가설의 한계}
가능할 뿐이라고 비판하고 있다. 이에 대해 최근 집단 선택 가설에서는 개인 선택이 일어나는 속도를 늦추고 집단 선택의 효과를 높이는 장치로서 법과 관습과 같은 제도에 주목하면서, 집단 선
_{집단 선택의 속도를 높이는 장치}
택의 유효성을 높일 수 있는 방안에 대해서도 연구를 진행하고 있다. ▶ 3문단: 집단 선택 가설의 특징과 한계, 극복 방안

정답과 해설

2_부

- 문제 분석편 -

인문 01 한국 주자학과 실학에서 민(民)의 개념

본문 10~13쪽
지문 분석편 2쪽

STEP Ⅰ 1 (1) 기여하다 (2) 부합하다 (3) 정비하다 (4) 순응하다
2 ①

STEP Ⅱ 1 백성에 대한 조선 시대 학자들의 관점
2 민본 사상, 대상, 근거, 존중
3 덕성, 외민, 약자

STEP Ⅲ 1 ②　　2 ③

1 [자료]는 조선 시대의 교육이 통치 계층의 우위를 확보하는 데 기여했으며, 백성에 대한 교육이 도덕적 교화에 한정되었다는 내용으로, 조선 시대의 교육이 본질적으로 통치 계층을 위한 것이었다는 관점을 보이고 있다. 반면 [A]는 조선 시대 교육 제도를 백성을 위한 정책이 구현된 사례라고 밝히고 있다. 따라서 [자료]와 [A]는 조선 시대 교육이 백성을 위한 것인지에 대한 관점의 차이가 나타난다.

2 4문단에서 정약용은 백성을 소민과 대민으로 나누고, 소민은 교화를 따르고 대민은 생산 수단을 제공하고 납세의 부담을 맡음으로써 통치 질서의 안정에 기여해야 한다고 언급했다. ㄷ은 백성들에게 면포를 거둘 때 수령이 주도하여 상대적으로 가격이 저렴한 곳에서 면포를 구입하여 납부하게 하면 백성들의 혜택이 늘어날 것이라고 보고 있다. 따라서 ㄷ의 주장은 관료가 백성에게 봉사하는 태도를 지녀야 하고 백성의 경제적 혜택을 고려해야 한다고 주장한 민본 사상의 관점과 상통한다고 볼 수 있다. 하지만 ㄷ에 경제적 형편에 따라 백성을 구분하여 납세 부담을 지워야 한다는 주장과 관련된 내용은 나타나지 않는다.

오답 해설

① 2문단에서 군주나 관료가 백성을 위해 일하는 봉사자일 때 이들의 지위나 녹봉은 그 정당성이 확보된다고 언급했다. ㄱ에서 천자가 벼슬을 내리고 녹봉을 나누어 준 것이 백성들을 위한 것이었다는 부분은 2문단의 내용과 관련된다.
② 3문단에서 군주와 백성의 관계를 부모와 자식의 관계에 빗대어 백성을 보살펴야 하는 대상이라고 언급했다. ㄴ에서 왕이 먼저 대궐 안의 물건을 줄이고 진상·공물을 줄일 것을 제안했다는 점은, 군주는 백성을 보살피는 존재라는 시각이 나타난 3문단의 내용과 관련된다.
④ 2문단에서 민본 사상의 관점에서 군주와 관료가 백성에 대한 통치권을 지닌 것은 백성을 보살피고 안정시키기 위한 것이라고 언급했다. ㄱ에서 관리가 백성에게 근본을 두는 것과 ㄷ에서 군포를 거둘 때 백성에게 큰 혜택이 돌아가도록 한다는 부분은, 백성을 보살핌의 대상으로 보는 민본 사상의 관점에서 바람직한 관료의 면모를 보여 준다고 할 수 있다.
⑤ 3문단에서 백성들을 경제적으로 안정시키는 것이 중요하다는 점을 언급했다. ㄴ과 ㄷ에서 제시한 백성이 받는 혜택이 경제적 혜택이라는 성격을 지닌다는 점에서 3문단의 내용과 관련된다.

인문 02 중국 전국 시대의 인성론

본문 14~17쪽
지문 분석편 3쪽

STEP Ⅰ 1 (1) ㄷ (2) ㄱ (3) ㄴ (4) ㄹ

STEP Ⅱ 1 인성론의 세 가지 학설에서 주장하는 인간의 본성
2 인성론, 정치적, 성무선악설, 맹자, 성악설
3 인간의 본성에는 선악의 구분이 전혀 없음, 버드나무와 그것으로 만들어진 나무 술잔, 정치적 질서를 해칠 가능성이 있음.

STEP Ⅲ 1 ①　　2 ②

1 5문단에서 순자는 인간의 본성이 악하므로 이를 바로잡을 외적인 강제력의 필요성을 역설하였다. 〈보기〉의 홉스 또한 인간의 이기적 본성으로 생길 수 있는 혼란을 극복하기 위해 계약에 의한 절대 권력의 필요성을 주장하였다. 이는 사회의 혼란과 무질서는 인간의 이기심에서 비롯된다고 보았기 때문이다. 따라서 순자와 홉스는 인간의 본성이 이기적이라고 보았으며, 인간의 본성을 그대로 둘 때 사회의 혼란과 무질서를 초래할 것이라고 생각했음을 알 수 있다.

오답 해설

② 5문단에서 순자는 인간의 악한 본성을 바로잡기 외적인 강제력이 정당하다고 보았고, 〈보기〉의 홉스는 공동의 평화와 방어를 위해 국가가 필요하다고 보았다. 따라서 순자와 홉스는 국가 권력에 대해 비판적인 태도를 취하고 있지 않다고 볼 수 있다.
③ 6문단에서 순자는 인간의 무한한 욕망과 한정된 재화의 모순을 해결하기 위해 국가에 의해 예가 만들어졌다고 주장하였지만, 통치자의 권력 유지를 위해 한정된 재화의 균등한 분배를 추구한 것은 아니다. 〈보기〉에는 통치자와 한정된 재화의 균등한 분배에 대한 내용은 제시되어 있지 않다.
④ 6문단의 순자와 〈보기〉의 홉스는 인간은 악하거나 이기적이어서 인간의 본성이 발현되는 자연 상태에서 무질서하고 비참한 상황을 초래한다고 보았다. 따라서 대립적 상황을 해결하기 위해 인간의 본성이 발현되는 자연 상태로 돌아가야 한다는 내용은 적절하지 않다.
⑤ 〈보기〉의 홉스는 구성원들의 계약에 의해 국가가 성립한다고 보았지만, 순자는 이에 대한 내용을 언급하지 않았다.

2 3문단에서 고자는 인간의 본성을 '소용돌이치는 물'로 비유하면서, 소용돌이처럼 역동적인 삶의 의미를 지닌 인간을 규격화함으로써 그 역동성을 마비시키려는 일체의 외적 간섭에 저항하는 입장을 취하였다. 이러한 관점으로 볼 때 〈보기〉의 미리엘 주교가 은촛대를 장 발장이 훔친 것이 아니라 선물로 준 것이라고 말한 것은 역동적 삶의 의지를 규격화하려는 행위로 볼 수 없다.

오답 해설

① 3문단에서 고자는 식욕과 같은 자연적인 욕구가 본성이라고 보았다. 따라서 〈보기〉의 장 발장이 배가 고파서 빵을 훔친 행위는 인간의 자연적인 욕구에 따른 것이라고 볼 수 있다.

③ 4문단에서 맹자는 고통에 빠진 타인을 목격할 때 저절로 내면 깊은 곳에서 측은한 마음이 흘러나온다고 보았다. 따라서 〈보기〉의 미리엘 주교가 장 발장에게 따뜻하게 대한 것은 불쌍한 사람을 측은하게 여기는 마음에서 비롯된 것이라고 볼 수 있다.

④ 4문단에서 맹자는 인간이 스스로의 노력으로 본성을 실현할 수 있는 존재로 보았다. 따라서 〈보기〉의 장 발장이 선행을 베푸는 모습은 스스로의 노력으로 선한 본성을 실현하는 것으로 볼 수 있다.

⑤ 5문단에서 순자는 인간의 악한 본성을 바로잡기 위해 외적인 강제력이 필요하다고 보았다. 따라서 〈보기〉에서 도둑질을 한 장 발장이 체포되어 수감된 것은 악한 본성을 바로잡기 위해 사회 규범을 적용한 것으로 볼 수 있다.

인문 03 스피노자 윤리학의 코나투스

본문 18~21쪽
지문 분석편 4쪽

STEP I
1 (1) 실존 (2) 지향 (3) 지속 (4) 거부
2 ①

STEP II
1 코나투스의 개념과 코나투스가 우리에게 주는 의미
2 욕망, 신체적, 감정, 기쁨
3 신체, 관계, 욕망

STEP III
1 ② **2** ⑤

1 3문단에서 스피노자는 선악의 개념도 코나투스와 연결 지어 사물이 다른 사물과 어떤 관계를 맺느냐에 따라 선이 되기도 하고 악이 되기도 한다고 말했다. 그렇기 때문에 선악은 사물 자체가 가지고 있는 성질로 보기 어렵다.

오답 해설

① 2문단에서 스피노자는 신체적 활동 능력이 증가하면 기쁨의 감정을 느끼고, 3문단에서 스피노자는 코나투스의 관점에서 보면 자신의 신체적 활동 능력을 증가시키는 것과 자신에게 기쁨을 주는 모든 것을 선이라고 보았다.

③ 3문단에서 스피노자는 선악의 개념도 코나투스와 연결 지었으며, 인간의 선악에 대한 판단은 자신의 감정에 따라 결정된다고 하였다. 이를 바탕으로 4문단에서 스피노자는 인간에게 타자와 함께 자신의 기쁨을 증가시킬 수 있는 공동체가 필요하다고 하였으므로, 선악에 대한 판단은 타자와의 관계에 따라 달라진다고 할 수 있다.

④ 2문단에서 스피노자는 신체적 활동 능력이 감소하면 슬픔의 감정을 느끼고, 3문단에서는 스피노자는 코나투스의 관점에서 보면 자신의 신체적 활동 능력을 감소시키는 것을 악이라

고 보았다.

⑤ 4문단에서 스피노자는 기쁨을 지향하는 것이 선의 추구라고 하였으며, 공동체에서 타자와 함께 기쁨을 증가시킬 수 있는 기쁨의 관계를 형성하라고 당부했다.

2 4문단에서 스피노자는 욕망을 긍정하고 욕망에 따라 행동하라고 당부하고 있으나, 〈보기〉의 쇼펜하우어는 욕망을 부정하며 욕망을 절제하는 금욕주의를 통해 욕망에서 벗어나야 한다고 주장하고 있다.

오답 해설

① 4문단에서 스피노자는 욕망을 긍정하면서 욕망에 따라 행동하라고 당부했으며, 〈보기〉의 쇼펜하우어는 욕망을 부정하면서 욕망을 절제해야 한다고 주장했다.

② 4문단에서 스피노자는 욕망에 따라 행동하라고 당부했으며, 〈보기〉의 쇼펜하우어는 욕망의 결핍이 주는 고통에서 벗어나기 위해 욕망을 부정하면서 욕망을 절제해야 한다고 주장했다.

③ 4문단에서 스피노자는 삶을 지속하고자 하는 욕망인 코나투스를 긍정하고 욕망에 따라 행동하라고 당부했고, 〈보기〉의 쇼펜하우어는 삶을 욕망의 결핍이 주는 고통의 시간이라고 주장했다.

④ 1문단에서 스피노자는 삶을 지속하고자 하는 욕망인 코나투스를 긍정했으므로 욕망을 인간의 본질로 보고 있고, 〈보기〉의 쇼펜하우어도 욕망을 인간과 세계의 본질로 생각했다.

인문 04 고대 중국인과 순자의 하늘에 대한 인식

본문 22~25쪽
지문 분석편 5쪽

STEP I
1 (1) ㄷ (2) ㄱ (3) ㄹ (4) ㄴ
2 ②

STEP II
1 하늘에 대한 순자의 인식과 '불구지천'의 의미
2 자연 현상, 종교적, 정치
3 개별적 또는 공통적 운명, 인간의 길과는 다름, 만물을 생성해 내는 자연일 뿐임.

STEP III
1 ④ **2** ③

1 순자는 4문단에서 재앙이 닥쳤을 때 인간들이 공포에 떨며 기도나 하는 것이 아니라 적극적인 행위로 그것을 이겨 내야 한다고 했으며(ㄱ), 3문단에서는 그 자체의 운행 법칙을 가진 하늘의 길은 인간의 길과 다르다고 했고(ㄴ), 4문단에서는 '불구지천'에 대해 설명하면서 하늘에 의지가 있다고 주장하며 그것을 알아내려고 덤비는 종교적 사유의 접근을 비판하려 하였다(ㄹ).

오답 해설

ㄷ. 2문단에서 순자는 사람들이 치세와 난세를 하늘과 연결시키는 것은 심리적으로 하늘에 기대는 일일 뿐이라고 하였고, 치세나 난세는 하늘과 무관하기 때문에 그 원인을 인간에게서 찾고자 하였다.

2 〈보기〉의 맹자는 하늘이 인륜의 근원이며 도덕적으로 의의를 가진다는 점에서, 인간의 도덕 근거로서의 의미를 지닌다고 생각하였다. 하지만 순자는 하늘은 자연 현상일 뿐이며 하늘에 의지가 있다고 생각하지 않았다.

오답 해설

① 2문단에서 순자는 하늘은 자연 현상일 뿐이라고 생각했으며, 〈보기〉의 맹자는 사람이 하늘의 덕성을 받아 그것을 자신의 덕성으로 삼고, 이를 노력하고 수양하여 실현해 나간다는 점에서 하늘이 인간에 내재하는 가장 본질적인 근원이라 생각했다.

② 2~3문단에서 순자는 비가 내리고 바람이 부는 것을 단지 자연 현상으로 보았다.

④ 순자와 〈보기〉의 맹자는 자연의 힘을 이용할 줄 아는 인간의 주체적, 능동적 노력을 강조하지 않았다.

⑤ 2문단에서 순자는 하늘을 자연 현상일 뿐이라고 생각했으며, 〈보기〉의 맹자는 인간이 하늘의 덕성을 본받아 자신의 덕성으로 삼고, 이를 노력하고 수양해야 한다고 주장했다.

④ 3문단에서 흄은 인과 관계로 판단되는 두 사건의 인과적 연결 관계를 관찰할 수 없다고 주장하였다. 그러므로 사과를 먹는 것과 피부가 고와지는 것 사이의 인과적 연결 관계를 관찰할 수 없게 된다.

⑤ 3문단에서 흄은 인과 관계란 시공간적으로 인접한 두 사건이 반복해서 발생할 때 갖는 관찰자의 습관적인 기대에 불과하다고 하였다. 그러므로 '매일 사과를 먹으니 피부가 고와졌어.'라는 생각은 반복되는 경험을 통해 형성된 습관적 기대에 불과한 것이다

2 〈보기〉에서 어떤 사람은 태어나서 한 번도 빈칸에 들어갈 색을 본 적이 없지만, 명도표의 주변 색과 비교하여 빈칸에 들어갈 색을 알아맞혔다. 이는 눈으로 빈칸에 들어갈 색을 보지 않고도 그 색을 머릿속으로 떠올린 것이다. 눈을 통해 느끼는 명도표의 색은 단순 인상이고, 이것을 머릿속에 떠올린 것은 단순 관념이다. 그러므로 〈보기〉에서 가정한 상황은 단순 인상이 존재하지 않더라도 단순 관념이 존재할 수 있음을 보여 주는 것이다. 2문단에서 흄은 '단순 인상이 없다면 단순 관념은 존재하지 않는다.'라고 주장하였으므로, 〈보기〉의 사례는 이를 비판하는 근거가 된다고 할 수 있다.

---

05 흄이 주장한 경험론

본문 26~29쪽
지문 분석편 6쪽

STEP **I**　**1** ㉠: ②, ㉡: ④, ㉢: ③, ㉣: ①
　　　　2 시각, 촉각

STEP **II**　**1** 흄이 주장한 경험론과 그에 대한 평가
　　　　2 합리론, 경험, 인과 관계, 진리, 방향성
　　　　3 인상을 머릿속에 떠올리는 것, 단일 감각을 통해 얻은 인상, 인상, 관념

STEP **III**　**1** ②　　　**2** ②

1 2문단에서 흄은 단순 인상은 단일 감각을 통해 얻은 인상을 의미하고, 복합 인상은 단순 인상들이 결합된 인상을 의미한다고 하였다. 따라서 사과의 빨간색은 시각이라는 단일 감각을 통해 얻은 인상이므로 단순 인상에 해당한다.

오답 해설

① 2문단에서 흄은 관념은 인상을 머릿속에 떠올리는 것을 의미한다고 하였다. 그러므로 사과의 달콤한 맛을 떠올리는 것은 관념에 해당한다.

③ 4문단에서 흄은 진술의 내용이 사실과 일치할 때 진리라고 보지만 진술 내용이 사실과 일치하는지의 여부를 판단할 수 없다고 보았으므로, 사과의 색깔이 빨갛게 보이는 것은 우리의 감각 기관을 통해 인지한 사과의 색깔이 빨갛다는 의미일 뿐이다.

---

06 노비를 줄이고 양인을 늘리다 '반상과 양천'

본문 30~33쪽
지문 분석편 7쪽

STEP **I**　**1** (1) ㄴ　(2) ㄹ　(3) ㄷ　(4) ㄱ
　　　　2 ④

STEP **II**　**1** 조선 전기 신분 구조의 바탕인 양천제와 반상제
　　　　2 양인, 관직 진출권, 천민, 중세
　　　　3 노비가 있더라도 양인의 수를 최대한 확보하는 것, 관직 진출권 없음, 통념상

STEP **III**　**1** ①　　　**2** ③

1 ㉠은 양인, ㉡은 천인이다. 2문단에서 ㉠ 남자는 군역과 요역의 의무가 있었고, ㉡은 군역에서 철저히 배제되었다고 하였다.

오답 해설

② 3문단에서 ㉠은 일단 관직 진출권이 있었으나 그중에서도 관직 진출권이 제한된 사람이 있었다고 하였다. 또한 ㉡이 국가에 큰 공로를 세워 관직에 진출하기도 했으나, 반드시 ㉠이 되는 종량 절차를 먼저 밟아야 한다고 했다. 따라서 원칙적으로는 ㉡이 관직에 진출할 수 없었다고 보아야 한다.

③ 3문단에서 ㉡이 국가에 큰 공로를 세울 경우 ㉠이 되는 종량 절차를 밟고, 정규 관직인 유품직을 받기도 하였다고 언급했다.

④ 3문단에서 ㉠과 ㉡이 싸우면 ㉡이 한 등급 더 무거운 벌을 받는다고 했으므로, 법적 지위 면에서 ㉠이 ㉡보다 우월한 위치에 있었다고 할 수 있다.

⑤ 3문단에서 ⓛ은 재산으로 보아 매매·상속·양도·증여의 대상이 되었으며, 사는 곳을 옮길 자유가 없었다고 언급했다.

2 문헌의 내용을 통해 '채수'는 의관이나 역관과 같은 중인을 양반에 발탁하려는 임금의 명령에 반대하고 있는데, 이는 중인 계층과 양반 계층의 차이를 구분 짓는 반상제를 지키려는 의도가 반영된 것이다. 이러한 견해는 양반의 지배자적 위치를 돋보이게 하려는 의식이 반영된 것으로 추론할 수 있다.

오답 해설

① 벼슬에는 높고 낮음이 있고 직책에는 가볍고 무거운 것이 있다고 한 것은, 사회 구성원을 지배자인 양반 계층과 피지배자 계층으로 나누려는 의도로 볼 수 있다.

② 의관, 역관 무리는 모두 미천한 계급 출신으로 사족이 아니라고 한 것은, 사회 구성원을 지배자인 양반 계층과 피지배자 계층으로 나누는 반상제가 흔들릴 것에 대한 위기감을 드러낸 것이라고 볼 수 있다.

④ 기술직을 권장하는 대책을 세우고 시행하는 데 대해 우려를 나타낸 것은, 양반들의 독점적 권력을 중인과 나누어 가져야 할 것에 대한 불만을 표시한 것으로 보는 것이 적절하다.

⑤ 재주가 있는 자를 양반에 발탁하도록 한 임금의 명령에 놀라움을 드러낸 것은, 반상제에 따른 양반의 우월적 신분 의식이 반영된 것이라고 할 수 있다. 신분에 따라 공권력으로 인간의 기본권을 보장받을 수 있는 범위가 달라지는 것은 양천제에 해당하는 내용이다.

인문 07 판단과 추론에 영향을 미치는 휴리스틱

본문 34~37쪽
지문 분석편 8쪽

STEP **Ⅰ** **1** (1) 판단 (2) 어림짐작 (3) 추정
2 ②

STEP **Ⅱ** **1** 판단과 추론에 영향을 미치는 휴리스틱의 종류와 특성
2 경험, 정보, 자동적
3 첫인상을 형성할 때나 타인에 대해 판단할 때 작용함. 객관적 증거를 수집하기 전에 주관적 판단을 할 수 있음, 경험에 기반하여 답을 찾는 효율적인 방법임.

STEP **Ⅲ** **1** ① **2** ③

1 5문단에서 '휴리스틱은 우리가 쓰고 싶지 않아도 거의 자동적으로 작용한다. 그리고 수많은 대안 중 순식간에 몇 가지 혹은 단 한 가지의 대안만을 남겨 판단하기 쉽게 만들어 준다.'라고 설명하고 있다. 이를 통해 인간은 시간과 노력을 들여 합리적인 사고를 하는 것이 아니며, 휴리스틱에 따라 자동적으로 사고하며 인지적 노력을 절약하는 경향이 있음을 알 수 있다. 그래서 이를 '인지적 구두쇠'라고 표현한 것이다.

오답 해설

② 1문단에서 '사람들은 과거 경험을 바탕으로 어림짐작을 하게 되는데, 이를 휴리스틱이라고 한다.'라고 언급했다. 하지만 인간이 주변 세계에 의미를 부여하고 앞으로 일어날 일을 예측하려는 욕구를 가지고 있다는 내용은 제시되어 있지 않다.

③ 1문단에서 '판단을 할 때마다 필요한 모든 정보를 수집하여 이용하고자 하면, 정보를 수집하는 것도 힘들뿐더러 그 정보를 처리하는 것도 부담이 된다.'라고 언급했는데, 이를 통해 인간이 판단할 때 정보 수집과 처리에 필요한 시간과 노력을 아끼고자 하는 경향이 있음을 알 수 있다. 따라서 인간이 과학적이고 체계적으로 정보를 처리하여 정확하고 객관적인 판단을 하려는 경향이 있다는 것은 '인지적 구두쇠'의 개념과는 거리가 멀다.

④ 5문단에서 '휴리스틱은 우리가 쓰고 싶지 않아도 거의 자동적으로 작용한다.'라고 하였으므로, 인간이 휴리스틱을 의도적으로 사용한다고 보기는 어렵다.

⑤ 5문단에서 휴리스틱은 '수많은 대안 중 순식간에 몇 가지 혹은 단 한 가지의 대안만을 남겨 판단하기 쉽게 만들어 준다.'라고 한 데서, 인간이 일상생활 속 판단이나 결정을 할 때 가능한 모든 대안을 고려하는 것은 아님을 알 수 있다.

2 〈보기〉에서 객관적 확률로는 B보다 A가 발생할 확률이 높은데도 사람들은 영미에 관한 정보를 바탕으로 B가 A보다 발생할 가능성이 높다고 응답하였다고 하였다. 이는 대표성 휴리스틱이 작용한 결과로, 영미에 관한 정보(대학에서 국어 국문학을 전공하였고 사진 동아리에서 꾸준히 활동하였다.)가 여행 블로그를 운영하는 사람의 전형적인 정보와 유사하기 때문에 일어난 판단 착오에 해당한다. 즉 영미의 특징이 여행 블로그 운영자의 전형적인 속성과 겹치기 때문에 ㉠에서 '영미가 은행원보다 여행 블로그 운영자에 더 어울린다고' 판단했다고 볼 수 있다.

오답 해설

① 최근에 여행 블로그가 유행하고 있다는 사실을 떠올리는 것은 회상 용이성 휴리스틱이 작용한 것으로 볼 수 있다. 이는 〈보기〉의 영미가 어떤 사람인지에 대한 판단과는 관련이 없다.

② 대표성 휴리스틱은 특정 집단의 전형적인 이미지와 관련하여 판단하는 것이다. 따라서 영미의 정보를 통해 영미가 어떤 집단에 속해 있는지 판단하는 것이지, 대표적인 여행 블로그의 특징에 대해 판단할 필요는 없다.

④ 실험에 참여한 사람들이 개인적으로 여행 블로그를 검색했던 경험을 떠올리는 것은 회상 용이성 휴리스틱이 작용한 것으로 볼 수 있다. 따라서 영미가 어떤 사람일지에 대한 판단에 영향을 주기는 어렵다.

⑤ 영미가 은행원이 되어 고객들에게 친절하게 대하는 모습을 상상하는 것은 시뮬레이션 휴리스틱이 작용한 것으로 볼 수 있다. 또한 사람들이 영미가 B일 가능성이 더 높다고 평가한 것은 영미가 은행원일 가능성을 높이 평가해서가 아니라 여행 블로그를 운영하는 사람일 가능성이 더 높다고 평가했기 때문이다.

손실 보상 청구권에 대한 해석

본문 38~41쪽
지문 분석편 9쪽

STEP Ⅰ **1** (1) 권리 (2) 보상 (3) 행정

STEP Ⅱ **1** 경계 이론과 분리 이론의 관점에서 해석한 손실 보상 청구권
2 손실 보상 청구권, 사회적 제약, 손실
3 개인은 자신이 입은 재산상 손실을 보상하도록 요구할 수 있는 권리를 가짐. 특별한 희생, 위법한 행정 작용 자체를 제거해야 함.

STEP Ⅲ **1** ③   **2** ⑤

1 ㉠은 경계 이론, ㉡은 분리 이론이다. 3문단에서 재산권 침해가 특별한 희생에 해당할 때만 보상이 가능하다는 점을 제시하고 있다. 4문단에서 ㉠은 재산권 침해 정도가 사회적 제약의 범위를 넘어서면 특별한 희생으로 바뀌는 것으로 본다는 점과 사회적 제약을 벗어나는 재산권 침해는 보상 규정이 없어도 보상이 이루어져야 한다는 점을 제시하고 있다. 따라서 재산권 침해의 정도가 특별한 희생에까지 이르지 않는 행정 작용의 경우, ㉠은 손실을 보상하지 않아도 된다고 보는 입장이라는 것을 이해할 수 있다.

오답 해설

① 4문단에서 ㉠은 불가분 조항인 헌법 제23조 제3항을 근거로, 사회적 제약을 벗어나는 재산권 침해는 법률에 보상 규정이 없는 경우에도 보상이 이루어져야 한다는 입장이라고 하였다.

② 5문단에서 ㉡은 헌법 제23조 제2항과 제3항은 입법자의 의사에 따라 완전히 분리된다고 주장하는 입장이라고 하였다.

④ 4문단에서 ㉠은 재산권의 침해 정도를, 5문단에서 ㉡은 입법자의 의사를 기준으로 손실 보상 청구권 성립 요건인 특별한 희생의 발생 여부에 대해 판단한다고 하였다.

⑤ 보상 규정 없이 사회적 제약의 범위를 벗어나는 재산권 침해를 규정한 법률에 대해, 4문단에서 ㉠은 헌법 제23조 제3항에, 5문단에서 ㉡은 헌법 제23조 제2항에 위반되어 위헌이라고 본다고 하였다.

2 〈보기〉를 통해 헌법 재판소가 분리 이론의 입장을 취했다는 점, A 법률은 개발 제한 구역 지정으로 인한 손실에 대한 보상은 규정하지 않았다는 점을 알 수 있다. 또한 5문단을 보면, 분리 이론은 재산권 침해를 규정한 법률에 보상 규정이 없는 경우 이러한 재산권 침해를 특별한 희생이 아닌 재산권의 사회적 제약에 해당하는 것으로 본다는 점을 알 수 있다. 따라서 개발 제한 구역 지정으로 인한 재산권 침해의 경우, 헌법 재판소는 특별한 희생이 아닌 재산권의 사회적 제약에 해당한다고 판단했을 것이라는 점을 이해할 수 있다.

오답 해설

① 분리 이론의 입장을 취한 〈보기〉의 헌법 재판소는 개발 제한 구역 지정 행위가, 재산권의 사회적 제약에 해당하는 헌법 제23조 제2항에 위반되는지를 판단하였을 것이다.

② 〈보기〉의 헌법 재판소는 분리 이론을 취했으므로, 개발 제한 구역 지정 행위가 특별한 희생에 대한 규정인 헌법 제23조 제3항과는 관련이 없다고 판단하였을 것이다.

③ 〈보기〉의 헌법 재판소는 토지 재산권의 공공성을 고려하여 A 법률이 원칙적으로 합헌이라고 판단하였다. 따라서 헌법 재판소는 개발 제한 구역을 지정하는 행위가 헌법에 위반되는지의 여부를 토지의 공공성을 근거로 판단하였을 것이다.

④ 〈보기〉의 헌법 재판소는 개발 제한 구역 지정 행위가 개인에게 가혹한 부담을 발생시킨다면 헌법에 위반된다고 판단하였다. 따라서 개발 제한 구역 지정으로 인한 재산권 침해는 개인이 감당할 수 있는 범위 내에서만 가능하다고 판단하였을 것이다.

사회 02 추격 사이클 이론

본문 42~45쪽
지문 분석편 10쪽

STEP Ⅰ **1** ㉠: ③, ㉡: ④, ㉢: ②, ㉣: ①
2 ②

STEP Ⅱ **1** 산업 주도권 이동과 관련된 추격 사이클 이론
2 추격 사이클, 기회의 창, 전략적
3 후발, 추월, 기회의 창

STEP Ⅲ **1** ⑤

1 [B사 중심의 추격 사이클]을 보면 ㉰와 ㉱ 사이에서 B사와 C사의 시장 점유율은 증가하고 A사의 시장 점유율은 감소한다. 따라서 ㉰와 ㉱ 사이에서 A사가 새로운 도전자로서 부상하는 움직임을 보였다는 내용은 적절하지 않다.

오답 해설

① [B사 중심의 추격 사이클]을 보면 ㉮에서 B사는 진입 단계로 A사보다 시장 점유율이 낮다. 그리고 2문단의 내용과 [상황]을 보면 B사는 정부의 보조금으로 성장하였다는 것을 확인할 수 있다.

② [B사 중심의 추격 사이클]을 보면 ㉯에서 B사는 점진적 추격 단계로, 시장 점유율이 진입 단계인 ㉮에서보다 더 높다. 그리고 3문단의 내용과 [상황]을 보면 B사의 주주들은 이윤의 상당 부분을 투자를 위해 확보하였다는 것을 알 수 있다.

③ [B사 중심의 추격 사이클]을 보면 ㉯부터의 A사 시장 점유율 변화 양상과 ㉱부터의 B사 시장 점유율 변화 양상이 감소한다는 점에서 유사하다. 그리고 3문단의 내용과 [상황]을 보면, A사 시장 점유율 변화의 원인은 휴대 전화 카메라 기능의 향상을 원하는 청년층이라는 새로운 소비자층의 요구에 민첩하게 대응하지 않은 것이고, B사 시장 점유율 변화의 원인은 휴대 전화 게임의 그래픽 기능 향상을 원하는 청소년층이라는 새로운 소비자층의 등장에 민첩하게 대응하지 않은 것임을 확인할 수 있다.

④ [B사 중심의 추격 사이클]을 보면 ④와 ⑤ 사이에서 A사와 B사의 시장 점유율 우위가 바뀐 것을, ⑥ 이후에 B사와 C사의 시장 점유율 우위가 바뀐 것을 알 수 있다. 그리고 3문단의 내용과 [상황]을 보면, A사와 B사의 시장 점유율 우위가 바뀐 것은 B사가 휴대 전화 카메라 기능을 향상시킨 신기술을 채택한 것이 영향을 주었고, B사와 C사의 시장 점유율 우위가 바뀐 것은 B사가 휴대 전화 게임의 그래픽 기능 향상을 가능하게 한 신기술을 채택하지 않은 것이 영향을 주었다는 것을 확인할 수 있다.

사회 03 기업들의 규모 변화와 거래 비용 이론

본문 46~49쪽
지문 분석편 11쪽

STEP **Ⅰ** **1** (1) ㄷ (2) ㄴ (3) ㄹ (4) ㄱ

STEP **Ⅱ** **1** 거래 비용의 개념과 종류 및 발생 요인
2 거래 비용 이론, 총거래 비용, 인간적
3 생산 비용, 내부화, 최소

STEP **Ⅲ** **1** ① **2** ③

1 2문단에서 거래 비용은 생산 비용을 제외한, 경제 주체들이 재화를 거래하는 과정에서 발생하는 모든 비용을 말한다고 하였다. 도자기 장인이 직접 흙을 채취하여 도자기를 빚는 상황에서는 상대방과 거래 과정이 없으므로 거래 비용이 발생한다고 볼 수 없다.

2 ⓓ에서 ⓔ로 총거래 비용이 줄어든 것은 시장 거래 비용은 감소하고 조직 내 거래 비용은 증가했기 때문이다. 4문단에서 기업의 최적 규모는 총거래 비용이 최소화되는 지점까지 내부 조직의 규모를 확대하여 부품을 자체 생산하는 것이라고 하였으므로, 내부 조직의 규모는 확대되고 있다고 볼 수 있다.

오답 해설
① 4문단에서 기업이 부품을 자체 생산하여 내부 거래를 증가시키면 조직 내 거래 비용이 증가한다고 하였다. 따라서 ⓐ에서 ⓑ로 조직 내 거래 비용이 증가했다면, 시장에서 조달했던 부품의 일부를 자체 생산하겠다는 결정을 한 것으로 볼 수 있다.
② 4문단에서 기업이 부품을 자체 생산하여 내부 거래를 증가시키면 시장 거래 비용은 감소한다고 하였다. 따라서 시장 거래 비용이 ⓒ에서 ⓕ로 감소했다면 기업이 내부 거래를 증가시켰다고 볼 수 있다.
④ 4문단에서 조직 내 거래 비용을 조절하여 총거래 비용이 최소가 되는 지점이 기업의 최적 규모라고 하였다. 따라서 총거래 비용이 최소가 되는 지점인 ⓔ가 기업의 최적 규모라고 할 수 있다.
⑤ 4문단에서 시장 거래를 통해 모든 부품을 조달한다면 조직 내 거래 비용은 발생하지 않고, 시장 거래 비용만 발생한다고 하였다. ⓕ는 조직 내 거래만 이루어지는 상황이므로, 시장 거래 비용은 발생하지 않는다.

사회 04 구독 경제

본문 50~53쪽
지문 분석편 12쪽

STEP **Ⅰ** **1** (1) 부담 (2) 지속적 (3) 목돈 (4) 구독 (5) 정기
2 (1) 일상생활에 반드시 있어야 할 물품.
(2) 흩어져 널리 퍼짐.
(3) 수량이나 범위 따위를 제한하여 정함.

STEP **Ⅱ** **1** 구독 경제의 유형과 장단점
2 구독 경제, 정기 배송 모델, 만족, 장점
3 정기, 장기 렌털, 비용, 정보

STEP **Ⅲ** **1** ① **2** ⑤

1 매월 일정 금액을 지불하고 정수기를 사용하는 서비스는 상품을 월 사용료를 지불하고 이용하는 ⓒ 장기 렌털 모델에 해당한다.

오답 해설
② ⓐ 정기 배송 모델은 월 사용료를 지불하면 칫솔, 식품 등의 생필품을 지정 주소로 정기 배송해 주는 모델이므로, 월정액을 지불하고 주 1회 집으로 식재료를 보내 주는 서비스가 이에 해당한다고 볼 수 있다.
③, ④ ⓑ 무제한 이용 모델은 정액 요금을 내고 영상이나 음원, 각종 서비스 등을 무제한 또는 정해진 횟수만큼 이용할 수 있는 모델이므로, 월 구독료를 내고 읽고 싶은 도서를 마음껏 읽을 수 있는 스마트폰 앱이나 정액 요금을 결제하고 강좌를 일정 기간 원하는 만큼 수강할 수 있는 웹 사이트가 이에 해당한다고 볼 수 있다.
⑤ ⓒ 장기 렌털 모델은 구매에 목돈이 들어 경제적 부담이 될 수 있는 자동차 등의 상품을 월 사용료를 지불하고 이용하는 모델이므로, 월 사용료를 지불하고 정해진 기간에 집에서 사용할 수 있는 의료 기기가 이에 해당한다고 볼 수 있다.

2 2문단에서 ㉠ '구독 경제'로 인해 사람들은 '소유와 관리에 대한 부담은 줄이면서 필요할 때 사용할 수 있는 방식으로 소비를 할 수 있'다고 하였다. 〈보기〉에서 ㉡ '공유 경제' 역시 '한번 생산된 상품이나 서비스를 여럿이 공유해 사용하는 협력 소비를 통해 비용을 줄이고 소비자의 만족도를 높이는 경제 모델'이라고 하였다. 따라서 ㉠, ㉡ 모두 소비자의 부담은 줄이면서 상품을 사용함으로써 얻는 효용에 관심을 갖는 것이라고 할 수 있다.

오답 해설
① 〈보기〉의 내용을 볼 때 여러 사람이 서비스를 공유하는 것은 ㉠이 아닌 ㉡이다.
② 〈보기〉에서 ㉡은 '자원의 불필요한 소비를 줄일 수 있어 친환경적'이라고 하였다.
③ 소비자에게 서비스를 주기적으로 제공하는 것은 ㉠에 해당한다.
④ ㉠과 ㉡이 최근 들어 영역을 넓히며 확산되고 있다는 내용은 있으나, 유형 자원보다 무형 자원을 더 많이 활용한다는 내용은 찾아볼 수 없다.

사회 05 범죄학과 셉테드

STEP Ⅰ **1** (1) × (2) ○ (3) × (4) ○ (5) ○
2 ①

STEP Ⅱ **1** 범죄학의 변천 과정과 셉테드의 원리
2 범죄학, 법, 형벌, 셉테드, 유지 및 관리
3 범죄, 환경 범죄학, 범죄 발생 가능성

STEP Ⅲ **1** ③　　**2** ⑤

1 ㉠은 '범죄에 비례해 형벌을 부과할 경우 개인의 합리적 선택에 의해 범죄가 억제될 수 있다고 보았다.'라고 하였으므로, 범죄를 억제할 수 있는 법적 처벌에 관심을 가졌다고 볼 수 있다. 그러나 '범죄의 원인을 과학적으로 증명하려 한' ㉡은 '범죄의 원인을 개인의 자유 의지로는 통제할 수 없는 생물학적·심리학적·사회학적 요소에서 찾으려고 했다.'라고 제시되어 있다. 따라서 ㉠은 ㉡과 달리 연구의 초점을 범죄의 처벌보다는 범죄의 원인에 두고 있다는 설명은 적절하지 않다.

오답 해설

① 2문단 첫 문장에서 ㉠은 '법적 규정 없이 시행됐던 지배 세력의 불합리한 형벌 제도를 비판하며 18세기 중반에 등장했다.'라고 하였다.
② 3문단에서 ㉡의 창시자인 롬브로소는 '범죄자만의 특성과 행위 원인을 연구하여 범죄자들의 유형을 구분하고 그 유형에 따라 형벌을 달리할 것을 주장했다.'라고 하였다.
④ 2문단에서 ㉠은 '범죄를 저지를 경우 누구나 법에 의해 확실히 처벌받을 것이라는 두려움이 범죄를 억제할 것'이라고 보았다. 반면 3문단에서 ㉡은 범죄자만의 특성과 행위 원인을 연구하여 범죄자들의 유형을 구분하고 그 유형에 따라 형벌을 달리해야 한다고 보았다.
⑤ 3문단에서 ㉡은 '범죄의 원인을 개인의 자유 의지로는 통제할 수 없는 생물학적·심리학적·사회학적 요소에서 찾으려고 했다.'라고 하였다. 그러나 ㉠은 2문단에서 '범죄를 포함한 인간의 모든 행위는 자유 의지에 입각한 합리적 판단에 따라 이루어'지는 것으로 이해했다.

2 [A]에서 셉테드의 '영역성의 원리'는 '안과 밖이라는 공간 영역을 조성하여 외부인의 침범 기준을 명확히 확립하는 것을 말한다.'라고 하였다. 그러나 〈보기〉에서 교내 외진 장소에 CCTV를 설치하는 것은 공간과 시설물에 대한 가시권을 확보하고 잠재적 범죄자의 은폐 장소를 최소화시킴으로써 내부인이나 외부인의 행동을 주변 사람들이 자연스럽게 관찰할 수 있게 만드는 '자연적 감시의 원리'를 적용한 것이라고 보아야 한다.

사회 06 민법과 형법

STEP Ⅰ **1** (1) 발부 (2) 소급 (3) 간섭 (4) 과실 (5) 구속
2 (1) 구속 영장 (2) 기소 (3) 배상

STEP Ⅱ **1** 민법과 형법의 개념과 특징
2 법, 민법, 형법, 유지, 배상
3 고의, 죄형 법정주의, 고소, 기소

STEP Ⅲ **1** ⑤　　**2** ④

1 1문단에서 법의 강제성은 '공공의 이익을 실현하기 위해 사회 구성원들이 동의할 때만 발휘될 수 있다.'라고 하였으므로, ⑤의 목적이 공익과 무관하더라도 사회 구성원의 동의가 있다면 강제성이 발휘될 수 있다는 설명은 적절하지 않다.

오답 해설

① 1문단에서 '문제가 발생하는 것을 예방하거나 문제를 원만히 해결하기 위해' 규칙을 만들고 이러한 규칙 가운데 '사회 구성원들의 합의에 따라 만들어지고 강제성을 가진 규칙을 법이라고 한다.'라고 하였다.
② 1문단에서 '법은 국민의 자유와 권리를 보호한다. 만약 법이 없다면 권력자나 국가 기관이 멋대로 권력을 휘두를 수 있을 것이다.'라고 하였다.
③ 1문단에서 '법은 최소한의 간섭만 한다. 개인이 처리해도 되는 일까지 법이 간섭한다면 사람들은 숨이 막혀 평온하게 살기 힘들 것이다.'라고 하였다.
④ 1문단에서 '법은 행동의 결과를 중시한다. 왜냐하면 다른 사람이 행동을 평가할 수 있고 그 변화도 확인할 수 있어야 하기 때문이다.'라고 하였다.

2 3문단의 마지막 부분에서 형법은 '민법과 달리 어떤 사항을 직접 규정한 법규가 없을 때, 그와 비슷한 사항을 규정한 법규를 유추하여 적용할 수도 없다.'라고 하였다. 따라서 C는 B의 점유자이지 직접 신체를 상해한 자가 아니므로 형법에 따른 책임을 질 필요가 없다.

오답 해설

① 5문단에서 '법에서는 인간 이외의 것들은 생명의 유무와 상관없이 모두 물건으로 보는데 물건에는 법적 권리가 없다. 법적 권리가 없는 것은 의무와 책임도 없다.'라고 하였으므로 동물과 B는 모두 물건에 해당하고 법적 책임이 없다.
② 민법 제759조 ㉠을 유추하여 적용한다면 C는 B의 점유자이므로 손해를 배상할 책임이 있다.
③ A는 몸의 대부분을 기계로 대체해 로봇같이 보이지만 법적 권리를 가지고 있는 사람이므로, 다른 사람의 신체를 상해한 것에 대한 책임을 져야 한다.
⑤ 3문단에서 형법은 '범죄 발생 당시에는 없었던 법이 나중에 생겨도 그것을 소급해서 적용할 수 없다.'라고 하였다.

사회 07 조세의 효율성과 공평성

본문 62~65쪽
지문 분석편 15쪽

STEP I
1 (1) 확보되었다 (2) 야기하는 (3) 부과하였다
(4) 감면해 (5) 둔화되었다
2 (1) 조세, 조세 (2) 세금

STEP II
1 조세의 효율성과 공평성
2 효율성, 경제적 순손실, 편익 원칙, 수직적 공평, 수평적 공평
3 조세 저항, 공공재, 비례세, 공제 제도

STEP III **1** ③ **2** ②

1 4문단에서 조세의 공평성을 확보하기 위한 기준 중 하나인 능력 원칙은 '개인의 소득이나 재산 등을 고려한 세금 부담 능력에 따라 세금을 내야 한다는 원칙으로 조세를 통해 소득을 재분배하는 효과가 있다.'라고 하였다. 따라서 소득 재분배를 목적으로 하는 것은 조세의 공평성이다.

오답 해설

① 2문단에서 '조세로 인하여 경제적 순손실이 생기면 경기가 둔화될 수 있다. 이처럼 조세를 부과하게 되면 경제적 순손실이 불가피하게 발생하게 되므로, 이를 최소화하도록 조세를 부과해야 조세의 효율성을 높일 수 있다.'라고 하였으므로, 조세의 효율성은 조세가 경기에 미치는 영향과 관련되어 있음을 알 수 있다.
② 3문단에서 '조세의 공평성이 확보되면 조세 부과의 형평성이 높아져서 조세 저항을 줄일 수 있다.'라고 하였다.
④ 3문단의 첫 문장에서 '조세의 공평성은 조세 부과의 형평성을 실현하는 것'이라고 하였다.
⑤ 1문단의 마지막 문장에서 '조세를 부과할 때는 조세의 효율성과 공평성을 고려해야 한다.'라고 하였다.

2 A는 공제 내역이 없고, B는 부양가족 2인에 대한 100만 원의 공제를 받았다. 이는 5문단에서 설명한 '소득이 동일하더라도 부양가족의 수가 다르면 실질적인 조세 부담 능력에 차이가 생긴다.'와 '정부에서는 공제 제도를 통해 조세 부담 능력이 적은 사람의 세금을 감면해 주기도 한다.'는 내용을 볼 때, 실질적인 조세 부담 능력을 고려해 B가 부양가족 공제를 받은 것이라고 할 수 있다(ㄴ). 또한 B보다 C의 소득이 높기 때문에 B는 세율이 5%이고 C는 10%이다. 이는 4문단에서 설명한 '소득 수준이 올라감에 따라 점점 높은 세율을 적용하는 누진세를 시행하기도 한다.'라는 내용을 볼 때, 수직적 공평을 위해 누진세가 적용된 결과라고 할 수 있다(ㄹ).

오답 해설

ㄱ. 부양가족이 있는 B에게 공제 혜택을 부여하여 세금을 감면해 줌으로써 조세의 공평성이 확보되는 것이다.
ㄷ. B와 C의 납부액에 차이가 있는 것은 개인의 소득이나 재산 등을 고려한 세금 부담 능력에 따라 세금을 내야 한다는 능력 원칙이 적용된 것이다.

과학 01 핵분열과 핵융합

본문 66~69쪽
지문 분석편 16쪽

STEP I
1 ⓐ: ㉰, ⓑ: ㉮, ⓒ: ㉯, ⓓ: ㉱
2 (1) 원자핵 (2) 정전기 (3) 척력

STEP II
1 핵분열과 핵융합의 개념과 활용
2 핵융합, 핵분열, 속도, D-T 핵융합, 플라스마
3 에너지, 감속재, 플라스마

STEP III **1** ③ **2** ①

1 8문단에서 '원자핵은 양의 전하를 띠고 있어서 서로 가까이 다가갈수록 척력이 강하게 작용한다.'라고 하였다. 또한 '척력을 이겨 내고 원자핵이 융합하게 하기 위해서는 플라스마의 온도를 높여 원자핵이 고속으로 움직일 수 있도록 해야 한다.'라고 하였다. 이를 통해 플라스마를 고온으로 가열해서 핵융합의 확률을 높이려는 의도를 알 수 있다.

2 3문단에서 모든 원자핵은 안정된 상태가 되려는 성질이 있으므로, 핵분열이나 핵융합을 거쳐 핵자당 결합 에너지가 큰 상태가 된다고 하였다. 그리고 〈보기〉에서 철 원자핵보다 질량수가 작은 원자핵은 핵융합을 통해 핵자당 결합 에너지가 높은 원자핵이 된다고 하였다. 따라서 헬륨-4 원자핵은 철 원자핵보다 질량수가 작으므로 핵융합을 통해 더 안정된 형태의 핵자당 결합 에너지가 높은 원자핵이 될 것이다.

과학 02 언어 처리 과정과 뇌

본문 70~73쪽
지문 분석편 17쪽

STEP I
1 ⓐ: ㉯, ⓑ: ㉱, ⓒ: ㉮, ⓓ: ㉰

STEP II
1 여러 가지 언어 처리 과정에 대한 이론
2 측두엽, 결합주의, 개념 중심부, 각회
3 브로카, 개념 중심부, 읽기와 쓰기

STEP III **1** ③ **2** ⑤

1 '베르니케-게쉬윈드 모형'의 듣기, 말하기, 읽기, 쓰기 과정은 7문단에 자세히 드러나 있다. 이에 따르면 '각회에서 처리된 정보는 베르니케 영역으로 송부되어', '쓰기의 경우에는 바로 다음 단계인 브로카 영역으로 정보를 송부'한다. 따라서 (다)의 베르니케 영역은 쓰기의 경우 각회에서 처리한 정보를 받아 의미를 해석하는 것이 아니라, 각회에서 처리한 정보를 받아 바로 다음 단계인 브로카 영역으로 정보를 송부하는 역할을 한다.

① 5문단 마지막 부분에서 베르니케 영역은 '말하기와 쓰기에서
는 의미를 형성한 뒤 해당 단어를 찾는 역할을 한다'라고 하였다.

② 6문단 마지막 부분에서 각회는 베르니케 영역과 인접해 있으
면서 쓰기에서는 '청각 형태의 정보를 시각 형태로 전환하여
베르니케 영역으로 송부하는 역할을 한다'라고 하였다.

④ 6문단 처음 부분에서 브로카 영역은 '말하기나 쓰기에 필요
한 운동 프로그램을 만들어 운동 영역으로 송부하는 역할'을
한다고 하였다.

⑤ 6문단에서 운동 영역은 '브로카 영역에서 받은 운동 프로그
램에 근거하여 말하기나 쓰기에 필요한 신경적 지시를 내리
는 기능을 담당한다'라고 하였다.

2 4문단의 내용을 보면, 리시트하임 모형은 베르니케 영역에서 단어
를 찾아 브로카 영역으로 송부하면, 브로카 영역에서 이를 조합하
여 문장이나 발화를 만든다고 하였다. 또한 베르니케-게쉬윈드 모
형은 6문단의 첫 부분에서 브로카 영역은 '단어를 조합하여 문장이
나 발화를 생성하는 역할'을 한다고 하였다. 〈보기〉의 실어증 환자
는 문법에 어긋나는 문장을 사용하고, 조사나 어미를 제대로 사용
하지 못할 뿐 아니라 단어를 조합하여 문장을 잘 만들지 못하는 증
상을 갖고 있다. 따라서 A와 B는 모두 이 환자가 브로카 영역이 손
상되었다고 진단할 것이다.

과학 03 우리 몸의 자연 치유력

본문 74~77쪽
지문 분석편 18쪽

STEP Ⅰ
1 (1) 회복 (2) 감염 (3) 주도 (4) 분해 (5) 치유
2 (1) 항상성 (2) 생물체

STEP Ⅱ
1 인체의 자연 치유력 중 하나인 '오토파지'는 세포 안에
쌓인 불필요한 단백질과 망가진 세포 소기관을 분해해
세포의 에너지원으로 사용하는 현상이다.
2 오토파지, 스트레스, 리소좀, 항상성
3 세포막, 오토파고리소좀, 가수 분해, 에너지원

STEP Ⅲ **1** ② **2** ③

1 1문단에서 ㉠ 오토파지는 '세포 안에 쌓인 불필요한 단백질과 망가
진 세포 소기관을 분해해 세포의 에너지원으로 사용하는 현상'이
라고 하였고, 4문단에서 ㉡ 아포토시스는 '개체를 보호하기 위해
비정상 세포, 손상된 세포, 노화된 세포가 스스로 사멸하는 과정으
로 우리 몸을 건강한 상태로 유지하게 한다'라고 하였다.

오답 해설

① ㉠과 ㉡ 모두 자연 치유력에 해당하며 우리 몸(개체)을 지키
는 자기방어 시스템이다.

③ 2문단에서 ㉠은 '인체가 오랫동안 영양소를 섭취하지 못하거
나 해로운 균에 감염되는 등 스트레스를 받으면 활성화된다.'
라고 하였다.

④ 2문단에서 '우리 몸은 오토파지를 통해 생존에 필요한 아미
노산과 에너지를 얻는다.'라고 하였다.

⑤ 3문단을 보면, ㉠이 일어날 때 리소좀 안에 있는 가수 분해
효소가 오토파고솜 안에 있던 쓰레기들, 즉 불필요한 단백질
과 망가진 세포 소기관을 잘게 부수기 시작한다. 분해가 끝
나면 이 조각들은 에너지원으로 쓰이거나 다른 세포 소기관
을 만드는 재료로 재활용된다. 즉, ㉠은 세포의 일부(세포 안
의 단백질과 세포 소기관)를 분해하고, 분해된 조각들이 다
른 세포 소기관을 만드는 재료로 재활용된다고 볼 수 있다.
그러나 ㉡이 작동하는 과정에서 세포가 분해된다는 설명은
제시되어 있지 않다.

2 3문단의 내용으로 보아 가수 분해 효소를 가지고 있는 것은 ㄴ의
오토파고솜이 아니라, ㄷ의 리소좀이다.

오답 해설

① 1문단에서 "오토파지'는 세포 안에 불필요한 단백질과 망가
진 세포 소기관을 분해해 세포의 에너지원으로 사용하는 현
상'이라고 하였다.

② 3문단에서 '세포 안에 불필요한 단백질과 망가진 세포 소기
관이 쌓이면 세포는 세포막을 이루는 구성 성분을 이용해 이
를 이중막으로 둘러싸 작은 주머니를 만든다. 이 주머니를
'오토파고솜'이라고 부른다.'라고 하였다.

④ 3문단에서 '오토파고솜과 리소좀이 합쳐지면 '오토파고리소
좀'이 되는데 리소좀 안에 있는 가수 분해 효소가 오토파고
솜 안에 있던 쓰레기들을 잘게 부수기 시작한다. 분해가 끝
나면 막이 터지면서 막 안에 들어 있던 잘린 조각들이 쏟아
져 나온다.'라고 하였다.

⑤ 3문단의 마지막 부분에서 '분해가 끝나면 막이 터지면서 막
안에 들어 있던 잘린 조각들이 쏟아져 나온다. 그리고 이 조
각들은 에너지원으로 쓰이거나 다른 세포 소기관을 만드는
재료로 재활용된다.'라고 하였다.

과학 04 식물이 물을 끌어 올리는 원리

본문 78~81쪽
지문 분석편 19쪽

STEP Ⅰ
1 ⓐ: ㉯, ⓑ: ㉮, ⓒ: ㉰, ⓓ: ㉱
2 (1) 광합성, 광합성 (2) 수증기

STEP Ⅱ
1 식물이 물을 뿌리에서 흡수하여 잎까지 보내는 데는 뿌
리압, 모세관 현상, 증산 작용으로 생긴 힘이 복합적으
로 작용한다.
2 모세관 현상, 모세관 현상, 증산 작용, 기공
3 농도, 모세관 벽, 물기둥

STEP Ⅲ **1** ④ **2** ④

1 2문단에서 '뿌리털 안은 농도가 높은 반면, 흙 속에 포함되어 있는 물은 농도가 낮다.'라고 하였으므로, 흙 속에 있는 물 분자가 뿌리 내부로 이동하면 뿌리 안의 농도는 낮아질 것이다. 또한 〈보기〉의 첫 번째 문장에서 '용액의 농도가 낮은 곳에서 높은 곳으로 선택적 투과성 막을 통해 물이 이동하는 현상'이 삼투 현상이라 설명하고 있으므로, 역시 배추에 있는 물이 소금물 쪽으로 이동하면 소금물의 농도는 낮아질 것이다.

오답 해설

① [A]에서 '뿌리털을 둘러싼 세포막을 경계로 안쪽은 땅에 비해 여러 가지 유기물과 무기물들이 더 많이 섞여 있어서 뿌리 바깥보다 용액의 농도가 높다.'라고 하였고, 〈보기〉에서 '삼투 현상이란 용액의 농도가 낮은 곳에서 높은 곳으로 선택적 투과성 막을 통해 물이 이동하는 현상'이라고 하였다. 따라서 뿌리털을 둘러싼 세포막은 선택적 투과성 막 역할을 한다고 볼 수 있다.

② 〈보기〉에서 삼투압의 힘은 용액의 농도에 따라 비례한다고 하였으므로, 소금물에 소금을 추가하면 배추에서 빠져나오는 물이 이동하는 힘이 커질 것이다.

③ 〈보기〉에서 '배추를 소금물에 담그면 소금 입자는 이동하지 못하고 배추에 있는 물이 소금물 쪽으로 이동'한다고 하였으므로, 선택적 투과성 막을 흙 속의 물 분자는 통과할 수 있지만, 소금 입자는 통과할 수 없음을 알 수 있다.

⑤ [A]에서 '농도의 균형을 맞추기 위해 흙 속에 있는 물 분자는 뿌리털의 세포막을 거쳐 물 분자가 상대적으로 적은 뿌리 내부로 들어온다.'라고 하였다. 또한 〈보기〉에서도 '용액의 농도가 낮은 곳에서 높은 곳으로 선택적 투과성 막을 통해 물이 이동'한다고 하였으므로, 뿌리가 흙 속의 물을 흡수하는 것과 배추에서 물이 빠져나오는 것은 용액의 농도 차이 때문이라고 볼 수 있다.

2 3문단에서 '식물체 안에는 뿌리에서 줄기를 거쳐 잎까지 연결된 물관이 있다.'라고 하였고, 5문단에서는 '물 분자들은 서로 잡아당기는 힘으로써 연결되는데, 이는 물 기둥을 형성하는 것과 같다.'라고 하였다. 따라서 줄기를 가지고 있는 (가)~(다)는 모두 물 분자들이 연결된 물 기둥이 형성될 것이다.

오답 해설

① 4문단의 내용을 보면, 식물의 잎에 있는 기공을 통해 공기가 들락날락하거나 잎의 물이 공기 중으로 증발하기도 하므로, 잎이 있는 (나)가 잎이 없는 (가)보다 비닐 안쪽 면에 물방울이 더 맺힐 것이다.

② 4문단에서 '식물체 내의 수분이 잎의 기공을 통하여 수증기 상태로 증발'한다고 하였으므로, 잎이 없는 (가)의 용기에 담긴 물이, 잎이 있는 (나)와 (다)의 용기에 담긴 물보다 덜 줄어들 것이다.

③ 이 글의 내용을 통해, 뿌리에서는 뿌리압이 발생하고, 줄기에서는 모세관 현상이, 잎에서는 증산 작용이 발생함을 알 수 있다. 따라서 줄기만 있는 (가)는 모세관 현상이, 줄기와 잎이 있는 (나)는 모세관 현상과 증산 작용이, 뿌리, 줄기, 잎이 모두 있는 (다)는 뿌리압과 모세관 현상, 증산 작용이 발생함을 알 수 있다.

⑤ 공기가 식물 내부로 출입하는 것은 잎의 기공이 있어야 하는 것이므로, 잎이 있는 (나)와 (다)는 공기의 출입이 가능하다.

STEP **I** **1** (1) 위상 (2) 관측 (3) 궤도

STEP **II** **1** 천체의 겉보기 운동을 통해 알 수 있는 금성의 관측 특성
2 금성, 겉보기 운동, 천체의 움직임, 상대적 위치, 위치, 거리
3 안쪽, 이각, 보름달, 밝기

STEP **III** **1** ②   **2** ③

1 3문단의 마지막 부분에서 '겉보기 운동은 관측자의 위치를 중심으로 천체가 움직이는 방향을 살펴본 것이다.'라고 하였으므로, 겉보기 운동은 천체를 중심으로 관측자의 위치 변화를 살펴본 것이라고 한 ②의 설명은 적절하지 않다.

오답 해설

① 2문단의 '지구에서 관측할 때 천체가 움직이는 것처럼 보이거나 실제 움직임과는 다르게 보이는 현상을 '겉보기 운동'이라고 한다.'라는 내용에서 알 수 있다.

③ 2문단의 '지구상의 관측자가 하늘의 천체를 볼 때, 관측 시기에 따라 천체의 위치가 다르게 보이기도 한다.'에서 알 수 있다.

④ 3문단의 '천체는 지구의 자전 때문에 지구 자전 방향의 반대 방향으로 움직이는 것처럼 보이게 된다.'라는 내용에서 알 수 있다.

⑤ 3문단의 '관측자가 북반구 중위도에서 북쪽을 바라보고 있으면 관측자의 왼쪽이 서쪽이 된다.'에서 알 수 있다.

2 금성은 6문단에서 지구로 가까워질수록 보이는 크기가 커지고, 7문단에서 동방 최대 이각을 지나 내합으로 갈수록 점점 밝아지다가 밝기가 줄어든다고 하였다. 또한 〈보기〉의 내용을 바탕으로 할 때, 화성은 지구에서 가까울수록 더 크게 관측된다고 했으므로, '충'에서 가장 크게 관측되고, '합'에서 가장 작게 관측될 것이다. 또한 화성의 밝기는 이각이 180°일 때 가장 밝게 보인다고 하였으므로, '충'의 위치에 있을 때 가장 밝게 보일 것이다. 따라서 금성은 지구로 가까워질수록, 즉 '지구-금성-태양'의 순서로 위치하는 내합 부근일 때 가장 크게 보이고, 화성은 이각이 180°인 '충'의 위치에서 가장 밝게 관측된다.

STEP **I** **1** (1) 수명 (2) 해빙 (3) 적용 (4) 평형
2 ③

STEP **II** **1** 해빙은 실제 다양한 조건을 고려하더라도 물에 닿는 면이 한 면뿐이고, 닿는 면적에 비해 부피가 매우 크기 때문에 10℃가 넘는 북극의 한여름에도 다 녹지 않고 바다에 떠 있을 수 있는 것이다.
2 수명, 열에너지, 접촉 면, 반, 6배, 부피
3 온도, 한 면, 부피

STEP **III** **1** ⑤   **2** ④

1 2문단의 마지막 부분에서 '두 물체 간 전달되는 열에너지의 양은 둘 사이의 온도 차, 접촉 시간, 접촉 면의 면적과 비례함을 알 수 있다.'라고 하였고, 4문단에서는 '물과 접촉하는 면적이 절반으로 줄'어들면 '같은 시간 동안 물에서 얼음으로 전달되는 열에너지의 양도 반으로 줄어'든다고 하였다. 또한 6문단에서 '얼음이 녹는 시간은 부피가 클수록 길어지고'라고 하였으므로, 석빙고의 얼음들을 정육면체 한 덩어리로 만들어 보관하면 접촉 면적이 줄고, 부피가 커지므로 얼음이 잘 녹지 않음을 추론할 수 있다.

2 3문단에서 '한 변의 길이가 1㎝인 정육면체 얼음이 완전히 녹는 시간은 약 2시간이다.'라고 하였고, 6문단에서 '길이가 L배 커지면 면적은 L^2, 부피는 L^3만큼 비례하여 커진다는 '제곱-세제곱 법칙'을 적용하면 얼음이 녹는 시간은 L배 만큼 길어짐을 알 수 있다.'라고 하였다. 따라서 ㉠은 물에 완전히 잠겨 있는 상태이고 길이가 2㎝인 정육면체이므로 얼음이 완전히 녹는 데 걸리는 시간은 '2시간×2', 즉 4시간이다. 또한 5문단에서 '정육면체의 여섯 면 중 한 면만 닿는 것이기 때문에, 같은 부피의 해빙은 물에 잠긴 정육면체 얼음 덩어리보다 녹는 시간이 6배 오래 걸린다.'라고 하였다. 따라서 ㉠의 얼음을 ㉡처럼 물에 띄운다면, 얼음이 완전히 녹는 데는 '4시간×6'인 24시간이 걸릴 것이다.

오답 해설
① '제곱-세제곱 법칙'을 적용하면 ㉠보다 ㉡의 길이가 3배 늘어났으므로 면적은 3^2, 즉 9배 차이가 난다.
② '제곱-세제곱 법칙'을 적용하면 ㉠보다 ㉡의 길이가 3배 늘어났으므로 부피는 3^3, 즉 27배 차이가 난다.
③ ㉠은 물에 완전히 잠겨 있는 상태이고 길이가 2㎝인 정육면체이므로 얼음이 완전히 녹는 데 걸리는 시간은 '2시간×2' 즉 4시간이다. 따라서 6시간 후에 관찰하면 얼음이 완전히 녹아 있을 것이다.
⑤ 한 변이 3㎝인 정육면체 얼음이 완전히 녹는 시간은 '2시간×3'이므로 6시간이다.

STEP **I** **1** ②

STEP **II** **1** 캐싱이 이루어지는 조건과 방식
2 캐싱, 라인, 직접 매핑
3 CPU가 데이터를 요청함, 두 태그의 값이 일치하는 경우, 검색 속도가 빠름.

STEP **III** **1** ①   **2** ④

1 〈보기〉에서 제시한 주기억 장치의 데이터 용량(2^n)이 64(2^6)개의 워드이고, 하나의 블록을 구성하는 워드의 수(K)가 4이다. 또한 캐시 기억 장치의 데이터 용량(M)이 16개의 워드이다. 따라서 이 주기억 장치의 블록(㉮) 개수(2^n/K = 2^6/4 = 64/4)는 16개가 되며, 각 워드(n비트)는 6비트(㉯)의 주소로 지정된다. 그리고 캐시 기억 장치의 라인(M/K = 16/4)은 4개(㉰)가 만들어진다.

2 ㉠은 직접 매핑이고, ㉡은 완전 연관 매핑이다. 6문단에서 ㉠은 주기억 장치의 데이터를 블록 단위로 캐시 기억 장치의 지정된 라인에 저장하는 방식이라고 하였다. 〈보기〉의 ㉡은 캐시 기억 장치에 블록을 저장할 때 라인을 지정하지 않고 임의로 저장하는 방식이라고 하였다.

오답 해설
① 6문단에서 ㉠은 CPU가 태그 필드, 라인 필드, 워드 필드로 이루어진 주소를 통해 데이터를 요청한다고 하였다. 〈보기〉의 ㉡은 주기억 장치의 주소가 태그 필드, 워드 필드로 이루어진다고 하였으므로, ㉠과 ㉡은 주기억 장치의 주소에 태그 필드가 있다고 할 수 있다.
② 7문단에서 ㉠은 해당 라인만 검색하면 되기 때문에 검색 속도가 빠르다고 하였다. 〈보기〉의 ㉡은 모든 라인에 걸쳐 히트 여부를 확인해야 하므로 검색 시간이 가장 오래 걸린다고 하였다. 따라서 캐시 히트 여부를 확인하는 시간이 빠른 것은 ㉠이다.
③ 6문단에서 ㉠은 주기억 장치의 데이터를 블록 단위로 캐시 기억 장치의 지정된 라인에 저장하는 방식이라고 하였다. 따라서 ㉠은 블록 교체 알고리즘이 별도로 필요하지 않다는 것을 알 수 있다. 〈보기〉의 ㉡은 주기억 장치의 블록이 캐시 기억 장치의 정해진 라인에 저장되는 것이 아니기 때문에 블록 교체 알고리즘이 별도로 필요하다고 하였다. 따라서 블록 교체 알고리즘이 필요한 것은 ㉡이다.
⑤ 7문단에서 ㉠은 회로의 구조가 단순하다고 하였고, 〈보기〉의 ㉡은 회로의 구조가 복잡하다고 하였다. 따라서 회로의 구조가 복잡한 것은 ㉡이다.

STEP Ⅰ **1** (1) 흡수 (2) 수송 (3) 방출 (4) 회수
2 ④　　**3** ⑤

STEP Ⅱ **1** 상변화 물질의 변화를 이용한 열 수송
2 상변화 물질, 고체, 액체, 효율성
3 흡수, 녹는점, 방출

STEP Ⅲ **1** ⑤　　**2** ③

1 ⓐ는 잠열이다. 2문단에서 ⓐ는 물질의 온도 변화로 나타나지 않는 숨어 있는 열이라고 하였고, 온도 변화로 나타나는 열을 현열이라고 한다고 했다. 그리고 비커 속 얼음이 물로 변하는 것을 상변화라고 할 때, 이 과정에서 잠열은 물질의 온도 변화로 나타나지 않는다고 했다. 따라서 잠열이 상변화하고 있는 물질의 현열을 증가시키는 역할을 한다는 것은 적절하지 않다.

[오답 해설]
① 2문단에서 잠열은 물질마다 그 크기가 다르다고 언급했다.
②, ③ 2문단에서 잠열은 물질의 온도 변화로 나타나지 않는 숨어 있는 열이라고 언급했다.
④ 2문단에서 상변화란 주변의 온도나 압력 변화에 의해 어떤 물질이 이전과는 다른 상태로 변하는 것이라고 하였다. 또한 물질이 상태가 변할 때 잠열을 흡수하거나 방출하기도 한다고 언급했다.

2 3문단에서 액체가 된 상변화 물질이 섞인 물이 온수 공급관을 통해 공동 주택 기계실의 열 교환기로 이동한다고 했다. 4문단에서 캡슐 속 상변화 물질은 액체에서 고체로 상변화하면서 잠열을 방출한 후 온수 회수관을 통해 다시 발전소로 회수된다고 했다. 따라서 ㉯와 ㉰ 속의 상변화 물질은 각각 액체와 고체로 상태가 서로 다르다는 것을 알 수 있다.

[오답 해설]
① 3문단에서 열 병합 발전소의 열 교환기에 있는 물이 데워져 물의 온도가 상변화 물질의 녹는점 이상이 되면 상변화 물질은 액체로 상변화한다고 했다.
② 3문단에서 온수 공급관을 통해 이동하는 과정에서 상변화 물질이 고체로 상변화되지 않도록 물의 온도는 상변화 물질의 녹는점 이상으로 유지되어야 한다고 했다.
④ 4문단에서 온수 공급관을 통해 이동해 온 물의 현열과 캡슐 속 상변화 물질의 현열, 그리고 상변화 물질의 잠열이 모두 공동 주택의 찬물을 데우는 데 사용된다고 했다.
⑤ 4문단에서 상변화 물질 캡슐이 든 물은 온수 회수관을 통해 다시 발전소로 회수되어 재사용된다고 했다.

STEP Ⅰ **1** ㉠: ②, ㉡: ①, ㉢: ④, ㉣: ③
2 ②

STEP Ⅱ **1** 하이라이트 레인지와 인덕션 레인지의 가열 방식
2 가열 방식, 줄열, 전자파
3 상판 자체를 가열해서 열을 발생시키는 직접 가열 방식임. 에너지 효율이 높아 조리 속도가 빠름, 화상의 우려가 있음.

STEP Ⅲ **1** ③　　**2** ②

1 〈보기〉는 인덕션 레인지로, ⓐ는 코일, ⓑ는 교류 자기장, ⓒ는 냄비, ⓓ는 맴돌이 전류이다. 3문단에서 ⓑ에 의해 ⓒ 바닥에 ⓓ가 발생하고, ⓓ가 ⓒ 소재의 저항에 부딪혀 ⓒ에 열이 발생한다고 하였다. 따라서 ⓒ 소재의 저항이 커지면 ⓑ의 세기도 커진다는 내용은 적절하지 않다는 것을 알 수 있다.

[오답 해설]
① 3문단에서 ⓐ에 고주파 교류 전류가 흐르면 ⓑ가 발생한다고 하였다.
② 3문단에서 ⓑ의 영향으로 ⓒ의 바닥에 폐회로가 생겨나며, 그 속에 소용돌이 형태의 ⓓ가 발생한다고 하였다.
④ 3문단에서 ⓓ의 세기는 ⓐ에 흐르는 전류의 세기에 비례한다고 하였다.
⑤ 3문단에서 ⓓ가 ⓒ 소재의 저항에 부딪혀 줄열 효과가 나타나고, 이에 의해 ⓒ에 열이 발생한다고 하였다.

2 4문단에서 자화 세기는 물체에 가한 자기장의 세기에 비례하여 커지다가 일정값 이상으로는 더 이상 커지지 않는데 이를 자기 포화 상태라고 하였다. 〈보기〉에서 A 소재의 용기 외부에 가해지는 자기장의 세기가 커지더라도 A 소재가 자기 포화 상태에 이르면 자화 세기는 더 이상 커지지 않는다. 따라서 A 소재의 용기 외부에 가해지는 자기장의 세기가 커지더라도 열에너지는 계속 증가할 수 없다.

[오답 해설]
① 4문단에서 강자성체는 외부 자기장의 세기가 줄어들어도 자화의 세기가 상대적으로 천천히 줄어들게 되고 외부 자기장이 사라져도 어느 정도 자화된 상태를 유지하는데, 이를 자기 이력 현상이라고 하였다. A와 B는 자기 이력 현상이 나타나는 강자성체이므로, 인덕션 레인지 용기의 소재로 적절하다고 할 수 있다.
③ 4문단에서 자기 이력 현상이 일어나고 자성체에 남아 있는 자화의 세기를 잔류 자기라고 하였다. 인덕션 레인지의 전원을 차단하면 자기장의 세기는 0이 되는데, 이때 잔류 자기는 A가 B보다 크다. 따라서 A 소재의 용기가 B 소재의 용기보다 잔류 자기의 세기가 더 클 것이다.
④ 4문단에서 처음에 가해 준 외부 자기장의 역방향으로 일정 세기의 자기장을 가해 주면 자화의 세기가 0이 된다고 하였

다. 자기장의 세기는 A가 B보다 크므로, 용기의 잔류 자기를 제거하기 위해서는 A 소재의 용기에 B 소재의 용기보다 더 큰 세기의 자기장을 가해야 할 것이다.

⑤ 4문단에서 열에너지는 자기 이력 곡선의 내부 면적과 비례한다고 하였다. 자기 이력 곡선의 내부 면적은 A가 B보다 크므로, 자기장의 변화에 따라 발생하는 열에너지는 A 소재의 용기가 B 소재의 용기보다 더 클 것이다.

기술 04 열차 안전장치의 종류와 작동 원리
본문 102~105쪽
지문 분석편 25쪽

STEP I
1 (1) 충돌 (2) 정지 (3) 제동
2 (1) 너무 빠르게 함. (2) 속도를 줄임. (3) 속도를 더함.
3 ①

STEP II
1 열차 안전장치의 작동 원리
2 충돌, 악천후, 속도
3 폐색 구간, 자동 정지, 기관사

STEP III
1 ⑤   2 ③

1 3문단에서 ATS는 기관사가 신호기에 표시된 정지 신호를 잘못 인식하거나 확인하지 못하고 열차가 달리는 위기 상황에서 열차를 강제로 정지시켜 충돌 사고를 예방하는 기능을 한다고 언급했다. 하지만 평상시에는 기관사가 차상 장치의 적색등을 확인하고 직접 제동 장치를 작동하여 열차를 감속하거나 정지시키는 등 열차 속도를 조절하고 앞 열차와의 안전거리를 유지해야 한다는 부담이 있을 것이다. 따라서 ATS도 평상시 기관사의 운전 부담을 줄여 주는 데는 한계가 있을 것이다.

2 ㉮는 열차 검지 장치, ㉯는 송수신 장치, ㉰는 속도 검출기, ㉱는 계기판, ㉲는 제동 장치이다. 6문단에서 ㉰를 통해 열차의 현재 속도를 얻는다고 하였다. A, B열차의 위치를 바탕으로 B열차가 주행해야 할 속도를 연산하여 제한 속도를 결정하는 것은 속도 신호 생성 장치이다.

오답 해설
① 5문단에서 ㉮는 지상의 ㉯가 보낸 신호를 바탕으로 선로 위에 있는 A, B열차의 위치를 파악한다고 하였다.
② 5문단에서 속도 신호 생성 장치에서 결정한 B열차의 제한 속도가 B열차가 위치한 궤도 회로에 전송되고, 지상의 ㉯를 통해 B열차에 일정 시간 간격으로 계속 전달된다고 하였다.
④ 6문단에서 ㉱는 제한 속도를 수신받고, ㉰를 통해 얻은 B열차의 현재 속도가 동시에 표시된다고 하였다.
⑤ 6문단에서 열차의 현재 속도가 제한 속도를 초과하면 처리 장치에서 자동으로 신호를 보내고, 신호를 받은 ㉲가 작동되어 열차의 속도를 줄여 준다고 하였다.

기술 05 초고층 건물을 짓는 건축 기술
본문 106~109쪽
지문 분석편 26쪽

STEP I
1 (1) 설치 (2) 지탱 (3) 분산 (4) 작용 (5) 고안
2 ⑤

STEP II
1 초고층 건물의 수직 하중과 수평 하중을 견딜 수 있는 기술
2 수직 하중, 바람, 아웃리거-벨트 트러스
3 코어에 건물의 보와 기둥들을 강하게 접합한 구조임. 콘크리트를 사용하여 벨트 트러스를 코어와 견고하게 연결함.

STEP III
1 ④   2 ③

1 ㉠은 보기둥 구조, ㉡은 코어 구조, ㉢은 아웃리거-벨트 트러스 구조이다. 5문단에서 아웃리거-벨트 트러스 구조의 트러스는 외부 기둥들을 연결하여 외부에서 작용하는 힘을 전체적으로 분산하는 역할을 한다고 하였다. 또한 아웃리거는 콘크리트를 사용하여 건물 외벽에 설치된 벨트 트러스를 내부의 코어와 견고하게 연결한다고 하였다.

오답 해설
① 2문단에서 ㉠은 기둥과 기둥 사이에 수평 구조물인 보를 설치하고 그 위에 바닥판을 놓은 구조라고 하였다.
② 2문단에서 ㉠의 보는 바닥판에 작용하는 하중이 기둥에 집중되지 않도록 분산하여 수직 하중을 잘 견딜 수 있는 역할을 한다고 하였다.
③ 4문단에서 초고층 건물은 높이가 높아질수록 수평 하중이 커지기 때문에 ㉡의 코어 크기가 커져야 한다고 하였다.
⑤ 5문단에서 ㉢은 ㉡을 보완한다고 하였으므로, ㉡과 ㉢을 함께 사용하면 건물에 작용하는 수평 하중을 견디는 힘이 커진다는 것을 알 수 있다.

2 ㉮는 U자형 관, ㉯는 물, ㉰는 건물이다. 6문단에서 ㉮ 전체의 가로 폭이 넓어지면 수평 방향의 흔들림을 줄여 주는 효과가 크다고 하였다. 따라서 ㉮ 전체의 가로 폭이 넓어질수록 ㉯가 수평 하중을 견디는 효과가 작아진다는 설명은 적절하지 않다.

오답 해설
① 6문단에서 ㉰가 기울어지면 관성의 법칙에 따라 ㉯는 원래의 자리에 있으려 한다고 하였다. ㉰가 기울어지면 ㉮ 역시 기울어지므로, ㉮가 한쪽으로 기울어도 ㉯는 원래 자리에 있으려 할 것이다.
② 6문단에서 ㉰가 기울어지면 관성의 법칙에 따라 기울어진 반대쪽에 있는 ㉯의 높이가 높아진다고 하였다. 따라서 ㉮가 왼쪽으로 기울면 오른쪽 관에 있는 ㉯의 높이가 왼쪽보다 높아질 것이다.
④ 6문단에서 ㉯가 무거울수록 수직 하중이 증가한다고 하였다.
⑤ 6문단에서 ㉯가 무거울수록 수평 방향의 흔들림을 줄여 주는 효과가 크다고 하였다.

기술 06 제책 기술의 등장 배경과 유형

본문 110~113쪽
지문 분석편 27쪽

STEP I 1 (1) ㄷ (2) ㄱ (3) ㄹ (4) ㄴ
2 ⑤

STEP II 1 시대의 변화에 따른 제책 기술의 발전
2 책, 양장, 무선철
3 동물의 뼈나 양피지를 이용함, 표지에 가죽을 씌우거나 나무판을 덧댐, 책의 대량 생산에 적합해 책의 대중화에 기여함.

STEP III 1 ③   2 ⑤

1 〈보기〉는 양장으로 제책한 책의 단면을 표현한 것으로, ㉮는 책등, ㉯는 홈, ㉰는 표지, ㉱는 면지, ㉲는 내지이다. 2문단에서 양장은 ㉲ 묶기와 ㉰ 제작을 따로 한 후에 합치는 방법이라고 하였다. 실매기는 ㉲를 묶을 때 사용하는 방법이다.

오답 해설

① 2문단에서 ㉮와 결합되는 ㉲ 부분에 접착제를 발라 ㉮에 붙인다고 하였다.
② 2문단에서 표지 부착 후에는 가열한 쇠막대로 앞뒤 표지의 책등 쪽 가까운 부분을 눌러 ㉯를 만들어 책의 펼침성이 좋도록 한다고 하였다.
④ 2문단에서 ㉱는 ㉲보다 두껍고 질긴 종이를 사용해 책의 내구성을 높인다고 하였다.
⑤ 2문단에서 ㉲는 실매기 방식을 활용해 실로 단단히 묶고, ㉰는 판지에 천이나 가죽 등의 마감 재료를 접착하여 만든다고 하였다. 또한 ㉱를 ㉰와 ㉲ 사이에 접착제로 붙여 이어 줌으로써 책의 내구성을 높인다고 하였다.

2 4문단에서 오늘날 대부분의 책은 무선철 방식으로 제작되고 있으며, 이 방식은 대량 생산에 적합하며 생산 단가가 낮고, 내구성은 더욱 강화되었다고 하였다. 따라서 〈보기〉의 요구 사항에 따라 내구성이 높으면서도 제작 비용을 절감하여 문집을 만들기 위해서는 성능이 좋은 화학 접착제를 사용하여 무선철 방식으로 제책하는 것이 적절하다.

오답 해설

① 3문단에서 철침을 사용하는 것은 중철 방식이라고 하였다.
② 2문단에서 내지와 표지를 별도로 제작한 후 합치는 방법을 양장이라고 하였다.
③ 3문단에서 표지나 내지가 한가운데서 떨어질 때 철침을 4개 박는 것은 중철 방식이라고 하였다.
④ 2문단에서 실매기 방식을 활용해 내지를 실로 단단히 묶는 방식은 양장이라고 하였다.

예술 01 미래주의 회화

본문 114~117쪽
지문 분석편 28쪽

STEP I 1 ⓐ: ㉰, ⓑ: ㉲, ⓒ: ㉮, ⓓ: ㉱, ⓔ: ㉯
2 (1) 미친 듯이 어지럽게 날뜀. (2) 물체가 움직이면서 남긴 움직임을 알 수 있는 자국이나 자취. (3) 힘차고 활발하게 움직임.

STEP II 1 미래주의 회화의 특징과 의의
2 미래주의, 분할주의 기법, 상호 침투, 미의식
3 시간, 이미지의 겹침, 선, 움직임

STEP III 1 ②   2 ②

1 4문단에서 '미래주의 회화는 움직이는 대상의 속도와 운동이라는 미적 가치에 주목하여 새로운 미의식을 제시했다'라고 하였다. 또한 키네틱 아트는 '모빌과 같이 나무나 금속으로 만들어 입체적 조형물의 운동'을 보여 준다고 했으므로, 미래주의 회화는 '기존의 방식과 달리 미적 가치를 3차원에서 실제로 움직이는 대상을 통해 구현하려는 생각'을 키네틱 아트에 제공했을 것이다.

2 3문단에서 역선은 대상의 움직임의 궤적을 여러 개의 선으로 구현하는 방법으로, 사물에 대한 화가의 느낌을 드러낸다고 하였다. 따라서 ②의 '역선을 통해 사실적인 형태를 강조했음'은 적절하지 않은 설명이다.

오답 해설

① 3문단의 마지막 부분에서 '미래주의 화가들은 움직이는 대상의 속도와 운동을 효과적으로 나타낼 수 있었다.'라고 하였다. 따라서 움직이는 강아지의 모습을 속도감 있게 그린 것은 미래주의 회화의 경향을 나타낸 것이라 할 수 있다.
③ 3문단에서 미래주의 회화에서 사용하는 분할주의 기법 중 상호 침투는 '역선을 사용하여 대상의 모습을 나타내면 대상이 다른 대상이나 배경과 구분이 모호'해지고 '대상이 사실적인 형태보다는 왜곡된 형태로 표현된다.'라고 하였다. 따라서 강아지의 발과 바닥의 경계가 모호하게 보이는 것에서 대상과 배경의 상호 침투 효과를 엿볼 수 있다고 한 설명은 적절하다.
④ 3문단에서 이미지의 겹침은 '화면에 하나의 대상을 여러 개의 이미지로 중첩시켜서 표현하는 방법'으로, '마치 연속 사진처럼 화가는 움직이는 대상의 잔상을 바탕으로 시간의 흐름에 따른 대상의 움직임을 겹쳐서 나타'낸 것이라고 하였다. 따라서 강아지의 발을 중첩시켜 표현한 것은 이미지 겹침을 통해 시간의 흐름에 따른 대상의 움직임을 나타낸 것이라고 한 설명은 적절하다.
⑤ 2문단에서 "질주하고 있는 말의 다리는 4개가 아니라 20개다.'라는 미래주의 선언의 내용은, 분할주의 기법을 통해 대상의 역동성을 지향하고자 했던 미래주의 화가들의 생각을 잘 드러낸 것'이라고 하였다. 따라서 사람의 다리를 두 개가 아닌 여러 개로 그린 것은 분할주의 기법을 활용하여 걷는 이의 역동적 모습을 강조한 것이라는 설명은 적절하다.

예술 02 니체의 예술 철학과 표현주의

본문 118~121쪽
지문 분석편 29쪽

STEP Ⅰ **1** (1) × (2) ○ (3) ○ (4) ○
2 (1) 감정 (2) 사실주의 (3) 원근법

STEP Ⅱ **1** 화가의 내면을 적극적으로 표현했던 표현주의는 니체의 철학을 근거로 예술에 대한 새로운 해석을 보여 주었다.
2 존재, 니체, 예술, 표현주의, 니체
3 예술, 충동, 존재

STEP Ⅲ **1** ② **2** ④

1 4문단에서 '사실주의 미학은 형이상학적 이원론에 근거하여 존재와 진리의 참모습을 모방하는 것을 예술의 목적으로 받아들이는 재현의 미학이었다.'라고 하였다. 따라서 ②의 '존재와 진리의 참모습을 모방하는 것이 중요하다고 여겼다.'라는 설명은 표현주의 화가들이 아닌 사실주의 미학에 해당하는 내용이므로 적절하지 않다.

오답 해설
① 4문단의 '그들은 사실주의 미학에서 이성보다 열등한 것이라고 여겼던 감정을 존재의 본질을 드러내는 것으로 보았다.'에서 확인할 수 있다.
③ 4문단의 표현주의 화가들이 '생각하는 인간의 감정은 시시각각 변화하며 생성과 소멸을 반복하는 것이었기에 그림을 그리는 동안에도 매 순간 변화하는 감정을 중시했다.'에서 확인할 수 있다.
④ 5문단의 '예술가로서의 감정적, 주관적인 표현을 예술이 추구해야 하는 가치로 보았다.'에서 확인할 수 있다.
⑤ 4문단의 마지막 부분인 '작품에서 드러나는 공간이 현실 공간의 재현이 아니라 화가 자신의 감정을 표현하기 위한 상징과 의미를 생산하는 공간이라는 인식을 드러냈다.'에서 확인할 수 있다.

2 3문단에서 니체는 '본능에 내재한 감성을 바탕으로 하는 예술적 충동을 중시'했다고 하였다. 또한 4문단에서 표현주의 화가들은 '대상의 비례와 고유한 형태를 왜곡하고, 색채도 실제보다 더 강하게 과장해서 그리거나 대비되는 원색을 대담하게 사용하는 등의 방법을 통해 자신의 감정과 충동을 표현했다.'라고 하였다. 따라서 ④의 감상 내용은 적절하다.

오답 해설
① 3문단에서 니체는 '허무에서 벗어나기 위해서는 생명의 본질을 회복해야 한다고 했다.'라고 하였고, '예술을 통해 생명력을 회복하고 허무를 극복할 수 있'다고 보았다. 따라서 '인간은 결코 허무를 극복할 수 없다는 니체의 철학과 관련된 것'이라는 감상 내용은 적절하지 않다.
② 2문단에서 '니체는 형이상학적 이원론이 진리를 영원불변한 것으로 고정하고, 현실 너머의 이상 세계와 초월적 대상을 생명의 근원으로 설정함으로써 인간이 현실의 삶을 부정하

도록 만들었다고 보았다.'라고 하였다. 따라서 '현실 너머의 이상 세계를 생명의 근원이라고 여긴 니체의 견해'라는 감상 내용은 적절하지 않다.
③ 2문단에서 니체는 '신 중심의 초월적 세계, 합리적 이성 체계 모두를 부정했다.'라고 하였다. 따라서 '초월적 세계를 재현한 것이 현실 세계라는 니체의 입장'이라고 한 감상 내용은 적절하지 않다.
⑤ 3문단에서 '니체가 말하는 '힘에의 의지'는 주변인이나 사물을 자기 마음대로 지배하고 억압하려는 의지가 아니라 자기 극복을 이끌어 내고 생명의 상승을 지향하는 의지로 이해할 수 있다.'라고 하였다. 따라서 '인간은 자기 주변의 사물을 지배해야 한다는 의지를 강조한 니체의 주장이 수용된 것'이라는 감상 내용은 적절하지 않다.

예술 03 엑스레이 아트

본문 122~125쪽
지문 분석편 30쪽

STEP Ⅰ **1** (1) 기여 (2) 주목 (3) 시도 (4) 배치 (5) 개척
2 (1) 투과율 (2) 사망률

STEP Ⅱ **1** 엑스레이 아트의 창작 방법과 의의
2 엑스레이 아트, 오브제 내부, 특성, 컴퓨터 그래픽, 발상의 전환
3 투과, 각도, 합성

STEP Ⅲ **1** ③ **2** ⑤

1 〈보기〉에서 버스의 측면이 보이도록 촬영한 것은 버스에 타고 있는 사람들의 여러 가지 자세와 인체 골격의 다양한 모습을 드러내기 위한 것이라고 하였다. 따라서 ③의 '촬영 각도에 따라 엑스레이가 투과되지 않는 효과를 이용하기 위한 것'이라는 설명은 적절하지 않다.

오답 해설
① 2문단에서 닉 베세이는 엑스레이 아트를 통해 사물의 보이지 않는 내부의 아름다움을 탐색했다고 하였다. 또 5문단에서 엑스레이는 대상의 골격이나 구조를 노출하는 기술이라고 하였다. 따라서 물체를 투과하는 엑스레이를 이용한 것은 일상적인 시선으로 볼 수 없는 인체 골격의 모습을 보여 주려는 의도라고 할 수 있다.
② 3문단에서 '작품 창작 의도를 구현하는 데 오브제의 모든 구성 요소가 필요하지 않다면 오브제의 일부 구성 요소만 선택하여 창작 의도를 드러낼 수도 있다.'라고 하였다. 〈보기〉 역시 작품의 창작 의도를 구현하는 데 필요한 바퀴나 차체 등의 일부 구성 요소들만 선택하였다고 하였다.
④, ⑤ 3문단에서 '오브제가 클 경우 오브제를 여러 부분으로 나누어서 촬영한다.'라고 하였고, 4문단에서 '크기가 큰 대상을 오브제로 삼아 여러 날에 걸쳐 촬영할 경우', '그래픽 작업을

통해 사진들의 명도를 보정한 뒤, 이 사진들을 퍼즐처럼 맞추어 하나의 사진으로 합성하여 작품을 완성한다.'라고 하였다.

2 5문단의 내용을 볼 때, 엑스레이 아트는 눈으로는 볼 수 없는 대상의 골격이나 구조를 노출하는 기술로, 발상의 전환을 통해 감상자들에게 기존의 예술 작품과는 다른 미적 감수성을 불러일으킨다는 점에서 현대 예술의 외연을 넓히는 데 기여하였다는 평가를 받고 있다.

예술 **04** 인상주의와 후기 인상주의 본문 126~129쪽 / 지문 분석편 31쪽

STEP Ⅰ **1** (1) 재현 (2) 추구 (3) 포착 (4) 선호
2 ③

STEP Ⅱ **1** 19세기 말 등장한 인상주의와 후기 인상주의는 전통적인 회화에서 중시되었던 사실주의적 회화 기법을 거부하고 회화의 새로운 경향을 추구하였다.
2 사진, 빛, 인상, 세잔, 이중 시점, 입체파
3 색, 사실적, 본질, 윤곽선

STEP Ⅲ **1** ① **2** ⑤

1 〈보기〉에서 입체파 화가들은 '사물의 본질을 표현하고자 대상을 입체적 공간으로 나누어 단순화한 후, 여러 각도에서 바라보는 관점으로 사물을 해체하였다가 화폭 위에 재구성하는 방식을 취하였다.'라고 하였다. 5문단에서 후기 인상주의 화가인 세잔은 '대상을 전통적 원근법에 억지로 맞추지 않고 이중 시점을 적용하여 대상을 다른 각도에서 바라보려 하였고, 이를 한 폭의 그림 안에 표현하였다.'라고 하였다. 따라서 대상을 다양한 각도에서 바라보아야 한다는 후기 인상주의 화가 세잔의 관점은 입체파에 영향을 주었을 것이다.

2 6문단에서 후기 인상주의 화가인 세잔은 '이중 시점에서 더 나아가 형태를 단순화하여 대상의 본질을 표현하려 하였고, 윤곽선을 강조하여 대상의 존재감을 부각하려 하였다.'라고 하였다. 그리고 3문단에서 인상주의 화가인 모네는 '대상을 '눈에 보이는 대로' 표현하려 했다는 점에서 이전 회화에서 추구했던 사실적 표현에서 완전히 벗어나지는 못했다는 평가를 받았다.'라고 하였다. 따라서 ⑤의 설명은 후기 인상주의 화가 세잔의 작품인 (나)에만 해당하는 것임을 알 수 있다.

오답 해설
① 3문단에서 모네는 '빛에 의한 대상의 순간적 인상을 포착하여 대상을 빠른 속도로 그려 내었다.'라고 하였으므로, (가)에 대한 설명으로 적절하다.
② 5문단에서 세잔은 '질서 있는 화면 구성을 위해 대상의 선택과 배치가 자유로운 정물화를 선호하였다.'라고 하였으므로, (나)에 대한 설명으로 적절하다.

③ (나)는 세잔의 작품으로, 6문단에서 세잔은 '윤곽선을 강조하여 대상의 존재감을 부각하려 하였다.'라고 하였으므로 적절한 설명이다.
④ 3문단에서 모네는 '빛에 의한 대상의 순간적 인상을 포착하여 대상을 빠른 속도로 그려 내었다. 그에 따라 그림에 거친 붓 자국과 물감을 덩어리로 찍어 바른 듯한 흔적이 남아 있는 경우가 많았다.'라고 하였으므로 적절한 설명이다.

예술 **05** 겸재와 단원의 진경산수화 본문 130~133쪽 / 지문 분석편 32쪽

STEP Ⅰ **1** (1) 화폭 (2) 묵법 (3) 필선 (4) 농담
2 ④

STEP Ⅱ **1** 겸재와 단원의 화풍으로 본 진경산수화의 특징
2 진경산수화, 겸재 정선, 생략, 단원 김홍도, 입체감
3 우리 산하를 주체적으로 그려 냄, 사실적인 경치를 그려 냄, 양의 기운을 표현함, 입체감 있게 표현함.

STEP Ⅲ **1** ① **2** ①

1 2문단에서는 겸재 정선의 작가 의식을 설명하고, 3문단에서는 작가 의식이 잘 나타나는 작품인 「구룡폭도」에 대해 설명하고 있다. 또한 4문단에서는 진경산수화의 새로운 전기를 마련한 단원 김홍도의 작가 정신에 대해 서술한 후, 5문단에서 그의 작품인 「구룡연」에 대해 설명하고 있다. 즉 이 글은 진경산수화의 대표적인 두 화가의 작가 의식과 작품을 연관 지어 서술하고 있다.

2 3문단에서 '물줄기가 내 눈앞에서 쏟아지는 듯한 감흥을 표현하기 위해 겸재는 앞, 위, 아래에서 본 것을 모두 한 그림에 담아냈다.'라고 하였고, '그림을 보는 이들이 폭포수의 감흥에 집중할 수 있도록 실재하는 폭포 너머의 봉우리를 과감히 생략했다.'라고 하였다. 따라서 겸재 정선의 진경산수화 「구룡폭도」는 구룡 폭포에서 느낀 감흥을 표현하였다고 할 수 있다. 반면 〈보기〉의 경기 민요 「박연 폭포」는 [2절]과 후렴의 내용으로 볼 때 박연 폭포를 소재로 하여 자신들의 사랑을 표현한 것이라고 할 수 있다.

오답 해설
② 「구룡폭도」는 '물줄기가 내 눈앞에서 쏟아지는 듯한 감흥을 표현하기 위해', '앞, 위, 아래에서 본 것을 모두 한 그림에 담아냈다.'라고 하였다.
③ 「구룡폭도」가 '폭포수의 감흥에 집중할 수 있도록 실재하는 폭포 너머의 봉우리를 과감히 생략'한 것은 맞지만, 〈보기〉의 「박연 폭포」가 대상과의 차이를 강조하여 폭포수에 집중하도록 했다는 설명은 적절하지 않다.
④ 원근법을 사용한 것은 정선이 아니라, 단원 김홍도이다.
⑤ 「구룡폭도」가 절벽의 나무를 먹의 번짐을 바탕으로 한 묵법을 활용해 그린 것은 맞지만, 〈보기〉의 「박연 폭포」가 자연물에 비유하여 음양의 원리를 표현한 것은 아니다.

정답과 해설─문제 분석편 **55**

예술 06 지휘자의 음악 해석

본문 134~137쪽
지문 분석편 33쪽

STEP Ⅰ
1 (1) 무자비 (2) 긴박감 (3) 추진력 (4) 천차만별
2 (1) ㉴ (2) ㉣ (3) ㉮ (4) ㉳

STEP Ⅱ
1 지휘자의 음악 해석의 차이와 음악 연주에서 다름을 허용하는 자세
2 음악 해석, 불완전성, 빠르고 활기 있게, 토스카니니, 푸르트벵글러, 다름
3 추진력, 웅장함

STEP Ⅲ
1 ③　　**2** ④

1 2문단에서 '작곡가가 아무리 악보를 정교하게 그린다 해도 작곡가는 연주자들에게 자신이 의도한 음악을 정확하게 전달해 낼 수 없다.'라고 하였다. 따라서 작곡가가 악보에 자신의 의도를 정확하게 담았다면 음악 해석은 불필요하다는 ③의 설명은 적절하지 않다.

오답 해설
① 1문단에서 '지휘자는 자신의 음악적 관점을 리허설을 통해 전달'한다고 하였고, 3문단의 첫 문장에서 '지휘자의 관점에 따라 얼마나 다르게 연주될 수 있는지 살펴보자.'라고 하였다.
② 2문단의 뒷부분에서 '작곡가가 아무리 악보를 정교하게 그린다 해도 작곡가는 연주자들에게 자신이 의도한 음악을 정확하게 전달해 낼 수 없다.'라고 하였다.
④ 1문단에서 '지휘자와 오케스트라가 작곡가의 악보를 소리로 바꾸는 과정에서 '음악 해석'이라는 것이 이루어진다.'라고 하였다.
⑤ 1문단에서 지휘자는 '여러 가지 손동작과 표정, 몸짓 등으로 감정을 표현하거나 음악의 느낌을 단원들에게 전달'한다고 하였고, '그 순간 지휘자는 단지 박자만 맞추는 것이 아니라 음악을 해석하고 있는 것'이라고 하였다.

2 〈보기〉에서 '베토벤은 자신의 「교향곡 5번」 1악장 재현부에서 제2주제 팡파르를 호른과 음색이 가장 유사한 목관 악기인 바순으로 연주하도록' 했다. 따라서 악보에 충실한 음악 해석을 중요시한 지휘자들은 호른이 아닌 바순으로 연주해야 한다고 주장했을 것이다.

오답 해설
① 〈보기〉에서 '베토벤 당시의 호른으로는 재현부에서 C장조로 낮아진 제2주제의 팡파르를 연주할 수 없었다.'라고 하였다.
② 4문단에서 토스카니니는 '정확하게 베토벤이 원하는 템포 그대로 운명의 동기를 연주'했다고 하였으므로, 베토벤이 악보에 적어 놓은 그대로 바순으로 연주하는 데 동조했을 것이다.
③ 2문단에서 악보의 불완전성이 다양한 음악 해석을 가능하게 한다고 하였으므로, 자신의 관점에 따라 호른이나 바순 이외의 악기로 연주하는 지휘자도 있을 것이다.
⑤ 6문단에서 글쓴이는 음악 연주에서 '다름'을 허용하는 것이 클래식 음악을 더욱 생동감 넘치는 현재의 음악으로 재현하는 원동력이 된다고 하였다.

예술 07 신라 범종의 조형 양식과 계승

본문 138~141쪽
지문 분석편 34쪽

STEP Ⅰ
1 (1) ㉯ (2) ㉵ (3) ㉳ (4) ㉴ (5) ㉮
2 (1) 주조 (2) 부조

STEP Ⅱ
1 신라 시대 범종의 조형 양식과 변화 양상
2 신라, 음통, 천인상, 고려, 중국
3 가운데가 불룩함, 쌍용 형태임, 연꽃 봉오리 형상의 유두가 있음

STEP Ⅲ
1 ③　　**2** ④

1 5문단에서 조선 초기에는 '신라의 대형 종 주조 공법을 대신하여 중국 종의 주조 공법을 도입'하였다고 하였다. 따라서 신라 종의 조형 양식은 조선 초기 중국 종의 주조 공법을 도입한 일을 기점으로 큰 변화가 나타났다고 볼 수 있다.

오답 해설
① 5문단에서 '불교를 억제하는 정책에 따라 한동안 범종 제작이 통제'되었다고는 하였으나, 이는 조선 초기에 중국 종의 주조 공법을 도입하여 신라 종의 조형 양식이 이미 바뀌기 시작한 이후 일어난 일이다.
② 4문단에서 '고려 시대에는 이러한 신라 종의 조형 양식이 미약한 변화 속에서 계승된다.'라고 하였으므로, 고려 시대에 신라 종의 조형 양식이 전승되지 못했다는 설명은 적절하지 않다.
④ 5문단에서 '16세기에 사찰 주도로 소형 종이 주조되면서 사라졌던 신라 종의 조형 양식이 다시 나타난다.'라고 하였으므로, 신라 종의 조형 양식을 복원하는 데 한계가 있었다는 설명은 적절하지 않다.
⑤ 5문단에서 조선 초기에 대형 종을 주조한 것은 사찰 주도가 아닌 왕실 주도였으며, 중국 종의 주조 공법을 도입하면서 신라 종의 섬세한 장식 대신 중국 종의 전형적인 장식들이 나타나게 된다고 하였다.

2 신라 시대 범종에서 〈보기〉의 ⓐ는 용뉴, ⓑ는 음통, ⓒ는 유두, ⓓ는 천인상, ⓔ는 하대이다. 3문단 마지막 부분에서, '당좌 사이에는 천인상이 아름답게 장식되어 있어 가로 세로의 띠만 있는 일본 종과 차이가 있다.'라고 하였으므로, 일본 종은 천인상 주변에 가로 세로의 띠가 있다고 한 ④의 설명은 적절하지 않다.

오답 해설
① ⓐ는 용뉴로 2문단의 내용으로 볼 때, 신라의 범종은 용뉴가 한 마리 용의 모습인 반면, 중국이나 일본 종은 쌍용 형태이다.
② ⓑ는 음통으로, 2문단에서 '용뉴 뒤에는 우리나라의 범종에서만 특징적으로 나타나는 음통이 있다.'라고 하였다.
③ ⓒ는 유두로, 신라 종에는 연꽃 봉오리 형상이 장식된 유두가 9개씩 있어, 단순한 꼭지 형상의 유두가 있는 일본 종이나 유두와 유곽 모두 없는 중국 종과 차이를 보인다고 하였다.
⑤ 2문단에서 신라 종의 몸체는 '가운데가 불룩하게 튀어나온 모습을 하고 있다.'라고 하였다.

STEP Ⅰ 1 (1) 이론(異論) (2) 이론(理論) (3) 이론(異論)
(4) 이론(理論)

STEP Ⅱ 1 (가) 예술을 정의하고자 한 다양한 미학 이론
(나) 예술 작품에 대한 다양한 해석과 판단 방법
2 (가) 낭만주의, 요소, 필요충분조건
(나) 시대적, 유기성, 상상력
3 (가) 표현론, 제도론
(나) 맥락주의, 인상주의

STEP Ⅲ 1 ③

1 (나)의 4문단에서 인상주의 비평은 비평가가 다른 저명한 비평가의 관점과 상관없이 자신의 생각과 느낌에 대하여 자율성과 창의성을 가지고 비평하는 것이라고 했다. 이러한 관점에서 볼 때 B에서 '슬퍼 보이고'와 '고통을 호소하고'라고 서술한 것은 작가의 심리적 상태를 표현하려는 것이 아니라, 비평가가 자신의 생각과 느낌을 자율적이고 창의적으로 표현한 것이라고 할 수 있다.

오답 해설

① (나)의 2문단에서 맥락주의 비평은 예술 작품이 창작된 당시 예술가가 살던 시대의 환경, 정치·경제·문화적 상황, 작품이 사회에 미치는 효과 등을 예술 작품 비평의 중요한 근거로 삼는다고 했다. 따라서 A에서 '1937년'에 '게르니카'에서 발생한 사건을 언급한 것은 역사적 정보를 바탕으로 작품을 해석한 것이라고 할 수 있다.

② (나)의 2문단에서 맥락주의 비평은 작품이 사회에 미치는 효과를 예술 작품 비평의 중요한 근거로 삼는다고 했다. 따라서 A에서 '게르니카'에서 벌어진 비극적 참상을 '전 세계에 고발'하였다고 서술한 것은 작품이 사회에 미치는 효과를 드러내고자 한 것이라고 할 수 있다.

④ (나)의 4문단에서 인상주의 비평은 비평가가 다른 저명한 비평가의 관점과 상관없이 자신의 생각과 느낌에 대하여 자율성과 창의성을 가지고 비평하는 것이라고 했다. 이러한 관점에서 볼 때 B에서 '우울한 색과 기괴한 형태'를 언급한 것은 비평가의 주관적 인상을 반영하기 위한 것이라고 할 수 있다.

⑤ (나)의 4문단에서 인상주의 비평가는 작가의 의도나 그 밖의 외적인 요인들을 고려할 필요 없이 비평가의 자유 의지로 무한대의 상상력을 가지고 작품을 해석하고 판단한다고 했다. 따라서 B에서 '희망을 갈구하는'이라고 서술한 것은 비평가가 자유 의지로 무한대의 상상력으로 작품을 해석하고 판단한 것이라고 볼 수 있다.

STEP Ⅰ 1 (1) 공공성 (2) 공정성 (3) 합리성 (4) 익명성
2 ⓐ: ④, ⓑ: ②, ⓒ: ③, ⓓ: ⑤, ⓔ: ①

STEP Ⅱ 1 (가) 합리성과 공정성을 바탕으로 사회에 긍정적 효과를 미친 과거제
(나) 과거제의 부작용과 과거제를 보완하려는 관료 선발 제도 개혁론
2 (가) 과거제, 공정성, 유럽
(나) 부작용, 비판적, 봉건적 요소
3 (가) 긍정적
(나) 부정적

STEP Ⅲ 1 ① 2 ②

1 (가)의 3문단에서 과거제가 학습에 강력한 동기를 제공함으로써 여러 가지 사회적 효과를 가져왔음을 밝히고 있다. 또한 4문단에서는 과거제가 동질적인 엘리트층의 연속성을 가져와 사회적 안정과 통치의 안정성에 기여했음을 밝히고 있다. 따라서 (가)는 과거제라는 특정 제도가 사회에 미친 영향을 인과의 방식으로 서술한 것이라 할 수 있다. (나)는 2문단에서 과거제의 시험 방식이 원인이 되어 합격만을 목적으로 한 형식적 학습, 인재들의 재능 낭비, 인성·실무 능력을 평가할 수 없는 것 등 과거제의 부작용이 나타났다고 서술하고 있다. 따라서 (가)와 (나) 모두 과거제가 사회에 미친 영향을 인과적으로 서술한 것으로 볼 수 있다.

오답 해설

② (가)는 과거제의 긍정적 측면을 언급하고 있으나, 과거제를 분석하는 두 가지 이론을 구분하여 소개하고 있지 않다. (나)는 과거제의 문제점을 개혁하고자 했던 유형원, 고염무, 황종희의 견해를 소개하고 있으나, 과거제를 분석하는 두 가지 이론을 구분하여 소개하고 있지 않다.

③ (나)에 과거제의 문제점을 개혁하고자 했던 유형원, 고염무, 황종희의 견해가 나타난다. 따라서 구체적인 사상가들의 견해를 언급하며 과거제에 대한 관점을 드러내고 있는 것은 (나)이다.

④ (나)는 과거제의 문제점을 설명하고 있지만, 과거제에 대한 선호와 비판의 근거들을 비교하여 제시하고 있지 않다.

⑤ (가)는 과거제가 사회에 미친 긍정적 측면을 언급하고 있으나, 과거제의 발전을 통시적으로 다루고 있지는 않다. (나)는 과거제의 문제점을 지적하며 이에 대해 대안을 제시한 학자들의 견해를 소개하고 있으나, 과거제에 대한 학자들의 상반된 입장을 공시적으로 언급하고 있지는 않다.

2 ㉠은 과거제의 문제점을 보완하기 위해 고염무가 제안한 것으로, 지방관인 지현들은 과거를 치르지 않더라도 능력을 검증할 수 있는 기간을 거친 후 그 지위를 평생 유지하게 하며 세습까지 허용하게 한다는 것이다. 이는 관료 선발에 봉건적 제도를 부분적으로 재도입하려는 개혁론에 해당한다. 따라서 과거제로 등용된 관리들이 봉

건적 요소에 대한 지향을 가지고 있다는 내용은 적절하지 않다. 또한 (나)의 3문단에서 과거제를 통해 임용된 관리가 승진을 위해 가시적이고 단기적인 결과만을 중시하는 부작용이 발생했는데, 이는 개인적 동기가 공공성과 상충되는 현상이라고 하였다. 따라서 과거제로 등용된 관리들의 개인적 동기가 공공성과 상충되는 것이지, 과거제로 등용된 관리들의 봉건적 요소에 대한 지향이 공공성과 상충되는 것은 아니다.

오답 해설

① (나)의 3문단에서 과거제로 임용된 관리들이 몇 년의 임기마다 다른 지역으로 이동하였다고 언급했다. 이러한 이유로 이들이 근무지에 대한 소속감이 약했다고 추론할 수 있다.

③ (나)의 3문단에서 과거제로 임용된 관리들이 추구하는 승진이라는 개인적 동기가 공공성과 상충된다고 언급했다. 이러한 이유로 세습 엘리트에 비해 이들의 개인적 동기가 강해서 공동체 의식이 높지 않았다고 추론할 수 있다.

④ (나)의 3문단에서 과거제로 임용된 관리들이 출세 지향적이기 때문에 지역 사회를 위해 장기적인 전망을 가지고 정책을 추진하기보다 가시적이고 단기적인 결과만을 중시한다고 언급했다. 이러한 이유로 이들이 장기적 안목보다는 근시안적 결과에 치중했다고 추론할 수 있다.

⑤ (나)의 3문단에서 능력주의적 태도는 관리의 업무 평가에도 적용되었으며, 과거제로 임용된 관리들이 승진을 위해 빨리 성과를 내려 한다고 언급했다. 이러한 이유로 이들이 가시적은 성과만을 내려는 경향이 강했다고 추론할 수 있다.

<table>
<tr><td>주제 통합
03</td><td>(가) 진화론도 진화한다
(나) 이타적 인간의 출현</td><td>본문 150~153쪽
지문 분석편 37쪽</td></tr>
</table>

STEP I 1 (1) 유전자 (2) 디엔에이(DNA) (3) 진화론

STEP II 1 (가) 진화론의 관점에서 보는 이타적 행동의 이유
(나) 진화적 게임 이론 중 인간이 진화하는 이유
2 (가) 진화론, 혈연 선택 가설
(나) 진화적 게임 이론, 생존 경쟁
3 (가) 유전자, 복제본, 수동적
(나) 보복, 이타적, 속도

STEP III 1 ⑤   2 ②

1 (가)와 (나)에서 각각 동물의 이타적 행동과 이타적 인간이 진화하는 이유를 이와 관련된 이론을 통해 설명하고 있다. (가)에서는 해밀턴의 '혈연 선택 가설'과 도킨스의 『이기적 유전자』에 대해 '이타적 행동의 진화에 얽힌 수수께끼를 푸는 중요한 열쇠로 평가된다.',

---

'개체를 단순히 유전자의 생존을 돕는 수동적 존재로 보았다는 점에서 비판을 받기도 하였다.'와 같은 평가도 함께 제시하였다. (나)에서는 '반복-상호성 가설'과 '집단 선택 가설'에 대해 '반복적이지 않은 상황에서 나타나는 이타적 행동을 설명하는 데는 한계가 있다.', '집단 선택 가설은 논리적으로만 가능할 뿐이라고 비판하고 있다.'와 같은 평가도 함께 제시하였다. 따라서 (가)와 (나)는 공통적으로 이타적 행동에 관한 이론과 그에 대한 평가를 제시하고 있다고 볼 수 있다.

2 ⊙은 'r×b-c>0'을 만족할 때 개체의 이타적 유전자가 진화한다는 것으로, 유전자의 개념으로 동물의 이타적 행동을 설명하고 있다. 이 법칙은 개체들의 이타적 행동은 자신과 같은 유전자를 공유하는 친족들의 생존과 번식에 도움을 줌으로써 자신의 유전자를 후세에 많이 전달하기 위한 행동이라는 내용을 담고 있다. 이는 개체의 이기적 행동에 숨겨진 이타적 동기가 아니라 개체의 이타적인 행동 뒤에 숨은 이기적 동기를 설명하는 것이라고 볼 수 있다.

오답 해설

① (가)의 2문단에서 유전적 근연도인 r, 즉 이타적 행위자와 이의 수혜자가 유전자를 공유할 확률을 제시하며 동물의 이타적 행동을 설명하고 있다.

③ (가)의 2문단에서 부나 모가 자식과 같은 유전자를 공유할 확률은 50%이고, 형제자매 간에 같은 유전자를 공유할 확률도 50%라고 하였다. 이타적 행위자와 이의 수혜자가 삼촌 관계일 경우 r은 0.5×0.5=0.25가 된다.

④ (가)의 2문단에서 부나 모가 자식과 같은 유전자를 공유할 확률은 50%이고, 형제자매 간에 같은 유전자를 공유할 확률도 50%라고 하였다. 따라서 이타적 행위자와 이의 수혜자가 부모 자식이나 형제자매일 경우 r은 모두 0.5로 같다.

⑤ (가)의 2문단에서 'r×b-c>0'을 만족할 때 개체의 이타적 유전자가 진화한다고 하였다. 또한 부나 모가 자식과 같은 유전자를 공유할 확률은 50%이고, 형제자매 간에 같은 유전자를 공유할 확률도 50%라고 하였다. 따라서 이 경우 r은 모두 0.5이고, 이때 b와 c가 같다면 'r×b-c>0'가 성립하지 않으므로 이타적 유전자가 진화하지 않는다.

01 ④	02 ③	03 ⑤	04 ③	05 ③
06 ②	07 ⑤	08 ②	09 ③	10 ④
11 ④	12 ②	13 ③	14 ⑤	15 ⑤
16 ①	17 ⑤			

[01~05]

해제 이 글은 언어 철학자 비트겐슈타인의 철학을 전기와 후기로 나누어 설명하고 있다. 비트겐슈타인의 전기 철학은 그의 저서 『논리 철학 논고』를 중심으로 전개되는데, 세계는 단순한 사물로 이루어져 있는 것이 아니라 '경우' 즉, 사물 간의 관계로 이루어져 있다는 것이 전기 철학의 중심 내용이다. 아울러 언어로 표현할 수 없는 세계가 분명 존재하며, 이 한계가 곧 언어의 한계라고 보았다. 후기 철학은 그의 저서 『철학 탐구』를 중심으로 한 것이다. 비트겐슈타인은 이 책에서 자신의 전기 철학을 비판하며 언어 게임 이론을 내세운다. 이 이론에서 그는 하나의 언어를 사용하는 사람들 간의 공통된 언어 규칙, 즉 언어 문법을 이해해야만 언어의 의미를 제대로 파악할 수 있다고 하였다.

주제 비트겐슈타인의 언어 철학

01 이 글은 비트겐슈타인의 철학을 그의 저서를 중심으로 전기와 후기로 나누어 서술하고 있다.

오답 해설

①, ② 이 글의 제재는 언어 철학 자체가 아니고, 비트겐슈타인의 언어 철학이므로 적절하지 않다.

③ 비트겐슈타인 철학의 문제점을 나열하고 있지 않으므로 적절하지 않다.

⑤ 비트겐슈타인의 철학을 설명하고 비트겐슈타인 이후의 언어 철학을 언급하며 글을 마무리하고 있을 뿐, 앞으로의 전망을 제시하고 있지는 않다.

02 3문단에 의하면 비트겐슈타인이 모든 '사실', 즉 모든 '경우'를 언어로 다 표현할 수 있다고 본 것은 아니라는 사실을 확인할 수 있다.

오답 해설

① 1문단을 통해 고대 그리스의 아리스토텔레스부터 언어 문제를 탐구했음을 알 수 있다.

② 3문단을 통해 비트겐슈타인은 이 세계는 단순히 사물로서만이 아니라, 어떤 일정한 관계 속에 있는 '사실', 즉 '경우'로 이루어져 있다고 했으므로 적절한 진술이다.

④ 4문단에 의하면 한 단어는 일정한 사용 규칙을 가진 '언어 게임' 안에서 의미를 갖는다고 했으므로 적절한 진술이다.

⑤ 4문단의 비트겐슈타인이 같은 언어권에서의 언어 사용 규칙을 언급했다는 내용과 5문단의 비트겐슈타인의 언어 철학이 언어가 사회적 환경과 밀접하게 관련되어 있음을 연구하는 언어 행위에 관한 이론으로 발전했다는 설명을 종합하면 적절한 진술이다.

03 3문단의 세계는 단순히 사물로서만이 아니라, 어떤 일정한 관계 속에 있는 '사실', 즉 '경우'로 이루어져 있다는 설명은, 〈보기〉의 '세계는 대상들의 총체가 아니라 '사실'들의 총체'라는 설명과 상통한다. 따라서 이 방이 침대, 탁자, 의자, 벽, 액자를 합한 대상들의 총체라고 볼 수는 없다.

오답 해설

① 3문단에서 '언어는 곧 이 세계를 이루는 '경우'를 모방하여 세계를 이루는 '경우'를 전달한다'고 했으므로 적절한 진술이다.

② '침대가 존재한다.'는 진술은 '사물'이 아니라 일정한 관계 속의 '사실'을 보여 준다.

③ '탁자'라는 이름은 '사물'을 지시할 뿐 세계를 이루는 '사실' 즉 '경우'를 나타내지는 못한다.

④ '액자는 사각형이다.'라는 진술은 어떤 일정한 관계 속에 있는 '사실', 즉 '경우'를 모방한 것이다.

04 4문단에서 '한 단어는 항상 한 대상을 모방하는 것이 아니라 언어, 즉 문맥 안에서 다르게 이해될 수 있다'라고 설명했다. 이는 각 언어권마다 한 대상을 지칭하는 표현은 서로 다를 수 있다는 '언어의 자의성'을 의미하는 것이다. 이에 대한 구체적인 예가 〈보기〉에 제시되어 있다.

오답 해설

①, ④, ⑤ 비트겐슈타인의 전기 철학에 대한 진술이므로 적절하지 않다.

② 비트겐슈타인의 후기 철학의 핵심은 한 단어가 항상 한 대상을 모방하는 것이 아니라는 점이다.

05 ㉠ '다루다'의 문맥적 의미는 '어떤 것을 소재나 대상으로 삼다.'이고, ③이 같은 의미로 사용되었다.

오답 해설

① 문맥상 '일거리를 처리하다.'의 의미로 사용되었다.

② 문맥상 '어떤 물건을 사고파는 일을 하다.'의 의미로 사용되었다.

④ 문맥상 '사람이나 짐승 따위를 부리거나 상대하다.'의 의미로 사용되었다.

⑤ 문맥상 '어떤 물건이나 일거리 따위를 어떤 성격을 가진 대상 혹은 어떤 방법으로 취급하다.'의 의미로 사용되었다.

06~11

해제 이 글은 '공유지의 비극'의 세 가지 극복 방안을 살펴보고 그 중 노벨 경제학상을 수상한 엘리너 오스트롬 교수가 제안한 공동체적 해결 방식의 의의를 설명하고 있다. 주류 경제학에서는 인간을 이기적 존재로 전제하지만 공동체적 해결 방식에서는 인간이 언제나 이기적으로 행동하는 존재만은 아니라는 관점을 취하고 있다. 즉, 적절한 제도하에서는 자신의 이익과 공동의 이익을 조화시킬 수 있는 존재라는 것이다. 이러한 공동체적 해결 방식은 인간을 새로운 관점으로 바라봄으로써 인간을 갈등의 구경꾼이 아니라 해결 주체로 세우는 데 기여했다는 평가를 받고 있다.

주제 공유지의 비극을 극복하기 위한 공동체적 해결 방식과 그 의의

06 이 글은 '공유지의 비극'을 해결하는 공동체적 방식을 오스트롬 교수의 견해를 인용하여 제시하고 있다.

오답 해설

① 1문단에서 '공유지의 비극'의 개념을 설명하고 있으나 개념을 설명하는 과정에서 예를 들고 있지는 않다.
③ 6문단에서 공동체적 해결 방식이 낡은 이념으로 여겨지기도 했다는 내용은 있으나, 이것은 누군가의 생각일 뿐 공동체적 해결 방식이 지닌 단점이라고 볼 수는 없다.
④ '공유지의 비극'을 해결하는 제3의 방식을 제시하고 있으나 이는 앞서 소개한 두 가지 해결 방식을 절충한 방안은 아니다.
⑤ '공유지의 비극'을 해결하는 세 가지의 방법이 제시되어 있으나 이것이 역사적으로 해결 방식이 변화해 온 과정을 설명하고 있는 것은 아니다.

07 공유 자원의 고갈을 막기 위한 국제 사회의 노력은 제시되어 있지 않다.

오답 해설

①, ②, ③ 1문단에서 '공유지의 비극'의 개념, '공유지의 비극'이 일어나는 이유, 주류 경제학이 인간을 바라보는 관점에 대해 설명하고 있다.
④ 5문단에서 공동체적 해결 방식이 전제하고 있는, 인간을 바라보는 관점에 대해 설명하고 있다.

08 1문단에 주류 경제학자들은 인간은 언제나 자신의 이익만을 추구하는 이기적 존재라 여긴다고 설명하고 있다. 그렇다면 주류 경제학에 의하면 A가 이용 가능한 최소 재화 즉, 1원을 제시한다 하더라도 B는 이를 받아들여야 한다. B가 제안을 거절하면 B 역시 한 푼도 갖지 못하므로 1원이라도 받는 선택을 할 것이라는 게 주류 경제학자들의 관점이다.

오답 해설

① 주류 경제학에 의하면 A는 자신의 이익을 극대화하는 선택을 할 것이므로 적절하다.
③ A가 평균적으로 4,500원의 돈을 나눈 것으로 밝혀졌다는 것은 오스트롬의 견해를 뒷받침해 주는 결과이다.
④ B가 A의 제안을 거절하면 한 푼도 가질 수 없다는 것을 알면서도 A가 2,000원 이하를 제안했을 때 이를 거절한다는 것은 사람들이 불공정한 분배를 견제하는 선택을 할 수 있다는

것을 보여 주는 것이다.
⑤ A와 B의 선택은 자신의 이익과 공동의 이익을 조화시킨 결과로 공동체적 해결의 가능성을 보여 주는 것이다.

09 5문단을 보면 공동체적 해결 방법은 사람들이 자신의 이익과 공동의 이익을 조화시키는 선택을 하는 존재임을 전제로 하고 있으므로, 물질적 이익을 추구하지 않는다는 진술은 적절하지 않다.

오답 해설

① (가)는 시장적 해결 방식이다. 3문단에 의하면 이 방법은 적용할 수 있는 범위에 한계가 있다.
② (나)는 국가적 해결 방식이다. 3문단에 의하면 이 방법은 위법자를 어느 정도까지 처벌해야 하는지에 대해 고민이 된다고 설명하고 있다.
④ (가), (나)는 주류 경제학자들의 관점을 반영한 해결 방법이다.
⑤ '공유지의 비극'은 공유 자원의 영역에서 발생하는 문제이므로 적절한 진술이다.

10 6문단의 마지막 부분에서 공동체적 해법은 사람들을 다시금 갈등 해결의 주체로 세우는 데 기여했다고 말하고 있으므로 ④가 적절한 진술이다.

오답 해설

① 공동체적 해법이 유일한 방법이라서 의의가 있다는 내용은 제시되어 있지 않다.
② 6문단에 국가와 시장의 역할이 강조되면서 공동체적 해법의 가능성이 잊히고 말았다고 설명했으므로 적절하지 않다.
③ 5문단에 의하면 인간이 언제나 공공의 이익을 위해 행동할 준비가 되어 있는 존재는 아니라고 진술하고 있으므로 적절하지 않다.
⑤ 6문단에서 인간이 서로에게 지게 되는 의무로부터 벗어나게 된 것은 국가와 시장이 갈등 해결의 주체가 되었기 때문이라고 설명하고 있으므로 적절하지 않다.

11 ⓐ '의향'의 사전적 의미는 '마음이 향하는 바, 또는 무엇을 하려는 생각.'이다. '어떠한 일을 이루고자 하는 마음.'은 '의지'이다.

12~17

해제 이 글은 '배터리는 어떻게 전기 에너지를 만들어 낼까?'와 '배터리를 충전하지 않고 사용할 수 있는 방법이 있을까?'라는 의문에 대해 설명하고 있다. 배터리가 가진 에너지량을 증가시키기 위해서는 (+)극과 (−)극에서 일어나는 산화 및 환원 반응이 많고, 전압의 차이가 커야 한다. 또 스마트폰의 리튬 이온 배터리를 구성하는 흑연(C_6)과 전자를 받아들일 수 있는 리튬 코발트 산화물 구조 내 공간, 전해질인 육불화인산리튬($LiPF_6$)의 양도 함께 증가해야 한다. 그러나 이렇게 하면 불가피하게 배터리의 크기가 커지고 무게가 무거워질 수밖에 없다. 따라서 휴대에 용이하려면 스마트폰의 배터리를 충전 없이 사용하는 것은 불가능해 보이지만, 최대한 배터리의 에너지를 증가시키기 위한 연구는 꾸준히 이어질 것이다.

주제 배터리의 원리와 스마트폰 배터리의 에너지를 증가시킬 수 있는 방법

12 ⓐ: 1문단에서 배터리의 개념을 정의하고 있으므로 적절하다.

ⓒ: 1문단에서 배터리의 원리에 대한 질문을 던지고 이에 대해 2, 3, 4문단에서 답하고 있으며, 5문단에서 스마트폰 배터리를 충전하지 않고 사용할 수 있는 방법에 대해 질문을 던진 후 이에 대해 답하고 있으므로 적절하다.

ⓑ: 배터리 등을 다른 대상과 비교하여 서술하고 있지 않으므로 적절하지 않다.

ⓓ: 배터리의 종류 등을 구분하여 서술하고 있는 것이 아니라 배터리의 내부 구성 및 원리에 대해 서술하고 있으므로 적절하지 않다.

ⓔ: 배터리의 장단점을 평가하고 있지 않으며 이 둘을 종합하고 있지도 않으므로 적절하지 않다.

13 2문단에서 전자는 오직 전기가 통하는 고체 물질 내에서만 움직일 수 있으며 액체 내에서는 독립적으로 움직일 수 없고 운반체에 실려 이동한다고 서술하고 있다. 따라서 ③의 질문에 대한 답변은 이 글에서 찾을 수 없다.

① 3문단에서 스마트폰 배터리의 전극을 구성하는 고체 물질로 흑연과 리튬 코발트 산화물을 제시하였다.

② 3, 4문단에서는 스마트폰 배터리를 예로 들어 배터리에서 화학 에너지가 전기 에너지로 바뀌는 과정을 자세히 설명하고 있다.

④ 2문단에서 배터리에 전선을 연결하면 배터리 내의 (−)극과 (+)극에서 어떤 화학적 변화가 일어나는지 설명하고 있다.

⑤ 5문단에 의하면 스마트폰 배터리의 에너지를 증가시키기 위해서는 흑연과 전자를 받아들일 수 있는 리튬 코발트 산화물 구조 내 공간, 전해질의 양을 증가해야 한다고 말하고 있다.

14 〈그림 1〉은 충전 과정, 〈그림 2〉는 방전 과정이고 흑연은 (−)극, 리튬 코발트 산화물은 (+)극이다. 4문단에 의하면 스마트폰에 리튬 이온 배터리를 연결한 후 전원을 켜는 방전 과정에서는 리튬 이온이 전자를 방출하며 전해질 속으로 들어간다고 했으므로 〈그림 2〉의 방전 과정에서 리튬 이온이 전자를 받아들여 전기 에너지를 생성한다는 ⑤의 내용은 적절하지 않다.

① 4문단에 의하면 배터리가 충전될 때 리튬 이온이 (+)극에서 (−)극으로 이동한다.

② 4문단에 의하면 배터리 충전이 완료되면 리튬 코발트 산화물 전극은 리튬 이온이 빠져나가 내부에 빈 공간이 많은 상태가 된다.

③ 2문단에서 전자를 방출하는 전극인 (−)극에서 일어나는 반응이 산화 반응임을 설명하고 있다.

④ 4문단에서 방전 과정에서는 방출된 전자가 외부 회로(전선)를 통해 일을 한 후 (+)극으로 들어가는 과정을 설명하고 있으므로 적절한 진술이다.

15 방전 상태의 (−)극에서는 전자를 방출하는 산화 반응이 일어나고, (+)극에서는 전자를 받아들이는 환원 반응이 일어난다. ⑤은

전자가 회로를 통해 일을 한 후 돌아와 또 다른 한쪽의 리튬 코발트 산화물 구조 내 공간과 결합하여 원래 구조인 리튬 코발트 산화물로 변화하는 과정이므로 이는 환원 반응이 일어나는 과정이다.

①, ② 전자 자체가 전극이 되는 것은 아니므로 적절하지 않다.

③ 전하량을 운반하는 과정에는 산화 반응과 환원 반응이 모두 포함되나 ⑤은 환원 반응이 일어나는 과정으로만 한정되어 있다.

④ 산화 반응이 일어나는 과정은 4문단의 '전원을 켜면 흑연 층 사이에 들어 있던 리튬 이온이 전자를 방출하며 전해질 속으로 들어가고'에 제시되어 있다.

16 배터리의 전극을 구성하는 물질, 즉 흑연(C_6)과 리튬 코발트 산화물($LiCoO_2$)을 늘리면 스마트폰 배터리의 에너지는 증가하겠지만 결국 무게가 무거워지고 부피가 증가하여 휴대가 불편해질 수밖에 없다. 즉, 전극을 구성하는 물질을 무한정 늘릴 수 없기 때문에 ⓒ과 같이 전망할 수 있는 것이다.

② 5문단에 의하면 전극을 구성하는 물질뿐 아니라 전해질의 양도 늘려서 스마트폰 배터리의 에너지를 증가시킬 수는 있다고 설명되어 있다. 즉 전해질과 같은 액체 물질의 용량이 제한되어 있는 것은 아니다.

③ 산화−환원 반응이 잘 일어나는 물질로 만든 것이 스마트폰의 리튬 이온 배터리이다.

④ 리튬 이온 배터리에서 전기 에너지를 저장하는 것에 대한 언급은 본문에서 찾을 수 없다.

⑤ 구조상 리튬 코발트 산화물 구조 내 공간은 전자를 받아들일 수 있도록 빈 공간이 많은 것이지 그 구조가 계속 변하는 것은 아니다.

17 폭포의 위쪽은 전자를 만드는 전극(산화 반응, −극)으로, 폭포의 아래쪽은 전자를 소모하는 전극(환원 반응, +극)으로 볼 수 있다. 따라서 수력 발전은 산화−환원 반응에 견줄 만한 과정이 없다는 ⑤의 내용은 적절하지 않다.

① 〈보기〉의 수력 발전의 경우 물의 양이 많을수록 얻을 수 있는 전기 에너지의 양이 많다고 했다. 이는 5문단의 흑연 내에 들어가는 리튬이 많을수록 방전 시 많은 양의 전자를 내놓을 수 있다는 설명과 견주어 볼 때, 〈보기〉의 '물'은 제시문의 전자와 비슷한 기능을 한다는 것을 알 수 있다

② 5문단에 의하면 전압은 전기적인 위치 에너지이므로 적절한 진술이다.

③ 〈보기〉의 수력 발전의 경우 물을 방출하는 것이 위쪽이므로, 배터리의 (−)극과 비슷한 기능을 하는 것은 폭포의 위쪽이다.

④ 〈보기〉의 수력 발전은 위치 에너지를 전기 에너지로 변환하는 과정이고, 배터리는 화학 에너지를 전기 에너지로 변환하는 과정이므로 적절한 진술이다.

01 ①	**02** ①	**03** ②	**04** ③	**05** ②
06 ④	**07** ①	**08** ④	**09** ⑤	**10** ⑤
11 ③	**12** ①	**13** ②	**14** ③	**15** ②
16 ④	**17** ③			

(**01~05**)

해제 이 글은 현대 미술의 이정표가 된 색채의 마술사 마티스의 화풍에 대해 설명하고 있다. 두 가지 색채 표시법인 RGB 체계와 CMY 체계의 특징을 제시하고, RGB 색채를 화면에 병치시켜 감상자로 하여금 빛이 혼합된 색을 느끼게 했던 마티스의 색채 사용의 특징을 「춤」이라는 작품을 예로 들어 설명하고 있다.

주제 색채를 현란하게 다룬 화가 마티스

01 이 글은 형태도 무게도 없는 색채만으로 형태와 입체감, 그림자, 원근, 대상의 내면까지도 표현한 마티스의 작품 세계에 대해 설명하고 있다.

오답 해설
② 마티스가 야수파의 탄생에 영향을 미쳤다는 것은 세부적인 내용에 불과하다.
③ 마티스가 빛의 3원색을 이용했다고 했을 뿐 빛을 그린 화가라고 한 설명은 제시되어 있지 않다.
④ 마티스는 배경과 선이 아니라 색채와 색채 간의 관계를 중요하게 여겼다.
⑤ 마티스는 구도가 아니라 색채와 색채 간의 관계를 중요하게 여겼다.

02 마티스 화풍에서 나타나는 특징을 「춤」이라는 작품을 예로 들어 서술하고 있다.

오답 해설
② 4문단에 마티스 화풍의 변화가 언급되어 있지만 마티스의 의견이 제시되고 있지 않으므로 적절하지 않다.
③ 4문단에 야수파가 언급되어 있지만 마티스와 야수파의 공통점과 차이점을 설명하고 있지는 않으므로 적절하지 않다.
④ 2문단에 색채 표시법이 언급되어 있지만 마티스 작품 세계의 한계를 설명하고 있지는 않으므로 적절하지 않다.
⑤ 1문단, 5문단에 마티스 화풍에 대한 글쓴이의 견해를 제시한 정도이므로 다양한 견해를 제시했다고 볼 수는 없다.

03 2문단에서 이론적으로는 시안(Cyan), 마젠타(Magenta), 노랑(Yellow) 즉, CMY로 모든 색을 만들 수 있다고 언급하였다.

오답 해설
① 2문단에서 빛을 섞는 것은 광자가 증가하는 가산 혼합임을 확인할 수 있다.
③ 2문단에서 물감이나 잉크를 섞는 것은 광자가 감소하는 감산 혼합임을 확인할 수 있다.

④ 2문단에서 마티스는 '순색을 팔레트 위에서 섞지 않고 캔버스 위에 병치시켜' 사용하였다고 하였다.
⑤ 4문단의 '원색의 대담한 병렬을 강조하는 야수파'라는 내용을 볼 때 적절하지 않다.

04 1문단에서 마티스의 그림은 '어느 곳도 물체의 색을 그대로 그리지 않았다.'라고 제시되어 있다. 〈보기〉에 제시된 「음악」도 「춤」과 같은 색, 같은 형태의 구성이라고 설명하고 있으므로, 물체의 색을 사실적으로 표현하지 않고 빛의 3원색만을 이용하고 있음을 알 수 있다.

오답 해설
① 3문단에 마티스의 「춤」에는 빛의 3원색만이 사용되었다고 하였으므로, 「음악」도 빛의 3원색이 사용되었음을 알 수 있다.
② 〈보기〉에서 마티스의 「음악」은 편안하게 쉬는 느낌을 주려는 의도로 창작되었음을 알 수 있으므로 적절한 설명이다.
④ 3문단의 '색들 간의 관계에 의해 진실된 색이 나타난다고 믿었다.', 2문단에 '빛의 혼합이 된 색을 느끼게 하는 것이다.' 등의 문장을 통해 확인할 수 있다.
⑤ 1문단의 '마티스의 그림은 평면적이고, 그림자가 없으며', 3문단의 '화면을 평면화하였다.' 등의 진술을 통해 확인할 수 있다.

05 '잔상(殘像)'의 사전적 의미는 (1) '외부 자극이 사라진 뒤에도 감각 경험이 지속되어 나타나는 상', (2) '지워지지 아니하는 지난날의 모습'이다. 이 글에서는 문맥상 (1)의 의미로 사용되었다.

(**06~11**)

해제 이 글은 다리의 다섯 가지 종류인 형교, 외팔교, 아치교, 현수교, 사장교를 소개하고 있다. 그중 샌프란시스코의 금문교를 예로 들어 현수교의 구조와 원리, 현수교의 장단점을 설명하고 있다. 현수교는 교량 바닥이 포물선 모양의 거대한 케이블에 매달려 있는 형태의 다리이다. 반면, 새롭게 등장한 사장교는 현수교와 달리 앵커가 없으며 직선으로 뻗어 있는 케이블이 다리의 상판을 지탱해 주는 다리이다.

주제 다리의 다섯 가지 종류─형교, 외팔교, 아치교, 현수교, 사장교

06 ㉯는 1문단의 '새롭게 등장한 사장교'라는 진술을 통해 확인할 수 있다. ㉺는 5문단의 '현수교와 달리 앵커를 고정시킬 단단한 암석이 없는 지형에서는 사장교가 만들어지게 되었다.'를 통해 확인할 수 있다.

오답 해설
㉮ 다섯 가지 다리가 만들어진 배경은 제시되어 있지 않다.
㉰ 외팔교와 아치교를 짓는 데 필요한 조건은 제시되어 있지 않다.

07 이 글은 다리의 종류를 다섯 가지로 나누어 소개하고, 그중 주로 현수교와 사장교에 대해 설명하고 있다.

② 다리의 역사적 변화 과정은 드러나 있지 않다.

③ 현수교와 사장교의 장단점을 파악할 수는 있으나 둘을 절충하여 대안을 도출하고 있지는 않다.

④ 다리가 만들어지는 과정은 제시되어 있지 않다.

⑤ 현수교와 사장교에 반영된 기술적 측면이 제시되어 있지만 원리와 그 의의를 밝히고 있다고 볼 수는 없다.

08 ⓐ는 중앙 경간, ⓑ와 ⓑ′는 가장자리 경간, ⓒ는 케이블, ⓓ는 주탑, ⓔ와 ⓔ′는 케이블 앵커이다.

3문단을 통해 ⓓ는 주탑이라는 것과 4문단을 통해 교량 바닥을 직접 매다는 곳은 케이블이라는 것을 알 수 있으므로 ④는 적절하지 않은 진술이다.

① 4문단에 현수교는 교각을 세우지 않으며, 임시 지지 장치도 필요 없이 주탑에 케이블을 설치하고 교량을 매달기만 하면 되는 다리로서, 이런 형태의 다리는 건설하기가 쉽고 경제적이라고 진술되어 있으므로 적절한 설명이다.

② ⓑ와 ⓑ′는 가장자리 경간으로 주탑과 케이블 앵커 사이의 거리이다. 금문교의 총 길이가 약 2㎞이고 중앙 경간의 길이가 1,280m이다. 따라서 2,000m에서 1,280m를 빼면 ⓑ와 ⓑ′의 거리는 약 720m임을 알 수 있다.

③ 3문단을 통해 하중이 케이블 ⓒ를 따라 균일하게 분산될 때 생기는 포물선 모양을 현수선이라고 하며, 주탑의 높이는 230m라고 제시되어 있으므로 적절한 진술이다.

⑤ 3문단을 통해 교량의 무게는 케이블 ⓒ에 실리며 이것은 주탑 ⓓ와 케이블 앵커 ⓔ, ⓔ′를 거쳐 땅으로 흡수된다는 것을 알 수 있다.

09 〈보기〉는 사장교와 형교를 혼합한 형태의 다리이다. 2문단에 의하면 '형교'는 '수평으로 놓은 보를 수직으로 세운 기둥이 받치는 구조'라고 제시되어 있다. 이때 '수직으로 세운 기둥'은 '교각'을 말한다. 4문단의 '현수교는~다리의 중간 부분에 교각을 세우지 않아도 되었기 때문에 주변 경관을 훼손하는 것을 줄일 수 있었으며'라고 제시되어 있다. 두 내용을 종합하면 주변 경관을 해치지 않으려면 형교(ⓑ)와 같은 방식이 아닌, 현수교와 같은 방식을 택하는 것이 낫다는 것을 알 수 있다.

① Ⓐ는 사장교의 방식으로 건설된 부분이다. 3문단을 보면 외형상 현수교의 케이블은 포물선을 그리고 있으며, 5문단을 보면 사장교의 케이블은 직선으로 뻗어 있음을 확인할 수 있다.

② 5문단에서 '사장교는 앵커가 없기 때문에 같은 거리를 이어 주는 현수교보다 자재가 적게 들어간다는 점에서 경제적이다.'라고 하였다.

③ 5문단의 '거대한 사장교를 세운다면 다리 상판에 가해지는 엄청난 압력을 견딜 수 있는 부피의 구조물을 만들어야 할 텐데'라는 진술을 통해 적절함을 알 수 있다.

④ 2문단에 의하면 '형교'는 '수평으로 놓은 보를 수직으로 세운 기둥이 받치는 구조'라고 제시되어 있다.

10 4문단과 5문단의 내용을 종합하면 경간 거리를 길게 건설할 수 있는 다리는 현수교와 사장교인데, 둘 중 현수교가 사장교보다 경간 거리를 더 길게 할 수 있음을 알 수 있다. 〈보기〉에서 현재 세계에서 중앙 경간이 가장 긴 것이 1,088m라고 했으므로 금문교의 중앙 경간(1,280m)보다도 짧은 것을 알 수 있다. 따라서 ㉮에는 사장교가 들어갈 수 있다. 사장교보다 현수교가 경간 거리가 더 길다고 했으므로 중앙 경간이 1,991m인 ㉯에는 현수교가 들어가는 것이 적절하다.

②, ③, ④ 형교, 아치교는 경간 거리를 길게 설치하기 어려운 다리이다.

11 ㉠은 '재료를 들여 밥, 옷, 집 따위를 만들다.', ㉡은 '값이나 무게 따위가 어느 정도에 이르다.'의 의미로 쓰였다.

① ㉠: 이름 따위를 정하다.

  ㉡: 값이나 무게 따위가 어느 정도에 이르다.

② ㉠: 거짓으로 꾸미다.

  ㉡: 월급이나 비용 따위가 지급되거나 지출되다.

④ ㉠: 재료를 들여 밥, 옷, 집 따위를 만들다.

  ㉡: 전기 공급이 끊어지거나 전깃불이 꺼지다.

⑤ ㉠: 여러 가지 재료를 섞어 약을 만들다.

  ㉡: 일정한 직장이나 일터에 다니다.

12~17

해제 이 글은 실용적 물건에 있어 서양의 조형 예술이 지향했던 디자인을 벗어던지고 새로운 시도를 했던 디자인의 흐름에 대해 설명하고 있다. 불규칙하고 역동적인 느낌의 의자 「솔리드」와 벤치로서의 실용적 기능을 수행하기에는 다소 불편해 보이는 벤치 「붐뱅크」의 예를 들어 이러한 디자인이 우리에게 던지는 메시지가 무엇인지를 제시하고 있다. 이를 통해 디자인이 새로운 우주관을 실험하는 사색의 공간, 즉 인문학의 한 분야가 되었다고 설명하고 있다.

주제 새로운 우주관을 실험하는 분야로서의 디자인

12 이 글은 새로운 디자인의 경향으로부터 디자인이 인문학의 한 분야가 되었음을 설명하고 있다. 하지만 디자인의 변화 과정을 시대별로 서술하고 있지는 않으므로 ①과 같은 학생의 반응은 적절하지 않다.

② 의자 「솔리드」와 벤치 「붐뱅크」의 예를 들어 새로운 디자인의 경향이 어떤 것인지에 대한 독자의 이해를 돕고 있으므로 적절하다.

③ 기계론적 디자인과 이와는 반대되는 새로운 경향의 디자인이 서술되어 있지만, 이에 대한 견해를 절충하여 대안을 제시하고 있지는 않으므로 적절하다.

④ 주제와 관련된 핵심 개념의 의미를 설명하고 있지 않으므로 적절하다.

⑤ 7문단에서 중심 내용을 정리하며 글을 마무리하고 있으므로 적절하다.

13 〈보기〉에서 르코르뷔지에는 장식을 배제한 '기계로서의 집'을 주장했고, 이와 같은 생각을 담아 「LC 3」을 만들었다고 설명하고 있다. 따라서 르코르뷔지에가 기계론적 우주관을 가지고 있음을 알 수 있다. 그러므로 푹신한 가죽 쿠션을 사용한 것은 화려한 장식 효과가 아니라 의자의 기능성을 고려한 것으로 보아야 한다.

오답 해설

① 기계론적 우주관에서는 수학적 질서, 다시 말해 기하학적 논리를 중요하게 여긴다는 것을 1문단을 통해 파악할 수 있고, 이는 르코르뷔지에의 생각과 통하므로 적절한 진술이다.

③ '건축은 지구의 중력에 맞서 위에서 내리누르는 힘을 견뎌야 한다.'라고 설명된 〈보기〉의 내용을 바탕으로, 르코르뷔지에는 의자를 디자인할 때도 앉는 사람의 무게를 견뎌야 하는 기능성을 중히 여겼음을 파악할 수 있으므로 적절한 진술이다.

④ 「LC 3」에 사용된 재료들은 의자의 기능성을 최대화하기 위해 선택된 재료들임을 추론할 수 있으므로 적절한 진술이다.

⑤ 「LC 3」은 건축물과 같이 어느 면에서 보나 사각형의 기하학적 형태를 지니고 있음을 〈보기〉를 통해 확인할 수 있다. 또 기계론적 우주관을 지닌 르코르뷔지에의 관점을 고려한다면 적절한 진술임을 알 수 있다.

14 ㉠과 ㉡은 모두 실용적 물건일수록 화려한 장식보다 견고하고 단순한 형태를 선호해 왔던 고정 관념에서 벗어나려는 의도로 제작된 것이므로 ③은 적절한 진술이다.

오답 해설

① ㉠이 기하학적 구조를 계산하지 않은 것은 아니다. 2문단에 '자세히 살펴보면 구조적인 면이 제법 계산되었음을 알 수 있으나'라고 했으므로 적절하지 않은 진술임을 알 수 있다.

② 3문단을 보면 ㉠의 소재는 플라스틱임을 알 수 있으므로 적절하지 않은 진술이다. ㉡의 소재는 통나무로 자연에서 취한 것이 맞다.

④ 7문단을 통해 ㉠과 ㉡ 모두 디자인 분야에서 생물학적 우주관을 실현해 낸 새로운 체제라고 평가할 수 있다.

⑤ 2문단을 보면 ㉠은 구조적인 면을 제법 계산했음에도 불구하고 그런 안정감을 일부러 피한 흔적이 뚜렷하다고 하였다. 또 3문단을 보면 '이 의자는 살아 숨 쉬는 인상을 위해 다른 모든 가치들을 제품의 뒷자리로 물렸다.'라고 하였으므로 적절하지 않은 진술이다.

15 [A]는 벤치 「붐뱅크」가 우리에게 던지는 메시지를 나타내고 있는 부분으로, 6문단에 이 메시지에 대한 구체적인 설명이 제시되어 있다. 벤치 「붐뱅크」에서 우리는 기존의 디자인이 자연을 배려하지 않은 것, 오직 사람을 위한 기능에만 헌신해 왔음을 발견할 수 있다고 설명하고 있다. 이런 맥락을 고려한다면 '의자의 기능성을 반드시 사람의 관점에서만 바라봐야 하는가?'라는 질문을 [A]에 추가할 수 있다.

오답 해설

① 문화와 자연을 구분하는 것은 벤치 「붐뱅크」의 디자인이 지향하는 바가 아니므로 적절하지 않다.

③ 인간을 생태계의 중심으로 바라보는 것은 벤치 「붐뱅크」의 디자인이 지향하는 바가 아니므로 적절하지 않다.

④ 환경이 인간의 삶에 헌신해 온 것에 대한 문제를 제기하고 있는 것이 벤치 「붐뱅크」이므로 적절하지 않다.

⑤ 의자의 기능성을 높이는 것은 벤치 「붐뱅크」의 디자인이 지향하는 바가 아니므로 적절하지 않다.

16 ㉢은 이어지는 내용인 '어느새 디자인은 앞서가는 인문학 분야로 자리 잡고 있다.'라는 진술의 근거가 되는 내용이다. 1문단의 '이것은 단지 유행이 아니라 우주관의 변화에 따른 새로운 체제로 평가받는다.'라는 내용 및 예를 든 디자인에 대한 설명을 종합적으로 고려한다면 ④가 가장 적절한 진술임을 파악할 수 있다.

오답 해설

① 기계론적 우주관과 관련된 진술이므로 적절하지 않다.

② 1문단의 '이것은 단지 유행이 아니라~'라는 내용을 통해 적절하지 않음을 확인할 수 있다.

③ '역동적 디자인'은 디자인의 새로운 체제를 포괄할 수 있는 진술은 아니므로 적절하지 않다.

⑤ 이 글은 디자인의 새로운 체제에 대해 서술하고 있으므로 '고전적 디자인'을 실험한다는 진술은 적절하지 않다.

17 '농후하다'는 '어떤 경향이나 기색 따위가 뚜렷하다.'의 의미이므로 ㉢과 바꿔 쓰기에 적합하다.

📷 사진 자료

- 121쪽, 키르히너, 「베를린 거리」: ©Artepics / Alamy Stock Photo
- 124쪽, 닉 베세이, 「버스」: ©X-ray by Nick Veasey
- 125쪽, 닉 베세이, 「튤립」: ©X-ray by Nick Veasey
- 129쪽, 피카소, 「아비뇽의 처녀들」: ©2021 – Succession Pablo Picasso – SACK (Korea) / Photo ©CLASSIC PAINTINGS / Alamy Stock Photo
- 145쪽, 피카소, 「게르니카」: ©2021 – Succession Pablo Picasso – SACK (Korea) / Photo ©agefotostock / Alamy Stock Photo
- 167쪽, 위르헌 베이, 「트리 트렁크 벤치」: ©Studio Makkink & Bey / Jurgen Bey for Droog Design
- 168쪽, 르코르뷔지에, 「LC 3」: ©F.L.C. / ADAGP, Paris – SACK, Seoul, 2021 / Digital image ©1928, The Museum of Modern Art, New York / Scala, Florence
  작가명: Le Corbusier (Jeanneret, Charles-Edouard 1887-1965), Jeanneret, Pierre (1896-1967) and Perriand, Charlotte (1903-1999)
  작품명, 제작 년도, 재료, 실제 크기: Easy Chair (Fauteuil Grand Confort), 1928.
  Manufacturer: Heidi Weber, Zürich. Chrome-plated tubular steel, horsehair, down and leather, overall 26×30×27 3/4' (66×76.2×70.5cm); seat h. 16' (40.6 cm). Gift of Phyllis B. Lambert. Acc. num.337.1960.a–f

중학 국어로 수능 잡기

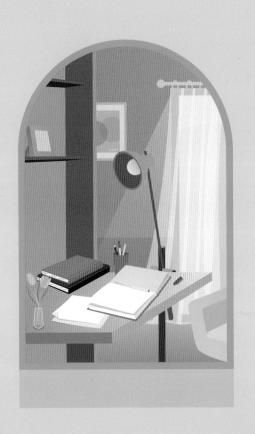

중학도 EBS!

EBS중학의 무료강좌와 프리미엄강좌로 완벽 내신대비!

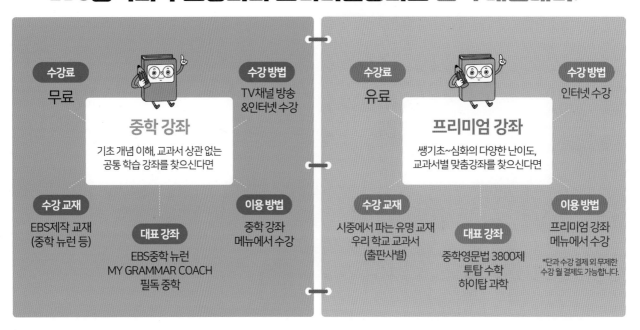

중학 강좌
기초 개념 이해, 교과서 상관 없는
공통 학습 강좌를 찾으신다면

- **수강료** 무료
- **수강 방법** TV채널 방송 &인터넷 수강
- **수강 교재** EBS제작 교재 (중학 뉴런 등)
- **대표 강좌** EBS중학 뉴런 MY GRAMMAR COACH 필독 중학
- **이용 방법** 중학 강좌 메뉴에서 수강

프리미엄 강좌
쌩기초~심화의 다양한 난이도,
교과서별 맞춤강좌를 찾으신다면

- **수강료** 유료
- **수강 방법** 인터넷 수강
- **수강 교재** 시중에서 파는 유명 교재 우리 학교 교과서 (출판사별)
- **대표 강좌** 중학영문법 3800제 투탑 수학 하이탑 과학
- **이용 방법** 프리미엄 강좌 메뉴에서 수강

*단과 수강 결제 외 무제한 수강 월 결제도 가능합니다.

프리패스 하나면 EBS중학프리미엄 전 강좌 무제한 수강

내신 대비 진도 강좌
- ☑ 국어/영어: 출판사별 국어7종/영어9종 우리학교 교과서 맞춤강좌
- ☑ 수학/과학: 시중 유명 교재 강좌 모든 출판사 내신 공통 강좌
- ☑ 사회/역사: 개념 및 핵심 강좌 자유학기제 대비 강좌

영어 수학 수준별 강좌
- ☑ 영어: 영역별 다양한 레벨의 강좌 문법 5종/독해 1종/듣기 1종 어휘 3종/회화 3종/쓰기 1종
- ☑ 수학: 실력에 딱 맞춘 수준별 강좌 기초개념 3종/ 문제적용 4종 유형훈련 3종/ 최고심화 3종

시험 대비 / 예비 강좌
- · 중간, 기말고사 대비 특강
- · 서술형 대비 특강
- · 수행평가 대비 특강
- · 반배치 고사 대비 강좌
- · 예비 중1 선행 강좌
- · 예비 고1 선행 강좌

왜 EBS중학프리미엄 프리패스를 선택해야 할까요?

현직 교사들이 직접 참여하는 강의

타사 대비 60% 수준의 합리적 수강료
60%

프리패스 회원만을 위한 특별한 혜택

자세한 내용은 EBS중학 > 프리미엄 강좌 > 무한수강 프리패스(http://mid.ebs.co.kr/premium/middle/index) 에서 확인할 수 있습니다.

*사정상 개설강좌, 가격정책은 변경될 수 있습니다.

중학도 EBS! 최고의 강의, 합리적인 가격
프리패스 구매 문의 : 1588-1580 / 연중무휴 EBS중학프리미엄